適合性原則と私法秩序

王　冷　然

適合性原則と私法秩序

学術選書
40
民　法

信山社

は　し　が　き

　本書は，1990年代半ばから投資取引紛争において注目された「適合性原則」について，その本来あるべき姿および私法秩序において同原則が果たすべき役割を探求することを目的とするものである。

　「適合性原則」は，投資者を保護するために作られたルールであるが，投資者という「集団」のみに着目するのではなく，具体的な個別投資者の属性に視点が向けられている点に大きな特徴がある。このような「個人」を問題とする適合性原則における「人間像」の捉え方は，もちろん「自由・平等」で合理的な抽象的人間像を想定する古典的近代民法とは異なると同時に，社会的・経済的力関係における弱者を保護するために「具体的人間像」を問題とするいわゆる「現代法」とも異なるものである。「適合性原則」は，労働者，借地人・借家人などのような「集団」に焦点を当てる現代法理論からさらに一歩進め，一人一人の投資者である「個人」に焦点を合わせて，その保護を図ろうとしている点において，いままでの普遍的な「人」概念を前提とする法理論とは対極的な原理であるかもしれない。

　しかしながら，各「個人」の属性に依拠して判断するものだけに，「適合性原則」には一律の判断基準を見出しにくく，当該原則に違反した行為に対する民事責任の認定においても，明白な判断構造を形成しづらい。

　本書は，「適合性原則」の母法たる米国法を比較法の素材とし，投資取引領域における同原則の本来の意味や民事責任の判断構造を確認・分析し，日本での適合性原則に関する理解および運用上の問題点を析出するとともに，私法秩序において適合性原則が果たすべき役割を検討しようとするものである。もとより，筆者の能力不足から思わぬ間違いを犯している可能性も払拭できず，残された課題は少なくないが，本書によって，錯綜した「適合性原則」の利用状況に全体的見取り図を提供することができ，今後の顧客保護にとって何らかの参考となるところがあれば，筆者として至上の喜びである。至らぬ点については，読者の方々から忌憚なきご叱声を頂戴できれば，それを励みに，更に研究を深めたい。

　考えてみると，弁護士の職を賭して母国中国を離れ，研究者になる夢を抱いて日本の土を踏んでから早くも12年の歳月が過ぎ去った。すべては一からと

はしがき

の思いで新潟大学法学部で4年間の学部生活を送り，さらに東北大学大学院法学研究科で5年間の大学院修業生活を経て，いま，ここに博士学位論文を基に一冊の本にまとめて世に送り出すことができることになり，感慨ひとしおである。

　拙い書物とはいえ，本書が成るまでには実に多くの方々のお世話になった。とりわけ，東北大学大学院時代の指導教官である河上正二先生（現東京大学）は，修士課程のときから留学生の私に民法解釈学をはじめ学問や研究の作法を手取り足取り教えてくださり，時に優しく時に厳しくご指導くださった。そのような先生のご指導があったからこそ，今日の私があるといっても過言ではない。河上先生の学恩の深さは計り知れないほどである。また，博士学位論文の口述試験から本書の作成まで，貴重なご意見をくださった小粥太郎先生，留学先であるドイツから詳細なコメントを送ってくださった米村滋人先生にも，心からお礼申し上げたい。さらに，東北大学民法研究会，東北大学大学院法学研究科グローバルCOE月例研究会において，諸先生方から多くのご教示を頂戴した。

　加えて，特筆しておかなければならないのは，信じがたいような激務の中で，学問上のご指摘だけでなく，本書の公刊にあたって多大のご助力をいただいた水野紀子先生の学恩であり，ここに深く感謝申し上げたい。

　また，校正に際し，深澤泰弘氏（岩手大学），石月真樹氏（北海学園大学）が，通読の労をとってくださった。本書が読みやすくなったとすれば，両氏のご助力のおかげである。記して感謝したい。

　出版事情の厳しい中，本書の出版については，信山社の袖山貴氏にひとかたならぬご配慮を頂戴した。心からお礼を申し上げたい。

　なお，本書は，東北大学大学院法学研究科グローバルCOEプログラム特任フェロー就任中に博士学位論文に手を加える作業を行い，同プログラムから「著書シリーズ」としての助成を得て刊行するものである。多文化的背景を含めた多様な個人が共生する今日の社会にとって，本書が対象とする「適合性原則」が，一つの見方を提供できれば幸いである。

　最後に，拙いながら，本書を，研究者として私を育ててくださった河上正二先生に謹んで捧げたい。

2010年2月12日
仙台にて
王　冷然

目　次

はしがき （v）

序章　問題の所在 …………………………………………………… 3
第 1 節　適合性原則の基本的視点 ……………………………… 4
第 2 節　適合性原則をめぐる日本法の問題状況 ………………… 8
 0.2.1　適合性原則違反の民事責任の認定における裁判例の問題状況　（9）
 0.2.2　適合性原則の意味に関する学説上の問題状況　（11）
第 3 節　問題の設定および本書の構成 …………………………… 14
 0.3.1　問題の設定　（14）
 0.3.2　本書の構成　（16）

第 1 章　日本法における適合性原則の状況 ……………………… 19
第 1 節　適合性原則に関する制定法の変遷 ……………………… 19
 1.1.1　適合性原則に関する自主規制規定　（19）
  1.1.1.1　適合性原則に関する行政通達　（19）
  1.1.1.2　日本証券業協会の自主規制規定　（20）
  1.1.1.3　日本商品先物取引協会の自主規制規定　（21）
 1.1.2　適合性原則に関する制定法の変遷　（23）
  1.1.2.1　旧証券取引法の規定　（23）
  1.1.2.2　金融商品取引法の規定　（26）
  1.1.2.3　商品取引所法の規定　（29）
  1.1.2.4　金融商品販売法の規定　（31）
第 2 節　適合性原則違反に関する行政執行状況 ………………… 34
 1.2.1　日本証券業協会の処分状況　（34）
 1.2.2　証券取引等監視委員会の監督　（35）
第 3 節　適合性原則に関する裁判例の動向 ……………………… 37
 1.3.1　裁判例における適合性原則の位置づけ　（39）
  1.3.1.1　投資取引における自己責任原則　（39）
  1.3.1.2　適合性原則の位置付け　（40）
 1.3.2　平成 17 年最高裁判決までの下級審裁判例の状況　（43）

1.3.2.1　「説明義務還元型」に属する裁判例　(44)
　　　1.3.2.2　「一体的不法行為構成型」に属する裁判例　(48)
　　　1.3.2.3　「不法行為競合型」に属する裁判例　(51)
　　　1.3.2.4　「独立不法行為責任型」に属する裁判例　(54)
　　　1.3.2.5　適合性原則違反に関する否定裁判例の判断状況　(58)
　　　1.3.2.6　平成 17 年最高裁判決以前の下級審裁判例の判断に関する小括　(62)
　　1.3.3　適合性原則に関する最高裁判所の判断　(63)
　　　1.3.3.1　事案の概要　(63)
　　　1.3.3.2　判　　　旨　(65)
　　　1.3.3.3　平成 17 年最高裁判決に関する検討　(67)
　　1.3.4　平成 17 年最高裁判決以降の下級審裁判例の状況　(70)
　　　1.3.4.1　「一体的不法行為構成型」に属する裁判例　(71)
　　　1.3.4.2　「不法行為競合型」に属する裁判例　(73)
　　　1.3.4.3　「独立不法行為責任型」に属する裁判例　(75)
　　　1.3.4.4　平成 17 年最高裁判決以降の裁判例の判断状況に関する小括　(79)
　　1.3.5　裁判例における適合性の考慮要素　(80)
　　　1.3.5.1　投資取引の特性に着目する判断　(81)
　　　1.3.5.2　顧客の属性に着目する判断　(84)
　　1.3.6　小　　　括　(90)
　第 4 節　適合性原則に関する学説の状況 …………………………………… 92
　　1.4.1　適合性原則の意味に関する学説の状況　(94)
　　　1.4.1.1　1999 年までの適合性原則に対する理解　(95)
　　　1.4.1.1.1　明文化される前の段階　(95)
　　　1.4.1.1.2　明文化された後の段階　(97)
　　　1.4.1.2　1999 年以降の適合性原則に対する理解　(100)
　　　1.4.1.2.1　「狭義の適合性原則」と「広義の適合性原則」　(100)
　　　1.4.1.2.2　禁止規範として適合性原則を捉える学説　(103)
　　　1.4.1.2.2.1　一般の禁止規範として適合性原則を捉える見解　(103)
　　　1.4.1.2.2.2　「排除の論理として」適合性原則を捉える見解　(104)
　　　1.4.1.3　適合性原則の意味の理解に関する問題点の整理　(109)
　　1.4.2　適合性原則と説明義務との関係に関する学説の状況　(110)
　　　1.4.2.1　説明義務と密接な関連を有するとする見解　(111)
　　　1.4.2.2　説明義務とは異なる法理とする見解　(112)
　　　1.4.2.3　立法活動における動向　(115)

目　次

　　第5節　小　　括 …………………………………………………… 117
第2章　米国における適合性原則の概観 ……………………… 121
　　第1節　序　　説 …………………………………………………… 121
　　　2.1.1　米国法に関する先行研究の状況　(121)
　　　2.1.2　米国法の検討対象および文献の選定　(122)
　　　2.1.3　米国法に関する検討の手順　(124)
　　第2節　適合性原則の起源 ………………………………………… 125
　　　2.2.1　NASD の適合性規則の制定　(126)
　　　2.2.2　NYSE 規則 405（「顧客を知れ」ルール）　(127)
　　　2.2.3　看板理論　(128)
　　第3節　適合性原則の発展 ………………………………………… 132
　　　2.3.1　1940 年代～1960 年代前半：適合性原則より反詐欺条項が利用される時期　(132)
　　　2.3.2　1960 年代後半から：適合性原則が行為規範として確立される時期　(134)
　　　2.3.2.1　SEC の「特定調査報告」　(134)
　　　2.3.2.2　NASD「顧客と公正に取引する」ガイドライン　(135)
　　　2.3.2.3　SEC による適合性規則の制定　(136)
　　　2.3.2.3.1　株式資金調達プログラム（equity funding program）に関する適合性規定　(136)
　　　2.3.2.3.2　SECO 適合性規則の規定　(137)
　　第4節　適合性原則の内容 ………………………………………… 138
　　　2.4.1　NASD の適合性規則の内容　(139)
　　　2.4.1.1　規則 2310(a) における「勧誘」の意味　(139)
　　　2.4.1.2　規則 2310(b) における「調査義務」の対象　(141)
　　　2.4.1.3　規則 2310(c) における「機関投資家」の条件および適合性規則の適用　(143)
　　　2.4.2　特定の金融商品に関する適合性規則の内容　(146)
　　　2.4.2.1　地方債証券に関する適合性規則　(146)
　　　2.4.2.2　オプション取引に関する適合性規則　(147)
　　　2.4.2.3　商品先物取引に対する適合性原則の不適用　(149)
　　第5節　適合性の判断とポートフォリオ理論 …………………… 150
　　　2.5.1　適合性の意味とリスクの評価　(151)

        2.5.1.1　適合性の意味 (151)
        2.5.1.2　リスクの評価 (152)
      2.5.2　モダン・ポートフォリオ理論 (153)
        2.5.2.1　モダン・ポートフォリオ理論の概観 (154)
        2.5.2.2　最適ポートフォリオと分散投資 (155)
        2.5.2.3　モダン・ポートフォリオ理論におけるリスクの概念 (157)
      2.5.3　モダン・ポートフォリオ理論と適合性原則 (158)
        2.5.3.1　モダン・ポートフォリオ理論とリスクの評価 (158)
        2.5.3.2　モダン・ポートフォリオ理論とブローカーの注意義務 (159)
  第6節　小　　括 …………………………………………………… 161

第3章　米国における適合性原則違反の行政責任 ………… 165

  第1節　行政処分の概況 …………………………………………… 165
  第2節　適合性原則違反の類型 …………………………………… 167
    3.2.1　「合理的根拠」の判断基準 (167)
    3.2.2　適合性原則違反の2つの類型 (169)
  第3節　「合理的根拠」に関する適合性違反 …………………… 171
    3.3.1　投資方法に「合理的根拠」がない場合 (172)
    3.3.2　金融商品の性質により「合理的根拠」がない場合 (175)
  第4節　「特定の顧客」に関する適合性原則違反 ……………… 176
    3.4.1　特定の顧客の属性を把握しない場合の投資勧誘 (177)
    3.4.2　顧客の投資目的に一致しない場合の投資勧誘 (179)
      3.4.2.1　金融商品の固有のリスクが高い場合 (179)
      3.4.2.2　投資方法により生じるリスクが高い場合 (181)
    3.4.3　特定の顧客の財産状態に一致しない投資勧誘 (183)
      3.4.3.1　金融商品の固有のリスクが高い場合 (183)
      3.4.3.2　投資方法により生じるリスクが高い場合 (184)
    3.4.4　顧客の投資目的と自らの財産状態と矛盾する場合の投資勧誘 (186)
      3.4.4.1　財産状態を重視する審決 (186)
      3.4.4.2　投資目的を重視する審決 (189)
  第5節　顧客の主観的態様と適合性原則違反 …………………… 190
    3.5.1　顧客の主観的態様の不考慮 (191)
    3.5.2　オプション取引に関する顧客の理解力・判断力の考慮 (192)

目　次

　　第 6 節　ブローカーの主観的態様と適合性原則違反 …………………… 194
　　第 7 節　顧客の情報に関するブローカーの調査義務 …………………… 196
　　　3.7.1　顧客の情報を知らない場合の投資勧誘　(196)
　　　3.7.2　顧客が自らの情報を十分に提供しない場合の投資勧誘　(197)
　　第 8 節　ポートフォリオ理論と適合性原則違反 ………………………… 199
　　第 9 節　小　　括 …………………………………………………………… 201

第 4 章　米国における適合性原則違反と連邦法上の私的訴権　205

　　第 1 節　リーディングケースの判断基準 ………………………………… 206
　　　4.1.1　代替基準とするリーディング・ケース　(207)
　　　4.1.2　投資者保護の目的＋詐欺と同等であることを基準とするリーディング・ケース　(210)
　　第 2 節　黙示的私的訴権に関する連邦最高裁判所の消極的立場 ……… 212
　　第 3 節　連邦法上の私的訴権に関する否定的裁判例 …………………… 213
　　　4.3.1　Buttrey 事件の判断基準への批判　(213)
　　　4.3.2　議会の意図を重視する否定裁判例　(216)
　　　4.3.3　具体的義務の有無から否定する裁判例　(218)
　　　4.3.4　目的解釈から否定の結論を出す裁判例　(219)
　　第 4 節　連邦私的訴権に関する肯定的裁判例 …………………………… 221
　　　4.4.1　Buttrey 事件の判断基準に従う裁判例　(221)
　　　4.4.2　両基準を取り入れる裁判例　(223)
　　第 5 節　州法による適合性原則違反の判断 ……………………………… 225
　　第 6 節　小　　括 …………………………………………………………… 229

第 5 章　米国における適合性原則違反の民事責任(1)
　　　　　──反詐欺条項に基づく場合 ……………………………………… 233

　　第 1 節　反詐欺条項に基づく黙示的私的訴権 …………………………… 234
　　第 2 節　反詐欺条項に基づく場合の認定要件 …………………………… 236
　　　5.2.1　不適合な勧誘は規則 10b-5 違反になる──リーディングケースの判断　(236)
　　　5.2.2　反詐欺条項に基づく不適合訴訟の理論的根拠　(239)
　　　5.2.3　「不実表示または不開示理論」に基づく場合の要件──リーディン

xi

　　　　グケースの判断　(240)
　　5.2.4　不適合訴訟（unsuitability claim）と法10条b項に基づく通常の詐
　　　　　欺訴訟（ordinary section10(b) fraud claim）との区別：Louros v.
　　　　　Kreicas 事件　(243)
　　5.2.5　行為による詐欺理論に基づく場合の要件——リーディングケースの
　　　　　判断　(248)
　第3節　「投資目的不一致」に関する判断 ………………………………………… 252
　　5.3.1　投資目的に関する判断　(252)
　　5.3.2　投資目的不一致の主張を否定した裁判例　(254)
　　5.3.3　投資目的不一致の主張を肯定した裁判例　(255)
　第4節　「故意または無配慮」に関する判断 …………………………………… 257
　　5.4.1　通常の詐欺訴訟の場合　(257)
　　5.4.2　不適合訴訟の場合　(258)
　第5節　「適合性に関する不実表示または不開示」に関する判断 …… 261
　第6節　「投資者の正当な信頼」に関する判断 ………………………………… 262
　　5.6.1　信頼の正当性のアプローチをとる裁判例　(264)
　　5.6.2　相当の注意のアプローチをとる裁判例　(267)
　　5.6.3　信頼の正当性と相当の注意との関係　(271)
　　5.6.4　書類の提示と信頼の正当性　(274)
　　5.6.4.1　否定裁判例　(274)
　　5.6.4.2　肯定裁判例　(276)
　第7節　「ブローカーによる口座の支配」に関する判断 ………………… 278
　第8節　投資者の判断力・理解力と適合性原則違反 ……………………… 281
　　5.8.1　投資者の判断力・理解力（sophistication of investors）の有無を
　　　　　区別する理由　(281)
　　5.8.2　投資者の判断力・理解力の判断基準　(283)
　第9節　小　　括 ……………………………………………………………………… 283

第6章　米国における適合性原則違反の民事責任(2)
　　　　——信認義務に基づく場合 ………………………………………………… 289

　第1節　序　　説 ……………………………………………………………………… 289
　第2節　ブローカーの信認義務に関する裁判例 ……………………………… 290
　　6.2.1　第1類型：一般的に信認関係を認める裁判例　(291)

目　次

　　6.2.2　第2の類型：一定の条件の下で信認関係を認定する裁判例　(293)
　　6.2.2.1　信認関係を一任勘定の場合に限定する裁判例　(293)
　　6.2.2.2　対等な当事者の間に信認関係を否定する裁判例　(296)
　　6.2.3　第3の類型：一定の条件を付して信認義務を限定する裁判例　(297)
　　6.2.3.1　信認義務を委任の範囲内に限定する裁判例　(298)
　　6.2.3.2　信認義務をブローカーが口座を支配している場合に限定する裁判例　(299)
　　6.2.3.3　対等な当事者間に信認義務を否定する裁判例　(300)
　　6.2.4　各裁判所の見解不一致の理由　(301)
　第3節　小　括 ·· 303

第7章　米国における適合性原則違反の民事効果
　　　　　――損害賠償の認定 ·· 307

　第1節　補償的損害賠償 ··· 308
　　7.1.1　基本的な損害賠償の算定方法　(308)
　　7.1.2　差額損害賠償の算定方法　(310)
　　7.1.3　適合性原則違反に対する補償的損害賠償の認定　(311)
　　7.1.3.1　証券市場の変動率をもって損害賠償の範囲を調整する裁判例　(312)
　　7.1.3.2　総経済的損失を損害賠償の範囲とする裁判例　(315)
　　7.1.4　適合性原則違反の場合における補償的損害賠償の対象　(317)
　　7.1.5　損害賠償における因果関係の要件　(320)
　第2節　懲罰的損害賠償 ··· 322
　　7.2.1　懲罰的損害賠償の認定基準　(323)
　　7.2.2　懲罰的損害賠償の金額　(324)
　第3節　小　括 ·· 325

第8章　米国における適合性原則の総括 ·· 329

　第1節　米国における適合性原則 ··· 329
　　8.1.1　適合性原則の起源および内容（第2章）　(329)
　　8.1.2　適合性原則違反に関する行政責任の認定（第3章）　(331)
　　8.1.3　適合性原則違反に関する民事責任の認定（第4, 5, 6章）　(332)
　　8.1.3.1　反詐欺条項に基づく場合の民事責任の認定（第5章）　(333)
　　8.1.3.2　適合性原則と信認義務違反（第6章）　(337)
　　8.1.4　適合性原則違反に関する損害賠償の認定（第7章）　(338)

目　次

　　第 2 節　米国における適合性原則の意義とその役割 …………………… 339
　　　8.2.1　米国における適合性原則の意義　(339)
　　　8.2.2　米国における適合性原則の役割　(340)
　　　8.2.2.1　行政責任における適合性原則の役割　(341)
　　　8.2.2.2　民事責任における適合性原則の役割　(343)
　　　8.2.3　適合性原則と情報開示義務との関係　(348)
　　　8.2.4　適合性原則と自己決定原則との関係　(349)

第 9 章　適合性原則と私法秩序──総括 …………………………… 353

　　第 1 節　適合性原則に関する日米両国の法状況の相違 ………………… 354
　　　9.1.1　適合性原則の意味に関する日米の理解の相違　(354)
　　　9.1.2　適合性原則違反の責任認定に対する日米の対応状況の相違　(355)
　　第 2 節　適合性原則の現代的意義
　　　　　　──米国法からの示唆を踏まえつつ ………………………… 358
　　　9.2.1　適合性原則の意義の確認　(358)
　　　9.2.1.1　適合性原則を捉える視点の違い　(358)
　　　9.2.1.2「適合性原則」の捉え方──「排除」か「支援」か　(360)
　　　9.2.1.3　適合性原則の意義の確認──適合性原則一本化　(367)
　　　9.2.1.4　適合性原則の射程範囲　(370)
　　　9.2.1.5　適合性の判断基準　(373)
　　　9.2.2　適合性原則違反の民事責任に関する判断構造　(374)
　　　9.2.2.1　適合性原則違反の民事責任の判断構造　(374)
　　　9.2.2.1.1　適合性原則の業法における役割と私法における役割との分別
　　　　　　　　(374)
　　　9.2.2.1.2　当事者の主観的要件の明示　(377)
　　　9.2.2.1.3　過失相殺における当事者の信頼関係の考慮　(379)
　　　9.2.2.1.4　信認関係論導入の是非　(383)
　　　9.2.3　適合性原則と説明義務との関係　(384)
　　第 3 節　残された課題 …………………………………………………… 389

主要参考文献一覧　(395)

事項索引　(405)

判例等索引　(411)

目　　次

※ TKC法律情報データーベースによるものは，TKC［事件番号］として引用する。
　（例）　東京地判平成17年3月4日TKC法律情報データーベース（事件番号　平成16年(ワ)第4891号）→東京地判平成17年3月4日TKC［平成16年(ワ)第4891号］
※　判例・雑誌の引用方法は，原則として法律編集者懇話会の「法律文献等の出典の表示方法」による。

適合性原則と私法秩序

序章　問題の所在

　いわゆる「適合性原則」（suitability doctrine）は，今日，とりわけ投資取引領域に適用される勧誘規制ルールとして注目されているものである。言うまでもなく，投資取引は，通常の物品取引と異なり[1]，リターンの獲得が期待される反面，損失リスクを負う可能性を常に内包しており，しかもそのリスク評価には高度な経済的判断を要するため，一般投資者にとっては，自分にどのような投資取引が適当であるかを見極めることが容易ではない。その意味で，「適合性原則」は，個々の顧客の「属性」に着目して，金融業者に対し，それぞれの顧客に適合性を有する投資取引を勧誘すべきことまたは不適合な投資取引を勧誘しないことを要求する点で，いままでの投資取引に適用されてきた他の行為規制（例えば，不招請勧誘，断定的判断の提供や説明義務・情報提供義務など）とは，一定の連続性を有しながらも，相当に性質を異にしており，新しい投資者保護の手段として注目すべき考え方と言えよう。

　後に詳論するように，「適合性原則」の基本的コンセプトは，当初，米国の全米証券業協会によって業者自身の行為規範・自主規制ルールとして考案されたもので，日本では，1974年（昭和49年）に，当時の大蔵省証券局が行政指導方針としてそれを導入したのを嚆矢とする。その後，1992年（平成4年）の法改正で，旧証券取引法（当時54条1項2号）において初めて明文化されて以来，1998年（平成10年）の法改正（当時43条1号）のときにも，そのまま維持された。さらに，2006年（平成18年）の法改正によって旧証券取引法が現行金融商品取引法（40条1号）に改称される際，考慮要素として，旧証券取引法上の「顧客の財産状態，知識，投資経験」に加えて，「投資目的」をも適合性原則の考慮要素の一つとして取り入れたが，適用対象を一般投資家（アマチュア）に限定した（同法45条）上で，適合性原則は業務規制ルールとして引き継がれ，今日では，金融関連業法における重要な共通ルールの一つとして認識されている。

---

[1] 物品取引と投資取引の特徴およびその相違については，関俊彦「投資者保護と自己責任の原則」証券取引法研究会国際部会編『証券取引における自己責任原則と投資者保護』（日本証券経済研究所，1996年）215頁以下参照。

しかしながら，しばしばその理論的重要性が語られるものの，日本では，適合性原則の意味についての理解に必ずしも一致を見ない。また，実務上，取締規定であるにもかかわらず，行政上の適用例が殆どなく，同原則に違反した勧誘行為に対する規制は，むしろ司法上の判断に委ねられていると言ってよい状況にある。しかも，その際，業者の民事責任を認定する場合の裁判所の判断は，残念ながら，明確性を欠いている。

　そこで，本書では，「適合性原則」の母法である米国法を主たる比較法の素材とし，同原則の本来の意味，行政責任を認定する審決例および民事責任を認定する裁判例におけるそれぞれの判断基準を確認・分析するとともに，その作業を通じて，日本における適合性原則の役割のあるべき方向を探ろうとするものである。もとより，米国法と日本法の法システムの違いや，司法・行政が現に果している機能や作用の差異に鑑みると，米国法の運用に関する検討が，直ちに日本法のあるべき運用に解をもたらすものではないことは十分承知している。しかし，一方で，日本への適合性原則の導入が，米国法をモデルにしたものであることは明らかであり，その理解が必ずしも明確でなかったことが，今日の日本法のいささか不透明な問題状況にも結びついているとすれば，少なくとも，「適合性原則」のオリジナルな姿を明らかにし，米国の証券取引における同原則の運用状況を検討することによって，日本の私法秩序における同原則の役割を考える重要な視点を提供することは可能であろうし，ひいては，日本における，適合性原則違反に対する業者の私法上の責任を追及する場合の判断構造の解明に寄与することも期待できるのではないかと考える次第である。

第1節　適合性原則の基本的視点

　全米証券業協会が，業者の行為規範として，最初に「適合性原則」のアイデアを自主規制において示した際の内容は，次のようなものであった。

　「顧客に対して証券の購入，売却若しくは交換を勧誘する場合，会員は，当該顧客の他の証券保有状況，財産状態およびニーズに関する事実が顧客によって開示されたときは，その事実に基づき，自己の勧誘が当該顧客に適合したものであると信ずるに足りる合理的根拠を持つべきである」（1939年の「公正慣習規則」第3章第2条）。

　つまり，そこでの基本的視点は，業者が勧誘をなすに際して，顧客の意向や財産の状況に基づき，「当該顧客に適合する投資を勧誘せよ」というものであ

って，一定の商品を提供する者として，顧客の満足を高め，そのニーズに合致した商品の提供に努めようという勧誘者の立場からの自己規律に端を発している。

1974年に大蔵省証券局長（当時）から日本証券業協会会長宛の「投資者本位の営業姿勢の徹底について」（昭和49年12月2日蔵証2211号）という行政通達では，この米国における議論を参考にしつつ，「投資者に対する投資勧誘に際しては，投資者の意向，投資経験および資力等に最も適合した投資が行われるよう十分配慮すること，特に証券投資に関する，経験が不十分な投資者および資力の乏しい投資者に対する投資勧誘については，より一層慎重を期すること」として，証券業者に対し，投資者の属性に適合する投資を勧誘するよう指導する際に，適合性原則が初めて導入された。

しかしながら，この「適合性原則」[2]は，日本への導入当初から直ちに司法・行政の世界で積極的に利用されたわけではなく，どちらかといえば，精神訓示規定にとどまっていた。ところが，バブル経済崩壊後，投資取引に関する民事訴訟が多発するにつれて，投資者保護の手段として，徐々に注目されるようになってきたのである。

周知のように，日本では，バブル経済の崩壊を契機に，投資取引に関する民事訴訟が多発し，裁判所は，それらの紛争に対する夥しい数の判決を出し，学説も，それらを素材として金融業者の民事責任について活発な議論を展開した[3]。しかし，早期の裁判例および論稿では，「適合性原則」ではなく，むしろ顧客と業者との間に存在する知識や情報量などの格差を根拠に，「説明義務違反」を中心に業者の民事責任を論じていたのが特徴的であった。そこでの説明義務は，抽象的・一般的顧客を相手に，業者の金融商品に関する説明が適切であったかどうかを問題にするものであったために，必ずしも個別の具体的顧客の属性や置かれた状況が考慮されていない。しかも，いくら情報量や知識に格差があるとはいえ，投資情報の収集・分析のあり方に関して全く顧客側が責任を負わないことにはならないため，多くの裁判例での顧客の救済は，「過失相殺」

---

[2] 現段階において，日本での「適合性原則」に対する理解は一致していないことを考慮し，ここでは「適合性原則」の定義を避けることにした。

[3] 早い段階で投資勧誘紛争に関する裁判例の動向を紹介したのは，清水俊彦『投資勧誘と不法行為』（判例タイムズ社，1999年）である。また，金融商品取引に関する裁判実務を概観するものとして，桜井健夫＝上柳敏郎＝石戸谷豊『金融商品取引法ハンドブック』（日本評論社，2002年）があり，民法理論から投資勧誘者の民事責任を分析するものとして，潮見佳男『契約法理の現代化』（有斐閣，2004年）がある。

によって大幅に減殺されている。かくして，救済に限界があるばかりでなく，説明義務違反を活用して業者の民事責任を認定した裁判例は多数存在するにもかかわらず，不当な投資勧誘による被害を食い止めることができなかった。

このような状況の中で，投資者保護のために，業者の民事責任を追及する法的根拠として，「説明義務」だけでなく，顧客の具体的属性に照らして業者の投資勧誘が当該顧客に適合しているかどうかを内容とする「適合性原則」が注目されるようになった。投資商品に関する業者の説明が適切であるかどうかを判断対象とする説明義務と異なり，適合性原則は，投資商品の性質のみならず，個々の顧客の具体的状況・属性にも着目して，業者の勧誘行為が適切であるかどうかを判断対象とする。つまり，「適合性原則」は，単に，業者に自ら扱う商品を熟知して正しく顧客に知らしめるよう要求するだけでなく，取引の相手方である顧客の状況をも考慮して，それに相応しい投資取引を勧誘することを業者に要請するところに，重心を移しているのである。

確かに，「適合性原則」は，投資者を保護するために作られたルールであるが，投資者という「集合体」のみに着目するのではなく，個々の顧客の具体的な属性に視点が向けられている点に特徴がある。このような個々の「個人」を問題とする適合性原則における「人間像」の捉え方は，もちろん「自由・平等・理性的」な抽象的人間像を想定する古典的近代民法と異なると同時に，社会的・経済的力関係における弱者を保護するために「具体的人間像」を問題とする現代法とも異なるものである[4]。現代法により提起された具体的な人間像は，労働者，借地人・借家人，消費者金融における借主という「集団」に焦点を当てているのに対し，「適合性原則」は，このような「集団」レベルから，さらに一歩進め，一人一人の投資者である「個人」に焦点を合わせて，その保護を図ろうとしている点に重要な意味がある。この点からすると，「適合性原則」がいままでの普遍的な「人」概念を前提とする法理論とは対極的な原理であることがわかる。

人々は，その社会生活において，自分にとって今何が必要か，何が自分に相応しいものかを自ら判断して決定するのが本来の姿であり，かかる人間像が，自己決定や私的自治の理念にも親和的である。しかし，社会関係や商品の産業

---

[4] 瀬川信久は民法における人間像の視点から，適合性原則が個人の問題に着目する点で第三期の人間像を扱っていると指摘した（「〈座談会〉法における人間像を語る」法時80巻1号（2008年）5～7頁（瀬川発言））。

第1節　適合性原則の基本的視点

化・細分化・高度化が進展した現代社会においては，私人と私人との関係が，互換性のある自由・平等・独立なものであるという理念が崩れつつあることは多言を要すまい。現実にも，生身の人間は，自らの生活の中で，すべてにわたって自由に判断することも，独立して決定することも極めて困難な状況に置かれていることは否めない。自己決定・自己責任は，なお理念として維持されているとしても，現実の社会生活では，他者の決定や動機付け，他者との関係性の中で，一定の選択を余儀なくされている場合のほうが，圧倒的に多いのである。このような社会変化に対応して，実質的な自由・平等を保つため，社会的・経済的力関係における弱い当事者の権利を強化する目的で種々の特別法が制定され，取引の前提となる情報や知識の格差から弱い当事者の利益を保護する法理論が作られてきたことは周知の通りである[5]。

　社会の変化がさらに進み，経済の高度発展につれ，商品や役務はますます複雑・多様化し，個人の能力では制御しきれなくなっていく。このような社会の中で，人は，いくら権利を与えられたとしても，また，いくら情報を提供されたとしても，もはや自分にとって何が必要であるか，何が相応しいのかを適切に判断することが困難若しくは不可能になりつつあり，多くの場面で，専門的知識や技能のある専門家や業者に依存せざるをえない傾向に向かうことになる[6]。従来のように，実質的な自由・平等を確保するために特定の人に個別の権利を付与したり，その自己決定を支援するため業者に情報を提供させたりするだけでは，もはや顧客の利益を保護することが困難になっているのである。こうした社会変化の中で，顧客の利益の保護，ひいては社会秩序を維持するためにも，複雑な商品あるいは役務を提供する以上は，業者や専門家が，単に情報を提供し説明するだけでなく，相手方である顧客の利益を適切に考慮して，パターナリスティックに行動することが要請されるようになるのは，社会の趨勢

---

[5] いままで，社会的弱者を保護するために制定された特別法は，3つの類型がある。第1は，労働関係を規律するものであり，第2は，借家借地に関するものであり，第3は，消費者問題をめぐるものである（星野英一『民法のすすめ』〈新赤版〉（岩波書店，2007年）151頁以下参照）。

[6] 早い段階で「専門家」という特性に着目してその責任を論ずるものに，川井健「『専門家の責任』と判例法の発展」川井健編『専門家の責任』（日本評論社，1993年）4頁以下，河上正二「『専門家の責任』と契約理論」法時67巻2号6頁以下（1994年），鎌田薫「専門家責任の基本的構造」加藤雅信編『製造物責任・専門家責任』（日本評論社，1997年）298頁以下などがある。最近，説明義務との関係で専門家の特性に注目するのは，横山美夏「説明義務と専門性」判タ1178号18頁以下（2005年）参照。

というべきではあるまいか。ここに，（情報格差の是正をめざす）情報アプローチから（相手方の利益擁護と相互の連帯をめざす）保護アプローチへの重心の移転が観察される。社会構造の変化につれ，業者と顧客との関係も日々変化しており，業者と顧客との新しい関係を規律するための法的論理の形成も必要となる。このような社会的要請に応ずるルールの一つが，まさに「適合性原則」なのである。

　近年，消費者被害の急増を背景に，「適合性原則」に対する関心は，投資取引の領域を超えて，広く消費者取引規制一般にも拡大して，議論されている。消費者基本法5条1項3号には，事業者の責務として，明確に「消費者との取引に際して，消費者の知識，経験及び財産の状況等に配慮すること」が唱われているだけでなく，特に，最近では，消費者関連立法（改正割賦販売法・特定商取引法）において，過量販売の禁止（改正特商法9条の2），過剰与信の禁止（改正割賦販売法30条の3），過剰貸付の禁止（改正貸金業法13条の2）などが規定されるに至った。個々の顧客の資力や具体的状況に配慮し，商品の販売・与信および貸付を為すべく，業者の行為を規制しているのである[7]。これらの規定は，明らかに「適合性原則」の趣旨を体現するものであり，その下位規則としての性質を帯びているといえよう。

　このように，社会構造の変化に即して，個々の顧客の具体的な属性に視点を置いて顧客の利益を保護しようとする「適合性原則」は，投資取引のみならず，消費者取引における顧客保護にとっても，その重要性が高まっているのである。

第2節　適合性原則をめぐる日本法の問題状況

　前述のように，「適合性原則」の考え方は，投資者保護のみならず消費者保護にとっても重要なルールと認識されつつある。しかし，適合性原則は，今までの社会的弱者保護理論とは全く異質な側面を含む原理である。そのため，たとえば，投資者保護法理として「適合性原則」を適切に運用するにしても，当該原則の意味を正しく理解しておく必要があり，具体的に当該原則に違反する場合の民事責任およびその理論的根拠や判断基準を明らかにすることが必要不

---

[7] これについては，河上正二編『実践消費者相談』（商事法務，2009年），消費者庁＝経済産業省編『特定商取引に関する法律の解説』〈平成21年版〉（商事法務，2010年）など参照。

第 2 節　適合性原則をめぐる日本法の問題状況

可欠である。しかし，残念ながら，現段階において，日本における「適合性原則」については，裁判例における民事責任の認定基準のレベルにおいてすら統一性を欠いている。また，「適合性原則」違反が業者の民事責任の法的根拠になるかどうかについても争われているが，学説の議論では，未だ「適合性原則」違反の民事責任の認定構造を論ずるものが少なく[8]，大半は同原則の内容やその考慮要素を中心に叙述するにとどまっている。

　以下では，まずもって，問題状況を浮き彫りにするため，「適合性原則」違反に対する裁判例の認定状況と「適合性原則」の意味に対する学説の理解状況という2つの側面から，日本における「適合性原則」に関する問題状況を概観しておきたい。

0.2.1　適合性原則違反の民事責任の認定における裁判例の問題状況

　後述のように，適合性原則を生み出した米国においては，適合性原則は未だに証券業者の自主規制規則にとどまっているが，行政監督機関は適合性原則違反を理由に業者の行政責任を厳しく追及し，業者の行為規制規範として適合性原則を活発に利用している。それに対し，日本では適合性原則は証券会社などの金融業者の業法規定として制定法で明文化されているにもかかわらず，行政監督機関が同原則を利用して業者に行政処分を下した例は，殆ど見られない。日本では，むしろ民事裁判の場において，業者の民事責任の法的根拠として適合性原則が問題にされているのである。

　極めて早い段階で，裁判例は，適合性原則を投資取引紛争解決に適用することを認め，「投資者の投資目的，財産状態および投資経験等に照らして明らかに過大な危険を伴う取引を積極的に勧誘するなどして，社会的に相当性を欠く手段又は方法によって不当に当該取引への投資を勧誘することを回避すべき」義務を業者が負うという形で，適合性原則を私法秩序に反映させた（東京地判平成5年5月12日判時1466号105頁（ただしこの裁判例自体は適合性原則違反を否定））。

---

[8]　適合性原則に違反した投資勧誘行為について，損害賠償責任が生じるという主張（たとえば，神崎克郎『証券取引法』（青林書院新社，1978年）355頁）や，契約が無効となるという主張（たとえば，今西康人「契約の不当勧誘の私法的効果について——国内公設商品先物取引被害を中心として——」中川淳先生還暦祝賀論集刊行会編『民事責任の現代的課題』（世界思想社，1989年）217頁）はあるが，いずれも指摘の範囲にとどまり，理論的な論述まで発展しなかった。

9

しかし，具体的に業者の民事責任を認定する際に，適合性原則を争点にしたものの，結果的には説明義務の中に取り込んで論じていた初期の裁判例が多く，たとえ適合性原則違反と説明義務違反を独立に認定する裁判例にしても，最後に両者の違反行為を一体として不法行為の成否を判断する傾向があり，また，最高裁判決によって適合性原則違反それ自体により不法行為が成立しうることが認められてからも，適合性原則違反による不法行為の成立を認めたあと，さらに説明義務違反をも認定したうえで業者の不法行為責任を追及する裁判例が未だ多く存在する。つまり，裁判例においても，適合性原則と説明義務との関係は必ずしも明確な住み分けがなされていない。この両者の関係をどう処理すべきかが，第1の問題として残っている。

　また，近時，適合性原則違反を1つの根拠にして業者の民事責任を認める下級審裁判例が見受けられるようになったが，これらの裁判例は，適合性原則を私法上のルールではなく，あくまで業法規定あるいは業者の自主規制規定として位置付け，同原則に違反した行為といえども直ちに民事責任が生じるわけではないという前提の下で，不法行為法上の違法性の有無によって民事責任の成否を判断している。このような判断構造は，適合性原則違反を理由とする不法行為責任が成立しうると判示した最判平成17年7月14日民集59巻6号1323頁（以下，「平成17年最高裁判決」という）によっても承認された。すなわち，平成17年最高裁判決において，最高裁は「これら（適合性原則に関する旧証券取引法，行政指導および自主規制の規定を指す――筆者注）は，直接には，公法上の業務規制，行政指導又は自主規制機関の定める自主規制という位置付けのものではあるが，証券会社の担当者が，顧客の意向と実情に反して，明らかに過大な危険を伴う取引を積極的に勧誘するなど，適合性の原則から著しく逸脱した証券取引の勧誘をしてこれを行わせたときは，当該行為は不法行為上も違法となると解するのが相当である」と判示した。こうして，適合性原則違反が民事責任の認定根拠になりうることが最高裁により認められたものの，具体的に民事責任の成否を判断するにあたって，適合性原則違反だけでなく，不法行為法上の「違法性」の存在が要求されている。結局，問題は，どのような基準をもって「違法性」を判断するかである。

　これについて，平成17年までの下級審裁判例は，適合性原則違反行為が「社会的相当性から逸脱」することを基準に私法上の違法性を認定し，平成17年最高裁判決は「適合性の原則から著しく逸脱」することを基準に不法行為法上の違法性を判断している。しかし，下級審裁判例の判断基準にしても最高裁判

決の判断基準にしても，不法行為法上の「違法性」の判断と「適合性原則違反」それ自体の判断との違いはどこにあるかは不明瞭であり[9]，民事責任の成立要件としてその判断基準はひどく曖昧である。つまり，業法上の適合性原則違反と私法上の適合性原則違反との判断基準に本質的な差異が存在するのか，存在するならそれぞれの判断基準をどう区別すべきかが問題である。これは，第2の問題となる。

また，適合性原則違反の民事責任を認めた裁判例においても，顧客の投資リスクに関する認識・理解について，一方で，適合性の有無を認定する際，これが欠けていることを理由の一つとして，適合性を否定しておいて，他方で，損害賠償範囲を認定する際，顧客が投資のリスクを認識できることを一つの理由として過失相殺を行っている点が問題である。同一事項に対する裁判所のこのような評価方法には明らかに矛盾がある。一方では限定された理解能力を理由とした保護を語りながら，他方では，経済的合理人を前提とした帰責（責任の分担）を求めているからである。適合性原則違反の民事責任を認定する場合，過失相殺をどう考えるべきかは，私法秩序における適合性原則の役割をどう捉えるかにかかわっている。これは，第3の問題となる。

具体的な状況は，後述するが，少なくとも，以上の3つの問題を解決しない限り，適合性原則違反の民事責任に関する判断構造は明らかにならない。いくら最高裁が適合性原則違反により不法行為責任が生じうることを認めたからといって，具体的な判断構造が不明なままでは，司法判断の透明性が損なわれるだけでなく，適合性原則の私法上の役割も十分発揮できないであろう。従って，適合性原則違反の民事責任の判断構造を明らかにするには，これらの問題の解明が不可欠であり，そのため，まずもって適合性原則の本来の意味を確認し，私法秩序における適合性原則の役割を検討することが必要であるように思われる。

0.2.2 適合性原則の意味に関する学説上の問題状況

1939年に，米国において，投資者保護のために業者基準を高めるという制

---

[9] 清水俊彦は1998年の論文において，「従来の裁判例からは，いかなる場合に取引に適合性がないとされるか（ないし顕著・明白な適合性原則違反とされるか），その基準をうかがい知るのは難しい」と指摘していた（同・「証券取引における適合性原則」園部秀穂＝田中敦『現代裁判法大系23［消費者信用取引］』（新日本法規出版株式会社，1998年）98頁）。

定法上の要請[10]に基づき，全米証券業協会によって自主規制規則として制定された適合性原則は，日本において，1974 年に，当時の大蔵省証券局によって投資勧誘の行政指導方針として導入され，1992 年に旧証券取引法により明文化された。しかし，両者における適合性原則に関する捉え方は微妙に異なっている。確かに，行政指導方針として導入したときは，「投資者の意向，投資経験および資力等に最も適合した投資が行われるよう十分配慮すること」を適合性原則の内容にしていたのに対し，旧証券取引法の条文として明文化したときは，「顧客の知識，経験および財産の状況に照らして不適合と認められる勧誘をしてはならないこと」を適合性原則の内容とした。あるいは，この表現上の差異が，その後に「適合性原則」に関する理解の混乱を生ずる種を撒いたのかもしれない。「適合した投資勧誘」への要請と「不適合と認められる（投資）勧誘」の禁止は，完全に補集合（表裏）の関係にあるものではなく，その間には，一定のグレーゾーンがありそうだからである[11]。また，「勧誘」行為を規制することと，「販売（契約締結）」行為そのものを規制することの間にも，一定の懸隔があるが，その点についても明確に意識されていたかは怪しい。

　米国では，「適合性原則」が，一般的に「顧客に適合する投資を勧誘せよ」として確立しているのに対して，日本では，論者ごとに同原則に関する理解に差異を生じ，未だに固まっていない。1999 年までは，米国での定義のように命令規範として適合性原則の内容を「顧客に適合性を有する投資を勧誘せよ」と理解する者と，旧証券取引法の規定ぶりに従い「不適合な勧誘をしてはならない」という禁止規範が適合性原則の内容であると理解する者に分かれていた（具体的内容は後述する（第 1 章第 4 節））。しかし，1999 年に金融審議会第 1 部会の「中間整理（第 1 次）」が公表されてから，「適合性原則」に関する理解はさらに変化した。同審議会において，適合性原則が「狭義の適合性原則」と「広義の適合性原則」との二種類に分類して整理された。ここでいう「狭義の適合

---

[10] 1938 年法改正により追加された証券取引所法 15A 条は，登録制のもとで国法証券業協会の創設を認めると同時に，投資者保護のために業者基準を高める特定の意図をもって，国法証券業協会が「詐欺的および相場操縦的行為ならびに慣行を禁止し，公正かつ衡平な取引原則を促進する」という規則の制定を登録条件として定めている。

[11] この点につき，河上正二は，「『不適合なもの』というのは，『適合するもの』とぴったり境界がわかれているわけではなくて，間にグレーゾーンがあります。……不適合な取引，投資取引を勧誘してはならないというときの禁止規範は，事業者の裁量の幅，当事者の選択の幅が広いと考えないといけません。それに対して，適合する投資取引を勧誘しなさいと言った場合は，……事業者の裁量の幅はうんと小さくなるわけです」という（同「投資取引における『適合性原則』をめぐって」先物取引被害研究 31 号 8 頁（2008 年））。

第2節　適合性原則をめぐる日本法の問題状況

性原則」とは，「ある特定の利用者に対してはどんなに説明を尽くしても一定の商品の販売・勧誘を行ってはならない」とのルールを意味し，「広義の適合性原則」とは，「業者が利用者の知識・経験・財産力，投資目的に適合した形で勧誘（あるいは販売）を行なわなければならない」とのルールを意味し，さらに，後者である「広義の適合性原則」が説明義務の拡大であると解説された[12]。このような「狭義」・「広義」の分類方法が出されて以来，このような多義的理解は現在の適合性原則に関する認識の主流となった。

しかし，問題は更に複雑である。日本では，金融審議会に提起された「狭義の適合性原則」が「禁止規範」であるということには異論がないとしても，同原則の具体的意味内容に関する理解およびこの「狭義の適合性原則」が「勧誘行為」のみに適用されるものであるか，または「販売行為」にまで及ぶかについては必ずしも見解が一致しない。同様に，「広義の適合性原則」に関しても，これが「説明義務の拡張」であるという理解[13]と，むしろ「助言義務の体現」であるという理解[14]に分かれた。適合性原則の意味に関する理解は，適合性原則と説明義務・助言義務との関係に対する認識にも影響を及ぼしており，適合性原則の意味に関する理解が異なるように，説明義務との関係についても，論者によって見解が分かれている（具体的内容は後述する（第1章第4節））。

このように，日本では，「適合性原則」の意味や機能に対する理解はかなり多様である。このような適合性原則に関する理解の違いは，単なる学理上の認識の差違にとどまらず，「適合性原則」が，投資者保護の局面においていかなる役割を果たすべきかという問題に対する根本的考え方の差にも繋がっているのである。これに追い打ちをかけるように，業者の説明義務を尽くしたかどうかの解釈基準として適合性原則の考慮要素が取り入れられていること（金融商品の販売等に関する法律3条2項，商品取引所法218条2項）や，業者の顧客に対する誠実公正な業務遂行義務（金融商品取引法36条）や忠実義務（同41条［投資助言業務］，42条［投資運用業務］）といった考え方も並存し，事態は混沌としている。

詳しい状況は後述するが，実際に，適合性原則に関する理解の混乱は，おお

---

[12] 1999年（平成11年）7月6日金融審議会第1部会「中間整理（第1次）」資料17-18頁
[13] 1999年の金融審議会第1部会での意見であり，2006年の金融商品取引法の改正において，立法担当者は同意見を維持した（松尾直彦＝松本圭介編『実務論点金融商品取引法』（きんざい，2008年）159頁）。
[14] 潮見佳男の見解である（同『契約法理の現代化』（有斐閣，2004年）131～132頁）。

よそ以下の3つの問題をめぐって生じている。すなわち，

　第1に，適合性原則の内容として，命令規範として捉えられる場合と，禁止規範として捉えられる場合とは，本質的な差異があるかどうか。

　第2に，適合性原則の趣旨は，投資不適格者と認定される顧客を市場から排除するところにあるのか，それとも市場における顧客の真の選択自由を保障するためであるのか。

　第3に，適合性原則の射程範囲は，業者の投資勧誘の場面（受動的投資者）にのみ限定されるのか，それとも販売行為（能動的投資者）までに及ぶのか。

　適合性原則に対する理解が，以上の3つの問題に関して混乱を生じたとすれば，この混乱を収束させるには，ひとまずこの3つの問題を解明しなければならない。「適合性原則の内容」に関する第1の問題と，「適合性原則の趣旨」に関する第2の問題が解明できれば，「適合性原則の射程範囲」である第3の問題の解は自然に出てくるものであり，適合性原則を理解する鍵となるのは，第1と第2の問題である。そこで，適合性原則の内容およびその趣旨を明白にするため，原点に立ち戻って適合性原則を検討する作業が必要と思われる。

第3節　問題の設定および本書の構成

0.3.1　問題の設定

　「普遍的な人」概念を前提とせず，人の「集合体」の特徴に着目するのでもなく，個々の「投資者」の属性に視点をおく適合性原則は，社会構造の変化の中で投資取引のみならず消費者取引の領域においてもその重要性が認識されてきた。にもかかわらず，前述のように，適合性原則をめぐる司法判断および学説上の理解には，問題点が多く存在しており，かつ，これらの問題は適合性原則の意味に対する理解と深く関わっている。すなわち，適合性原則に関する行政の発動が皆無に近い状態であり，適合性原則違反の判断を裁判所に委ねることを余儀なくされたが，裁判所は適合性原則違反の民事責任を認定する際，適合性原則違反の判断とそれによる民事法上不法の成立の判断とを明確に区別していないため，適合性原則違反の民事責任の判断構造が未だに不明瞭である。さらに，適合性原則に関する学説上の理解は一致しておらず，適合性原則と説明義務との関係に関する認識にも影響を与え，適合性原則の運用に，一層の混乱をもたらしている。

　そこで，私法秩序において適合性原則の役割およびその違反に関する民事責

任の判断構造を究明することを，本書の最終的目的とする。当該目的に到達するために，まずもって適合性原則の意味を明らかにすることが必要であり，そのうえで，適合性原則違反に基づく民事責任の判断構造を解明し，その法的理論構成を提案することが重要と思われる。

　既に紹介したように，適合性原則はそもそも投資取引に適用するために導入された思想であり，社会情勢の変化に応じて，近年消費者取引領域にも適用しようとする動きが現れてはいるものの[15]，適合性原則をより正確に理解し，私法秩序におけるその役割を明確にするためには，適合性原則のオリジンを知ることが最も有益である。そこで，本書では，米国の証券取引における適合性原則の運用状況を主たる検討対象とする。また，米国では，日本の状況と異なり，業者の適合性原則違反行為に対し，民事責任追及のほか，監督機関による行政責任の認定が活発に行われている。適合性の有無の考慮要素および適合性原則違反の判断基準は，裁判所によって判示される日本と異なり，米国では監督機関によって具体化されている。もともと適合性原則は業者の投資勧誘行為を規制するために作られた行為規則であることに鑑みると，行政規制場面に適用される適合性原則の役割を把握することは，適合性原則の意味の確認にとっても，適合性原則違反の民事責任の認定にとっても，重要な意義を有しよう[16]。したがって，本書では，日本で欠落している適合性原則違反に関する行政責任の認定のあり方について，米国でのそれを積極的に視野に取り込むこととした。具体的には，適合性原則違反に対する米国での行政責任と民事責任の認定状況およびその判断構造の内容や相違点を検討し，さらに，それらが反映された適合性原則の意義を明らかにしたうえで，各々の役割分担に注意を喚起すると共に，私法秩序における適合性原則の役割を探りたい。

　なお，証券取引の特殊性および証券会社の市場機構の担い手たる地位に着眼し，投資者保護のためには，如何なる政策判断または立法論の構築が必要かと

---

[15] 後藤巻則「消費者のパラドックス――『法は人間をどう捉えているか』企画の趣旨を兼ねて」法時80巻1号33頁 (2008年)，坂東俊矢「金融取引と消費者法」法教324号123頁 (2007年)，山崎敏彦「証券取引と消費者法」法教325号171頁 (2007年) などがある。

[16] 最近，消費者取引において，行政ルールによる規制と民事ルールによる規制の交錯とその調整に着目した論文が見られた (後藤巻則「消費者法と規制ルールの調整――民事ルールの位置づけをめぐって」藤岡康宏編『民法理論と企業法制』(日本評論社，2009年) 83頁以下)。

いう問題が論じられており[17]，また，消費者契約を念頭におくものであるが，契約への介入の正当化根拠という根本的な問題に関する指摘もなされている[18]。本書は，投資者保護の一環として適合性原則を考察するものであるが，上記の要素を考慮しつつも，現有の法制度の下での，私法秩序における適合性原則の役割およびその違反に対する民事責任の判断構造を明確化することを，主要な課題とするもので，立法論に及ぶものではないことを，予めお断りしておきたい。

0.3.2 本書の構成

以上の問題関心に基づき，本書は，投資取引に関して，私法秩序における適合性原則の役割を探究していくものであり，その構成は以下の通りである。

第1章では，まず日本における適合性原則の状況を整理する。とりわけ，適合性原則に対する日本の裁判例の対応および適合性原則に違反した場合の民事責任認定に関する日本の裁判例を検討した上で，適合性原則についての学説の理解状況を整理・分析し，その問題点を明らかにする。

第2章においては，米国における適合性原則の起源とその発展を跡付け，投資商品ごとに適用される適合性原則の具体的内容を整理し，また，日本でほとんど論じられていない，適合性の有無を判断するに際して重要な基準の一つとなる「投資リスクの評価方法」について，近年米国で議論の盛んなポートフォリオ理論を交えて紹介する。

次に，視点を適合性原則に違反した場合にいかなる責任が生じるかに移す。まず，第3章では，日本において空白状態である適合性原則違反に対する行政責任の認定について，米国の証券取引委員会（SEC）の審決事例に基づき，業

---

[17] 比較的早い段階から，上村達男は，「市場法」として証券取引法を捉え，その視点から投資者保護を論じていた（同「投資者保護概念の再検討——自己責任原則の成立根拠」専修法学論集42号1頁以下（1985年））。また，森田章は，業法規制と自主規制の両方を強化する方向での投資者保護の基本法を提唱していた（同『投資者保護の法理』（日本評論社，1990年））。さらに，比較法の角度から投資者保護法のあり方を探るものとして，近藤光男＝川口恭弘＝上嶌一高＝楠本くに代『金融サービスと投資者保護法』（中央経済社，2001年）がある。

[18] 河上正二は，当事者意思の尊重を理念としつつも，契約への介入が二つの方向から行われざるをえないと指摘する。すなわち，一つは開示規制などによるマーケット・メカニズムの活用であり，今ひとつは実体的強行規定や取締規定のセーフティーネットを張ることにより顧客に必要な保護を与えることである（同『民法総則講義』（日本評論社，2007年）390頁参照）。この指摘は，投資取引契約に関しても当てはまる。

者の行政責任を追及する場面での，適合性原則違反の判断基準を整理し，そこで提示された適合性原則違反の行政責任の判断構造を分析する。

　続いて，第4，5，6章においては，米国における適合性原則違反の民事責任認定に関する裁判所の判断を中心に紹介・検討する。第4章は，適合性原則違反によって，直接的な連邦法上の私的訴権が発生するか否かについて，米国の裁判例の動向を取り扱う。早期の連邦裁判所の多数の判例は，適合性原則違反をもって直ちに連邦法上の私的訴権が生じることについて否定的であったが，連邦証券諸法上の「反詐欺条項」規定および州法上の「信認義務違反」を法的根拠にして適合性原則違反の民事責任を認める裁判例が現れている。第5章は，適合性原則違反の民事責任を認定する場合の法的根拠の一つである連邦証券諸法上の「反詐欺条項」規定を利用した適合性原則違反の民事責任に関する連邦裁判所の判断状況を中心に検討する。第6章は，もう一つの法的根拠である州法上の「信認義務違反」に基づき，適合性原則違反の民事責任を認定する裁判例の状況を整理する。

　適合性原則違反の民事責任の効果については，第7章で取り扱う。米国では，適合性原則違反の民事責任の効果として，主に損害賠償が認められている。そこで，第7章では損害賠償の主たる内容である「補償的損害賠償」および「懲罰的損害賠償」の認定を紹介する。

　第8章は，第1章から第7章までの内容整理と，米国における適合性原則の状況の総括にあてられる。

　最後に，第9章において，適合性原則に関する日米両国の対応状況を対比しつつ，当初の問題に立ち返って，適合性原則の意味と，適合性原則違反による民事責任認定の判断構造を明らかにし，私法秩序における適合性原則の積極的役割を示したい。

第1章　日本法における適合性原則の状況

　日本法における適合性原則の状況を把握するため，本章では，適合性原則に関する制定法の変遷，裁判例の動向および学説という3つの領域を整理・検討しよう。

　「適合性原則」の観念は，日本において，業法上の規定として存在すると同時に，業者の自主規制規範としても導入されている。そこで，ここでは制定法の変遷を叙述する中で，適合性原則が日本に導入された経緯ならびに自主規制として果たしてきた役割を織り込んで，一括して紹介する。

第1節　適合性原則に関する制定法の変遷

　後述のように，適合性原則は，最初，米国において証券業者の自主規制規定として制定され，その後，日本に導入され，業法上の規定となったほか，日本証券業協会などによって自主規制規定としても定められている。そこで，現在の日本では，適合性原則に関する議論は，専ら業法および自主規制上規定されているところの「適合性原則」を対象に行われている。日本での「適合性原則」の全貌を把握するには，制定法のみならず，証券業者自身が自らの行為規範と認じている自主規制の内容も視野に取り込んでおくことが有益であろう。以下では，適合性原則に関する自主規制規定から紹介することとする。

1.1.1　適合性原則に関する自主規制規定
1.1.1.1　適合性原則に関する行政通達
　米国で生まれた適合性原則は，最初，行政通達の形で日本に導入された。すなわち，1974年（昭和49年），大蔵省（当時）証券局長から日本証券業協会会長宛の「投資者本位の営業姿勢の徹底について」（昭和49年12月2日蔵証2211号）という行政通達は，「投資者に対する投資勧誘に際しては，投資者の意向，投資経験および資力等に最も適合した投資が行われるよう十分配慮すること，特に証券投資に関する，経験が不十分な投資者および資力の乏しい投資者に対する投資勧誘については，より一層慎重を期すること」として，証券業者に対

し，投資者の属性に適合する投資を勧誘するよう指導した。

　ここで注意したいのは，同通達が当初から投資者の「投資者の意向」を適合性原則の考慮要素の一つとして取り入れていた点である。後述のように，後に旧証券取引法が適合性原則を条文化したとき，なぜか，この「投資者の意向」が，考慮要素から脱落した。いずれにせよ，この行政通達は，あくまで業者に向けられた営業姿勢に関する「行政指導」であって，法的に，特別のサンクションを伴うものではなかった。

1.1.1.2　日本証券業協会の自主規制規定

　上述の行政通達を受けて，日本証券業協会は1975年（昭和50年）2月19日，「協会員の投資勧誘，顧客管理等に関する規則」（公正慣習規則九号）を制定した。同規則は，その後に60回ほどの改正を経て，現在の内容となっている。最終的に，日本証券業協会は，2007年（平成19年）9月18日の改正において，この規則の名を「公正慣習規則」から「自主規制規則」へと改称した。当初，この規則には「適合性原則」に関する直接の規定があったわけではなく，協会員に対して「顧客の資産状況および投資経験の有無を記載する顧客カードの作成」や「取引開始基準の設定」を要求するにとどまっていた。適合性原則に関する規定は1996年（平成8年）3月29日の改正によって新設され（当時2条2項)[1]，これが2007年9月18日の改正によって，現在の「自主規制規則」3条2項となった。その内容は，1996年当時から変わっておらず，次の通りである。

　　「協会員は，顧客の投資経験，投資目的，資力等を十分に把握し，顧客の意向と実情に適合した投資勧誘を行うよう努めなければならない。」

　自主規制規定は，後述する制定法より早く「投資目的」を適合性原則の考慮要素として取り入れ，しかも顧客に「適合した」投資勧誘を要請している。また，適合性原則の遵守を確保するため，顧客カードの整備やハイリスク金融商品に関する取引開始基準の設定が，それぞれ業者に要求されている。

　顧客カードの作成は，現在の規則5条1項によって規定されている。そこで要求されている記載内容は，①氏名又は名称，②住所又は所在地および連絡先，

---

[1] 「適合性原則」に関する当初の規定内容も，概ね昭和49年12月の大蔵省証券局長通達をなぞったもので，現在の「自主規制規則」3条2項と同一内容である。

第 1 節　適合性原則に関する制定法の変遷

③生年月日，④職業，⑤投資目的，⑥資産の状況，⑦投資経験の有無，⑧取引の種類，⑨顧客となった動機，⑩その他各協会員において必要と認める事項，である。つまり，この規定によると，業者は適合性原則に従った勧誘を行うため，以上のような顧客情報を収集しなければならず，それを前提とした勧誘活動が要求されていることになる。

また，ハイリスク金融商品に関する取引開始基準の設定については，現在の規則 6 条 1 項によって規定されている。その内容は，次の通りである。

「協会員は，次の各号に掲げる取引等を行うにあたっては，それぞれ取引開始基準を定め，当該基準に適合した顧客との間で当該取引等の契約を締結しなければならない。
1　信用取引
2　新株予約権証券の売買その他の取引（顧客の計算による信用取引以外の売付けを除く）
3　有価証券関連デリバティブ取引等
4　特定店頭デリバティブ取引等
5　店頭取扱有価証券の売買その他の取引（顧客の計算による信用取引以外の売付けを除く）
6　その他各協会員において必要と認められる取引等（顧客の計算による信用取引以外の有価証券の売付けを除く）」

さらに，取引開始基準の内容について，同規則 6 条 2 項は「前項に規定する取引開始基準は，顧客の投資経験，顧客からの預り資産その他各協会員において必要と認める事項について定めなければならない」と規定しているが，具体的な取引開始基準の設定は，各協会員に任せている。それゆえ，業者によって同一の金融商品についても異なる取引開始基準が設定されうる。

1.1.1.3　日本商品先物取引協会の自主規制規定
日本商品先物取引協会は，商品先物取引に関する自主規制として「受託等業務に関する規制」を制定し，同規則第 3 条において適合性原則を定めている[2]。

---

[2]　「受託等業務に関する規制」も，数回もの改正が行われている。本書で引用した規定は 2007 年（平成 19 年）改正後の内容である。

その内容は，1991年制定当初の内容に「投資目的」を加えて，次の通りである（同規則3条1項）。

　「会員は，商品市場における取引について，顧客の知識，経験，財産の状況及び受託契約を締結する目的に照らして不適当と認められる受託等業務を行ってはならない。」

さらに，同規則3条2項においては，顧客の適合性に関する調査およびその記録の保存も要求されている。すなわち，

　「会員は，不適当と認められる受託等業務を行うことのないよう，顧客の適合性を調査し，これを厳正に審査することにより，先物取引に不適当と判断される者の参入を防止しなければならない。また，会員は，適合性の審査に係る記録を作成し，これを保存しなければならない。」

このように，商品先物取引のリスク性は，普通の証券取引のそれより高いと認識されているにもかかわらず，基本的に適用される適合性原則の規定内容には変わりがない。すなわち，日本証券業協会により制定され，普通の証券取引を規制対象とする適合性原則にしても，日本商品先物取引協会により制定され，商品先物取引を規制対象とする適合性原則にしても，同様に顧客の知識，経験，財産の状況および投資目的に照らして投資勧誘が顧客にとって適合性を有するか否かの判断が要求されている。

以上のように，日本においては，1974年（昭和49年）に当時の大蔵省が行政通達として適合性原則の遵守を証券業者に指導していたが，日本証券業協会により自主規制規定として適合性原則を明示的に定めたのは1996年であり，後述するように，制定法での明文化よりも遅れている（旧証券取引法は1992年（平成4年）に適合性原則を規定していた）。その代わり，日本証券業協会は，自主規制規定の中に適合性原則を明示的に取り入れるに先立ち，顧客の属性を把握し，取引適性を確保するために，顧客カードの作成と取引開始基準の設定を定め，商品先物取引に関して，日本商品先物取引協会は適合性に関する調査および記録の作成まで要求している。つまり，実務界では，早くから適合性原則と顧客の情報調査をセットで受け入れようとしていたことが判る。しかし，適合性原則が制定法により明文化された後に自主規制規定として明示的に確立され

たことと，制定法の改正に応じてその考慮要素が変わっていることを考慮すると，実際には，適合性原則は制定法の影響下で自主規制規定の形となったといえよう。

1.1.2　適合性原則に関する制定法の変遷
1.1.2.1　旧証券取引法の規定
(1)　1992年（平成4年）証券取引法改正における規定

　1970年代から，証券市場の国際化の進展に対応して，証券監督者国際機構（IOSCO）[3]は，証券市場および証券業者等の健全性を確保し，投資者の信頼を高めるためには，国際レベルの証券業者の行為規範の形成が重要であると考え，1990年（平成2年）11月に，証券業者が営業活動にあたり国際的な共通のルールとして遵守すべき7つの原則からなる行為規範原則を採択した。その第4原則である「顧客に関する情報」は，「業者は，サービスの提供にあたっては，顧客の資産状況，投資経験および投資目的を把握するよう努めなければならない」と定めている[4]。明示的に「適合性原則」の言葉こそ現れていないものの，第4原則の要請内容は，適合性原則の遵守を意味するものとして解されている[5]。

　一方で，適合性原則は1974年（昭和49年）に行政通達の形で日本に導入され，証券会社に対して同原則に沿った投資勧誘を要請していたが，日本において，証券事故は依然として後を絶たず，市場の大衆化や商品の多様化が進む中で，証券会社の営業姿勢の適正化がますます重要な課題になっていった。そこで，IOSCOの行為規範原則の採択を契機に，国内の業者規制につき，IOSCOの7つの原則の観点から，体系的検討を加え，所要の見直しを行うことが適当と考えた証券取引審議会は，IOSCOの7つの原則の国内への適用について審議を

---

[3]　IOSCOとは，最初アメリカとカナダが中南米諸国の資本市場の育成を図るために，これら諸国の証券監督当局，証券取引所の指導，啓蒙を行うために1974年に設立した米州監督者協会がその起源であり，その後セキュリタイゼーションの進展とともにヨーロッパやアジアの規制当局も加盟し，1986年に機構も改められて現在のIOSCOが誕生した。日本は1988年に同機構に加盟した（河本一郎＝大武泰南『金融商品取引法読本』（有斐閣，2008年）547頁参照）。

[4]　証券取引法研究会「IOSCOの行為規範原則の我が国への適用について(1)」インベストメント第46巻第2号39頁以下（森本滋発言）（1993年），大蔵省証券局年報平成3年版66頁参照。

[5]　証券取引法研究会「IOSCOの行為規範原則の我が国への適用について(3)」インベストメント第46巻3号36頁（森本滋発言）（1993年）。

行い，1991年（平成3年）6月19日の証券取引審議会において，「証券監督者国際機構（IOSCO）の7つの原則の我が国への適用について」と題する報告をまとめた[6]。同報告書は，「7つの原則のうち，法令等に根拠を置くことがふさわしいものについては，これを法令等に明示的に規定することが適当である」と指摘し，具体的に，適合性原則に相当する第4原則について，「証券会社は投資者の意向と実情に則した取引を行うべきとするいわゆる適合性原則については，昭和49年の証券局長通達『投資者本位の営業姿勢の徹底について』等において，その趣旨が明らかにされているが，これを『証券会社の健全性の準則等に関する省令』等に規定し，法令上の根拠を明確にすることが適当であると考えられる」と提言した[7]。損失填補を始めとする一連の証券不祥事をきっかけにして，証券取引の公正を確保するため，1992年（平成4年）に証券取引法が改正された際（平成4年法律第73号，同年7月20日施行），上記の提言を受ける形で，証券取引に関するルールの明確化を図るための通達の法律化の一環として，明文をもって適合性原則を定めた[8]。その内容は，次の通りである（1992年当時の証券取引法54条1項1号）。

「大蔵大臣は，証券会社の業務の状況が次の各号のいずれかに該当する場合において，公益又は投資者保護のため必要かつ適当であると認められるときは，その必要の限度において，業務の方法の変更を命じ，3ヶ月以内の期間を定めて業務の全部または一部の停止を命じ，その監督上必要な事項を命ずることができる。
　一　有価証券の買付け若しくは売付けまたはその委託について，顧客の知識，経験及び財産の状況に照らして不適当と認められる勧誘を行って投資者の保護に欠けることとなっており，または欠けることとなるおそれがある場合。」

---

[6] 大蔵省証券局年報平成3年版66～67頁，証券法制研究会編『逐条解説証券取引法』（商事法務研究会，1995年）439頁参照。
[7] 資本市場研究会編『証券取引審議会報告―証券監督者国際機構（IOSCO）の行為規範原則のわが国への適用について・店頭市場に対する行為規制の適用について――』（資本市場研究会，1991年）12頁。
[8] 証券取引法研究会「平成4年証券取引法の改正について(1)」インベストメント46巻1号47～48頁，58～59頁（神崎克郎報告）(1993年)，証券法制研究会編・前掲注(6)439頁参照。また，適合性原則と同時に立法化されたのは，誠実公正義務である（これはIOSCOの第1行為規範原則である「誠実・公正」原則にあたる）

第1節　適合性原則に関する制定法の変遷

　この条文は、適合性原則を明文化しただけでなく、適合性原則の違反が経営保全命令の対象となる旨を定めている。つまり、この規定において、適合性原則は業者の行為規範とされ、行政処分の根拠となる準則と位置付けられたのである。

　1992年の証券取引法改正において、適合性原則が初めて明文化されたことは重要な意義を有する。また、適合性原則の違反が経営保全命令の対象となることを明言した点にも意味がある。しかし、注意すべきは、この規定が、「適合した取引が行われるよう」にと要請する行政通達と異なり、「不適当と認められる勧誘」を行ってはならないという消極的な形で規定されている点であり、行政指導と法規の違い[9]だけには還元できないものが含まれているように思われる。さらに、適合性を判断するにあたって顧客の属性の考慮要素について、当該規定は、「顧客の知識、経験、財産状態」を挙げたが、依拠した1974年の行政通達およびIOSCOの第4行為規範原則と異なり、「顧客の投資目的」を明示しなかった。何故「投資目的」が考慮要素とされなかったかは不明であるが、少なくともこのような条文の規定ぶりは、その後の適合性原則の意味に対する理解に大きな影響を与えたようである。というのも、適合性原則に関する議論の中で、「財産状態や経験など」の客観的要素に着目して適合性原則を論じ、主観的要素である「顧客の投資目的」を考慮しない傾向がしばしば見受けられるからである（この点については、学説状況の整理で触れる）。

(2)　1998年（平成10年）の証券取引法改正

　1998年（平成10年）の金融システム改革の一環として、旧証券取引法が投資対象、市場、市場仲介者の三分野に重心を置いて改正された際に（平成10年法律第107号、同年12月1日施行）[10]、適合性原則は、当時の証券取引審議会において具体的論題とならず、条文上の調整が施されるにとどまった。すなわち、1992年（平成4年）の証券取引法54条は2つの異なる規定を設けたが、その第1項が業務状況を規制する適合性原則の規定であり、第2項が財務の健全性に関する規定であった。また1998年改正によって、条文整理として、適合性

---

[9]　これについて、神崎克郎は「これは行政指導とか通達と、法令の規制との違いである」と指摘した（前掲注(8)59頁（神崎克郎報告））。
[10]　平成9年6月13日証券取引審議会「証券市場の総合的改革～豊かで多様な21世紀の実現のために～」インベストメント50巻3号93頁以下（1997年）。

原則の規定が旧54条1項から43条に移された[11]。具体的内容は，次の通りである（1998年当時の証券取引法43条1号）。

「証券会社は，業務の状況が次の各号のいずれかに該当することのないように，業務を営まなければならない。
　一　有価証券の買付け若しくは売付け若しくはその委託等，有価証券指数等先物取引，有価証券オプション取引若しくは外国証券先物取引の委託又は有価証券店頭デリバティブ取引若しくはその委託等について，顧客の知識，経験及び財産の状況に照らして不適当と認められる勧誘を行って投資者の保護に欠けることとなっており，又は欠けることとなるおそれがあること。」

この改正において，適合性原則は，業者の行為規制として維持され，適合性の考慮要素についても修正を受けていない。すなわち，1992年（平成4年）の規定内容と同じく「顧客の知識，経験及び財産の状況」が考慮要素とされている。1992年（平成4年）の規定と異なるのは，改正において，適合性原則違反が従来の経営保全命令の対象から外され，その違反に関する罰則や行政処分に直接結びつける規定が定められていないことである。もっとも，適合性原則違反は，直ちに法令上の義務違反と評価されうるため，当時の証券取引法56条1項3号を介して，法令違反として行政処分をうける可能性はあった。従って，1998年の法改正における適合性原則の規定は，ひとまず，1992年の規定から実質的な変更がなかったといえよう[12]。

1.1.2.2　金融商品取引法の規定

1990年代後半における「金融システム改革」の実施以降，幅広い金融サービスに対応しうる「日本版金融サービス法」が検討課題となり，金融審議会金融分科会第1部会は，2004年（平成16年）9月から，従来の縦割り業法を見直し，規制の横断化・柔軟化を目指して投資サービスにおける投資家保護のあり方や市場のあり方などについて検討を行い，2005年（平成17年）12月22

---

[11]　証券取引法研究会「金融システム改革法について(1)―証取法を中心に」インベストメント51巻4号90〜91頁（森本滋報告）(1998年)，岸田雅雄＝森田章＝近藤光男編『逐条・証券取引法――判例と学説――』（商事法務研究会，1999年）188頁［志谷匡史］。
[12]　森田章「投資勧誘と適合性の原則――金融商品の販売等に関する法律の制定の意義について――」民商122巻3号310頁（2000年）参照。

第1節　適合性原則に関する制定法の変遷

日に「投資サービス法（仮称）に向けて」という報告書を公表した。当該報告書において，適合性原則は一つの論題として取り上げられた。

　まず，適合性原則の位置付けについて，金融審議会は，「適合性原則は，本来，事前説明義務と並んで，利用者保護のための販売・勧誘に関するルールの柱となるべき原則であり，投資サービス法においては，投資商品について，体制整備にとどまらず，現行の証券取引法などと同様の規範として位置付けることが適当と考えられる」とし，さらに，「適合性原則における考慮要素として，判例や米英の例を参考に，現行の証券取引法の『知識，経験，財産』に加え，『投資目的』または『投資の意向』も考慮要素として追加することについて検討することが適当と考えられる」と提言した[13]。また，同審議会において，「顧客の理解力」も考慮要素に追加すべきであるとの意見と，「適合性レター」の送付を義務付けるべきではないかとの意見もあったが，実務上支障が生じるおそれがあることから，引き続き検討することとされた。

　この金融審議会金融分科会第1部会報告を踏まえて，2006年（平成18年）に法改正が行われ，金融先物取引法など4本の法律[14]を廃止し，それぞれの内容を証券取引法に統合し，同法の題名を「金融商品取引法」に改めた[15]。その際，適合性原則も一部改正をうけた。具体的な規定ぶりは次の通りである（現行金融商品取引法40条1号[16]）。

　「金融商品取引業者等は，業務の運営の状況が次の各号のいずれかに該当することのないように，その業務を行わなければならない。
　一　金融商品取引行為について，顧客の知識，経験，財産の状況及び金融

---

[13] 平成17年12月22日金融審議会金融分科会第一部会報告（案）「投資サービス法（仮称）に向けて」14頁

[14] ほかの3本の法律は，「外国証券業者に関する法律」，「有価証券に係る投資顧問業の規制等に関する法律」，「抵当証券業の規制等に関する法律」である。

[15] 金融商品取引法の成立経緯およびその内容については，松尾直彦編著『一問一答金融商品取引法』〈改訂版〉（商事法務，2008年），児島幸良『改正証券取引法・金融商品取引法のポイント』〈改訂版〉（商事法務，2007年），池田唯一＝三井秀範他『逐条解説2008年金融商品取引法改正』（商事法務，2008年），河本＝大武・前掲注(3)，上柳敏郎＝石戸谷豊＝桜井健夫『新・金融商品取引法ハンドブック——消費者の立場からみた金商法・金販法と関連法の解説——』〈第2版〉（日本評論社，2008年），川村正幸編『金融商品取引法』（中央経済社，2008年）など参照。

[16] 適合性原則を定める金融商品取引法40条1号は，銀行法13条の4，保険業法300条の2，商品取引所法215条によって準用されている。

商品取引契約を締結する目的に照らして不適当と認められる勧誘を行って投資者の保護に欠けることとなっており，又は欠けることとなるおそれがあること。」

このように，業者の行為規制としての適合性原則が引き続き定められたが，この改正による大きな変化は，「投資目的」をその考慮要素に追加したことである。すなわち，従来の「顧客の知識，経験及び財産の状況」に加え，「金融商品取引契約を締結する目的」も考慮要素としている。もっとも，後述のように，「投資目的」は，適合性の考慮要素として既に下級審裁判例および最高裁によっても確認されており，2006 年の改正は，英米法や判例の立場を追認した形でこれを法文化したにすぎない[17]。また，改正法によって，利用者が特定投資家（プロ）と一般投資家（アマ）に区分され，適合性原則は一般投資家には適用されるが，特定投資家[18]には適用されないこととされた（同法 45 条 1 号）。また，適合性原則違反に対しては，1998 年（平成 10 年）法と同様，具体的罰則規定を設けていない。ただし，以前から，同法 51 条を介して内閣総理大臣（その委任を受けた金融庁長官（同法 194 条の 7 第 1 項））による業務改善命令，または同法 52 条 1 項 6 号を介し監督上の処分の対象となり得たのであるから，その点でも本質的変化はないといえよう[19]。

以上のように，適合性原則は，1992 年（平成 4 年）に行為規制として明文化され，1998 年（平成 10 年）改正を経て，2006 年（平成 18 年）改正によって引き継がれたが，業者の行為規制ルールとして，その性質に大きな変化は見られない。唯一の変化は，2006 年改正において，適合性の考慮要素が，当初の「顧客の知識，経験及び財産の状況」から「顧客の知識，経験，財産の状況及び金

---

[17] 大崎貞和『解説金融商品取引法』〈第 3 版〉（弘文堂，2007 年）79 頁，松尾直彦・前掲注(15)309 頁参照。

[18] 同法にいう特定投資家は，①適格機関投資家，②国，③日本銀行，④投資者保護基金その他の内閣府令で定める法人を指す（同法 2 条 31 項）。また，同法は，投資家を一般投資家と特定投資家に 2 分類した上で，さらに，(1)一般投資家に移行できない特定投資家（上記①②③の特定投資家），(2)選択により一般投資家に移行可能な特定投資家（上記④の特定投資家），(3)選択により特定投資家に移行可能な一般投資家（同法 34 条の 3 第 1 項に定められる法人，34 条の 4 第 1 項に定められる要件を満たす個人），4 特定投資家に移行できない一般投資家に細分類している。

[19] 河本＝大武・前掲注(3)254 頁，神田秀樹監修『Q&A 金融商品取引法の解説［制令内閣府令対応版］』（きんざい，2007 年）252 頁など参照。

融商品取引契約を締結する目的」にまで拡張され，「顧客の投資目的」も他の要素と同様に制定法に含まれるようになった点であるが，ここにいう「投資目的」の意味について，立法解説等には何らの言及もない。多くの解説でも「判例ならび英米法の例を参考にして加えられたもの」と説明されるにとどまっている[20]。

1.1.2.3　商品取引所法の規定

　適合性原則は，旧証券取引法および現行金融商品取引法の規定のほか，商品先物取引を規制対象とする商品取引所法にも定められている。

　商品取引所法は，1998年（平成10年）の法改正によって，改善命令の対象となる事項の一つとして初めて適合性原則の規定を導入した（当時136条の25第1項4号）[21]。その後，2004年（平成16年）の法改正において，規定の内容には手を加えず，独立した条文（当時215条）[22]を設けて適合性原則を定めた。このときに定められた適合性原則は，旧証券取引法と同様に「顧客の知識，経験，財産の状況」をその考慮要素とする。そして，2006年（平成18年）の法改正のとき，同じ経済的性質を有する金融商品には同じルールを適用するという「行為規制の横断化」を図るため，商品取引所法に定められている行為規制を金融商品取引法のそれと歩調を合わせる一環として，適合性原則の考慮要素に顧客の「投資目的」を取り入れた[23]。

　適合性原則を規定する現行法215条の内容は，次の通りである。

　「商品取引員は，顧客の知識，経験，財産の状況及び受託契約を締結する

---

[20]　たとえば，松尾直彦・前掲注(15)309頁，神田秀樹・前掲注(19)252頁など。

[21]　136条の25①　「主務大臣は，商品取引員の財産の状況又は受託等業務の運営が次の各号の一に該当する場合において，商品市場における秩序を維持し，又は委託者を保護するため必要かつ適当であると認めるときは，その必要の限度において，当該商品取引員に対し，財産の状況若しくは受託等業務の運営を改善するため必要な措置をとるべきことを命じ，又は三月以内の期間を定めて商品市場における取引若しくはその受託等の停止を命ずることができる。……四　商品市場における取引の受託等について，顧客の知識，経験及び財産の状況に照らして不適当と認められる勧誘を行って委託者の保護に欠けることとなっており，又は欠けることとなるおそれがある場合」。

[22]　215条　「商品取引員は，顧客の知識，経験及び財産の状況に照らして不適当と認められる勧誘を行って委託者の保護に欠け，又は欠けることとなるおそれがないように，商品取引受託業務を営まなければならない。」

[23]　松尾直彦・前掲注(15)463頁。

目的に照らして不適当と認められる勧誘を行って委託者の保護に欠け，又は欠けることとなるおそれがないように，商品取引受託業務を営まなければならない。」

このように，商品先物取引は，その特性によって金融商品取引法の規制対象から外されているが[24]，適合性原則に関しては，金融商品取引法と全く同一内容で規制されている。つまり，日本では，米国と異なり，ハイリスクである商品先物取引についても適合性原則の適用対象から外さず，業者は商品先物取引を勧誘するときにも，他の金融商品の勧誘と同様に，適合性原則を遵守するよう要求されている。しかも，適合性原則における考慮要素も，他の金融商品の場合と全く同じである。つまり，日本において，商品先物取引[25]は，金融商品取引法の適用対象とならないが，適合性原則は同様に妥当し，その内容は，金融商品取引法に定められたものと変わりがないのである。

なお，商品先物取引は，金融商品販売法の適用対象に含まれないが（同法2条1項，同法施行令4条・5条参照），2006年（平成18年）法改正により，商品取引員の説明義務およびこれに違反した場合の民事上の損害賠償責任が規定され（現行商品取引所法218条1項，3項），同時に，適合性原則の考慮要素が同条の説明義務履行の解釈基準として取り入れられた。すなわち，

「前項の説明は，顧客の知識，経験，財産の状況及び当該委託契約を締結しようとする目的に照らして，当該顧客に理解されるために必要な方法および程度によるものでなければならない」（同法218条2項）。

この規定は，次に紹介する金融商品の販売等に関する法律（以下，「金融商品

---

[24] 商品先物取引は，「農産物や鉱物の生産や流通において発生する価格変動リスクに対する保障機能を担う等の役割も果たしており，現物取引の生産・流通をめぐる政策と密接に関係するものとして，引き続き商品取引所法において規制することとした」という（松尾直彦・前掲注(15)464頁）。

[25] 日本では，商品先物取引に適用する「適合性原則」と他の金融商品に適用する「適合性原則」とは，異なる法律により定められているが，実質的内容が同一であることを考慮して，本書においては，独立の考察対象として商品先物取引を取り扱っていない。しかし，商品先物取引の特性および取引方法如何によって，他の金融商品に比べて，甚大な被害が生じやすいことは確かである。商品先物取引をめぐる紛争状況および裁判例の判断について，宮下修一『消費者保護と私法理論――商品先物取引とフランチャイズ契約を素材として――』（信山社，2006年）231頁〜361頁参照。

販売法」という）3 条 2 項の内容と同じであり，これも「行為規制の横断化」の一環である。

1.1.2.4　金融商品販売法の規定

(1)　2000 年（平成 12 年）の金融商品販売法

日本では，1990 年代後半から議論されはじめた「日本版金融サービス法」に関する法整備の第一歩として，「金融商品販売法」が，2000 年（平成 12 年）に金融商品販売業者等の説明義務を明確化し，それに違反する場合の損害賠償額の推定規定等を設けて顧客の民事的救済に資する法律として制定された。当初，同法の制定に向けた金融審議会第 1 部会において，販売・勧誘行為に関するルールとして，適合性原則が 1 つの論題とされた。

1999 年（平成 11 年）7 月 6 日に公表された「中間整理（第 1 次）」において，金融審議会第 1 部会は，初めて適合性原則を「狭義の適合性原則」と「広義の適合性原則」に二分類して整理を行った。すなわち，「狭義の適合性原則」とは，「ある特定の利用者に対してはどんなに説明を尽くしても一定の商品の販売・勧誘を行ってはならない」という意味であり，「広義の適合性原則」とは，「業者が利用者の知識・経験，財産力，投資目的に適合した形で勧誘（あるいは販売）を行わなければならない」というルールであるという[26]。この説明は，後の適合性原則に対する理解に大きな影響をもたらした。

同審議会においては，「広義の適合性原則」は業者の内部的行為規範に関する「業者ルール」として捉えられ，「私法上の効果に直接連動させて考えるのは困難である」との意見が多数を占めた。他方，「狭義の適合性原則」は「業者ルール」としても「取引ルール」としても考えられるが，「業者ルール」とする場合は，一定の金融商品の勧誘行為を禁止することとなり，その適否やあり方について引き続き検討を要するとし，「取引ルール」とする場合，ある特定の利用者との一定の金融商品に関する取引が無効とされることとなり，「このように取引を一律に無効とする取り扱いを法令で明示的に規定することは，契約における私的自治の原則等に照らせば難しい」という意見が多かった[27]。

また，1999 年 12 月 21 日に公表した「中間整理（第 2 次）」においては，金融審議会第一部会は，適合性原則について，「適合性原則は，販売業者が勧誘

---

[26]　1999 年 7 月 6 日金融審議会第 1 部会「中間整理（第 1 次）」資料 17～18 頁。
[27]　1999 年 7 月 6 日金融審議会第 1 部会「中間整理（第 1 次）」資料 17～18 頁。

活動において自ら実践することが求められる重要な事項である。この点については，リスクの高い商品を取り扱う際の電話，訪問による勧誘への対応等と合わせて，販売業者のコンプライアンス（業者の内部管理）体制の整備が必要と考えられる」とするのみで，進展が見られなかった。

　結果として，適合性原則を金融商品販売法に規定することは見送られ，最終的に勧誘適正の確保に関する努力義務（同法8条），勧誘方針の策定（同法9条）の規定を設けるにとどまった。

(2)　2006年（平成18年）改正金融商品販売法
　前述の2006年（平成18年）法改正の一環として，金融商品販売法も改正を受けた[28]。そのとき，金融審議会では適合性原則については，その実効性確保の観点から，損害額の推定など民事上の効力を付与することについて検討を行うべしとの意見があったが，適合性原則は，個々の事例における顧客の属性を考慮する必要があり，その違反について立法により一律に損害賠償責任等の民事効を付与するには，要件の明確化等の観点から困難を伴うという理由で，民事ルールとして同法に適合性原則を定めることが見送られた[29]。

　また，1999年（平成11年）の金融審議会において説明義務との関係で適合性原則を「狭義の適合性原則」と「広義の適合性原則」に区別して整理したこと，および2005年（平成17年）の最高裁の判決を踏まえて，2006年の改正では，説明義務を尽くしたかどうかを判断するにあたっての解釈基準として，適合性原則（広義）の考え方が説明義務に関する条文の中に取り入れられた[30]。具体的な内容は次の通りである（同法3条2項）。

　　「前項の説明は，顧客の知識，経験，財産の状況及び当該金融商品の販売に係る契約を締結する目的に照らして，当該顧客に理解されるために必要な方法および程度によるものでなければならない。」

　また，金融商品販売法は，説明義務違反による損害賠償責任の発生（同法5条）

---

[28]　2006年金融商品販売法改正の経緯およびその内容については，松尾直彦監修・池田和世著『逐条解説新金融商品販売法』（きんざい，2008年）参照。
[29]　大前恵一郎『Q＆A改正金融商品販売法』（商事法務，2007年）99頁，松尾直彦監修・池田和世・前掲注(28)13頁参照。
[30]　松尾直彦監修・池田和世・前掲注(28)14, 126頁参照。

第1節　適合性原則に関する制定法の変遷

および損害額の推定（同法6条）についても定めている。

　これらの規定を背景に，2006年の改正により新設された3条2項の規定によって適合性原則が民事ルールとなりうるかどうかについては，これをもって「広義の適合性原則について民事責任が規定されることとなった」との説明や[31]，「少なくとも現段階では，適合性原則違反自体に直接的に民事効を付与することは妥当ではないと考えられる。一方で，顧客の属性等に即した適切な情報提供（説明）がなされるべきことには，適合性原則の中核をなすこともいえることから，今回の改正により，事実上，適合性原則違反に民事効を認められたものとも考えられる」[32]との解説がなされている。しかし，立法担当者が述べるように，「適合性原則と民事効の間に，説明義務違反がワンクッションとして入っていること」[33]は間違いないようであり，金融商品販売法の改正によって適合性原則の考慮要素が説明義務の履行に関する解釈基準とされたからといって，これをもって直ちに，「適合性原則が何らかの私法上の効果を伴う民事ルールとして確定された」とまで言うのは困難であろう。

　以上のように，適合性原則は，1992年証券取引法によって明文化され，金融審議会では何回か論題とされてきた。2006年の法改正において，金融商品取引法は，適合性原則における考慮要素について当初の「顧客の知識，経験，財産状態」に「投資目的」を加えたほかは，引き続き業法ルールとして適合性原則を規定した。また，民事ルールを定める金融商品販売法は，制定当初，適合性原則に関する規定が設けず，2006年改正において，説明義務を尽くしたかどうかの解釈基準として適合性原則の考慮要素を条文の中に取り入れたが，直接に適合性原則を規定するには至らなかった。つまり，制定法において，適合性原則はその考慮要素に若干の変化が生じたものの，現段階まで直接の私法上の効果を伴う民事ルールとしては確立されず，行政規制の根拠規定たる性質には変わりがない。

---

[31] 川口恭弘「金融商品取引法における行為規制」金法1779号23頁（2006年）。
[32] 池田和世「金融商品販売法の改正の概要」金法1779号49頁（2006年）。
[33] 「座談会　金商法・改正金販法と新たな販売・勧誘ルール――預金取扱金融機関に関わる部分を中心に――」金法1786号26頁（松尾直彦発言）（2006年）。

第2節　適合性原則違反に関する行政執行状況[34]

　証券取引所（当時）および日本証券業協会は，1992年証券取引法改正によって，証券取引に関する自主規制機関として，法律上，明定された。2006年法改正においては，金融商品取引の自主規制機関として，金融商品取引業協会を「認可金融商品取引業協会」と「公益法人金融商品取引業協会」の二種類に分けて制定された[35]。実際には，日本証券業協会が，そのままの名称で，現段階で唯一の「認可金融商品取引業協会」として自主規制業務を行っている。監督機関は，1992年までは当時の大蔵省証券局であったが，1991年の損失補填問題などの不祥事を契機に，独立した監督機関として「証券取引等監視委員会」が設置され，2006年改正においてもそのまま維持されて，現在に至っている。

1.2.1　日本証券業協会の処分状況

　自主規制機関である日本証券業協会の業務内容は，自主規制規則を制定するほか，顧客からの苦情処理や，協会員と顧客間の紛争の斡旋などを含めている。また，協会員等が，法令，法令にもとづく行政官庁の処分に違反し，または取引の信義則に違反した場合，協会員に対して，譴責，過怠金の賦課，会員権の停止若しくは制限または除名という処分を下すことができる（旧証券取引法79条の7，現行金融商品取引法68条の2，日本証券業協会定款28条2項）。

　同協会によって行われた処分状況については，1992年度（平成4年度）から2003年度（平成15年度）まで，証券取引等監視委員会により公表されている「証券取引等監視委員会の活動状況」の中に含まれており，2004年度（平成16年度）からは，日本証券業協会のホームページ上で公表されている[36]。これらの情報を総合すると，1992年度から2008年度（平成20年度）まで，日本証券業協会は会員に対して，譴責と過怠金で合計181件の処分を下している。しかし，処

---

[34] 適合性原則のみならず，証券会社の不当勧誘に関する行政規制の状況については，詳しくは，アンドリュー・M・パーデック『証券取引勧誘の法規制──「開示義務」「説明義務」を越えて』（商事法務研究会，2001年）191頁以下参照。

[35] 自主規制機関ではないが，苦情解決・あっせん業務を中心とする「認定投資者保護団体」は「金融商品取引業協会」の一種として，新たに設けられている（金融商品取引法79条の7〜79条の19）。

[36] http://www.jsda.or.jp/html/syobun/kyokaiin.html（2010年2月28日）

第 2 節　適合性原則違反に関する行政執行状況

分の事案内容は，2003 年度までは公表されておらず，2004 年度からは当該協会のホームページ上で簡単な事実関係を知ることができるにとどまる。処分事案中に，適合性原則違反に関するものがあるかどうかについては，2003 年度までは不明であるが，少なくとも 2004 年度以降に，適合性原則違反に関するものは存在していない。証券取引における適合性原則違反についての訴訟が多発している現状で，自主規制機関による処分件数がゼロであるところからみると，日本証券業協会は自主規制機関として，適合性原則に関し，積極的姿勢を示しているとは言い難い。同協会が，適合性原則に限らず，不当な勧誘行為に対する執行活動に積極的でないことは，しばしば指摘されている[37]。

1.2.2　証券取引等監視委員会の監督

　監督機関である証券取引等監視委員会[38]（証券監視委と略称されている）は，取引の公正・透明性および投資者の信頼の確保を目的とし，証券会社等への検査，犯則事件の調査および課徴金調査[39]を主たる活動内容としている[40]。このような検査・調査の結果，法令違反等の不正行為を把握した場合，証券取引等監視委員会は，①金融庁長官等に対し行政処分等を求める勧告[41]，②検察庁に対して刑事訴追を求める告発，③金融庁長官等に対して必要な制度変更等を求める建議を行うことができる。つまり，証券取引等監視委員会は，証券会社等に対して検査・調査する権限を有するが，直接に行政処分を行う権限を持たない。しかし，証券取引等監視委員会から行政処分の勧告をうけた金融庁長官および内閣総理大臣は，かかる勧告を尊重しなければならない（金融庁設置法 20 条 1 項，2 項）ため，特段の事情がない限り，事実上は，証券取引等監視委員会の勧告

---

[37]　パーデック・前掲注(34)192 頁。
[38]　証券取引等監視委員会の前に，アメリカの SEC をモデルとして昭和 22 年に設けられた証券取引委員会は，当時証券行政全般に関し権限を行使し，政省令に準ずる規則の制定権を有する独立行政委員会であった（近藤光男＝吉原和志＝黒沼悦郎『金融商品取引法入門』(商事法務，2009 年) 495 頁参照)。
[39]　課徴金調査は 2005 年（平成 17 年）に導入され，調査対象が風説の流布，相場操縦，内部者取引などの違反行為及び虚偽の有価証券届出書等の提出に限定されている。
[40]　証券監視委が行う監視事務は，証券検査，取引審査，課徴金調査・有価証券報告書等検査及び犯則事件の調査の 5 つに分かれている。
[41]　具体的には，証券会社等の法令違反行為が把握された場合に行政処分等を行うことを求める勧告，証券会社等の役職員の法令違反行為に対して自主規制機関に処分等を行わせることを求める勧告や，内部者取引等の不公正取引の法令違反に該当する行為者に対し課徴金納付命令の発出を求める勧告がある。

に従った行政処分がなされる[42]。

証券取引等監視委員会は，金融庁設置法22条の規定に基づき，1992年に発足してから，毎検査事務年度（毎年7月翌年6月までを一検査事務年度とする）に活動状況を公表している[43]。行政処分等を求める勧告について，「法令違反等の内容」と「勧告対象の別」を軸にした勧告件数を計上しており，1992年度から2008年度（平成20年度）までの総件数は478件あるが，適合性原則違反に関する勧告は，僅かに1件（2003検査事務年度）しかない。各年度の年次公表資料によると，「取引一任勘定取引契約の締結」や「有価証券の売買等に関する虚偽または重要な事項について誤解を生ぜしめるべき表示をする行為」などの規定が1992年度から「法令違反等の内容」の1つとして挙げられているのに対し，適合性原則違反については2003年度からようやく取り上げられるようになったにすぎない。つまり，2003年度まで，証券取引等監視委員会は適合性原則違反を勧告対象にしていなかったのである。また，現段階で，適合性原則違反に関して出された唯一の勧告については，その勧誘の概要が未公表のため，実際に証券取引等監視委員会が適合性原則違反に関していかなる認定を行ったのか不明である。

また，金融業者に対して直接に行政処分権限を有するのは金融庁であるが，金融庁に公表されている白書・年次報告によると，適合性原則違反に関する金融庁の行政処分は，2009年8月現在，見あたらない。

以上のように，適合性原則は自主規制規定および業法規定として定められているにもかかわらず，自主規制機関にしても監督機関にしても業務規制を行う際に，適合性原則を利用していないようである。つまり，日本において，適合性原則に関する業法規定は存在しているが，執行がなされていないため，行政規制の場合に適合性原則がどのように利用され，その違反がどのように認定されるのかについては，確認できない。適合性原則違反に関する行政執行がほぼ空白であるのに反して，適合性原則違反に関する民事訴訟は後を絶たない。このような状況下で，適合性原則に関する認定が，実質上，民事裁判所に委ねられることになったのは，必然といえよう。

---

[42] 神崎克郎＝志谷匡史＝川口恭弘『証券取引法』（青林書院，2006年）130頁。
[43] 各検査事務年度の活動状況について，証券取引等監視委員会のホームページ（http://www.fsa.go.jp/sesc）に公表されている。

第3節　適合性原則に関する裁判例の動向

　第2節で検討したように，日本では，適合性原則に関する私法上の実体法ルールがまだ存在せず，業法上の規定や自主規制規定にとどまっており，同原則は，依然として業者に対する取締規定と位置づけられている。しかし，その違反行為が，行政処分の対象にしかならないかというと，そうでもない。かつての公法・私法二分論は緩和され，今日では，業法規定に違反した行為が私法上の効力に影響しうることについては，ほぼ異論がない[44]。つまり，業法規定たる適合性原則に違反した場合にも，民事責任を生ずる余地がある。実際，投資勧誘に関する民事訴訟では，業者の業法規定に違反した事実を前提に民事責任を論じている場合が多い[45]。しかし，業法規定違反に対して民事責任を追及するには，単に業法規定に違反しただけでは足りず，他の私法上の法的根拠も必要とされる[46]。適合性原則の場合についていうと，適合性原則に違反したことをもって直ちに民事責任が生ずることにはならず，他の私法上の根拠に依拠しなければならない。後述のように，この点は，裁判例において一貫して強調されている。

　また，金融業者の勧誘によって投資取引が行われ，その結果，損失が生じた場合，投資者が直接に金融業者に対して損害賠償請求するには，契約上の責任あるいは不法行為上の責任のどちらかに法律上の根拠を求めるしかない。また，契約上の責任を追及する場合は，公序良俗違反，錯誤，詐欺または強迫を根拠とし，契約の効力そのものを否定して契約がなかった状態に戻すか，債務不履行として損害賠償を請求するかのいずれかとなる[47]。

　しかし，実際に投資勧誘を問題とする裁判例は，契約上の責任の認定について必ずしも積極的ではない。たとえ金融業者の投資勧誘行為が業法規定に違反

---

[44] 大村敦志『契約法から消費者法へ』(東京大学出版会，1994年) 163〜204頁参照(初出，「取引と公序——法令違法行為効力論の再検討(上，下)」ジュリ1023号82頁，ジュリ1025号66頁(1993年))。

[45] 投資勧誘全般を問題にして不法行為を認定する裁判例の動向を紹介する文献は，清水俊彦『投資勧誘と不法行為』(判例タイムズ社，1999年) 参照。

[46] 大村によると，法令違反行為の私法上効力を否定するには公序良俗違反が必要とされている(大村・前掲注(44)203頁参照)。

[47] 投資勧誘事件において民事責任の認定方法に関する概観は，潮見佳男『契約法理の現代化』(有斐閣，2004年) 40頁以下参照。清水・前掲注(45)85頁参照。

し，何らかの不当性があったとしても，顧客と金融業者との間に締結された投資委託契約の効力には影響がないという立場は，最判昭和49年7月19日判時755号58頁以来，ほぼ定着している。比較的早い段階に提起された変額保険，商品先物取引およびワラント取引などに関する訴訟では，公序良俗違反，錯誤および詐欺の主張に対し，それらを認めた裁判例もないわけではないが[48]，近年では殆ど見当たらない。注意義務違反として債務不履行責任を認定しているわずかの裁判例もあるが，概しては，不法行為上の責任として損害賠償を認定しているのが現状である。このような投資勧誘を問題とする訴訟において，不法行為責任の構成を中心とする裁判例上の傾向は，適合性原則違反の場合についてもいえる。つまり，適合性原則違反を理由に，業者の民事責任を認定する際，裁判例は，殆ど不法行為の成否を中心に判断にしている。

適合性原則違反についての最高裁判例は，最判平成17年7月14日民集59巻6号1323頁（以下，「平成17年最高裁判決」という）のみであり，その他の裁判例は全て下級審判決である。1990年代から，適合性原則を問題の一つとして扱う下級審裁判例は夥しい数にのぼっており，それゆえ，適合性原則に関する判例の動向を分析するとき，下級審裁判例が中心となる。

また，詳細は後述するが，平成17年最高裁判決は，適合性原則違反により不法行為責任が成立しうることを最高裁レベルにおいて初めて認めた点で重要な意義を有するものの，事案自体が否定例であり，しかも適合性原則における考慮要素や不法行為の認定基準などについては，従来の下級審裁判例の判断を追認した形となっており，理論的に新たな進展は見られない。それにしても，平成17年最高裁判決が出される以前には，適合性原則違反を認めた裁判例は少数で，適合性原則違反をもって不法行為の成立を肯定した裁判例はもっと少なく，極めてわずかしか見当たらなかったが，平成17年最高裁判決が出た後には，このような消極的状況が一変し，適合性原則違反を根拠の一つとして業者の損害賠償責任を認定した下級審裁判例が大量に現れた。言うまでもなく，これには，平成17年最高裁判決が大きく影響していよう。

以下では，裁判例における適合性原則の位置付けを確認した上で，平成17年最高裁判決を境に，それまでの下級審裁判例の状況と，それ以降の下級審裁判例の状況を中心に，適合性原則に関する裁判例の動向を整理・検討する。

---

[48] 潮見・前掲注(47)53～54頁，66～69頁，清水・前掲注(45)85～88頁参照。

第3節　適合性原則に関する裁判例の動向

1.3.1　裁判例における適合性原則の位置づけ
1.3.1.1　投資取引における自己責任原則

　裁判例は，投資取引において，たとえ業者の勧誘を受けたとしても，基本的に投資者自身が自己責任をもって投資活動を行うべきものであるという立場を，堅持している。たとえば東京地判平成5年5月12日判時1466号105頁は，「およそ証券取引は，本来的に危険を伴う取引であって，証券業者が顧客に提供する情報等も，不確定な要素を含み予測や見通しの域を出ないことが多いのが通常であるから，投資家自身において当該取引の危険性とその危険に耐えるだけの相当の財産的基礎を有するかどうかを自らの判断と責任において行うべきものである（いわゆる自己責任の原則）」と判示した[49]。すなわち，自己責任の原則は投資取引を行う際の大前提とされている。

　ただ，投資者に自己責任を要求することは，業者の勧誘態様とは関係なく，投資取引の責任をすべて投資者に負わせることを意味するわけではない。上記，東京地判平成5年5月12日は，続けて，「しかし，このように証券取引が投資家の自己責任で行われるべきものであるということは，証券会社の行う投資勧誘がいかなるものであってもよいことを意味するものではなく，証券市況に影響を及ぼす高度に技術化した情報が証券会社等に偏在する一方で，大衆投資家の多数が証券市場に参入している状況下においては，証券取引の専門家としての証券会社の助言等を信頼して証券取引を行う投資家の保護が図られるべきこともいうまでもない」と述べる。

　すなわち，自己責任の原則が投資取引の前提であるが，それによって業者側の投資者保護義務は免れるわけではなく，業者と投資者の間に存在する情報格差や両者間の信頼関係を考慮し，業者は投資者の自己責任を追及する前に，投資者を保護するための措置を取らなければならない。その際，適合性原則は，投資者保護措置の一つにあたる。たとえば，奈良地判平成11年1月22日判時1704号126頁（後述[9]裁判例）は，「証券取引には，価格変動がつきものであり，投資者自身においてこれを良く理解した上で，自らの判断と責任において取引を行うべきものである（いわゆる自己責任の原則）が，投資者が自らの判断と責任において取引を行うには，証券会社において顧客の知識，経験および財産の状況に照らして不適当と認められる勧誘を行ってはならない（証券取引

---

[49]　同じ判断を示したのは，東京地判平成10年2月23日金判1051号49頁，奈良地判平成11年1月22日判時1704号126頁などがある。

39

法 54 条参照）のであ」ると判示した。

　このように，裁判例の多くは，投資取引事件に関して，投資者に対する自己責任の原則と，業者に対する投資者保護のため適合性原則の遵守という2つの原則を並置している。

1.3.1.2　適合性原則の位置付け

　適合性原則について，裁判例は，基本的に適合性原則に関する自主規制規定（1992 年（平成 4 年）前の事件において）や旧証券取引法上の規定（1992 年以降の事件において）および現行金融商品取引法上の規定（2007 年以降の事件において）に依拠して，それに違反した場合の私法上の効果を判断する点で一致しているが，具体的に，適合性原則と私法上の効果を結びつけるアプローチは，大まかに二分類される。

　第 1 は，自主規制および業法上に定められた適合性原則の規定に基づき，ある私法上の義務を導くアプローチである。このアプローチをとる裁判例は多くないが，具体的にいかなる義務を導くかで更に分かれる。

(a)　注意義務を構成する裁判例

　この類型に属する裁判例は，適合性原則によって，業者が，適合性を有しない投資取引を勧誘しない，あるいはそのような勧誘を回避する注意義務を有するとしている。

　たとえば，京都地判平成 14 年 9 月 18 日判時 1816 号 119 頁（後述 [17] 裁判例）は，「個人投資家に対してオプション取引を勧誘する証券会社の外務員としては，その顧客の資産，取引経験，社会経験，知的能力等を総合的に勘案して，その顧客がオプション取引の仕組みと危険性を理解することを可能とする能力と取引経験及び社会経験を有していると認められる場合にのみ，これを勧誘すべきであって，そうでない場合には，これを勧誘してはならない注意義務を有していると解すべきであり，従って，被告の外務員の原告に対する適合性原則に違反した本件投資勧誘は，社会的に許容される範囲を逸脱した投資勧誘として私法上も違法と評価せざるを得ない」と判示して不法行為責任を肯定した。

　また，東京地判平成 15 年 5 月 14 日金判 1174 号 18 頁（後述 [18] 裁判例）は，「証券会社が顧客に投資勧誘をする場合には，顧客の知識や経験，財産状況，投資目的などに照らして明らかに過大な危険を伴う取引や，商品の構造や価格

形成過程からして顧客が自主的な投資判断をすることが期待できないような取引を勧誘することを回避すべき義務がある（証券取引法43条参照）」とした。

(b) 信義則上の義務を構成する裁判例

この類型に属する裁判例は，適合性原則に基づき，業者が信義則上顧客に適合する投資勧誘をする義務，あるいは投資者の利益を保護する義務を有するとしている。

たとえば，大阪地判平成11年3月30日判タ1027号165頁（後述[10]裁判例）は，「専門家たる証券会社が，顧客に対し商品を勧めて販売する場合には，証人（「商品」の誤りと思われる――筆者注）内容が複雑かつ危険を伴うものであるときには，契約準備段階における信義則上の義務として，当該顧客が自ら明らかにする投資経験，投資目的などに適した商品を勧める義務がある」と判示した。

また，京都地判平成15年12月18日金判1187号37頁は，「証券会社は投資者の投資資金の運用目的，財産状態及び投資経験などに照らして不適合な証券取引をしてはならず，証券会社が顧客に投資勧誘をする場合には，顧客の投資運用目的や投資方針を確認し，それに見合った現実的な投資運用策を示して，それについて顧客の基本的同意を取り付けるなどして，投資金を運用して顧客の利益を保護すべき信義則上の義務を負っているものと解するのが相当である（平成4年改正による証券取引法54条参照）。そして，証券会社などが上記義務に違反して取引勧誘を行った場合には，当該顧客の具体的属性と当該取引内容，その一般的な危険の程度，経緯，証券会社側の事情によっては，私法上も違法として不法行為を構成するというべきである」とした。

(c) 善管注意義務を構成する裁判例

この類型に属する裁判例は，適合性原則に照らして，業者が委託をうける際に民法上の善管注意義務を有するとして問題を処理している。

たとえば，東京地判平成12年3月27日金判1096号39頁（後述[27]裁判例）は，「証券取引においては，原則として，損失のリスクは，取引によって利を得ようとする投資家が負うべきであり，いわゆる自己責任の原則が妥当する。とはいえ，被告も一般投資家からの委託を受けて有価証券市場において株式などの売買の委託取引を行うことを業とするものであって，顧客に対して善良なる管理者の注意をもってその委託された事務を行っている（商法552条2項，

民法 644 条）」と述べ，適合性原則に関する行政通達に言及した上で，「証券会社の顧客に対する投資勧誘の方法，態様が，投資者の投資目的，財産状態及び投資経験等からして過大な危険を伴う取引に積極的に勧誘したものと評価されるなど，著しく不適合なものといえる場合には，右善管注意義務に違反するものとして違法と評価するのが相当である」とした。

　第 2 は適合性原則に基づく私法上の義務を導くまではせず，取締規定としての適合性原則を認めた上で，それに違反した行為が不法行為法上の違法性を有するかどうかの判断に入るアプローチである。適合性原則が旧証券取引法により明文化されてから，このアプローチをとる裁判例が多くなっている。実際，平成 17 年最高裁判決もこのアプローチを採用して，適合性原則違反の私法上の効果を判断した。
　たとえば，大阪地判平成 8 年 11 月 27 日判時 1615 号 93 頁（後述 [24] 裁判例）は，「証券会社及びその投信債券外務員は，一般の投資家に対して証券取引を勧誘する際，……一般投資家への勧誘は，投資に関する知識・経験，投資の目的，財産状態等に鑑みて，その者が証券取引への『適合性』を有する場合に限られるべきであり（適合性原則の遵守），……右の…原則・義務は，証券取引法等にも規定されているが，右諸規定は，公法上の取締法規であって，これに違反したからといって直ちに私法上の損害賠償義務が生じるわけではない。右違反が私法上も違法と評価されるか否かは，当該取引の一般的な危険性の程度や投資家の知識・経験等の具体的属性及び具体的な取引状況等によって判断されるべきである」と示した。
　また，神戸地判平成 12 年 7 月 17 日判時 1739 号 90 頁（後述 [14] 裁判例）も，「証券取引法や公正慣習規則等が，証券会社に対し，顧客に対する投資勧誘に際しては，顧客の投資経験，意向及び資力等に最も適合した取引がなされるよう配慮することを要請していることからすると，証券会社またはその従業員が行った顧客への投資勧誘が，当該投資家の投資意向ないし目的に明らかに反し，投資経験・資産等に照らして明らかに過大な危険を伴う取引を積極的に勧誘したものである場合には，当該勧誘行為は私法上違法なものというべきである」と判示した。
　そして，平成 17 年最高裁判決は，適合性原則を取締規定と位置付けたうえで，「適合性の原則から著しく逸脱した」行為が不法行為上も違法となると判断した。

以上のように，適合性原則に対して，私法上の一定の義務と結びつけるか，直接に不法行為の成否を判断するかのアプローチの違いが存在するものの，最高裁を含め，下級審裁判例は，業法上の取締規定ないし自主規制として適合性原則を捉えている。

1.3.2 平成17年最高裁判決までの下級審裁判例の状況

投資取引事件においては，業者の「説明義務違反」を中心に訴訟が展開するものがほとんどであり，たとえ原告である顧客が適合性原則違反を1つの争点として提起する場合でも，同時に「説明義務違反」や「断定的判断の提供」なども挙げて争うことが多い。適合性原則違反だけを訴訟原因にする投資取引事件はほとんど見当たらない。これは，投資取引勧誘に特有の特徴と関係している。というのは，投資取引勧誘の場において，業者の適合性の判断，説明義務の履行，および断定的判断の提供などは，通常，同時に並存して進行するからである。

このような特徴を有する投資取引事件で，裁判例は，早い段階から投資勧誘における適合性問題を認識していたが，業者の民事責任を認定する際には，必ずしも適合性原則を独立の根拠にせず，多くの場合，説明義務との関連で判断した。それゆえ，適合性原則に対する裁判例の扱い方を分析する場合は，常に説明義務との関係が問題となるわけである。

また，この時期の裁判例は，適合性原則を争点の1つとして取り上げているものの，多数の投資取引事件がある中で，適合性原則違反を認めた裁判例は少数であり，適合性原則違反のみによって不法行為責任を肯定した裁判例はもっと少ない。平成17年最高裁判決までの適合性原則を取り扱う裁判例は140件ぐらい公表されているが（TKC法律情報データベースによる。以下「TKC」），その中で，適合性原則違反を認めたものは20件ほどであり，それだけによる不法行為責任を認定したものは5件しかない。

平成17年最高裁判決までの下級審裁判例の判断状況を総合的にみると，適合性原則に対する裁判例の扱い方は，適合性原則違反を不法行為の成立根拠にするかどうかという視点から，次の4類型[50]に分けることができる。

---

[50] 適合性原則と説明義務との関係に着目して，「適合性原則」を独立の義務として認められるかどうかを基準に，下級審裁判例を分類した先行研究における分類方法によれば，裁判例が4つの類型に分けられている。すなわち，①大「説明義務」説（適合性の原則違反は認定されているが，説明義務違反の一部として位置付けられるもの），②説明義務

すなわち，第1は，勧誘された投資取引が不適合であることを認めながら，独立した争点として適合性原則違反の認定を行わず，それを説明義務違反の認定要素の1つとして判断するものであり，このような判断方法をとる裁判例を「説明義務還元型」と呼ぶことにする。第2は，適合性原則違反を独立した争点として判断するが，それ自体による不法行為の成否を認定せず，説明義務違反や断定的判断の提供など他の義務違反と併せて，一体的に考慮して不法行為責任を認めるものであり，このような判断方法をとる裁判例を「一体的不法行為構成型」と呼ぶことにする。第3は，適合性原則違反それ自体により不法行為の成立を認めるが，他に説明義務違反など他の義務違反の違法性をも一緒に認定した上で，最終的に不法行為責任を判断するものであり，このような判断方法をとる裁判例を「不法行為競合型」と呼ぶことにする。第4は，説明義務違反の認定を行わず，または説明義務違反を否定して，適合性原則違反だけを根拠に　不法行為責任を認めるものであり，このような判断方法をとる裁判例を「独立不法行為責任型」と呼ぶことにする。以下，裁判例を具体的に検討してみよう。

1.3.2.1　「説明義務還元型」に属する裁判例

　「説明義務還元型」に属する裁判例は，勧誘された金融商品が当該顧客に不適合であることを認めながら，それによって適合性原則違反とまでは認定せず，これを前提とした証券会社の説明義務の範囲，程度を問題にして責任を認定する。すなわち，証券会社の説明はこのような顧客にとっては不十分であること

　優位説（適合性の原則と説明義務を一応別個の独立した義務と位置付けながら，適合性の原則に違反していても「説明して顧客が理解できればよい」とし，説明義務を優位に置く考え方），③並存義務説（適合性の原則を，説明義務とは別個の義務であると位置付け，特に優劣はつけないまま両者を並存しうるものとする），④入り口義務説（適合性の原則違反がある場合は勧誘をしてはならないのであるから，説明義務というものも出てこないので，適合性の原則違反と同時に説明義務違反となることはないとする説）である（桜井健夫＝上柳敏郎＝石戸谷豊『金融商品取引法ハンドブック』（日本評論社，2002年）242～248頁）。また，同じく適合性原則と説明義務との関連の視点から，裁判例を2つの類型に分けて説明するものもある。この方法によれば，一つの類型は「投資商品への適合性の有無を説明義務の有無ないし程度の判断の中に取り組み，説明義務に還元して構成するもの」であり，今ひとつは，「適合性原則と説明義務を独立に構想したもの」であるとする（潮見・前掲注(47)48～51頁）。本書は，これらの分類を参照しながら，適合性原則違反を民事責任の法的根拠にしているかどうかを基準に，適合性原則に関する裁判例の判断構造に着目して分類することにした。

を理由に，説明義務違反として不法行為を構成している。この類型の裁判例において，適合性原則の役割は，適合性の有無によって，金融業者に対してそれぞれ異なる基準で説明義務の履行を要求することができるところである。言い換えれば，適合性を欠く場合に，金融業者の説明義務が加重されることになるともいえる[51]。

この類型に属する代表的な裁判例の判断枠組みを見てみよう。

[1] 東京地判平成6年9月8日判時1540号71頁

【事案の概要】専業主婦であるXは，投資経験がなく，夫から不動産を相続し，1億円余りの相続税を負担することになり，この資金を捻出するため，Yからワラント取引の勧誘を受けた。

【判旨】① 顧客の属性について，「Xは，会社勤めをした経験のない専業主婦であって，証券取引の知識・経験もなく，Yの担当者からの説明についての理解の程度も十分とは受け取れない状況（担当者のAにおいても，右のような状況を十分認識把握していたことは明らかである。）にあり，しかも，それなりの不動産を相続したものの，1億円余の相続税を負担し，それほどの資金的ゆとりがあったわけではないのであるから，そもそも，Xは，投機的な証券取引の勧誘対象とされる適格を有していなかったものといわざるをえない」と認定した。

② 不法行為責任の成否について，「そして，Yが，このような適格を有しない顧客に敢えてワラントのようなハイリスクな取引を勧誘する場合にあっては，単に当該取引の危険性に言及しその点についての理解を得るだけでは足りず，明確かつ詳細に最悪の場合にどのような事態になるかを説明し，その事態についての十分な理解をえさせた上，それを承知の上でなお取引するのかを確認すべき義務があるというべきである」。Yは説明書を渡したが，「特別にその内容について説明がされたことも，危険性についての前記のような趣旨での念押し，確認がされたこともなかった」として，Yの損害賠償責任を認めた。

---

[51] 川地宏行「デリバティブ取引における説明義務と損害賠償(2)」専修法学論集97号43頁（2006年）参照。

この判決は，顧客の属性を詳しく認定したうえで，当該顧客の属性によると，ハイリスクであるワラントを購入する適合性を有しないと判断しながら，このような顧客に対し，投資の危険性のみならず，その投資により生じうる最悪な事態への理解の確認も説明義務の範囲にあるとして，証券会社により行われた説明が説明義務履行にならないことを理由に，損害賠償責任を認めたのである。

[2] 東京地判平成9年11月11日判タ955号295頁
　【事案の概要】Xは，52歳の主婦であり，10年の株式取引経験を有し，投資目的は長期保有である。Yからワラント取引の勧誘を受けた。

　【判旨】① 顧客の属性について，「Xは，最終学歴中学校卒の女性であり，本件ワラント買付け当時52歳であり，中学校卒業後，農業を手伝ったこと及び2年弱の間，農協購買部の売り子をしたことがあるほかは，本件ワラント取引開始までの間，特に職業に就いたことがなく，結婚後主婦として家事を行っていた者である。Xは，本件ワラント買付けの約10年前から株取引を行ってきたものの，昭和54年から昭和61年11月までの7年間のXの株取引の状況は，夫と自己の若干の蓄えを堅実に運用する目的で，Yの営業担当者の勧めに従って，比較的安全な銘柄を中心として買付けを行い，同じく営業担当者の勧めにより，適宜売却をしたものであり，株式購入の目的も，長期間資産として保有することを主眼としたものだった。このように，Xの株取引は，長期間の取引歴がある割には至って堅実であり，投機的色彩の薄いものであったといえる」と判断した。
　②不法行為責任の成否について，「このように，Xはワラントを購入する適性が十分であったとはいえない者であり，このような者にワラントの買付を勧める場合には，Yの営業担当者としては，ワラント取引のハイリスク・ハイリターン（儲けも多いが損失を被る危険も大きい）という内容を十分説明した上で，自発的に購入する意思を持つに至ったかどうかを慎重に見極める必要があったものといえる。ところが，Yは，……認定のような経過によりXに本件ワラントの買付けの勧めたのであり，Yの本件ワラントの買付けの勧誘の際のXへの説明は，不十分かつ不適当であったというべきである。したがって，YのXに対する本件ワラントの買付の勧誘は，Xの証券取引特性に適合しない違法なものであり，このような勧誘をしたYには過失があるものというべきである」として，Yの損害賠償責任を認めた。

第3節　適合性原則に関する裁判例の動向

　この判決は，顧客の属性を詳しく認定したうえで，長期保有を投資目的とする顧客に，ワラント取引が不適合であると判断しながら，このような場合に，顧客に対しては，投資リスクの説明だけではなく，自発的に購入する意思の有無の確認も説明義務範囲に入るとして，証券会社の説明が不十分かつ不適当であったことを根拠に，損害賠償責任を認めたのである。

　また，この類型に属する他の裁判例は，以下の通りである。
　[3]　大阪高判平成9年6月24日判時1620号93頁：年金生活で30年ほどの株式投資経験を有し，長期保有を投資目的とする顧客に，株価が権利行使価格を大幅に下回ったワラントを勧誘するのは不適切であり，その危険性を十分に説明しないため，説明義務に違反し不法行為となるとされた。
　[4]　東京高判平成10年12月10日判タ1053号173頁：[2]の控訴審であり，1審の過失相殺なしという部分の判旨を3割の過失相殺に変更した以外，1審判決の認定を維持した。
　[5]　千葉地判平成12年3月29日判時1728号49頁：年金生活をしている未亡人である顧客は，夫の退職金2,200万円を投資資金とし，4年ほどの投資経験を有していた。当該顧客に適合しないオプション取引を勧誘した証券会社が，オプション取引の特性を説明しなかったため，説明義務違反として損害賠償責任を負うとされた。

　このように，「説明義務還元型」に属する裁判例は，たとえ勧誘された金融商品が当該顧客に適合しないものであったとしても，この金融商品を当該顧客に勧誘すること自体を禁止するのではなく，十分な説明を尽くして勧誘することを要求しているにとどまる。つまり，これらの裁判例は，適合性原則違反を1つの独立した法的問題としては認識せず，単に説明義務の履行方法を判断する際に1つの考慮要素として扱っているのである。この判断枠組みによると，投資勧誘の不適合性の問題は，金融業者の説明義務を尽くすことで治癒されることが可能なようにも見えるが，実際には投資勧誘の不適合性を認定しながら説明義務違反を否定する裁判例は見当たらない。このような傾向から推測すると，投資勧誘が顧客に適合性を有しないと認定されれば，そもそも説明義務を尽くしたとは言えなくなるであろう。また，留意すべきは，この類型に属する裁判例の中に，適合性が欠如している場合における説明義務の内容や程度を加重しているものもあることである。実質的に不適合な勧誘である点を重視して，

47

川地宏行は，この類型に属する事案を「隠れた適合性原則違反事案」と呼んでいる[52]。

1.3.2.2 「一体的不法行為構成型」に属する裁判例

「一体的不法行為構成型」に属する裁判例は，独立した争点として，適合性原則違反を認めるが，それ自体による不法行為の成否を認定せず，説明義務違反や断定的判断の提供など他の義務違反と併せて，総合的に考慮して一体として不法行為の成立を認めている。

この類型に属する代表的裁判例の具体的判断枠組みを見てみよう。

[6] 大阪地判平成7年2月23日判時1548号114頁

【事案の概要】医師であるXは，取引時71歳であり，2年ほどの現物株式取引経験を有するが，ワラント取引経験がない。Yから権利行使の残存期間が1年11ヶ月しかなかったワラント取引の勧誘を受け，790万円の損失を被った。

【判旨】① 適合性原則違反について，「Xの投資経験や証券取引についての知識の程度，特にワラントについての知識が全くなかったこと，本件ワラント固有の問題点，Xの年齢などを考えると，本件ワラントの取引をXに勧誘することは，適合性の原則に違反しているといわざるをえない」と判断した。

② 説明義務違反について，「……行使期間が1年を切ると，売却できなくなることを，ワラントについての知識を有していないXが理解できるよう，説明すべきであった。……Yの従業員Aは原告に全く説明していない」とし，説明義務違反を認めた。

③ 不法行為責任の成否について，断定的判断の提供をも認定した上で，「以上述べたところを総合して判断すると，Yの従業員AのXに対する本件ワラントの勧誘行為は，全体的に違法性が強く，民法709条の不法行為に該当

---

[52] 川地・前掲注(51)43〜44頁。また，そこでは，「このような裁判例が出現する原因は，原告が適合性原則違反の主張をしなかったこと，あるいは，原告が適合性原則違反の主張をしているにもかかわらず裁判所が適合性原則違反についての判断を回避したことに求められる。後者は，裁判所が適合性原則違反と説明義務違反を明確に区別できていないことを意味する」と指摘する。

第3節　適合性原則に関する裁判例の動向

する」とし，不法行為責任を認めた。
　④　過失相殺について，本件ワラント固有の問題点と説明の不足などを理由に，過失相殺を否定した。

　この判決は，顧客の年令（高齢であること）や投資経験・知識だけでなく，勧誘された投資商品（行使期間が短く，売却可能性が極めて低い）の性質にも着目して，投資勧誘行為が適合性原則に違反したと判断した。また，説明義務違反および断定的判断の提供をも認定し，一体として不法行為の成立を認めたのである。

[7] 東京高判平成13年11月29日判タ1089号191頁
　【事案の概要】Xは，退職金3000万円および不動産の売却代金2000万円の資産を持ち，投資経験を有する。Yから信用取引の勧誘を受けたとき，毎月20万円の利益を獲得したいという目的をYに伝えていたが，勧誘のままに信用取引を行い，3,500万円ほどの損失を被った。

　【判旨】①　適合性原則違反について，「Xは，大学を卒業し，長年都庁に勤めた後，会社役員をしていたもので，証券取引開始当時約5,000万円の資産を保有していたが，その直前に購入した4,000万円余りの外国債券は，為替リスクを除けば，当時の現行金利等と比較してかなり高い確定利率による利益が見込まれたものであるし，この購入自体もYの担当者の進めによるものであるから，Xの上記のような経験，資産保有をもってXに信用取引をする適合性があるということができず，また，Xが年平均10回程度の個別的な株式等の証券取引をしてきたとしても，いずれもYの担当者の勧めに従って取引してきたものであり，Xにおいて継続的に信用取引をすることにより，上記外国債券購入時に見込んでいた月額20万円程度の利益を上げ得る程の投資知識，経験等を有していたということは到底できないから，Yの担当者がXに信用取引を勧めたのは，適合性の原則に反するものというべきである」と判示した。
　②　不法行為責任の成否について，過当売買をも認めた後に，「AらにおいてXにこのような信用取引を勧誘し承諾させたことは，適合性の原則に反するものであり，しかも，その取引内容は過当売買に当たるものというべきであるから，全体として違法なものとして不法行為を構成するというべきであ」

49

るとし，不法行為責任を認めた。
　③ 過失相殺について，Xは勧められるままに信用取引を開始したこと，送付された月次報告書を検討し取引を継続すべきか否かの判断ができたはずなのに，Y側の説明を信用して取引を継続したことなどを理由に，6割の過失相殺を行なった。

　この判決は，顧客の投資経験や知識に照らして，信用取引の勧誘が適合性原則に反すると判断したものの，それをもって不法行為の成否を認定するのではなく，過当売買をも認定したうえで，全体として不法行為の成立を認めた[53]が，書類を検討せず，業者を盲信した顧客自身にも過失があるとして，6割の過失相殺を行った。

　また，この類型に属する他の裁判例は，以下の通りである。
　[8] 大阪地判平成6年12月20日判時1548号108頁：会社の経営者で株式投資経験を有する顧客に，ワラント取引を勧誘するのは適合性原則に反し，また，断定的判断の提供をし，説明義務も尽くさなかったため，総合的に考慮して全体的に違法性があるとして不法行為責任が認定された（過失相殺なし）。
　[9] 奈良地判平成11年1月22日判時1704号126頁：顧客は年金生活をしている未亡人であり，社債投資経験を有し，1,900万円を投資資金として，堅実で損失が生じにくい投資を志向していた。当該顧客に大阪証券取引所二部に新規上場した株式の購入を勧誘することは，適合性原則違反にあたり，断定的判断の提供を併わせて，不法行為責任が認定された（過失相殺なし）。
　また，債務不履行責任として構成したが，判断構造上，同じく他の義務違反とともに責任根拠にしたのは，[10] 大阪地判平成11年3月30日判タ1027号165頁，[11] 名古屋地判平成12年3月29日金判1096号20頁がある。

　このように，「一体的不法行為構成型」に属する裁判例は，「説明義務還元型」

---

[53] 実質的に，過当売買も一種の適合性原則違反である。この観点からみると，この事件は，実際に適合性原則違反によって不法行為責任が認められた事案にも当たる。過当取引と適合性原則の関係について，今川嘉文『過当取引の民事責任』（信山社，2003年）参照。

に属する裁判例より一歩進んで，適合性原則違反を独立に1つの法的争点として扱っている点が特徴的である。しかし，これらの裁判例は，適合性原則違反を認めたが，それ自体による不法行為の成否については判断せず，他の義務違反と共に全体として不法行為の成立を認定するという判断枠組みをとっている。つまり，この類型の裁判例において，適合性原則違反は，業者の投資勧誘行為が不法行為にあたるかを判断する場合の1つの考慮要素ではあるが，それだけを根拠として不法行為の成立まで認められてはいないのである。また，これらの裁判例の存在は，「適合性原則違反が説明義務違反と密接不可分の関係にあるわけではなく，説明義務違反から独立した固有の違法性判断基準として機能していることを意味する」とも評されている[54]。というのは，この類型に属する裁判例は，不法行為の成否を判断するとき，必ずしも適合性原則違反を説明義務違反と結びつけるのではなく，「断定的判断の提供」や「過当取引」など他の義務違反と共に判断を行う場合もある。

また，注意すべきは，適合性原則違反を判断する際に，この類型に属する裁判例は，金融商品のリスク性やその仕組みの複雑さなどの性質と，顧客の財産状態，投資目的，投資経験などの属性とを相関的に考慮して，勧誘された金融商品が当該顧客に適合性を有するかどうかを判断しており，その勧誘が当該顧客にとって過大な危険を伴う取引への勧誘であるかどうか，あるいは適合性原則から著しく逸脱した行為であるかどうかまでは判断しない。

1.3.2.3 「不法行為競合型」に属する裁判例

「不法行為競合型」に属する裁判例は，適合性原則違反を認めるだけでなく，それによって不法行為の成否の判断まで行う。ただし，適合性原則違反による不法行為の成立を認めながら，直ちにこれによって不法行為責任を認定するのではなく，説明義務など他の義務違反による不法行為の成立も判断したあと，最終的に不法行為責任を認めたものである。

この類型に属する代表的裁判例の具体的判断枠組みを見てみよう。

[12] 札幌地判平成16年9月22日金判1203号31頁
　【事案の概要】Xはパートをしている53歳の未亡人であり，投資経験があり，投資資金は2,300万円の夫の退職金である。Yから外国為替証拠金取引

---

[54] 川地・前掲注(51)40頁。

の勧誘を受け，損失を被った。

【判旨】① 適合性原則違反について，「Xは，少なくとも約 2,000 万円程度の預貯金を有していたこと，証券会社を通じて，株式売却の取引経験を有していたことが認められる。しかしながら，Xは，夫を亡くし，パートで月収7万円を得ているにすぎず，預貯金は，亡夫の遺産であったこと，A（Yの外務員）はこれを認識していたこと，Xには，外国為替証拠金取引や先物取引等のハイリスク・ハイリターンの取引経験はないどころか，株式信用投資なども一切行ったことがないことが認められる。これらの事実を総合すると，Xは，センチュリーＦＸ（外国為替証拠金取引——筆者注）の取引の適合性を欠くのは明らかである。……したがって，Xの収入，資産，投資可能額，投資経験等の適合性を判断するに必要な事項を原告に確認・調査せずに本件取引を開始させたAの行為は，適合性の原則に反し，違法なものであることは明らかである」と判断した。
② 不法行為責任の成否について，説明義務違反を認定したあと，「Yの外務員による本件取引の勧誘行為は，適合性原則違反かつ説明義務違反が認められ，違法である」とし，不法行為責任を認めた。

この判決は，財産状態が乏しい顧客に，外国為替証拠金取引の勧誘が適合性原則に反し，不法行為にあたると明示し，そのうえ，説明義務違反をも認定して，両方を併せて，不法行為責任を認めたのである。

[13] 東京地判平成 17 年 3 月 4 日 TKC［平成 16 年（ワ）第 4891 号］
【事案の概要】顧客Xは年間 280 万円の年金生活をしている 77 歳の未亡人であり，投資経験を有しない。Yから海外先物オプション取引の勧誘を受けた。

【判旨】① 適合性原則違反について，「Xは，……本件オプション取引開始時点である平成 14 年 7 月時点では，預貯金は 1500 万円程度にまで減少していた。一時期，野村證券と 2 年ほど取引をしたことはあるものの，他に，本件オプション取引以前に，投機取引の経験はなく，不動産，有価証券等の他の資産も有しない。……以上認定のXの経験，知識，理解力，財産内容に照らせば，Yの従業員によるXに対する勧誘，取引の受託は適合性原則に違

反し，不法行為を構成すると認められる」と判断した。
　②　不法行為責任の成否について，他の義務違反（説明義務違反，新規委託者保護義務違反，一任売買，過当取引）をも認定したうえで，「被告の本件オプション取引の勧誘，受注，執行は，一体として違法性を有し，Xに対する不法行為を構成するものと認められる」とし，不法行為責任を認めた。

　この判決は，経験・知識・理解力の乏しく，財産状態も芳しくない高齢者である顧客に対し，オプション取引の勧誘が適合性原則に違反するものとして，不法行為であると明示したうえで，説明義務違反なども認定し，最終的に不法行為責任を認定したのである。

　またこの類型に属する他の裁判例は，以下の通りある。
　［14］神戸地判平成12年7月17日判時1739号90頁：顧客は病院経営をしている75歳の男性であり，言語障害を持ち，投資経験があり，投資目的は老後の生活資金の確保である。当該顧客にとってワラントの勧誘が過大な危険を伴う取引への勧誘であるため，その勧誘行為は適合性原則に違反し不法行為となるとしたうえ，説明義務違反も認定し，不法行為責任が生じるとされた。
　［15］大阪地判平成16年4月15日判時1887号79頁：顧客は来日15年の留学生であり，投資経験があるが，資産がなく，アルバイトにより生計を立てている。当該顧客に外国為替証拠金取引を勧誘するのは適合性原則に違反し，違法なものであるとし，説明義務違反等をも認めたうえで不法行為責任が認定された。
　［16］札幌地判平成16年9月22日TKC［平成15年(ワ)第2107号］：この事件は［12］事件と被告が同一であり，勧誘された取引も同じである。本事件の顧客は37歳の男性であり，投資当時無職で3,000万円の預貯金しか有しなかったが，投資経験がある。このような顧客にハイリスクの外国為替証拠金取引を勧誘するのは適合性原則に違反し不法行為となり，説明義務違反をも認めたうえで，不法行為責任が認定された。

　このように，「不法行為競合型」に属する裁判例は，「一体的不法行為構成型」に属する裁判例より，さらに一歩進んで，適合性原則違反の認定だけではなく，その違反自体による不法行為の成立をも独立に認定している。しかし，これら

の裁判例は，適合性原則違反それ自体による不法行為の成立を認めたが，それだけによって直ちに不法行為責任が生じるかどうかについて判断を行わず，他の義務違反の認定も行い，最終的に不法行為責任を認めている。一見して，この類型の裁判例の判断枠組みは，「一体的不法行為構成型」の裁判例のそれと変わりがないように見えるが，実際に，両類型の裁判例における適合性原則に対する評価は異なっている。すなわち，「一体的不法行為構成型」に属する裁判例は，適合性原則違反に説明義務違反や過当取引などを加えて，総合的に考慮して不法行為の成立を認定しているから，適合性原則違反は単に不法行為の成否を判断する際の1つの考慮要素でしかない。これに対し，「不法行為競合型」に属する裁判例は，適合性原則違反を不法行為の成立の判断における一つの考慮要素としてではなく，それ自体による不法行為の成立を認めている。確かに「不法行為競合型」に属する裁判例も，証券会社の他の義務違反を認定しているが，この類型の判断枠組みにおいては，適合性原則違反が不法行為の成立根拠として認められているから，たとえ他の義務違反が認められなくとも適合性原則違反のみによって不法行為責任を構成することが可能であると考えられる。

　また，適合性原則違反による不法行為の成立を判断する際に，投資勧誘に適合性がないから業者の行為は適合性原則に違反し，不法行為にあたるという判断枠組みをとったのは［13］裁判例であり，［12］［15］［16］裁判例は適合性がないことと業者がそれを確認・調査しなかったことをもってその勧誘が適合性原則に違反し，不法行為となるとした。勧誘した取引が明らかに過大な危険を伴う取引である場合に適合性原則違反による不法行為の成立を認めるという判断枠組みをとったのは，［14］裁判例である。つまり，各裁判例は適合性原則違反による不法行為の成否を判断するとき，同じ判断基準をとっていない。同じ問題は，次の独立不法行為責任型に属する裁判例の中にも生じている。

1.3.2.4 「独立不法行為責任型」に属する裁判例

　「独立不法行為責任型」に属する裁判例は，「不法行為競合型」に属する裁判例よりさらに進んで，適合性原則違反により不法行為が成立することを認定するだけではなく，適合性原則違反のみを根拠に不法行為責任の認定を行っている。つまり，適合性原則違反が認められた場合に，説明義務など他の義務違反の有無を問題とすることなく，業者の不法行為責任を肯定し，または，説明義務違反などの他の違反行為を否定しつつ，適合性原則違反だけでも不法行為責任を認めている。

第3節　適合性原則に関する裁判例の動向

この類型に属する代表的裁判例の判断枠組みを見てみよう。

[17] 京都地判平成14年9月18日判時1816号119頁

【事案の概要】Xら3人は親とその子であり，主として取引をする父親X_3は，70代で会社を経営しており，30年ほどの投資経験を有し，2億円を超える多額の損失を計上して，Y以外の証券会社を提訴したことがある。本件では，Yからオプション取引の勧誘を受け，総額約3,700万円の損失を被った。

【判旨】① 適合性原則違反について，「Xらは，本件オプション取引を開始するにあたり，特に『リスクヘッジ』を行う必要があったものではなく，また，Xらから積極的に希望して取引に参入したものでもない。もっとも本件オプション取引開始当時，Xらには相応の資金力もあったし，X_3の投資経験も年数としては充分なものがあったというべきであるから，Xらがオプション取引の仕組みを十分理解して，賭博性を承知の上で，利ざやを稼ごうとして本件オプション取引を始めたのであれば，本件投資勧誘が必ずしも一概に適合性原則に違反するということはできないが，……Yの外務員AのAの説明により，Xらが，このような認識を持つに至ったとは到底認められず，またそのような認識を持ちうる能力もなかったと言うべきであり，そのことはYの従業員Aも十分認識していたと言うべきである」とし，適合性原則違反を認定した。
② 不法行為責任の成否について，「……Yの従業員AのXに対する適合性原則に違反した本件投資勧誘は，社会的に許容される範囲を逸脱した投資勧誘として私法上も違法と評価せざるを得ない」とし，不法行為責任を認めた。
③ 過失相殺について，Xは相当長期間の証券投資経験があること，取引の損失をめぐって訴訟を提起したことがあるにもかかわらず，そのことから何らの教訓も生かせなかったこと，商品についての知識を得ようともせずに，Yを全面的に信用して自らの判断を放棄したことなどを理由に，2割の過失相殺を認めた。

この判決は，資力も投資経験もある顧客は，オプション取引に対する理解力がないことに着目して，オプション取引の勧誘が適合性原則違反になり，それ

によって不法行為責任が生じると認定したのである。実際に，本事案における業者側の説明が不十分なところがあるが，説明義務違反に関する判断が行われず，適合性原則違反のみによって不法行為責任が肯定された。

[18] 東京地判平成 15 年 5 月 14 日金判 1174 号 18 頁
　【事案の概要】 X は 70 歳の未亡人であり，夫の死亡保険金と土地建物の売却代金 4,000 万円の資産を保有し，投資経験があるが，長期保有を投資目的とした。Y から IT 関連の外国株式や国内株式，投資信託の勧誘を受け，約 1,500 万円の損失が生じた。

　【判旨】① 適合性原則違反について，「これらの外国株式については，その企業の事業内容や今後の業績見通しなど，投資判断に必要な情報を収集して適切な投資判断をすることが，国内企業の場合に比べて困難であり，また，米ドル建てであるため，為替相場に関する知識や情報も要求される。X は証券取引に関する知識に乏しく，自分だけで投資判断を行ったことがなく，投資判断に必要な情報の入手は Y の担当者に依存していたというのであるから，そのような X に，外国株式について自主的な投資判断を期待することはできない。取引が米ドル建てで行われるため，株式自体の価格変動により損失を生じる可能性に加え，為替相場の変動によってもかなりの損失を生じる危険性がある。X にこの点についての知識や経験があったとは認められず，その投資目的も長期的に堅実な投資を行うというものであったから，そのような原告にとっては，これらの外国株式の取引は明らかに過大な危険を伴う取引であるということができる」とし，適合性原則違反を認めた。
　② 不法行為責任の成否について，「これらの外国株式の取引を X に勧誘した A（Y の従業員―筆者注）の行為は，適合性原則に違反し，社会的相当性を欠くものとして不法行為になる」とし[55]，説明義務違反の有無については

---

[55] 同判決は，一方で，外国株式以外の投資信託や国内株式について，適合性があると判断した。すなわち，「これらの商品のうちには，上場して半年程度しか経過していない企業の株式や，短期間に価格が大きく変動していて価格の安定性が懸念される株式も含まれているが，投資信託や上場された現物株式を購入するという取引は，類型的に投機性の高い取引ではない。投資判断についても，外国株式ほど知識や経験を必要とはせず，情報の収集の比較的容易である。したがって，原告が投資の経験や知識に乏しく，堅実な投資目的を有していたことを考慮しても，投資信託や上場された現物株式の取引が明らかに過大な危険を伴う取引であるとはいえず，また，自主的な投資判断をすることが

判断せず，Yの不法行為責任を認めた。
　③ 過失相殺について，Xには数年間の証券取引の経験があり，リスクについて一般的には認識していたこと，説明を求めたり取引を明確に拒絶することをしなかったことなどを理由に，3割の過失相殺を認めた（適合性原則違反を認めなかったが，説明義務違反を認めた国内株式や投資信託については7割の過失相殺を認定した）。

　この判決は，顧客の属性に照らして，外国株式の取引が当該顧客にとって過大な危険を伴う取引であることを認定したうえで，証券会社の説明義務に言及せず，このような投資勧誘が適合性原則違反になると判断し，それを根拠として，不法行為責任を認めた。一方で，顧客に投資経験があること，投資商品を理解しようとする努力をしなかったことなどを理由に3割の過失相殺を行った。

　また，この類型に属する他の裁判例は，以下の通りである。
　［19］東京高判平成15年4月22日判時1828号19頁（平成17年最高裁判決の原審）：オプションの売り取引に伴うリスクを回避するための知識，経験，能力を有しない顧客に，オプションの売り取引を勧誘することは適合性原則に違反し，不法行為責任が生じるとされた。
　［20］京都地判平成16年10月1日TKC［平成14年(ワ)第1号］：視力障害者である顧客は，自営業を行う47歳の男性であり，営業所得が年間100万円未満であり，預貯金200万円程度で，投資経験がなく，自ら被告に株式を買いたいと電話をかけ，取引を開始した。顧客の資産状態，取引経験および視覚障害等の属性と店頭株のハイリスク性を総合的に判断し，適合性原則違反により不法行為責任が認められた（説明義務違反，過当取引を否定し，6割の過失相殺）。
　［21］東京地判平成17年2月2日TKC［平成16年(ワ)第10689号］：会社の取締役である顧客は，年収1,000万円で，株式投資経験があるが，本件取引当時にうつ病の投薬治療中である。客観的にみて当該顧客が商品先物取引を行う適格性を欠くため，商品先物取引を勧誘するのは適合性原則に違反し不法行為責任が生じるとされた（3割の過失相殺）。

期待できないような取引であるともいえない」として，適合性原則違反を否定した。また，これらの投資商品について，説明義務違反を認めた。

このように，「独立不法行為責任型」に属する裁判例は，適合性原則違反それだけにより不法行為の成立を認定する点で「不法行為競合型」に属する裁判例と同じであるが，「不法行為競合型」の裁判例と異なり，他の義務違反の判断に入らず，または他の義務違反が認められなくても，適合性原則違反のみによって独立に不法行為責任を認めている。

また，これらの裁判例は適合性原則違反による不法行為の成立を判断する際に，「不法行為競合型」に属する裁判例と同じく，一様の基準は見られない。適合性のない勧誘が適合性原則に違反し不法行為となるという判断枠組みをとったのは，[19][20]裁判例である。適合性のないことと業者がそれを知っているまたは知るべきであることとを組み合わせてその勧誘が適合性原則に違反し不法行為となるという判断枠組みをとったのは，[18][21]裁判例である。また，[17]裁判例は勧誘された取引が明らかに過大な危険を伴う取引であり，その勧誘が適合性原則に違反し社会的相当性を欠くものとして不法行為にあたると判断している。しかも，これらの裁判例において，適合性原則違反それ自体の判断と，適合性原則違反による不法行為の成立の判断と意識的に区別していないようである。

1.3.2.5 適合性原則違反に関する否定裁判例の判断状況

ここで取り上げる否定裁判例は，以下の15件である。これらの裁判例は，結論として適合性原則違反を否定したが，判断の前提として，適合性原則違反を独立した争点の一つとして取り扱うものである。

[22] 大阪地判平成6年3月30日判タ855号220頁：2,800万円の資金および20年ほどの投資経験を有する顧客に，ワラントの勧誘は過大な危険を伴う取引への勧誘にならないとして，適合性原則違反は否定された。

[23] 大阪地判平成8年11月25日判タ940号205頁：1億円の資産を有し，3年ほどの投資経験があり，投資目的が利益追求である顧客に対する外貨建ワラント取引の勧誘について，裁判所は「外貨建ワラントの性質及び原告が現実に本件ワラントに投資した金額（190万円）を考慮すると，前記で認定したような社会的地位，資力，投資経験・投資知識及び投資指向を有していた原告において外貨建ワラントの取引を行う適格性を有しないものとはいえない」と判断し，適合性原則違反を否定した。

[24] 大阪地判平成8年11月27日判時1615号93頁：投資経験がなく，1,000万円の投資資金が夫の死亡保険金の残金と預貯金である顧客に対する

第 3 節　適合性原則に関する裁判例の動向

投資信託の勧誘について、裁判所は「株式投資信託は株式投資に比べれば危険性が小さく、その仕組みを理解したり、取引をする際に格別高度な知識が要求されるものであるとはいえない。また、原告は本件投資信託の取引開始当時、1,000 万円という決して少なくない資金を有していたが、株式投資信託のうち比較的危険性の大きいいわゆる『成長型』投資信託には右資金の内の 300 万円を投資したのみであり、他は、それよりは危険性の小さい『安定成長型』を選択している。これらの事情を考慮すると、原告に株式投資信託をする適合性がないということはできず、被告が原告に対し投資信託を勧誘したことが適合性原則に違反するということはできない」と判断し、適合性原則違反を否定した。

［25］前橋地判平成 9 年 6 月 9 日判時 1645 号 113 頁：投資経験を有し、1 日の取引額が 1 億円を超えたこともある顧客に対する投資信託の勧誘について、裁判所は「原告の社会的地位、経済力、証券取引についての知識、投資経験からして、店頭取引に耐えうる投資者といいうるし、また、被告会社の従業員がそのような原告に対して投資勧誘をしたからといってそれが不法行為に該当するとまではいえない」と判断し、適合性原則違反を否定した。

［26］東京地判平成 10 年 2 月 23 日金判 1051 号 49 頁：20 年ほど公社債投資信託の経験を有する顧客に対する投資信託の勧誘について、裁判所は「被告が原告らの投資目的、財産状態や投資経験等に照らして明らかに過大な危険を伴う取引を積極的に勧誘するなど社会的に相当性を欠く手段又は方法により不当に投資信託の購入を勧誘したとまで認めることはできない」と判断し、適合性原則違反を否定した。

［27］東京地判平成 12 年 3 月 27 日金判 1096 号 39 頁：3 年ほどの投資経験および 6,000 万円相当の株式を有し、精神分裂病歴を有する顧客に対して行った信用取引およびワラントの勧誘について、裁判所は「原告の財産状態、投資経験等に照らして過大な危険を伴う取引に積極的に勧誘したものとまで評価することは困難であり、著しく不適合なものということはできない」と判断し、適合性原則違反を否定した。

［28］東京地判平成 13 年 11 月 30 日金判 1156 号 39 頁：事故で障害者になり、将来の収入源を確保するため、支払われた保険金 4,000 万円を投資資金とし、1 年ぐらいの投資経験を有する顧客に信用取引およびオプションを勧誘することについて、裁判所は「被告が原告に対して本件信用取引ないし本件オプション取引を行うよう勧誘したことは、原告の投資目的、財産状態、

投資経験のいずれの点から検討しても，原告にとって著しく不適合であるとは認めることはできない」と判断し，適合性原則違反を否定した。

［29］東京高判平成 14 年 10 月 17 日金判 1174 号 2 頁：［28］裁判例の控訴審，一審判決を維持。

［30］東京地判平成 15 年 6 月 27 日判時 1856 号 122 頁：1,000 万円の投資資金および 10 年ほどの株式投資経験を有し，投資目的はバブル崩壊時に被った損失の取り戻しおよび退職後の生活資金の増加である顧客に対する信用取引の勧誘について，裁判所は「被告が原告に対し株の信用取引を勧誘し，これを行わせたことが，原告の投資目的，財産状態や投資経験等に照らして著しく不適合で」ないとして，適合性原則違反を否定した。

［31］大阪地判平成 15 年 11 月 4 日判時 1844 号 97 頁：顧客らは夫婦であり，投資判断は短大卒の 10 年以上の投資経験を有する妻により行われていた。当該顧客らに対する EB 債の勧誘について，裁判所は「このような原告 2（妻）の取引経験に加え，原告 2 が商品について理解できない点があれば質問をする人物であること並びに原告 2 の学歴及び職歴等を勘案すれば，原告 2 には，前記①ないし③（EB 債の特性のこと——筆者注）の点を具体的な理解する能力があったものといいうるから，本件各 EB が原告 2 にとって適合性を欠くものであったとまではいえない」とし，適合性原則違反を否定した。

［32］さいたま地判平成 16 年 3 月 26 日金判 1199 号 56 頁：75 歳で会社経営および不動産業をしており，長年の投資経験を有する顧客に対するオプション取引の勧誘について，裁判所は「原告の経歴及び社会的地位等からすると，原告の経済的地位ないし資力は十分であって，また，株式取引に関する知識と経験を有するものであることは明らかであるので，高齢ではあるが，本件オプション取引についてのいわゆる適合性に欠けるところはないと判断されるものである」として，適合性原則違反を否定した。

［33］大阪地判平成 16 年 5 月 28 日判タ 1176 号 205 頁：顧客が株式会社であるが，実際の投資判断はその経営者である会社代表者によって行われ，その代表者は 6 年間ほどの投資経験があり，最大 6,000 万円の投資をしたことがある。このような顧客に対する EB 債の勧誘について，裁判所は「したがって，かかる原告代表者の長期にわたる取引経験及び損失を被った体験等からすれば，EB における主なリスクである株価の下落の意味合いは，相当具体的に認識し得る能力を有していたといえるし，原告代表者が，株式会社である原告を長年経営していたことなどを併せ考えれば，原告代表者が，上

第3節　適合性原則に関する裁判例の動向

記(2)ア（額面金額と評価日における転換対象株式の株価の差額分の損失を被ること）ないしエ（途中売却によって損失を回避することができないこと）を具体的に理解する能力を有していたというべきであるから，原告代表者に本件債券の購入を勧誘することが，適合性原則に反する違法なものであるということはできない」と判断した。

　[34] さいたま地判平成 16 年 6 月 25 日金判 1199 号 101 頁：遺族年金により生活しており，10 年ほどの投資経験および，3,000 万円相当の株式を保有する顧客に対するオプション取引の勧誘について，裁判所は「単なる専業主婦ではなく，出版関係の仕事に従事し，10 年以上の株式取引の経験があったこと，現実に原告が行った本件オプション取引でも，1 年目は 47 回の取引を行って約 430 万円の利益を得て，2 年目は 39 回の取引を行って約 250 万円程度の利益を得ていることに照らせば，原告には，オプション取引を行う資力と取引経験があったものと認めるのが相当である」とし，適合性原則違反を否定した。

　[35] 大阪地判平成 16 年 6 月 30 日 TKC［平成 14 年（ワ）第 5101 号］：年間 600 万ないし 700 万円の年収のほか 3 億円以上の資産を保有し，30 年ほどの投資経験を有する顧客にとって EB の勧誘が明らかに過大な危険を伴う取引への勧誘ではないことろ理由に適合性原則違反はないとされた。

　以上の裁判例は，一定の資産を持ち，利益追求を投資目的とし，ある程度の投資経験を有する顧客について，たとえ勧誘された投資取引がハイリスク性のあるオプション取引，信用取引，EB 債などであっても，適合性原則違反にならないと判断している。

　また，この 15 件の否定裁判例のうち，不法行為の成否判断を前提に適合性原則違反の有無を認定する裁判例は 13 件（[24][31]裁判例は不法行為の成否を判断の前提にしていない）があり，さらに，この 13 件の裁判例の中で，「著しく不適合でない」，または「過大な危険を伴う取引を積極的に勧誘したものまで評価できない」として適合性原則違反を否定したのは 8 件（[22][26][27][28][29][30][33][35]裁判例）である。すなわち，適合性原則違反を否定した裁判例の多くは，適合性原則違反の有無を判断する際に，既に適合性原則違反による不法行為の成否を判断の前提にしており，その上に，投資勧誘が当該顧客にとって「著しく不適合でない」，あるいは勧誘された取引が「過大な危険を伴う取引」でないことを理由に，適合性原則違反を否定している。

1.3.2.6　平成 17 年最高裁判決以前の下級審裁判例の判断に関する小括

　既述のように，投資勧誘を問題にする訴訟において，裁判例の多くは，契約の効力を肯定しながら，不法行為に基づく損害賠償責任を認めている。また，不法行為責任の認定について，多くの裁判例は勧誘行為全体の評価としての「違法性の有無」をめぐって判断を行っているように見受けられる。既に紹介したように，この傾向は適合性原則違反に関しても同じである。また，不法行為の成否を判断する場合，一般的に，勧誘行為が「社会的相当性を逸脱しているか」が重要な視点を提供しているようである[56]。このような判断形式が適合性原則違反に適用されるとすれば，適合性原則に違反した勧誘行為が「社会的相当性」から逸脱した場合は不法行為の成立と結びつきやすいことは容易に推測されよう。ここでは，さらに，何を基準にして「社会的相当性の逸脱」を判断するかが問題となる。もっとも，「社会的相当性の逸脱」をもって不法行為の成否を論じるにもかかわらず，そこに一致した判断基準が見られるわけではない。

　適合性原則違反それ自体を独立した争点としない「説明義務還元型」に属する裁判例および「一体的不法行為構成型」に属する裁判例は，単に「顧客の属性に照らして勧誘された取引が適合性を有するかどうか」を論じている。これに対し，適合性原則違反それ自体による不法行為の成否を問題とする「不法行為競合型」に属する裁判例および「独立不法行為責任型」に属する裁判例は適合性原則違反による不法行為の成立の判断について，3 つの判断枠組みに分かれる。第 1 判断枠組みは，適合性原則違反を不法行為の成立に直結させるものであり，第 2 判断枠組みは，適合性原則違反＋業者側の認識が不法行為の成立を導くとするものであり，第 3 判断枠組みは，明らかに過大な危険を伴う取引への勧誘または適合性原則から著しく逸脱した勧誘をもって不法行為とするものである。

　適合性原則違反をもって直ちに不法行為を認定する第 1 判断枠組みの裁判例は，最も直接的に適合性原則違反による不法行為を判断しているが，これに属する裁判例は少なく，2 件のみである（［13］［19］）。第 2 判断枠組みに属する裁判例は，2 段階に分けて不法行為の成否を判断している。すなわち，まず勧誘された投資取引が当該顧客に適合性がないことを認めたあと，そのことを業者側が認識していたまたは認識すべきであることをも認定したうえで，不法行為を認めている（［12］［15］［16］［18］［21］）。

---

[56]　桜井＝上柳＝石戸谷・前掲注(50)241 頁，清水・前掲注(45)11 頁。

第3節　適合性原則に関する裁判例の動向

　適合性原則違反の判断とそれによる不法行為の成立の判断との関係が明白な第1判断枠組みの裁判例および第2判断枠組みの裁判例に対し，第3判断枠組みに属する裁判例は，適合性原則違反の判断とそれによる不法行為の成否の判断との関係は必ずしも明らかでない。つまり，当該判断枠組みをとる裁判例は，不法行為の成否を判断するに際して，「明らかに過大な危険を伴う取引への勧誘」を必要な付加的要件としているが，それが適合性原則違反の判断基準であるか，それとも適合性原則違反による不法行為の成立の判断基準であるかについては，明示していない。

　また，適合性原則違反に関する否定裁判例の多くは，勧誘が「著しく不適合でない」あるいは「明らかに過大な危険を伴う取引を積極的に勧誘したことにならない」ことを根拠にし，適合性原則違反を否定し，不法行為責任がないと判断している。このような判断枠組みが第3判断枠組みに属する肯定裁判例のそれと同じである。

　肯定裁判例と否定裁判例を総合的に見ると，第3判断枠組み，すなわち「明らかに過大な危険を伴う取引への勧誘」あるいは「適合性原則からの著しい逸脱」をもって不法行為を判断する裁判例が多数を占めている。

　なお，いずれの判断枠組みに属するかを問わず，多くの裁判例では，適合性原則違反を認めながら，リスクに関する一般的認識が顧客にあること，投資商品を理解しようとしないこと，業者を盲信したことなどを理由に過失相殺を行う傾向が見られる。

1.3.3　適合性原則に関する最高裁判所の判断

　1990年代から裁判例が適合性原則を独立した争点の1つとして取り上げ始めたが，2005年（平成17年）に，ようやく適合性原則に関する初めての最高裁判決（平成17年最高裁判決）が出た。これは，現時点で適合性原則について判断を示した唯一の最高裁判決である。以下，幾分立ち入って紹介・検討する。

1.3.3.1　事案の概要

　X（原告・控訴人・被上告人）は，水産物卸売を業とする資本金は1億2,000万円の株式会社であるが，26億円の公的低利融資を受けたことから，当面使用する予定のない資金を証券取引で運用することとし，昭和59年9月，Y（被告＝被控訴人の訴訟承継人・上告人）に5億円の運用資金を預託し，Yに委託して行う取引（以下「本件取引」という）を開始した。Xにおいて，本件取引に係

わる意思決定は，代表取締役Bまたは専務取締役のCがこれに当たる態勢としていた。Xは中期国債ファンドの売買などから本件取引を始めた後，取引証券の種類と金額を順次拡大し，信用取引，国債先物取引，外貨建てワラント取引，株式先物取引等につき，売買総額も年間200〜400億円になり，本件取引の開始から約5年を経過した平成元年8月には，Yの担当者の勧誘により日経平均株価オプション取引を開始した。当初は，専らオプションの買い取引のみが数量的にも限定的に行われ，その後，いわゆるバブル崩壊により保有証券等の含み損は10億円を超えるに至った状況の下で，Xは平成3年2月からオプションの売り取引を中心に取引を行うようになった。特に，問題となった第3回目と第4回目のオプションの売り取引の状況は以下の通りである。

　第3回目　　Xは，平成2年度末の保有証券等の含み損は10億円を超えた。このような中で運用益を上げるため，XはAの新しい担当者に対し，株価指数オプション取引で利益の確定できる取引はないかと尋ねたところ，その担当者はそのような取引はないが一定の資金の範囲内でやってはどうかと勧めた。これをうけて，Xは平成3年2月から日経平均株価オプション取引を再開した。そのとき，BはAの担当者に対し，損失が1,000万円以上になったらこれをやめると告げた。今回のオプション取引は68回にわたって行われたが，新たな現金が不要であるとの理由から「売り取引」が多く選択された。しかし，同年4月1日の決済により差引き1,500万円を超える損失が生じたため，Xは3回目のオプション取引を終了させた。この間のオプション取引の通算損益は，約2,090万円の損失となった。

　第4回目　　平成4年11月にAの担当者が替わったことを機に，今後の運用方針について新しい担当者との話し合いの結果，日経株価オプション取引を再開することとし，Xは平成4年12月から平成5年11月にかけて，オプションの売り取引を中心に新規取引として計199回のオプション取引を行った。しかし，Cが決算対策として行ったオプションの売り取引によって6,400万円の損失，さらに，平成5年10月末から11月初旬にかけて日経平均株価が急落した際，Xはプット・オプションを売り建てていたため，約1億1,500万円の損失を生じた。Xは，これを最後にオプション取引を終了させた。4回目のオプション取引の通算損益は，約2億721万円の損失であった。

　一審において，Xの過当取引の主張が認められず，原審において，オプション取引に係る適合性原則違反，説明義務違反が認定された。これに対し，Yは上告受理の申立をした。

1.3.3.2　判　　旨

(1)　最高裁は一般論として，適合性原則違反について不法行為責任の成立およびその認定基準を論じた。すわわち，「これら（適合性原則に関する旧証券取引法，行政指導及び自主規制の規定を指す――筆者注）は，直接には，公法上の業務規制，行政指導又は自主規制機関の定める自主規制という位置付けのものではあるが，証券会社の担当者が，顧客の意向と実情に反して，明らかに過大な危険を伴う取引を積極的に勧誘するなど，適合性の原則から著しく逸脱した証券取引の勧誘をしてこれを行わせたときは，当該行為は不法行為上も違法となると解するのが相当である。そして，証券会社の担当者によるオプションの売り取引の勧誘が適合性の原則から著しく逸脱していることを理由とする不法行為の成否に関し，顧客の適合性を判断するに当たっては，単にオプションの売り取引という取引類型における一般的抽象的なリスクのみを考慮するのではなく，当該オプションの基礎商品が何か，当該オプションは上場商品とされているかどうかなどの具体的な商品特性を踏まえて，これとの相関関係において，顧客の投資経験，証券取引の知識，投資意向，財産状態等の諸要素を総合的に考慮する必要があるというべきである」とした。

(2)　勧誘された投資商品である日経平均株価オプション取引の性質について，「これを本件についてみるに，確かに，オプション取引は抽象的な権利の売買であって，現物取引の経験がある者であっても，その仕組みを理解することは必ずしも容易とはいえない上，とりわけオプションの売り取引は，利益がオプション価格の範囲に限定される一方，損失が無限大又はそれに近いものとなる可能性があるものであって，各種の証券取引の中でも極めてリスクの高い取引類型であることは否定できず，その取引適合性の程度も相当に高度なものが要求されると解される。しかしながら，本件で問題となっている日経平均株価オプション取引は，証券取引法2条22項に規定する有価証券オプション取引に当たるものであって，いわゆるデリバティブ取引の中でも，より専門性の高い有価証券店頭オプション取引などとは異なり，証券取引所の上場商品として，広く投資者が取引に参加することを予定するものである。すなわち，日経平均株価オプション取引は，その上場に当たり，大蔵大臣の承認（平成9年法律第102号による改正前の証券取引法110条）を通じて，投資者保護等の観点から商品性についての審査を経たものであり，また，基礎商品となる日経平均株価やオプション料の値動き等は，経済紙はもとより一般の日刊紙にも掲載され，一般投資家にも情報提供されているなど，投資者の保護のための一定の制度的

保障と情報環境が整備されているところである。さらに，平成10年法律第107号による改正前の証券取引法47条の2（現行法の40条1項参照）は，有価証券オプション取引など，一般投資家の保護の観点から特に当該取引のリスクについて注意を喚起することが相当と考えられる類型の取引に関し，証券会社は，いわゆる機関投資家等を除く顧客に対し，契約締結前に損失の危険に関する事項などを記載した説明書をあらかじめ交付しなければならない旨を定めるが，この規定は，専門的な知識及び経験を有するとはいえない一般投資家であっても，有価証券オプション取引等の適合性がないものとして一律に取引市場から排除するのではなく，当該取引の危険性等について十分な説明を要請することで，自己責任を問い得る条件を付与して取引市場に参入させようとする考え方に基づくものと解される。そうすると，日経平均株価オプションの売り取引は，単にオプションの売り取引という類型としてみれば，一般的抽象的には高いリスクを伴うものであるが，そのことのみから，当然に一般投資家の適合性を否定すべきものであるとはいえないとうべきである」とした。

（3）顧客の属性について，「日経平均株価オプション取引の以上のような商品特性を踏まえつつ，Xの側の投資経験，証券取引の知識，投資意向，財産状態等をみるに，原審の確定した前記の事実関係によれば，Xは，返済を要するものとはいえ，20億円以上の資金を有し，その相当部分を積極的に投資運用する方針を有していたこと，このため，代表取締役社長自ら資金運用に関与するほか，資金運用を担当する専務取締役において資金運用業務を管理する態勢を備えていたこと，同専務取締役は，それ以前において資金運用又は証券取引の経験はなかったものの，昭和59年9月に本件取引に係る証券取引を開始してから，初めてオプション取引を行った平成元年8月までの5年間に，株式の現物取引，信用取引，国債先物取引，外貨建てワラント取引，株先物取引等を，毎年数百億円規模で行い，証券取引に関する経験と知識を蓄積していたこと，オプション取引を行うようになってからも，1回目及び2回目のオプション取引では，専らコール・オプションの買い取引のみを，数量的にも限定的に行い，その結果としての利益の計上と損失の負担を実際に経験していること，こうした経験も踏まえ，平成3年2月に初めてオプションの売り取引（3回目のオプション取引）を始めたが，その際，オプション取引の損失が1,000万円を超えたらこれをやめるという方針を自ら立て，実際，損失が1,000万円を超えた平成4年4月には，自らの判断によりこれを終了させるなどして，自律的なリスク管理を行っていること，その後，平成4年12月に再び売り取引を中

心とするオプション取引（4回目のオプション取引）を始めたが，大きな損失の原因となった期末にオプションを大量に売り建てるという手法は，決算対策を意図するX側の事情により行われたものであること等が明らかである」とした。

(4) 結論として，最高裁は「これらの事情を総合すれば，Xが，およそオプションの売り取引を自己責任で行う適性を欠き，取引市場から排除されるべき者であったとはいえないというべきである。そうすると，A証券会社の担当者において，被上告人にオプションの売り取引を勧誘して3回目及び4回目のオプション取引を行わせた行為が，適合性の原則から著しく逸脱するものであったということはできず，この点についてYの不法行為責任を認めることはできない」と判示した[57]。

1.3.3.3　平成17年最高裁判決に関する検討[58]

(1) 適合性原則違反による民事責任の認定について

本判決において，最高裁は，適合性原則違反の主張に対し，契約責任に関しては触れず，不法行為責任の成否についての判断のみを行っている。この点は当事者の主張のしかたにもよるものであるが，従来の下級審裁判例の主流と同じである。最高裁は適合性原則を業法規定と位置づけたうえで，勧誘行為が「適合性の原則から著しく逸脱した」場合に不法行為法上も違法となりうるとしている。結論として，本件における顧客は適合性を有するとされたため，業者の勧誘行為が適合性原則から著しく逸脱するものでないとの理由で，不法行為責任が否定された。

---

[57] 才口千晴裁判官は多数意見に賛成したが，補足意見において，本件の業者に指導・助言する義務があると指摘した。すなわち，「しかしながら，本件取引の適合性が認められるXについても，証券会社がオプションの売り取引を勧誘してこれを継続させるに当っては格別の配慮が必要であるという基本的な原則が妥当することはいうまでもない。このような観点から，本件においては，証券会社の指導助言義務について改めて検討する必要がある。すなわち，Xのような経験を積んだ投資家であっても，オプションの売り取引のリスクを的確にコントロールすることは困難であるから，これを勧誘して取引し，手数料を取得することを業とする証券会社は，顧客の取引内容が極端にオプションの売り取引に偏り，リスクをコントロールすることができなくなるおそれが認められる場合には，これを改善，是正させるため積極的な指導，助言を行うなどの信義則上の義務を負うものと解するのが相当であるからである」。

[58] 本判決に関する評釈は多数存在するが，宮坂昌利「判評」法曹時報60巻1号212頁，森田章「判評」民商133巻6号90頁，黒沼悦郎「判評」ジュリ1313号119頁，潮見佳男「判評」私法リマークス33号66頁，近江幸治「判評」判評570号（判時1931号）188頁，堀部亮一「判評」判タ1232号34頁などを参考になる。

適合性原則違反に対する顧客の法的救済として不法行為責任が問題となることは既に下級審裁判例によって確認されていたところではあるが，最高裁レベルで初めて適合性原則違反により不法行為責任が生じうることを明示した点で，本判決の意義は大きく，実務に大きな影響をもたらしている。

適合性原則違反による不法行為責任の判断枠組みとして，本判決がまず適合性原則を公法上の業務規制であると位置づけた上で，その違反により不法行為上の違法性を論ずるところからみると，最高裁は公法上の「適合性原則違反」と私法上の「適合性原則違反による不法行為責任」との判断が異なるものとして捉えているようである。しかし，具体的判断において，最高裁は「顧客の意向と実情に反して，明らかに過大な危険を伴う取引を積極的に勧誘するなど，適合性原則から著しく逸脱した証券取引の勧誘をしてこれを行わせたときは，当該行為は不法行為上も違法となる」と表現している。ここでいう「適合性原則から著しく逸脱した」ことが適合性原則違反そのものであると解釈される場合には，適合性原則違反の判断とそれによる不法行為の成立の判断とは同一であると言えるが，「適合性原則から著しく逸脱した」ことが適合性原則違反の程度を表していると解釈される場合には，適合性原則違反の判断とそれによる不法行為の成立の判断とは異なるものとなる。実際，本判決を後者の意味として解釈する者が多い。後者の意味と捉えると，不法行為の成立との関係は，単に適合性原則に違反したからといって，直ちに不法行為となるのではなく，「適合性の原則から著しく逸脱した」場合にのみ不法行為が成立することになる。しかし，どのような基準によって，業者の適合性原則違反行為が「適合性原則から著しく逸脱した」と判断するかは定かでない。このような判断構造が，適合性原則違反に「加重要件」を加えることになる[59]とか，「危険の量的大小」により適合性原則違反と違法性に差をつけることは恣意性を免れない[60]などの批判を受けている。

(2) 適合性原則における考慮要素について

最高裁は，適合性を判断するにあたり，取引のリスクと顧客の投資経験，知識，投資意向および財産状態を相関的かつ総合的に考慮すべしと判示した。顧

---

[59] 丸山絵美子「判評」法セミ 611 号 118 頁（2005 年），川地宏行「デリバティブ取引における説明義務と損害賠償(3)」専修法学論集 98 号 9 頁（2006 年）。
[60] 潮見・前掲注(58)68 頁。

客の属性については，旧証券取引法に定められている「知識，経験及び財産状態」に加えて，「投資目的」も顧客属性の考慮要素の一つとして取り上げ，取引のリスクの判断については，取引類型における一般的抽象的なリスクのみならず具体的な商品特性も考慮すべきであると判示している。

　既に紹介したように，取引のリスク性と顧客の属性を相関的に考慮して適合性の有無を判断するという手法は，既に従来の下級審裁判例でも利用されてきたもので，しかも顧客の属性を認定する際に顧客の投資目的を考慮要素とすることも，かねてより下級審で行われていたことであるから，さして目新しいことではなく，本判決は，従来の下級審裁判例の判断を確認したものに過ぎないといえるかもしれない。しかし，投資取引の一般的なリスク性を判断しがちである従来の下級審裁判例と異なり，最高裁は，取引のリスクを判断する場合に，投資取引の一般的・抽象的リスクではなく，基本商品の具体的な特性を考慮すべきであると強調し，投資取引のリスクの判断について新しい視点を与えた。

　もっとも，本判決において，最高裁は投資取引およびその基礎商品にある固有のリスク性のみに着目して判断を行っており，投資方法により生じたリスクについては考慮していない。本事件では，第3回目の68回取引の半分以上および第4回目の199回取引のほとんどがオプションの売り取引であり，かかる投資方法は典型的集中投資であるが，適合性原則違反の有無を判断する際に，最高裁はこの点について評価を行っていない。補足意見において，才口裁判官がこれを問題として取り上げているが，適合性原則でなく，指導・助言義務の問題としている。

　以上のように，平成17年最高裁判決において，最高裁は，まず適合性の考慮要素について，投資取引のリスクと顧客の属性を相関的かつ総合的に判断することを基本とし，顧客の属性に関しては制定法（当時）を先取って顧客の投資経験，知識，財産状態のみならず，顧客の投資目的をも考慮要素の中に取り入れている。ただし，投資取引のリスクに関しては，投資商品の固有リスクのみに着目し，投資方法に含まれるリスクにはあまり注意を払っていないように見える。また，適合性原則違反の民事効果については不法行為責任の構成を中心に判断し，不法行為責任の成否について，裁判所は，適合性原則違反をもって直ちに不法行為上の違法性が生じるのではなく，「適合性原則から著しく逸脱した」場合にのみ不法行為責任が生じるとしているが，適合性原則違反行為それ自体の判断と，「適合性原則から著しく逸脱した」適合性原則違反行為と

の判断とは，それぞれの基準がどう違うかは明らかでなく，結局，どのような適合性原則違反行為が不法行為になるかの判断枠組みには，なお不明な点が多い。

1.3.4　平成17年最高裁判決以降の下級審裁判例の状況

平成17年最高裁判決が出されてから，3年ほどの間に（2009年12月現在），適合性原則を扱う下級審裁判例として公表されたものは約120件[61]あり（TKC法律情報データベースによる），うち，適合性原則違反を認め，それによって不法行為の成立を認定した裁判例が57件にのぼり，平成17年最高裁判決以降の下級審裁判所の積極的対応が顕著である。

この時期の下級審裁判例は，適合性原則を争点として取り上げる際，業者の勧誘行為が同原則に違反したかどうかを中心に判断しており，以前のように，説明義務の一要素として適合性原則を扱う「説明義務還元型」に属する裁判例が殆ど見当たらなくなった。適合性原則違反を認めつつ，それによる不法行為の成否については判断せず，説明義務違反や他の違反行為と併せて全体として不法行為を認定する「一体的不法行為構成型」に属する裁判例は，まだ存在する（3件）。しかし，「不法行為競合型」に属する裁判例，つまり，適合性原則違反による不法行為の成立を認めた後，説明義務違反など他の違反行為をも認定した上で，最終的に不法行為責任を肯定するものが圧倒的に多い。57件の肯定裁判例の中で，「不法行為競合型」に属するものは45件（内訳は，説明義務違反を一緒に認定するもの29件，説明義務違反を否定し[62]，あるいは説明義務違反の有無に言及せず[63]，断定的判断の提供など他の義務違反を一緒に認定するもの16

---

[61]　「適合性原則違反」をキーワードに，平成17年7月15日から平成21年7月15日までの裁判日範囲を指定して検索したところ，167件があったが，中で実際に適合性原則を争点とするものは120件ぐらいであった。

[62]　説明義務違反を否定し，適合性原則違反と他の義務違反を認めて不法行為責任を認定した裁判例には，①名古屋高判平成18年2月9日TKC［平成17年(ネ)第774号，平成17年(ネ)第814号］，②神戸地判平成19年7月19日TKC［平成17年(ワ)第2342号］，③神戸地判平成19年10月22日TKC［平成18年(ワ)第1778号］，④名古屋地判平成20年5月21日TKC［平成18年(ワ)第436号］，⑤東京高判平成20年5月28日TKC［平成19年(ネ)第6040号］，⑥神戸地判平成20年10月7日TKC［平成19年(ワ)第1516号］，⑦さいたま地判平成20年10月8日TKC［平成18年(ワ)第366号，平成18年(ワ)第1401号］，⑧大阪高判平成20年3月25日TKC［平成19年(ネ)第3077）号］などがある。

[63]　説明義務違反の有無に言及せず，適合性原則違反と他の義務違反を認めて，不法行為責任を認定した裁判例には，⑨大阪高判平成18年7月11日TKC［平成16年(ネ)第678号］，⑩京都地判平成18年7月19日TKC［平成16年(ワ)第1386号］，⑪名古屋地

件）ある。「独立不法行為責任型」に属する裁判例，つまり，純粋に適合性原則違反のみをもって不法行為責任を認定したものは9件ある。

過失相殺の問題に関しては，「不法行為競合型」に属する裁判例において，説明義務違反を一緒に認めた29件の裁判例の中で，過失相殺を行ったものが15件あり，説明義務以外の他の義務違反を一緒に認めた16件の裁判例の中で，過失相殺を行ったものが7件ある。また，「独立不法行為責任型」に属する9件の裁判例の中で，過失相殺を行ったものが3件ある。

このように，平成17年最高裁判決以降，裁判例は不法行為責任の法的根拠の1つとして，適合性原則違反の有無を積極的に判断する点で進展しているが，説明義務違反や他の義務違反と一緒に不法行為責任を判定するところは従前の裁判例の認定方法と変わりがない。また，過失相殺の問題についても，平成17年最高裁判決以前と同様，過失相殺を認める傾向に変化が見られない（肯定裁判例の半数以上が過失相殺を行っている）。つまり，適合性原則をめぐる司法判断に一定の進展が見られたものの，適合性原則違反の民事責任の判断構造，適合性原則と説明義務の関係，適合性原則違反を認めた場合の過失相殺といった問題に対する裁判例の判断には，依然として大きな変化がない。

以下，平成17年最高裁判決登場以後の裁判例を具体的にみてみよう。

1.3.4.1 「一体的不法行為構成型」に属する裁判例[64]

［36］東京地判平成20年6月30日判タ1283号164頁

【事案の概要】Xは63歳の男性であり，取引時無職で，年間約45万円の年金および相続財産である700万円の預金を有する。本件取引前に，他の証券会社と3ヶ月の商品先物取引をしたことがある。Yから商品先物取引の勧誘を受け，3,700万円ほどの損失を被った。

【判旨】① 適合性原則違反について，「Yの従業員Aが，Xが商品先物取

判平成18年7月21日TKC［平成16年（ワ）第2893号］，⑫大阪地判平成18年10月19日TKC［平成17年（ワ）第359号，平成17年（ワ）第3715号］，⑬広島高判平成18年10月20日TKC［平成16年（ネ）第460号］，⑭大阪地判平成18年12月25日TKC［平成16年（ワ）第13439号］，⑮大阪高判平成19年3月9日TKC［平成18年（ネ）第1401号］，⑯神戸地判平成19年3月20日TKC［平成17年（ワ）第2058号］などがある。

[64] 東京地判平成18年4月11日金判1254号42頁もこの類型の裁判例に属する（81歳の顧客に外国為替証拠金取引を勧誘することは適合性原則および説明義務に違反し，全体として不法行為になるとされた）。

引口座開設申込書を作成する際に同申込書の業種欄を空欄していたところ，Xに対し，林業と記載するよう告げており，Xが無職であると認識していたといえること，Xは，YのAから本件取引を315万円から始めることを勧められて，105万円から始めることを希望したこと，Xは，YのAに対し，E会社との先物取引についてEから送られてくる書類等の見方が分からない旨告げていること等からすれば，YのAは，Xの資産に商品先物取引を行う余裕がなく，Xが商品先物取引を行うために必要な理解力を欠いていることを認識しながら，Xに対し，本件取引を勧誘し開始させたものと認められ，このようなYのAの行為は，適合性原則に違反するものと認められる」とした。

② 説明義務違反について，「YのAは，Xが商品先物取引の仕組みや危険性を十分に理解できるような説明をしたということはできないから，YのAは，Xに対する説明義務に違反したものと認められる」と判断した。

③ 不法行為責任の成否について，新規委託者保護義務違反をも認定したあと，「本件取引の勧誘等におけるYのAの行為は，適合性原則，説明義務，新規委託者保護義務に違反しており，違法であると認められるから，不法行為が成立する」とし，不法行為責任を認めた。

④ 過失相殺について，Xは一定の商品先物取引の経験を有したこと，投資リスクをある程度理解していたこと，Yに説明を求めたり，委託契約の締結を拒絶したりすることができたことなどを理由に，4割の過失相殺を認めた。

[37] 大阪地判平成18年10月26日TKC（平成16年(ワ)第12757号）
【事案の概要】Xは59歳で月収9万円のパートをしており，投資経験がなく，夫の退職金2,000万円を投資資金とし，投資目的は大きな損をしないことである。Yから複数銘柄の建玉や両建てという商品先物取引の勧誘を受け，約1,000万円の損失を被った。

【判旨】① 適合性原則違反について，「Xは，先物取引経験が全くない上に，リスクのある商品へ投資する経済的余裕がさほどなく，投資意向や投資予定額もさほど高くなかったのであるから，本件取引にあたっては，その取引量について原告の習熟度に応じて調整する必要があったというべきである。しかるに，A（Yの担当者）は，Xの上記意向と実情に反し，取引開始から3

第3節　適合性原則に関する裁判例の動向

か月足らずの短期間に，取引の拡大に及び腰であった原告に対して，複数銘柄の建玉や，両建てといった過大な危険を伴う取引を積極的に勧誘しているのであり，本件取引の特性，Xの資力，本件取引前の投資経験の有無，本件取引開始からの期間・経過，並びに本件取引の量及び態様に照らすと，Yは，Xに対し，適合性の原則に反した商品先物取引の勧誘をしてこれを行わせたことは明らかであると言える」と判断した。

② 説明義務違反について，「YのAは，商品先物取引の経験が全くなく，パート勤務の主婦であったXの理解力，商品先物取引の習熟度に照らすと，……両建てをすることの危険性等を理解できる程度に説明を行ったと認めることはでき」ないとして，説明義務違反を認めた。

③ 不法行為責任の成否について，「本件取引において，Aには，Xの資力，商品先物取引に関する知識，習熟度に比して過大な取引を勧誘した点で適合性原則に反しており，また，その過大な取引の主たる部分である大阪アルミの両建てについて，説明義務を尽くさないままにこれを勧誘した点に違法があるのであって，これらの事情に照らすと，本件取引を勧誘したAの行為は，全体として私法上も違法であり，不法行為を構成すると認められる」と判断した。

④ 過失相殺について，原告は被告から説明を受け，投資リスクのことを認識していたこと，被告を盲信し，取引を終了させる機会が十分にあったのに，取引を継続拡大させたことなどを理由に，4割の過失相殺を認めた。

1.3.4.2 「不法行為競合型」に属する裁判例

[38] 大阪高判平成20年6月3日金判1300号45頁

【事案の概要】Xは，投資経験がなく，自身の預金3,180万円，相続財産3億2,000万円（相続税支払後）の資産を有している。Yから投資信託および外国債券の勧誘を受け，4,000万円ほどの損失を受けた。

【判旨】① 適合性原則違反について，「Yの従業員DのXに対する一連の本件投資商品の勧誘は，これまで投資経験がなかったのに億単位の額を相続し，投資についての知識を持たず積極的な投資意向もないXに対し，Xの投資経験に注意を払わず，Xの投資意向を確認しないまま，Xの意向と実情に反し，堅実な株式から転じて，明らかに過大な危険を伴う商品のみの取引に，そして額においても一個人の投資目論見には到底及ばない桁に達する取引へ

73

と積極的に誘導したものであり，適合性の原則から著しく逸脱した証券取引勧誘に該当すると言わざるを得ない。……したがって，Yの従業員Dによる本件投資商品の勧誘行為は全体として原告に対する適合性原則違反の不法行為を構成する」と判断した。

② 説明義務違反について，「……YのDがXの投資経験に注意を払わず，投資意向を確認していないこと（YのDも自認している。）に照らせば，そもそもYのDは，Xに対して本件投資商品の仕組みやリスクについてXが理解できていたかについて関心が低く，Xが理解できるように説明を尽くそうとの意識をほとんど持ち合わせていなかったと認めることができる。YののDのXに対する説明義務違反は明らかであり，この点についても，YのDの勧誘行為は不法行為を構成する」と判示した。

③ 不法行為責任の成立について，「以上によれば，本件投資商品の取引について，Dの使用者であるYはXに対し，不法行為の損害賠償責任を負う」と認定した。

④ 過失相殺について，「Xにおいても，YのDの勧誘に軽々に従わず，商品の仕組みや内容についてYのDに対し納得できるまで説明を求め，あるいは取引を拒否することは可能であった。……XがYのブランド力を盲信し軽々に本件投資商品の取引を承諾したことは，軽率である。こうした点を含め，本件に顕れた一切の事情を総合考慮すれば，Xの過失割合を4割として過失相殺するのが相当である」とした。

[39] 神戸地判平成18年4月21日TKC［平成16年(ワ)第1755号］
【事案の概要】水産加工を業とする有限会社Aの取締役であるXは，本件取引以前5年間にわたって他の業者を通じ商品先物取引をし，1億円を超える多額の損失を経験した。本件取引の資金は，A名義による900万円の融資であった。

【判旨】① 適合性原則違反について，「確かに，Xは，本件取引開始当時，59歳であり，また，Aの取締役の地位にあったことのほか，経理を担当していたことが認められるものの，Xに資金の余裕や知識が乏しかった……，加えて，取締役といっても，同族の小規模な会社のそれにすぎず，その地位が社会生活上，商品先物取引に適合的であるとまで認めることはできない。以上によれば，Xに対し，上記認定の態様で本件取引を開始するように勧誘

することは，適合性原則に違反しており，違法と評価されるべきである」とした。

② 説明義務違反について，「Xに対する説明が不十分なまま本件取引を勧誘し，さらに，断定的判断を提供したのであるから，違法というべきである」とした。

③ 不法行為責任の成立について，「本件取引は，適合性原則違反，説明義務違反，断定的判断の提供，新規委託者保護義務違反及び特定売買の状況から，Yらの行為は，一体として，違法性を帯びていると認められる」して，不法行為責任を認めた。

④ 過失相殺について，Xが5年間の商品先物取引の経験を有すること，投資リスクについて最低限の認識があること，電話でYに指示を出したことなどを理由に，7割の過失相殺を認めた。

1.3.4.3 「独立不法行為責任型」に属する裁判例

[40] 大阪地判平成18年3月24日TKC［平成16年(ワ)第835号］

【事案の概要】兄妹である3人のXらは，平成3年あたりから株式を購入したが，単に保有していただけであり，投資目的は安定した運用である。兄である顧客2（訴訟時に死亡）が衣料品店を経営し，妹であるX$_1$，X$_3$は店で勤務しており，YからEB債の勧誘を受けた。

【判旨】① 適合性原則違反について，「本件各EBの買付けを行った当時，Xらに株式投資経験やこれに比類する知識等があったと認められず，Xらが，取引口座開設後，長年にわたって投機性の高い商品を積極的に指南していなかった経緯があり，現に，Xらが，勧誘に対し，株価の推移や予測をふまえた投資判断をしていないとみられることからすれば，……転換対象株式の株価の変動如何によって，時として多額の損失を被るリスクがあり，当該株価の適切な把握と予測が必要な本件各EBが，Xらに適合性のある商品であったとはおよそ言い難い。以上によれば，YがXらに対し行った本件各EBの勧誘は，明らかに過大な危険を伴う取引を，およそ適合性のないXらに行ったものであり，適合性の原則から著しく逸脱したものであって，不法行為上違法となると評価すべきである」と判示し，不法行為責任を認めた。

② 過失相殺について，Yが資料を交付し，EB債を説明したにもかかわらず，Xらが質問したり理解の努力をしたりとせず，購入して3年間に売却の

判断ができたことなどを理由に，「3割の過失相殺をするのが相当である」と判断した。

　③　また，Xらの説明義務違反の主張について，「Xらは，説明義務違反による不法行為の主張もしているが，同主張によっても，上記認定の損害額を上回る損害を認容することはできない」とし，説明義務違反の有無について判断を行わなかった。

[41] 札幌地判平成18年6月27日TKC［平成17年(ワ)第1013号］
　【事案の概要】Xは年金生活をしている69歳（取引当時平成15年）の女性であり，平成15年からの年収が約180万円の年金のみで，投資経験がない。Yから外国為替証拠金取引の勧誘を受け，344万円の損を被った。

　【判旨】①　適合性原則違反について，「A（Yの外務員）ないしB（同上）がXの投資目的，資産状況を聴取して適合性について判断したことを窺わせる証拠は全く提出されていない。……特に，Aとの電話での会話の中には，XがAに対して，外国為替の値動きの分かるテレビ番組を尋ねている部分すらあり，外国為替の値動きの情報を得るについて，Yへの電話や，テレビ番組といった手段しか持ち得ない者が，外国為替証拠金取引について，適合性を有するとは，およそ考えられない。以上によれば，Yらの外務員であるAは，むしろ，Xが適合性を有しないことを熟知した上で勧誘をおこなっていたというべきである。Aを引き継いだBについても，適合性について吟味をした証拠はなく，少なくとも適合性について吟味をせずに勧誘を行っていたことが認められる」とし，不法行為責任を認めた。
　②　過失相殺について，Yが，260万円もの損失を受けたXの狼狽に乗じて取引を開始したこと，組織的に適合性の原則を無視した勧誘を行っていたことなどを考慮し，過失相殺をするべきではないと判断した。
　③　また，Xの説明義務違反の請求について，「Xの請求は，その余の点について判断するまでもなく，理由があるので認容」するとし，認定を行わなかった。

　以上の2つの裁判例においては，顧客が説明義務違反の主張をしたものの，裁判所は，自ら説明義務違反の有無を認定する必要がないと判断し，適合性原則違反のみによって不法行為責任を認めた。これらの裁判例と異なって，

第3節　適合性原則に関する裁判例の動向

以下に紹介する［42］裁判例は，説明義務違反などの有無について判断を行ったが，結果として説明義務違反などを否定し，適合性原則違反のみを根拠に不法行為責任の成立を認めたものである。

［42］大阪地判平成20年1月16日TKC［平成18年(ワ)第5200号，平成18年(ワ)第8852号］[65]

【事案の概要】Xは，営業部長として勤めている53歳の男性であり，5ヶ月くらいの現物株，先物取引の経験を有する。Xの主張によると，Xは900万円の年収と3,000万円（現金・予貯金2,500万円，有価証券等500万円）の流動資産を有し，投資可能金額が1,000万円である，となっている。本件では，Xが新聞の広告を見て資料請求したのがきっかけであり，Yから商品先物取引の勧誘を受け，7,000万円近い損失を被った。

【判旨】① 適合性原則違反について，「Yの従業員Aは，Xの資産状況や投資に関する意向を調査確認することもなく，一方的に投資可能金額を超える規模の取引を勧誘し，行わせたものであり，このような多額の取引を行うため，投資額に比して多額の利益を上げられるメリットがある反面，相場の変動によって予期しない多額の損失を被るリスクも大きいことから，顧客に自己の資産を超える多額の損失を被らせ，その生活に支障を来すことのないようとの配慮から適合性原則が定められているのであり，その趣旨に照らすと，被告Aの勧誘の違法性は重大であると言わざるを得ない」として，不法行為責任を認めた。

② 説明義務違反について，「被告Aは，原告に対して金の先物取引を勧誘するに当たり，委託のガイド等を示して，先物取引の仕組みやそのリスクについて説明しており，原告も，E証券会社で先物取引を経験したこともあり，被告Aの説明は理解したものと認められる。したがって，取引開始時の説明について違法とすべき事由は見出しがたい」として，説明義務違反を否定した。

③ 過失相殺について，原告は投資経験があり，商品先物取引の仕組みやそのリスクについて十分認識していたこと，大きな利益を追求することなど

---

[65] 控訴審である大阪高判平成20年8月29日TKC［平成20年(ネ)第522号，平成20年(ネ)第764号］は，第1審の判断を支持した。

77

を考慮し，3割の過失相殺を認めた。

また，この類型に属する他の裁判例には，以下の通りがある。

［43］大阪地判平成 18 年 1 月 27 日 TKC［平成 16 年(ワ)第 13491 号］：当初の投資可能資金額 100 万円を超え，最終的には 1250 万円超の入金をさせたことは，顧客の意向と実情に明らかに適合しない取引を勧誘したものとして，適合性原則違反により不法行為を認め，1割の過失相殺を行った。

［44］神戸地姫路支判平成 18 年 5 月 29 日 TKC［平成 16 年(ワ)第 665 号］：取引開始当初の適合性を認めたものの，投下可能資金額を上回ったことおよび取引開始 6 ヶ月後には，投下可能資金額の倍が預託されていること等から，取引途中からの適合性原則違反による不法行為の成立を認め，2割の過失相殺を施した。

［45］東京高判平成 19 年 1 月 30 日 TKC［平成 18 年(ネ)第 2279 号］：1000 万円以上の預貯金を有する満 70 歳直前の顧客は，その能力・知識・経験・財産の状況に照らして，商品先物取引を行う不適格者であり，加えて，業者が適正な調査を尽くさないで適格者と判断し勧誘したのは，適合性原則から著しく逸脱したものとして，不法行為を認め，過失相殺を行わなかった。

［46］東京高判平成 19 年 5 月 30 日金判 1287 号 37 頁：顧客の資産をリスクの高い商品に投入させる意図で，個別の取引を一任させる心理状態に顧客を誘導し，事実上顧客の口座を支配して自在に取引するに至ったことは，適合性原則違反として不法行為を構成するものとし，5割の過失相殺を認めた。

［47］大阪地判平成 19 年 10 月 17 日 TKC［平成 17 年(ワ)第 4855 号］[66]：理解力・判断力および投資資金を有するものの，投資に関する高度の知識や，積極的な投資を行う意向を有しない顧客に信用取引や投資信託などを勧誘することは，適合性原則から著しく逸脱したものとして，不法行為を認め，8割の過失相殺を施した（説明義務違反を否定した）。

［48］札幌地判平成 20 年 2 月 26 日金判 1295 号 66 頁：資産を過大申告した顧客について，投資可能資金額の裏付けとなる資産を確認せず勧誘した行為は，適合性原則の実効性を確保するための確認義務を怠ったものとして，不法行為を認め，5割の過失相殺を行った（説明義務違反を否定した）。

---

[66] 控訴審（大阪高判平成 20 年 3 月 25 日 TKC［平成 19 年(ネ)第 3077 号］は，適合性原則違反に加え，過当取引をも認め，過失相殺をそのまま認定した。

[49] 神戸地判平成 20 年 3 月 14 日 TKC［平成 18 年（ワ）第 1846 号］[67]：信用取引の経験および資力を有する 72 歳の顧客に対し，取引開始時の適合性原則，説明義務違反などを否定したが，取引開始後に顧客調査票記載の投資可能資金額を超えた証拠金を拠出させたことは，適合性原則違反にあたるとして不法行為責任を認め，6 割の過失相殺を施した。

1.3.4.4　平成 17 年最高裁判決以降の裁判例の判断状況に関する小括

　以上のように，平成 17 年最高裁判決以来，下級審裁判例が以前より適合性原則に対する判断が積極的になったものの，全ての裁判例は，最高裁に示された「適合性原則から著しく逸脱した」場合に不法行為が成立しうるという判断基準に従い，適合性原則違反の不法行為責任を認定しているかというと，そうでもないようである。

　この時期の下級審裁判例の判断状況を見ると，最高裁のように，勧誘された投資取引が適合性原則から著しく逸脱した，あるいは過大な危険を伴うものであったことをもって，適合性原則違反により不法行為が成立すると判断する裁判例（［37］［38］［40］［45］［47］など）もあれば，ただ投資勧誘行為が適合性原則に違反し不法行為を構成する裁判例（［36］［39］［41］［42］［43］［44］［46］［48］など）もある。すなわち，適合性原則違反による不法行為の成立に関する判断枠組みとしては，従前の裁判例と変わりがない。しかも，「適合性原則から著しく逸脱した」という裁判例の判断と，「適合性原則に違反し不法行為になる」という裁判例の判断には，実質的な差異が見当たらない。つまり，適合性原則違反により不法行為が生じうることが最高裁によって認められたといっても，具体的な判断において，「適合性原則違反」それ自体の判断と「適合性原則違反による不法行為の成立」の判断との差異がどこにあるかについては，未だに不明である。

　また，平成 17 年最高裁判決は結論として適合性原則違反を否定した事案であったため，適合性原則違反を認定した場合に過失相殺を行うべきかどうかについて，最高裁レベルの判断はまだ存在しない。この時期の下級審裁判例の多くは，適合性原則違反による不法行為を認めながら，顧客に投資リスクに対する一般的認識があること，投資商品を理解しようとする努力がないこと及び業

---

[67] 控訴審（大阪高判平成 20 年 9 月 25 日先物取引裁判例集 53 号 194 頁・TKC［平成 20 年（ネ）第 1035 号］は，過失相殺を 4 割に変更した以外，一審の判断を支持した。

者の勧誘を盲信したことなどを理由に過失相殺を行っている。つまり，適合性原則違反と過失相殺との関係はどう捉えるべきかという問題は依然として未解決である。しかも，適合性原則違反だけでも不法行為が成立するものとしつつ，さらに説明義務違反・断定的判断の提供・過当取引などによる不法行為の成立を論じて，合わせて過失相殺を施すという場面では，はたして何についての不法行為が主たる理由なのか，過失相殺はどの点について施されたのか，ブラック・ボックスでの曖昧な作業となっていることにも留意すべきであろう。

1.3.5 裁判例における適合性の考慮要素

　適合性の有無について，顧客の属性と勧誘された取引の特性を相関的に考慮して総合的な判断をしなければならないことは，平成17年最高裁判決によって明確にされる以前にも，既に従来の下級審裁判例によって採用されていた考え方であり，平成17年最高裁判決以降の下級審裁判例も同様の判断を踏襲している。この点に関しては，制定法も，裁判例法理も一致している。学説上も異論は見当たらないが，実際に適合性原則を論ずる文献では，顧客の属性を中心に論じるものが圧倒的に多く，取引の特性については，せいぜい類型的にリスクの高さや複雑な仕組みに触れるにとどまっている。取引の特性は，投資取引類型における一般的リスク性を指すと考えがちであるが，実際に取引類型における一般的なリスク性だけではなく，平成17年最高裁判決に指摘された取引対象である基礎商品の具体的な性質も取引リスクの高低に影響を与え，さらに，投資方法も同じく投資取引のリスク性に影響をもたらしている。少数ながら，一部の裁判例は投資商品の性質や投資方法に着目して適合性の有無を判断している。

　以下では，適合性を判断するには，取引の特性と顧客の属性を相関的に考慮することを前提に，取引の特性と顧客の属性のどちらをより重視しているかに着目して，裁判例の判断の仕方を整理してみよう（なお，ここでは，1.3.2および1.3.4で扱った裁判例も利用する場合があるが，着目点の違いにより紹介する判旨部分が異なる）。

1.3.5.1　投資取引の特性に着目する判断

（1）　投資商品の性質に着目する判断

　取り扱った具体的商品の性質からみて，そのような投資自体がそもそも無価値であると判断し，適合性を否定したのは，大阪高判平成9年6月24日判時

第3節　適合性原則に関する裁判例の動向

1620号93頁（前出[3]裁判例）である。

　本件で勧誘された具体的なワラントの性質について，同裁判所は，「本件ワラントの中の三越WR 93は，A（Yの担当者——筆者注）の勧誘によりXが平成元年7月25日に購入し，その後同年8月31日に売却したのと同銘柄のものである（その際Xは24万5014円の収益を得た）。三越WR 93は，右同日の売却時以来大幅に下落していたし，株価が権利行使期間内に9割以上も上昇して権利行使価格以上に回復する可能性があったと認めるに足りる証拠はないのであるから，同ワラントの購入の勧誘をすることが不適切であることは明らかである。このような勧誘をした行為の違法性は欺罔行為にも比肩すべきものであるといわざるをえない」とし，当該ワラントの性質によって顧客に適合性を有しないと判示した。

　また，大阪地判平成7年2月23日判時1548号114頁（前出[6]裁判例）は，本件でのワラントの権利行使価格に基づき利益発生の可能性がないと認定した[68]あと，権利行使期間について，次のように述べた。すなわち，

　「本件ワラントは，Xの購入当時，既に権利行使期間の半分が経過しており，残存期間は約1年11か月であったが，実質的には，最後の一年は値付けがなされず，転売が不可能となるため，転売が可能な期間は僅か11か月であった。そもそもワラントは，期間に余裕があればこそ，期限までに株価が行使価格を上回ることへの期待値であるプレミアムが形成されるのであり，期限が切迫するほどにプレミアムは減少し，ワラント価格は下落していく。したがって，本件ワラントは，株価が極端に上昇しない限り，確実に価格が下落し，行使期限の到来を待たずに無価値へと近づいていく特質を有していたといえる」とし，このような性質を有するワラントが「原則として，一般個

---

[68] 利益の発生可能性について，裁判所は「本件ワラントの権利行使価格は1,343円であったのに対し，Xが本件ワラントを購入した当時の株価は1,110円であり，したがって，端的に言えば，株価が233円（購入当時の株価の約21パーセント）上昇しない限り，理論的には必ず無価値になる商品であった。また，本件ワラントは，1ワラントにつき500株の引受権が付与されていたので，本件100ワラントの引受株数は5万株であり，したがって，1株当たりのワラント購入コストは，716万5,725円÷5万＝143.3145円であり，手数料や税金を度外視してすら，本件ワラントについて権利行使をして採算があうためには，株価が権利行使価格である1,343円に右の143.3145円を加えた額を上回る必要，すなわち，1,487円に達する必要があったものであり，本件ワラントは，実に株価が377円（購入当時の株価の約34パーセント）を上回る上昇をみせなければ，理論的には（あるいは，転売せず保有し続ければ）利益を生じることがありえない商品だった」と判断した。

人投資家に適合しない取引である」とした。

　これらの裁判例において，勧誘された具体的な投資商品の性質に鑑みて，顧客の属性如何を問わず，そもそもこのような商品は「誰にとっても適合性がない」ものとされているのである。

(2)　投資方法に着目する判断
　投資商品の性質のみならず，具体的に行われた投資方法も投資取引リスクに影響を及ぼす。業者が勧誘した投資方法に着目して，その勧誘が当該顧客にとって適合性を有するかどうかを判断する裁判例も現れている。
　大阪地判平成18年4月26日判時1947号122頁において，裁判所は，亡夫から2,600万円相当の株式および800万円の現金を相続した66歳の顧客を勧誘し，ハイリスク性の金融商品に集中投資させたことには適合性がないと判断した。
　　すなわち，「本件取引においては，上記2種類の株式投資信託に投資資産を集中投資した後においても，……，ハイリスク型の株式投資信託（21種類），EB債（3種類），バスケット債（2種類），IT関連外国株（5種類）等の複雑な仕組みのリスクの高い金融商品を対象として全取引資産を集中投資する状態が継続され……しかも，……，その間においては，株式相場の全体的下落傾向の下，次々と取引損が拡大する中で，一貫として，大きく値下がりした株式投資信託等を中心に，その値下がりを見越してこれを買付けるという投機的ともいうべき極めて積極的な投資判断に基づき，リスクの大きい商品に全取引資産を集中投資したままで，保有日数が数か月（中には1か月以内のものも多数存する。）での短期の乗換売買が繰り返されている……このように，極めて積極的な投資判断に基づき，全取引資産をリスクの高い金融商品に集中投資したまま，短期間の乗換売買の勧誘を繰り返したA（Yの担当者——筆者注）の行為は，上記認定のXの属性に照らせば，余りにもXに多額の損失を与える危険が大きく，その属性にそぐわないものといえ，適合性の原則に違反するものというべきである」とした。
　また，否定裁判例として，大阪地判平成8年11月27日判時1615号93頁（前出［24］裁判例）は，顧客が有する1,000万円の投資資金は，亡夫の死亡保険金の残金と預貯金であることを重要視せず，資金を分散投資した点に着目し，業者の勧誘行為が適合性原則に違反しないと判断した。

以上の裁判例は，少数ではあるが，投資商品の性質に着目して業者の勧誘行為が適合性原則違反にあたるかどうかを判断するだけではなく，業者の勧誘した「具体的な投資方法」により生じるリスクをも考慮して適合性原則違反の有無を判断している。

(3)　投資額の保有資産全体に占める割合に着目する判断
　顧客の保有する資金を全部ハイリスク性の金融商品に集中投資させることが適合性原則に反すると判断される反面，実際に顧客の投資金額が保有資産に占める割合が低いことを理由に，適合性原則違反を否定する裁判例もある。
　大阪地判平成6年3月30日判タ855号220頁（前出[22]裁判例）は，その一例である。
　すなわち，「本件ワラントの投資額が約400万円であるのに対し，本件ワラント買付当時のYにおける預かり資産額はXの口座分で約2,000万円，B（Xの妻であり，代理人でもある――筆者注）の口座分で約800万円であり，それ以外にもXらには郵便貯金等の資産があった……Y_1（Yの担当者――筆者注）がなした本件ワラントの買付の勧誘が，XないしBの財産状態，投資経験等に照らして明らかに過大な危険を伴う取引に積極的に勧誘したものと評価することはできない」とし，適合性原則違反を否定した。
　また，大阪地判平成8年11月25日判タ940号205頁（前出[23]裁判例）は，1億円の資産を有し，利益追求指向を持つ原告が，勧誘のもとで190万円の外貨建ワラントを購入したことに対して，「……外貨建ワラントの性質及び原告が現実に本件ワラントに投資した金額を考慮すると，前記認定したような社会的地位，資力，投資経験・投資知識及び投資指向を有していた原告において外貨建ワラントの取引を行う適格性を有しないものとはいえない」とし，適合性原則違反を否定した。

　このように，勧誘された投資取引がハイリスクのものであっても，実際に投資した金額が顧客の保有する資産に占める割合が低い場合には，当該顧客に過大なリスクを負わせることがないことを理由に，適合性違反が否定されることがある。

1.3.5.2 顧客の属性に着目する判断

　顧客の属性については，既述のように，2006年法改正まで，適合性原則に関する旧証券取引法の規定は，その判断要素として「顧客の知識，経験及び財産の状況」を挙げていた。現行金融商品取引法は，上記の各要素のほか，「投資目的」を判断要素として追加的に規定した。もっとも，制定法が「投資目的」を取り入れる前に，適合性を問題にする下級審裁判例は早い段階において，既に適合性の判断要素の１つとして「投資目的」を取り扱っていた。

　かつて適合性原則の考慮要素について，制定法の規定と判例法理の認定内容に食い違いがあり，学説上も見解が分かれていた。しかしながら，2006年法改正によって制定法と判例法理とが統一されたことに伴い，現在では，顧客の投資目的，財産状況，知識および経験が適合性原則の考慮要素であることについては異論がない。

　実際の判断において，裁判例は顧客の投資目的，財産状況，知識および経験のほか，顧客の年齢，学歴，職業など当該顧客に関する情報をも認定しているが，適合性の有無を判定するにあたって，とりわけ顧客の投資目的と財産状況を重視する裁判例が多い。また，高齢，取引当時の精神状態など特定の要素に着目して理解力・判断力が欠けることによって適合性を否定する裁判例も一類型をなしている。

(1) 投資目的を重視する判断

　投資目的は，当該投資者が投資リスクに対してどの程度の負担意欲を有するかを表しており，投資者本位で考える場合，投資者の投資目的を重視するのは当然である。

　肯定裁判例の中でも，顧客が資産または投資経験を有するが，勧誘された取引は当該顧客の投資目的に一致しないことを理由に，適合性原則違反を認定した裁判例が多い。否定裁判例の中でも，資産も投資経験も豊富ではない顧客に関して，その投資目的が利益追求であることを理由に，適合性原則違反を否定した裁判例が少なくない。

　肯定裁判例としては，株式投資経験はあるが，長期保有を目的とする顧客に対しワラントの勧誘が投資目的に反するものであるとした東京地判平成９年11月11日判タ955号295頁（前出[2]裁判例），亡夫からの遺産を投資資金とし，堅実な投資意向を有する顧客に大阪証券取引所二部に新規上場した投機性の高い商品を勧誘することに適合性がないとした奈良地判平成11年１月22日判

第3節　適合性原則に関する裁判例の動向

時1704号126頁（前出[9]裁判例），資産と投資経験が豊富である75歳の顧客にワラントを勧誘するのは，老後の生活資金の確保との投資目的に反するものであるとした神戸地判平成12年7月17日判時1739号90頁（原告側の一人について）（前出[14]裁判例），長期的に堅実な投資をしようとする顧客に外国株式を勧誘することはその投資目的に反し，適合性原則違反にあたるとした東京地判平成15年5月14日金判1174号18頁（前出[18]裁判例）などがある。

否定裁判例としては，障害者になり，障害保険金を投資資金とする顧客に関して，その投資目的が当初の生活資金調達から投機的になったことを理由に，オプションおよび信用取引の勧誘が適合性原則違反にならないとした東京地判平成13年11月30日金判1156号39頁（前出[28]裁判例），1,000万円の投資資金しか有しないが，バブル崩壊時に被った損失の取り戻しおよび退職後の生活資金の増加を投資目的とした顧客にとって，信用取引の勧誘が著しく不適合とは言えないとした東京地判平成15年6月27日判時1856号122頁（前出[30]裁判例）などがある。

顧客の投資目的の如何については，基本的に顧客の明示したところに依拠して判断するしかないが，顧客が自らの投資目的を明白に示していない場合には，裁判所は顧客の従来の投資状況からその投資目的を推定しなければならない。大阪地判平成18年3月24日TKC［平成16年(ワ)第835号］はその一例である。

【判旨】Yとの間で長期間の投資関係を有する3人の顧客の投資目的について，裁判所は，「YにおけるXらの投資については，……，Xらは，MMF，MRF，中期国債ファンドといった商品を中心に行ってきていて，取引口座を開設してから本件各EBを買付けるまでの約9年の間に，原告X_1にあっては抵当証券を4回と社債を2回，亡X_2にあっては抵当証券を2回とアルゼンチン債を1回，原告X_3にあっては抵当証券を2回とアルゼンチン債を1回，社債を3回，それぞれ取引した程度であって，もとよりEBに関する取引を行ったことは一度もない。そして，取引の中で，A（Yの担当者）が，様々な商品をXらに勧誘したのに対し，原告X_3が，利息の高さに主に関心を示した上で，『利回りが確定しているもんのほうがいい』と述べたり，元本割れのリスクのある社債の買付けをせず，結果として，MMF等を中心とした上記程度の取引しか行っていなかったことは，前記認定のとおりである。このような事案からすれば，原告らの投資方針は，安定した運用を主眼としたもので，少なくとも，投機性の高い商品を積極的に指向するものでなかったということができる」とし，顧客の投資目的が安全運用であると認定した。

これらの裁判例は，資産と投資経験を有していても，長期保有や安全運用や老後の生活資金の確保などを投資目的とする投資者に対して，ハイリスクの金融商品を勧誘することは適合性がないと認定している。逆に資産と投資経験が芳しくなくても利益の追求を投資目的とする投資者に対しては，ハイリスクの金融商品を勧誘しても適合性原則違反にならないと判断している。つまり，顧客がいかなる投資目的を有するかは，適合性の有無の判断に大きな影響を与えている。また，いかなる投資目的を有するかについて，顧客自らの明示のみならず，当該顧客の従来の投資状況から判断される。

(2) 財産の状況を重視する判断

投資目的とならびに，顧客の財産の状況も，適合性の有無の判断にとって重要な考慮要素とされている。

ここでいう財産の状況とは，顧客の全財産のことを意味するのではなく，日常生活に影響を与えず，投資取引に投入できる資産の状況を指していると考えられる。いわゆる，投資に充てる資金が余裕資金でなければ，その投資者のリスク負担能力が反映されないのである。投資資金の性質を重視して投資者の財産の状況を判断すべきことについては，しばしば指摘されている[69]。

裁判例の中で，財産の状況を根拠に適合性原則違反を肯定する裁判例が多いのと同時に，それに依拠して適合性原則違反を否定する裁判例も少なくない。

肯定裁判例としては，夫の月30万円弱の収入によって生計を立て，自身の400万円の貯金および夫の1,400万円の資産しか有しない主婦が，外国為替オプション取引を行うにつき十分な資産を有しないとした大阪地判平成18年1月31日 TKC［平成16年(ワ)第13886号］，亡夫の退職金2,200万円を投資資金とする顧客にとってオプション取引が適合性を有しないとした千葉地判平成12年3月29日判時1728号49頁（前出[5]裁判例），資産を有しない外国人留学生にとって外国為替証拠金取引は適合性がないとした大阪地判平成16年4月15日判時1887号79頁（前出[15]裁判例），同じく亡夫の退職金2,300万円を投資資金とする顧客にとって外国為替証拠金取引が適合性を有しないとした

---

[69] 尾崎安央「裁判例からみた商品先物取引委託者の適格性」判タ774号54頁（1992年），村本武志「消費者取引における適合性原則〜投資取引を素材として」姫路法学43号16頁（2005年），川地・前掲注(51)39頁。

札幌地判平成 16 年 9 月 22 日金判 1203 号 31 頁（前出［12］裁判例），夫の退職金 2,000 万円を投資資金とする顧客にとって，商品先物取引が適合性を有しないとした大阪地判平成 18 年 10 月 26 日 TKC［平成 16 年（ワ）第 12757 号］，母親の遺産と自己の預貯金を投資資金とする顧客にとって外国為替証拠金取引が適合性を有しないとした札幌地判平成 18 年 6 月 27 日 TKC［平成 17 年（ワ）第 1013 号］などがある。

また，借入金を投資資金とする顧客に投資取引を勧誘することが適合性を有しないとした名古屋地判平成 12 年 3 月 29 日金判 1096 号 20 頁（前出［11］裁判例）および神戸地判平成 18 年 4 月 21 日 TKC［平成 16 年（ワ）第 1755 号］がある。

否定裁判例としては，会社経営者である投資者の資産が豊富であることを理由に適合性原則違反を否定したのは，前橋地判平成 9 年 6 月 9 日判時 1645 号 113 頁（前出［25］裁判例），さいたま地判平成 16 年 3 月 26 日金判 1199 号 56 頁（前出［32］裁判例），大阪地判平成 16 年 5 月 28 日判タ 1176 号 205 頁（前出［33］裁判例）があり，また精神分裂病歴を有する顧客について 6,000 万円ほど相当の株式を有するから，信用取引とワラントが著しく不適合でないとした東京地判平成 12 年 3 月 27 日金判 1096 号 39 頁（前出［27］裁判例）などもある。

生活資金以外に余裕資金を持っている否定裁判例の投資者に比べると，肯定裁判例における投資者は，年金生活をしているか，または月収 10 万円にも満たさないパートをしている者が多いのであるから，2,000 万円程度の遺産や退職金はこれらの投資者にとって余裕資金ではなく将来の生活資金に充てられる性質のものとなる。このような財産の状況にある投資者は，ハイリスク性のある金融商品のリスクを負うことができないとされた。

(3) 投資者の理解力に関する判断

適合性の有無を判断するにあたって，裁判例は投資目的，財産状況に加えて，投資者の知識，経験，年齢，学歴および職業をも考慮している。これらの要素を考慮するのは，顧客の理解力や判断力の状況を把握するためであろう。その際，否定裁判例は，投資者の投資経験をより重視しているのに対し，肯定裁判例は，投資経験のほか，年齢などの要素にも着目している。

(3)-1 高齢であることに対する考慮

肯定裁判例である京都地判平成 14 年 9 月 18 日判時 1816 号 119 頁（前出［17］裁判例）において，裁判所は，資金力と投資経験を有する顧客が，70 代の高齢

者であることに着目し，当該顧客がオプション取引の仕組みや危険性について，理解力を有しないと認定し，適合性原則違反を認めた。

また，東京地判平成18年4月11日金判1254号42頁において，81歳の主婦に外国為替証拠金取引を勧誘した事案に対して，裁判所は，次のように判示した。すなわち，

　「本件において，Xは，本件取引開始当時，81歳の主婦であり，平成4年に夫が死亡するまで，金融取引をしたことがなかったこと，Xは，平成12年から平成13年ころ，株式会社Bと名乗る者との間で，先物取引をした経験があるが，その内容を理解していなかったこと，その後も，Xは，複数の業者の担当者から取引の勧誘を受けたが，その内容を理解していなかったこと，Xは，そのころ，アルツハイマー型認知症であったと十分うかがわれることなどの事実を認めることができ，これらの事実によれば，Xには，本件取引当時，本件取引の内容を理解するだけの知識，経験，判断力はなかったと認めることが相当である」とした。

同じく投資者が高齢者である東京地判平成17年3月4日TKC［平成16年(ワ)第4891号］(前出[13]裁判例）において，年金生活をしている77歳の顧客に対するオプション取引の勧誘が，適合性原則に違反したものと判断された。

これらの裁判例において，投資者が高齢であることを1つの要素として考慮し，外国為替証拠金取引やオプション取引のようなハイリスク投資引について理解力を有しないとされた。

(3)-2　精神状態に対する考慮

東京地判平成17年2月2日TKC［平成16年(ワ)第10689号］(前出[21]裁判例）は，高齢者ではないが，うつ病の投薬治療中である顧客の判断能力を考慮して適合性の有無を判断した。

　すなわち，「Xは，大卒で，会社の取締役であり，株式現物取引の経験を持ち，1,000万円の年収と少なくとも1,400万円の預貯金並びに自宅を所有していたとはいうものの，……本件取引当時はうつ病の投薬治療による躁状態のため，多弁，気分爽快，楽観，観念弁逸といった症状が出現し，思考が浅薄となって慎重な判断ができない状態であった。したがって，Xは，本件取引当時，うつ病の投薬による影響により判断能力が減退し，複雑な先物取引の仕組みやその危険性を認識することはできなかったものであり，客観的

にみて商品先物取引を行う適格性を欠いていたというべきである」とした。

この事案で，資産も投資経験もある投資者は，正常な状態であれば，判断力に問題がないはずであるが，本件取引当時の精神状態によると先物取引に関して正確な判断力を有しないことを理由に，適合性が否定された。

以上の裁判例では，勧誘された金融商品のリスク性や仕組みの複雑さに照らして，投資者が余裕資金や投資経験を有していても，実際に独立に投資判断を行っていないことや，高齢であることおよび精神的不安定な状態であることなどの特定の事情が考慮され，そのような金融商品に関して理解力や判断力を有しないものと判断された。

(3)-3 投資取引のリスク性の高低に対する相対的判断

同一顧客に対して勧誘された投資取引のリスク性に応じて，相対的な理解力・判断力の認定を行う裁判例もある。大阪地判平成11年3月30日判タ1027号165頁（前出[10]裁判例）は，その一例である。

本事案において，同一顧客が同時に投資信託とワラント勧誘されたが，投資信託について，裁判所は「投資信託一般としては，……専門家がリスクヘッジを考慮しつつ分散して運用していく性質を有しているのであって自己の判断の必要な側面は比較的に小さい。しかも，顧客にとって元本割れの危険性があることやそれが組み入れられる商品により危険性の度合いに違いがあることなどはそれほど理解が困難なものではない。そして，Xも結婚生活を経て2人の子を養育し，アルバイトで働いているのであって通常の社会人としての良識は十分に有している。……，Xにとって投資信託であるファンダメンタルを購入するにつき適合性がないとまで断じることはできない」と判断した。

ワラントについて，裁判所は「ワラントは，……，権利行使期間の経過により無価値となり，権利行使期間が経過しないまでも，それが近づくにつれて価格が下がる傾向があり，売却時を逃すと投資資金が全額損失となる性質を有し，それまでの証券とは一線を画する性質を有しており，本件でも新日鉄ワラント販売時においては，そのような商品の性格についてまだ周知性があるとはいえないし，また，少額の投資で投資効率がよい側面が存する……，Xは，自らの判断により適時の売却をするほどの投資経験はない。よって，Xにとって，新日鉄ワラントの購入につき，適合性はなかったものと認めら

れる」と判断した。

このように，本判決において，比較的リスクの低い投資取引については，顧客の社会通念上の理解力が要求されているが，ハイリスクの投資取引については，当該顧客の具体的な理解力の有無が問題とされている。

1.3.6 小　括
ここで，日本の裁判例の状況と問題点を簡単にまとめておこう。

適合性原則問題を取り扱うに際して，最高裁を含めて，裁判例は「自己責任の原則」を堅持しながら，徐々に適合性原則違反を理由とする不法行為責任を認めるようになっている。具体的に，適合性原則に関する裁判例の対応は，おおよそ4つの類型に分けることができる。すなわち，①説明義務還元型，②一体的不法行為構成型，③不法行為競合型，④独立不法行為責任型である。

① 「説明義務還元型」に属する裁判例は，適合性の有無を問題にするが，適合性原則違反という1つの独立した法的争点までは取り上げず，説明義務違反の中で処理している。この類型に属する裁判例は，ほぼ平成17年最高裁判決以前の裁判例であり，それ以降は，適合性を説明義務違反の一要素として判断する裁判例は見当たらなくなる。

② 「一体的不法行為構成型」に属する裁判例は，適合性原則違反を独立した法的争点として取り上げているが，その違反自体による不法行為の成立について認定せず，他の義務違反とともに一体としての不法行為を認めている。この類型に属する裁判例は，どちらかといえば平成17年最高裁判決以前のものが多く，それ以降のものは少ない。

③ 「不法行為競合型」に属する裁判例は，適合性原則違反を認定するだけでなく，その違反自体による不法行為の成立も認める。ただし，同時に説明義務違反など他の義務違反をも認定し，共に不法行為責任の認定根拠にしている。平成17年最高裁判決以降の裁判例の大半はこの類型に属している。

④ 「独立不法行為責任型」に属する裁判例は，適合性原則違反を認めた場合に，他の義務違反の有無を認定せず，あるいは他の義務違反を否定したあと，適合性原則違反のみによって不法行為責任を認めている。平成17年最高裁判決以前にこの類型に属する裁判例は少数であったが，平成17年最高裁判決以降にはこの類型の裁判例は増えている。

また，裁判例は，適合性原則に違反した勧誘行為がいかなる場合に不法行為となるかについて，概ね3つの判断枠組みに分かれる。すなわち，第1判断枠組みは，適合性原則違反を不法行為に直結させるもので，適合性原則違反をもって直ちに不法行為が成立するという判断枠組みである。第2判断枠組みは，適合性原則に違反しただけでなく，それについて，業者側が認識した，あるいは認識すべきであったことも認定したうえで，不法行為の成立を導くもので，適合性原則違反のみならず，それについて業者の主観的態様も不法行為の成立要件とする判断枠組みである。第3判断枠組みは，明らかに過大な危険を伴う取引への勧誘または適合性原則から著しく逸脱した勧誘をもって不法行為とするもので，勧誘された投資取引のリスクが顧客のリスク許容範囲を超える程度の高さによって不法行為の成否を判断する判断枠組みである。

平成17年最高裁判決以前の裁判例の中では，第1判断枠組みに属するものが最も少なかったが，それ以降の裁判例においてはこの判断枠組みをとるものが増えている。ただ，第3判断枠組みをとる裁判例が依然として多数を占めていることは事実である。平成17年最高裁判決も，第3判断枠組みを示していたことは既に見たとおりである。当該判断枠組みは投資取引リスクの程度によって不法行為の成否を判断しているために，同じく投資取引リスクの程度を基準にする適合性原則違反それ自体の判断との差が不明であり，判断基準として曖昧すぎる嫌いがあることは否めない。

さらに，適合性原則違反による不法行為責任を認めながら，多くの裁判例は，顧客の理解力や投資経験および業者に対する盲信などを理由に，相当程度の過失相殺を行っている点にも留意すべきである。業者のどの部分の不法行為責任に関して，顧客のいかなる点が責められるべき事由（過失）と評価され，過失相殺につながったのかは，ある種のブラック・ボックスの中にある。投資取引における自己責任原則は理解できるものではあるが，本来，かかる取引的不法行為において専門的知識を有する相手を信じたことが「過失相殺」となるべき事由であるのか，顧客のリスク許容範囲を無視する投資勧誘行為から顧客を適合性原則によって守りながら，なお過失相殺を正当化すべきなのかにも疑問があり，更なる検討を要しよう。

適合性原則違反による不法行為の成立の判断に比べると，適合性の有無に関する判断について，裁判例に大きな違いは見出せない。各裁判例は，一様に取引のリスク性と顧客の属性を相関的かつ総合的に考慮して，適合性の有無を判断している。実際に，具体的に適合性の有無を認定する際，取引のリスク性と

相まって顧客の属性を判断する裁判例が多い。注意したいのは，中には投資商品の性質および投資方法に着目して投資勧誘の適合性を否定する裁判例もわずかながら存在していることである。また，顧客の属性に関しては，制定法より早く，顧客の知識，経験，財産状態に加えて投資目的を考慮要素として取り上げていたことも特筆されよう。しかも，実際の判断においては，投資目的と財産状態を相対的に重視する傾向がある。つまり，投資目的に一致しない勧誘または財産状態に見合わない勧誘が適合性原則違反として認定されやすいといえよう。このほか，顧客の投資判断力を要求する裁判例もないわけではないが，多くの裁判例は，勧誘された金融商品に対する顧客の理解力を要求するにとどまっている。その際には，顧客の年齢，職業，学歴，知識および投資経験などが考慮されている。

このように，現在では，適合性原則に関する下級審裁判例の蓄積があることに加え，最高裁判例も，その考慮要素およびそれに違反する場合の不法行為の成否について，一定の判断枠組みを形成している。特に，平成17年最高裁判決以降，下級審裁判例では適合性原則違反に関する判断が活発である。しかしながら，適合性原則違反による不法行為の成否について，判断基準に統一性が見られず，最高裁の判決理由で提起された「適合性原則から著しい逸脱」という基準は曖昧に過ぎ，適合性原則違反それ自体の判断との差が何処にあるかも明らかでない。適合性原則違反と過失相殺との関係も依然として不明である。

また，適合性原則違反について，裁判例の多くは不法行為責任の認定に偏っており，契約責任など他の責任構成への試みは乏しい。つまり，適合性原則違反の民事責任認定については，裁判例の判断枠組みには多くの課題が存在しており，これらの問題を解決するには，適合性原則の本来的役割をどう理解すべきかを解明しなければなるまい。

第4節　適合性原則に関する学説の状況

証券取引における不当勧誘に対して，裁判例によって進められた不法行為責任構成は，証券取引法学者のみならず，民法学者からも支持されている[70]。これに反し，法律行為法の観点からは，証券会社と顧客間に締結された委託契約

---

[70] 潮見・前掲注(47)100頁。また，本章に引用した文献の殆どは不法行為責任をとっている。

第4節　適合性原則に関する学説の状況

の効力を否定する方向での問題処理の可能性が指摘されながらも、詰めた議論が行われず、低調にとどまっていた[71]。実務的には、事業者の勧誘行為のみならず、その後の取引経過の中に様々な義務違反や違法行為を取り出して、これを列挙することで、全体として事業者の活動が違法なものであるとして不法行為責任を導く方が、主張・立証面で適していたという事情も手伝っているようである。裁判所としても、中間的解決の可能な不法行為構成の方が判断しやすかったのかもしれない。このような状況の中で、1990年代半ばに、契約の有効性を前提として認定された不法行為法上の原状回復的損害賠償が、実際の効果としては契約の効力否定となるのではないかという問題意識の下で、制度間競合論が取り上げられ、取引的不法行為に対する法律行為法的観点からの処理について盛んに議論されるようになった[72]。

しかし、法律行為法の観点から行われた議論の殆どは、当初の契約の成否に関わるものであるため、業者の「説明義務違反」を主たる検討対象とした[73]。その際、適合性原則違反については、民事責任が生じうることを指摘するにとどまるもの[74]、あるいは裁判例にしばしば現われる過失相殺を問題として論じ

---

[71] 河上正二は、既に比較的早い段階で、実務が不当な投資勧誘行為に対する不法行為責任のみを問題にすることについて疑問を示し、これが過渡的な議論にすぎず、最終的に過失相殺を限りなくゼロに近づける場合には、むしろ契約責任の問題として処理すべきではないかと提言したうえで、たとえ契約の効力を否定した場合にしても、顧客の落ち度に応じて損害の分担を顧客に負わせることが可能であり、オール・オア・ナッシングの解決にはならないとも指摘している（河上「消費者被害と過失相殺」先物取引被害研究3号26〜34頁（1994年）参照）。

[72] これらの議論は、ジュリスト1079号〜1097号（1995〜1996年）に連載され（奥田昌道編『取引関係における違法行為とその法的処理：制度間競合論の視点から』（有斐閣、1996年）に所収）、さらに、1996年度の私法学会におけるシンポジウムの論題として取り上げられた。

[73] 制度間競合論に関する各論文のほか、森田宏樹「『合意の瑕疵』の構造とその拡張理論(1)〜(3・完)」NBL482号22頁以下、483号56頁以下、484号56頁以下（1991年）、小粥太郎「説明義務違反による不法行為と民法理論(上)(下)」ジュリ1087号118頁以下、1088号91頁以下（1996年）、同「説明義務違反による損害賠償」自由と正義1996年10月号38頁以下、三枝健治「アメリカ契約法における開示義務(一)(二・完)」早稲田法学72巻2号1頁以下、3号81頁以下（1997年）、山田誠一「情報提供義務」ジュリスト1126号179頁以下（1998年）、後藤巻則「フランス契約法における詐欺・錯誤と情報提供義務(一)〜(三)完」民商法雑誌102巻2号、3号、4号（同『消費者契約法の理論』（弘文堂、2002年）2頁以下所収）などがある。各見解の紹介として、潮見・前掲注(47)86〜114頁参照。

[74] 神崎克郎『証券取引法』（青林書院新社、1980年）355頁、前田重行「ワラント債券投資勧誘と損害賠償責任」消費者判例百選142頁（1995年）、今西康人「契約の不当勧誘

るもの[75]が存在するものの，正面から適合性原則違反を論ずるものではない。これは，比較的早い段階で確立された説明義務に比べると，適合性原則が，独立の法的問題として認められるようになったのが遅かったこと，その意味や内容に関する認識が一致せず，違反の判断基準が不明瞭であること，しかも，適合性原則が説明義務と同質なものとして見られたことに，原因があるのではないかと思われる。

以下では，適合性原則の意味および説明義務との関係について，学説の状況を整理してみよう。

1.4.1 適合性原則の意味に関する学説の状況

日本における適合性原則に関する理解には，1999年を境に大きな変化が見られる。1999年7月6日に公表された金融審議会第1部会「中間整理（第1次）」（以下「中間整理（第1次）」という）が，適合性原則を「狭義の適合性原則」と「広義の適合性原則」に分類整理し，後者を「説明義務の拡張」として説明して以来，適合性原則を取り扱う論稿の多くはこの分類方法に沿って適合性原則を論ずるようになった。たとえば，平成17年最高裁判決で扱われた「適合性原則」が「狭義の適合性原則」のことであるという説明[76]や，現行金融商品取引法上の適合性原則を定める条文（同法40条1号）について，これが「狭義の適合性原則」であるという解説[77]などは，いずれも中間整理（第1次）の分類法を前提とするものである。こうして，適合性原則といえば，禁止規範たる「狭義の適合性原則」を指すという認識が浸透した。しかし，1999年までは，適合性原則について，このように「狭義」と「広義」に区分して理解するものは存在せず，顧客の属性に適合する投資勧誘を要求することが適合性原則の内容であ

　の私法的効果について――国内公設商品先物取引被害を中心として――」中川淳先生還暦祝賀論集刊行会編『民事責任の現代的課題』（世界思想社，1989年）217頁，潮見佳男「適合性原則違反の投資勧誘と損害賠償」新堂幸司＝内田貴編『継続的契約と商事法務』（商事法務，2006年）165頁。

[75] 川地宏行「投資勧誘における適合性原則㈡完」三重大学法経論叢18巻2号37頁（2001年），村本・前掲注(69)65頁。

[76] 堀部・前掲注(58)41頁，宮坂・前掲注(58)229頁。

[77] 松尾直彦＝松本圭介編著『実務論点金融商品取引法』（きんざい，2008年）158頁。しかし，当該条文について，芳賀良は，「40条1号の『不適当と認められる勧誘』には，狭義の適合性原則に違反する行為はもちろん，広義の適合性原則に違反する行為も包含すると解される」と解釈している（同「金融商品取引法における適合性原則に関する若干の考察」岡山大学法学会雑誌56巻3＝4号241頁2007年）

るとして，命令規範として適合性原則をとらえる見解の方が多数であった[78]。

　なお，金融審議会で分類された「狭義の適合性原則」と「広義の適合性原則」は，形式上，前者が禁止規範，後者が命令規範に当たるようにも見えるが，学説上の「禁止規範」・「命令規範」として認識される適合性原則とは必ずしも同一の内容のものではないという点にも注意が必要である。

1.4.1.1　1999年までの適合性原則に対する理解
1.4.1.1.1　明文化される前の段階

　適合性原則が行政通達および制定法に導入される前の1960年代後半，この原則を日本に初めて紹介した神崎克郎は，「証券投資の決定は，その投資目的と必要性に鑑みてのみ適切になすことができ，他方，証券投資者は，その証券投資において負担することができ，また負担することを覚悟している危険の度合によって多様であり，それらの者の投資証券の性格及び数量は，かかる投資における危険の負担度に対応すべきである，というのが，証券の推奨に関する適合性法則の基礎となる考えである」[79]と説明し，「……投資助言，勧誘がよく顧客の利益に合致するためには，それが各個の顧客の投資目的，財産状態によく合致するものでなければならず，投資勧誘に対する顧客の信頼が極めて大きい場合には，投資者の保護と証券界の信用の維持のためには，顧客の投資目的，財産状態に不適合な証券投資の勧誘は禁止されなければならない」[80]と述べた。神崎は，顧客の属性に応じて，その利益に合致する証券を勧誘することこそが適合性原則の趣旨であるとし，積極的意味での命令規範として適合性原則を捉えたうえで，この趣旨に反する不適合な投資勧誘を禁止することが同原則の一内容になるという理解を示している。後に，神崎は1980年代の証券取引法の

---

[78]　この点について，前田重行は，「わが国においては，従来適合性の原則については必ずしも上記のような区分（「狭義の適合性原則」と「広義の適合性原則」の分類のこと——筆者注）をして，考察してきているわけではない。むしろ適合性の原則の適用という場合には，投資の勧誘に際しては投資家の目的や属性に則した勧誘をすべきであるという点に重点を置きつつも，場合によっては勧誘自体の禁止をもありうることを含めた意味で用いてきている。その意味では，わが国において一般に考えられてきた適合性の原則は，販売・勧誘の禁止まで含めた広義の適合性原則ということになろう」と指摘した（同・「金融サービス法のあり方」証券取引法研究会編『市場改革の進展と証券規制の課題』（日本証券経済研究所，2002年）199頁）。

[79]　神崎克郎『証券取引規制の研究』（有斐閣，1968年）173頁。

[80]　神崎・前掲注(79)220頁。

教科書においても同旨を展開している[81]。山下友信も，1984 年の論文において，神崎説と同様な理解を示した[82]。

この段階でも注目されるのは，尾崎安夫の見解である。尾崎安夫は 1992 年の論文[83]において，初めて，適合性原則から「不適格者を排除する」という内容が導けることを示した。尾崎は，一般論として，適合性原則の内容が「証券取引においては，証券会社は委託者に適合する証券を推奨する義務があり，投資者の意向と実情に則した取引を行うこと」[84]であると把握したうえで，特定の投資商品である先物取引の場合について，現物の証券売買と対比し，「……投機性あるいは危険性においてははるかにまさる先物取引においてはなおさら，先物商品と委託者の経験・知識・資力等の適合性が問題にされるべきであり，委託者にふさわしい勧誘がされる必要がある。そして，先物取引の特殊性・危険性からすると，先物商品の中から委託者に適合する商品を推奨する以前の問題として，先物取引の委託を勧誘すること自体が問題である委託者もおり，そのような『不適格者』には勧誘自体を禁止することも考慮される」[85]と主張した。

つまり，尾崎は，適合性原則を命令規範と捉え，適合性原則の内容が顧客に適合する証券を勧誘することであるという理解のもと，商品先物取引の性質を考慮して，そこでの適合性原則には，「不適格者を排除する」ことが含まれうるとした。「不適格者を排除する」ことが適合性原則の一内容となり得るという尾崎の主張は，先物取引に限定して論じられたものではあるが，後に紹介す

---

[81] 神崎は『証券取引法』という教科書において，「投資者に不適合な投資勧誘の禁止」という項目の下で，「投資者にとっていかなる証券取引が適当であるかは，投資者の意向，財産状態及び投資経験に応じて異なる。……したがって，証券会社の投資勧誘が妥当なものであるためには，それが投資者の投資意向，財産状態および投資経験等に適合していることが必要である」という（同・前掲注(74)354 頁）。

[82] 山下友信は，適合性原則を証券会社に「顧客の利益に合致した投資推奨をなすことを義務づけられるか」との問題として把握したうえで，「……顧客投資者の信頼が強固に示され，証券会社が実質的に投資決定を支配している場合には，投資推奨が顧客の利益に最も合致することまでも証券会社を義務付けるものといってよいのではないかと思われる」と主張した（同・「証券会社の投資勧誘」龍田節＝神崎克郎編集・『証券取引法大系──河本一郎先生還暦記念』343 頁以下（商事法務研究会，1986 年））。

[83] 同論文は適合性原則が明文化された 1992 年に公表されたものであるが，制定法の規定には触れず，専ら行政通達や自主規制に依拠して適合性原則を論じている。

[84] 尾崎・前掲注(69)51 頁。

[85] 尾崎・前掲注(69)51 頁（1992 年）。同時に，尾崎は「「委託者の適格性を重視する視点は，前述したように，積極的に参加しようとする者（能動的委託者）についてもこれを先物取引の世界から排除あるいは参加を制限する結果を伴い，また同時に勧誘可能な者（受動的委託者）の範囲をも狭める効果もある」と指摘した（同・前掲注(69)52 頁）。

る「排除論理としての適合性原則」の見解につながっている。

このように，適合性原則が明文化される前の段階においては，原則として，適合性原則は，積極的意味での命令規範として捉えられ，顧客の投資目的や財産状態等の属性に応じて当該顧客に適合する投資商品を勧誘することが当該原則の内容であると理解されていた。さらに，顧客の利益に合致する投資勧誘を要請する適合性原則の趣旨に鑑み，「不適合な投資勧誘を禁止する」こと，および適用する投資商品の特性を考慮し，「不適格者を排除する」ことも適合性原則の射程に入り得ることが指摘されている。

1.4.1.1.2　明文化された後の段階

1992年に適合性原則が旧証券取引法上に明文化され，「顧客の知識，経験及び財産の状況に照らして不適当と認められる勧誘を行って投資者の保護に欠けることとなっており，または欠けることとなる」という表現が与えられた後も，「適合性原則」を論ずる学者の多くは，「顧客の属性に照らして当該顧客に適合する投資取引を勧誘すべし」という意味で適合性原則を捉え適合性原則を「命令規範」として説明する証券取引法の注釈書も存在する[86]。

この段階において，適合性原則を命令規範と捉える見解には，森田章[87]，三木俊博＝櫛田寛一＝田端聡[89]，河内隆史[89]等があり，中でも注目されるのが，渡邊正則と川浜昇の見解である。

---

[86] 証券法制研究会編『逐条解説　証券取引法』（商事法務研究会，1995年）438頁（適合性原則とは，証券会社の投資推奨は，投資者の投資判断に対して大きな影響を与えることが多いことから投資者の実情に適合したものでなければならないというものであり，証券会社は積極的に顧客の投資目的及び財産状態について相当の調査をしなければならないというものである）。

[87] 森田章は「証券業者の投資勧誘上の義務」岸田雅雄＝森田章＝森本滋編『現代企業と有価証券の法理－河本一郎先生古稀祝賀』（有斐閣，1994年）249頁において，適合性原則とは「ブローカー・ディーラーが，その顧客の投資目的および財政上のニーズについての情報を聞き出し，また発行者を調査したのちにその目的およびニーズに一致するものと信ずる証券のみを勧誘しうるということ」であると説明している。

[88] 三木俊博＝櫛田寛一＝田端聡「証券投資勧誘と民事的違法性――外貨建ワラント取引を巡って――」判タ875号33頁（1995年）において，適合性原則とは，「証券会社が顧客の利益を軽視して過当な勧誘を行うことを防止するため，顧客の意向，財産状態，及び投資経験等に適合した投資勧誘を行うことを要求するもの」であると説明している。

[89] 河内隆史「先物取引における適合性原則」神奈川法学31巻1号51頁（1996年）。河内は，先物取引を中心に適合性原則を論ずる同論文において，適合性原則について命令規範として捉えつつ，先物取引に関する独自の自主規制を前提に，「委託者の適格性」として適合性原則の判断要素を扱っている。

まず，渡邊の見解について。渡邊は，適合性原則が「顧客に特定の証券を推奨する場合には，顧客の投資目的，資金の性格，量，投資経験や知識，社会的地位，財産等に照らして，当該証券が顧客に適合すると信ずるに足りる，合理的な根拠がなければならない」というルールであると述べたうえで[90]，①「判断能力，及び危険に耐える資力のない投資家を市場に引き込まないこと」，②「引き込んだ者には，個々の投資家の状況に適合した証券を推奨させること」という2つの側面から適合性原則の内容を把握し，適合性原則が「自己責任を貫徹するに不適当な，判断能力を欠く投資家に，証券会社等の専門家が，後見的な保護を与える役割を果たす」と説明した[91]。つまり，渡邊は，適合性原則の趣旨が顧客に適合する投資を勧誘することを要求するところにあることを前提に，不適格者を市場から排除することも適合性原則の義務内容の1つとなることを正面から認めている。[92] この点は，前述した尾崎に近いが，先物取引に問題を限定する尾崎と異なり，渡邊は「不適格者を排除する」という適合性原則の内容が先物取引だけでなく，危険性を有する証券のすべての場合に妥当するものとして，より一般的な議論を展開している。

次に，川浜の見解について。川浜は「適合性原則はその内容については多様な見解があるが最大公約数的な形でいうならば，『証券会社が証券勧誘をなす際その勧誘が当該顧客の経験，投資目的，財政状態に照らして適合するものでなければならない』という原則である」[93]と述べたうえで，「適合性原則は投資家の投資決定より勧誘する側の判断を重視するパターナリスティックな原則と

---

[90] 渡邊正則「ワラント取引における投資勧誘と投資者保護」判タ870号13頁（1995年）。
[91] 渡邊・前掲注(90)13頁。
[92] また，渡邊は，適合性の原則の根幹が取引の危険性の十分な告知にあると考え，適合性原則の具体化として，①危険性の体験的告知義務，②手仕舞勧告義務が導かれると主張し，その理由について，「第一に，適合性原則は，自己責任の原則を実質化するべく，顧客と推奨証券の相性を一致させることに主眼があるのだから，その状態の実現には，顧客と証券の現状を固定して，その適合する場合を捜す方法のほか，顧客を，言わば証券の方に適合する様に，危険性の体験的告知によって教育する場合も予定されている，と考えられるからである。また，第二に，適合性原則の原則的義務の態様の一つに，不適当な顧客を市場に参入させない義務があるのが，それは，市場に不適合者を存在させないようにする行為である，という点で，事前，事後の違いはあるが，市場から不適格者の撤退を事後的に促す形態をとる，手仕舞勧告義務と共通性を有するからである」と説明している（同・前掲注(90)19頁）。
[93] 川浜昇「ワラント勧誘における証券会社の説明義務」民商113巻4＝5号643頁（1996年）。

第4節 適合性原則に関する学説の状況

もいえる」[94]と指摘した。また，具体的な判断について，川浜は「投資勧誘が適合的であるというのは，当該投資のリスクが被勧誘者にとって能力の点でも，財産状態の点でも耐えうるものであるとともに，その投資意向とも一致しなければならない。他の条件が同じであっても投資家の危険回避度の差によって適合性が左右される。適合性の判断には不可避的に投資家の主観的要素が関わってくる」[95]と説明した。つまり，川浜は，適合性原則を単なる命令規範と捉えるだけでなく，同原則のパターナリスティックな性質，勧誘の適合性を判断する際に，投資者の能力や財産状態に加え，主観的要素である投資意向が重要であることを明らかにしている。

1999年までのこれらの見解[96]は，多少の表現上の違いがあるものの，顧客の属性に照らして，当該顧客に適合する投資取引を勧誘することを適合性原則の内容であるとする点で一致している。しかも，適合性原則が，顧客にとっての当該投資取引の適合性の有無を問題にしているため，顧客に勧誘するなら，当該顧客に適合する投資取引を勧誘すべきであり，この趣旨から演繹して，不適合なものを勧誘しないこと，ある投資商品にとって適合性を有しない顧客を市場から排除することも適合性原則の射程範囲内にあるという主張も見られる。つまり，この時期に属する見解は，基本的に適合性原則を命令規範として捉え，顧客の属性に合わせて，当該顧客に適合する投資取引を勧誘することを要求するだけでなく，不適合な投資取引の勧誘を禁止することもその内容であるとしている。

また，注意すべきは，適合性原則における考慮要素について，「顧客の財産状態」や「投資経験」の他に，「顧客の投資目的」・「投資意向」という点もこの時期に属するすべての論者によって取り上げられていることである。「投資目的」を重視する点は，後に紹介する1999年以降に提起される「狭義の適合性原則」や「排除論理としての適合性原則」などを論ずる見解とは大いに異なる。

---

[94] 川浜・前掲注(93)644頁。
[95] 川浜・前掲注(93)645頁。
[96] この時期に属するが，松原正至は「適合性原則とは，証券会社の投資勧誘が投資家の意向と実情に反してはならないことを要請する原則であ」ると主張している。(同・「投資勧誘における自己責任原則・適合性原則・説明義務――ワラント訴訟を契機として――」(島大法学38巻4号37頁以下(1995年))。

ただ，この時期における見解は，適合性原則をあくまで「勧誘ルール」，すなわち業者の不適切な勧誘行為を規制するルールと理解し，業者の「販売行為」にまで同原則の射程が及ぶかについては触れておらず，同原則の理論根的拠についても，ほとんど論じていない。

1.4.1.2　1999 年以降の適合性原則に対する理解

「中間整理（第 1 次）」が，「狭義の適合性原則」と「広義の適合性原則」という分類を提示して以来，適合性原則を「狭義の適合性原則」の意味で，禁止規範として捉える見解が増えた。もっとも，禁止規範として適合性原則を理解する諸見解の間では，必ずしも金融審議会第 1 部会に言及された「狭義の適合性原則」と同じ射程範囲を共有していないようである。

1.4.1.2.1　「狭義の適合性原則」と「広義の適合性原則」
(1)　「狭義」・「広義」の適合性原則の内容

金融審議会第 1 部会の説明によれば，「狭義の適合性原則」とは，ある特定の利用者に対してはどんなに説明を尽くしても一定の商品の販売・勧誘を行ってはならないという意味であり，「広義の適合性原則」とは，業者が利用者の知識・経験，財産力，投資目的に適合した形で商品の勧誘（あるいは販売）を行わなければならないというルールであるとされた[97]。

前者の「狭義の適合性原則」について，当該金融審議会は，「これを『取引ルール』として考えれば，こうした利用者への一定の金融商品の勧誘に基づく販売はいかなる場合も無効とみなされ，リスクの移転も認められないということになる。『業者ルール』としてみれば，利用者に対する一定の金融商品の勧誘行為あるいは販売行為を禁止する，ということになる」とし，「狭義の適合性原則」の禁止規範たる性質を明らかにした。しかし，「狭義の適合性原則」における「顧客の属性」としての考慮要素については，具体的に挙げておらず，何をもって「ある特定の利用者」を認定するかは不明である。ただ，当該金融審議会は，「狭義の適合性原則」を業者ルールとして捉えるとき，「まず問題となるのは利用者の属性と金融商品との具体的な組み合わせをどのようにルール化していくかである」と指摘し，その適用例としては，「例えば，取引経験のない一般的な個人を相手に，レバレッジが極端に大きい取引を行ったり，利用

---

[97]　1999 年 7 月 6 日金融審議会第 1 部会「中間整理（第 1 次）」資料 17〜18 頁。

第4節 適合性原則に関する学説の状況

者に相当額の負債が残るリスクの大きい金融取引を行う場合が考えられ，こうした場合については，業者の利用者に対する勧誘行為を禁止する」という[98]。つまり，知識や経験といった理解力・判断力および資力に着目して，「特定の利用者」を想定したようであり，そこで顧客の「投資目的」は，考慮要素として取り上げられる余地がなかったのかもしれない。

次に，後者の「広義の適合性原則」については，当該金融審議会が「その場合，利用者の理解という側面への配慮が重要な要素となる」と指摘し，説明義務との関連で「広義の適合性原則」を捉えている。さらに，同審議会のホールセール・リーテイルに関するワーキンググループ・レポートにおいて，「広義の適合性原則」については，「利用者と取引の属性に応じて販売時に提供されるべき情報（重要事項）の内容が異なってくるという意味で，説明義務を拡張させた概念に相当すると考えることもできる」[99]として，「広義の適合性原則」を説明義務の延長線上にあるものとした。

ここで整理された「広義の適合性原則」は，命令規範として捉える「適合性原則」と同一内容ではない。つまり，命令規範とする適合性原則は「顧客に適合する投資取引を勧誘すべし」と要求しているのに対し，「広義の適合性原則」はあくまで「利用者に適合した形で」勧誘あるいは販売を要請しているだけで，「顧客に適合した投資取引」を勧誘するところまでは要求していない。それゆえ，「広義の適合性原則」を説明義務の拡張として位置付ける余地を生じたのである。

また，同金融審議会は，「広義の適合性原則」の性質について，「広義の適合性原則と『取引ルール』との関係については，広義の適合性原則はあくまで業者の内部的な行為規範に関するルールであり，個別の訴訟等において，業者の内部体制の不備が斟酌されていく余地はあろうが，私法上の効果に直接連動させて考えるのは困難」[100]として，「広義の適合性原則」を「業者のルール」と捉える立場を示したことにも留意すべきである。

(2) 「狭義」・「広義」の適合性原則が販売行為に適用されるか

適合性原則は勧誘行為のみならず，業者の販売行為（対能動的顧客）にまで妥当するかという問題がある。これに関して，当該金融審議会は，「広義の適

---

[98] 1999年7月6日金融審議会第1部会「中間整理（第1次）」17〜18頁。
[99] 1999年7月6日金融審議会第1部会「中間整理（第1次）」ホールセール・リーテイルに関するワーキンググループ・レポート44頁。
[100] 1999年7月6日金融審議会第1部会「中間整理（第1次）」18頁。

合性原則」の場合について、「不適合と判断される利用者が取引を希望する場合について、業者がこれに応じることができるかについては、私的自治の原則に照らして、取引自体の禁止は難しいのではないかとの意見が大勢を占めた。ただ、その場合には、利用者が業者の説明を不要とした場合と同様に、業者の利用者に対する警告が必要になる」[101]と述べ、「広義の適合性原則」が業者の販売行為まで及ばないことを示している。

他方、「狭義の適合性原則」について、当該金融審議会は「当該ルールの対象となる取引について、広義の適合性原則に係る議論と同様に、利用者側から取引を希望する働きかけがあった場合に、業者が取引に応じることを認めるか否かも論点となる。本WCでの意見としては、一定の利用者が自己責任を問い得ない主体であるというルールが予め規定されていない限りは、やはり私的自治の原則や選択の自由の観点から取引自体を禁止するのは難しいのではないかとの見方が強く、こうした場合についても、警告等に関する行為ルールを課した上で、基本的には業者のコンプライアンスに委ねるのが適当ではないか」[102]とし、「狭義の適合性原則」も業者の販売行為に及ばないことしている[103]。

つまり、金融審議会は、私的自治の原則および選択自由の観点から、「狭義の適合性原則」にしても、「広義の適合性原則」にしても、業者の販売行為（対能動的投資者）には適用されないという立場であった。

---

[101] 1999年7月6日金融審議会第1部会「中間整理（第1次）」ホールセール・リーテイルに関するワーキンググループ・レポート46頁。

[102] 1999年7月6日金融審議会第1部会「中間整理（第1次）」ホールセール・リーテイルに関するワーキンググループ・レポート50頁。

[103] 適合性原則が販売行為に適用されるかどうかについて、同審議会の委員である山田誠一は、効果の面から反対の意見を示した。すなわち、「適合性原則は、販売行為におけるルールとしても考えることはできなくはない。すなわち、業者は、顧客に適合しない金融商品を販売してはならないという義務を課すというものである。しかし、業者がこのような義務を負うとすると、顧客が自発的に購入を求めてきた場合、業者がこのような義務に違反することがありえ、その場合は、顧客は、リスクを負わず、仮に利益が生じた場合は、その利益を手に入れることができる。また、法律によって、一定の顧客は、一定の金融商品を購入することができない状態におかれることになり、そのような顧客の取引をする機会の確保という点からも、容認しがたいように思われる」（同・「金融商品の販売・勧誘に関する規律についての考え方」1999年7月6日金融審議会第1部会「中間整理（第1次）」ホールセール・リーテイルに関するワーキンググループ・レポートメンバーの意見発表資料125頁）。

このように，金融審議会は，どちらかというと説明義務との関係を主軸に，2つの適用場面に分けて適合性原則を整理している。ある特定の利用者しか対象にしない「狭義の適合性原則」は，理解力・判断力あるいは資力が乏しい顧客を適用対象に想定し，適用場面がもっとも狭く，しかも投資決定にとって重要な要素である「顧客の投資目的」を考慮しない。これに対し，「広義の適合性原則」は適用対象を限定しないものの，顧客の理解という側面への配慮を重要な要素とし，もっぱら顧客の理解力と業者の提供すべき情報の範囲との関係を問題にしており，説明義務の拡張として位置づけている。しかも，「狭義の適合性原則」にしても「広義の適合性原則」にしても，業者ルールにとどまる。

1.4.1.2.2　禁止規範として適合性原則を捉える学説

　上記の「中間整理（第1次）」に提起された「狭義の適合性原則」の影響をうけて，「不適合な投資取引を勧誘してはいけない」という意味で適合性原則を捉え，禁止規範として適合性原則を説明する見解が多くなったが，考慮要素や禁止の中身は必ずしも金融審議会で整理された「狭義の適合性原則」と同一内容ではない。

1.4.1.2.2.1　一般の禁止規範として適合性原則を捉える見解

　顧客の属性に照らして「当該顧客に不適合な投資取引を勧誘してはいけない」ことが適合性原則の内容であるとし，適合性原則を狭義・広義に分けて説明することに力点を置かず，純粋に一般的禁止規範として理解する見解も存在する。この見解を主張するのは，上柳敏郎（適合性原則とは，投資勧誘に際して，投資者の投資目的，財産状態および投資経験等にかんがみて不適合な証券取引を勧誘してはならないとの法則である）[104]，村本武志（適合性原則とは，一般に，投資勧誘に際して，投資者の投資目的，財産状態，投資経験等に鑑みて不適合な取引を勧誘してはならないとの法則とされる）[105]，川地宏行（適合性原則とは，狭義では，顧客の知識，経験，投資目的，財産状態などを考慮して顧客に不適合な金融商品の勧誘を禁止する法理を指す）[106] などである。

104　上柳敏郎「適合性原則と説明義務をめぐる裁判例法理と課題」金法1535号27頁（1999年）。
105　村本・前掲注(69)4〜5頁。
106　川地・前掲注(51)30頁。しかし，適合性原則に関する川地の見解には変化が見られる。すなわち，川地は，最初，1995年の論文「ドイツにおける投資勧誘者の説明義務違反に

これらの見解は，共通して，顧客の属性に照らして当該顧客にとって不適合な投資勧誘を禁止するのが適合性原則の内容であると理解しているが，基本的視点が，「勧誘された投資取引が顧客にとって適合性を有するか」どうかに置かれている。この点は，命令規範として適合性原則を捉える見方と同じである。また，適合性原則における考慮要素については，命令規範として適合性原則を捉える1999年以前の諸見解と同様，「顧客の財産状態や投資経験」のみならず，「投資目的」をも挙げている。つまり，純粋に適合性原則を一般的禁止規範として捉えつつ，その基本的視点および適合性の有無を判断する際の考慮要素は，命令規範として適合性原則を捉える場合のそれと変わりがない。

なお，適合性原則が，業者の「販売行為」に及ぶか，いわゆる「能動的投資者」にも適用するかどうかについては，ほとんど論じられていない。

1.4.1.2.2.2 「排除の論理として」適合性原則を捉える見解

不適格者を市場から排除するという視点から適合性原則の一面を把握する見解は前述の尾崎説に現れていたが，金融審議会で整理された「狭義の適合性原則」を禁止規範として捉えた上で，基本的に「投資不適格者を投資取引から排除すること」が適合性原則の意味であると明白に指摘したのが潮見佳男である[107]。同時に，潮見は，「広義の適合性原則」については，これが「助言義務」の体現であると主張している。

について」三重大学法経論叢13巻1号115頁（1995年）において，「適合性原則とは，投資家にとって不適格な投資勧誘を禁止する法理である。つまり，投資勧誘者は，投資家の属性や目的などを考慮して不適当と判断されるような金融商品を勧誘してはならない」とし，適合性原則を禁止規範として捉えたが，その後，2001年の論文「投資勧誘における適合性原則（二）・完」（同・前掲注(75)34頁（2001年））においては，「アメリカ法を参照して，『合理的根拠に基づき顧客に適合すると判断した金融商品の勧誘を業者に要請する法理』」と定義付けるのが妥当と解する。『顧客に適合した金融商品の勧誘』を業者に義務付け，適合性判断が勧誘時における『合理的根拠』に支えられていることを要求するものである」とし，適合性原則を命令規範として捉えた。そして2006年の論文「デリバティブ取引における説明義務と損害賠償責任(2)」（同・前掲注(51)30頁）においては，「適合性原則とは，狭義では，顧客の知識，経験，投資目的，財産状態などを考慮して顧客に不適合な金融商品の勧誘を禁止する法理を指す」として，1999年の金融審議会の見解を取り入れ，再び，狭義の側面において適合性原則を禁止規範として捉えるようになった（ただし，川地は，当該論文で，広義の適合性原則については触れていない）。

107 潮見・前掲注(47)119頁～124頁。

第4節　適合性原則に関する学説の状況

(1)　「排除の論理としての適合性原則」の内容

「排除の論理としての適合性原則」について，潮見は，「投資不適格者」の類型によってさらに2つの場面に分けて説明している。すなわち，

第1は，判断力面での「投資不適格者」を排除する場面である。すなわち，「この原則の意味として，学歴・年齢・経験に照らすと情報が与えられたとしても合理的な投資判断をすることが期待できない者を投資取引から排除することを企図したものであるとすれば，同原則の想定している場面の1つがこれである（排除の論理としての適合性原則）。ここで，行為能力を有するにもかかわらず投資不適格者として排除する論理の中には，投資者の財産権保護の要請からくる後見的介入の一面――防御的観点からする投資者への消極的支援――を認めることができる」とした[108]。

第2は，資力面での「投資不適格者」を排除する場面である。すなわち，「投資者が第2に挙げた意味での「適合性」（判断力面での適合性を指す――筆者注）を充たし，かつ，自己決定に必要な情報を保有しているにもかかわらず，資産規模ないし資力面で当該投資による運用リスクの負担が過剰と評価される場合がある。……このような者を当該投資取引における自己決定原則に服させることは，生存基盤の保障という観点からみて好ましいことではない。ここでも，適合性原則の投資不適格者排除のもつ後見的介入――防御的観点からする投資者への消極的支援――のもうひとつの面を，ここに認めることができる」とした[109]。

また，狭義の適合性原則に基づき，市場から投資不適格者を「排除」する根拠について，潮見は「パターナリズム，すなわち福祉国家的視点に出た国家による生存権もしくは財産権保護の点に求められる」と説明している[110]が，他方

---

[108]　潮見・前掲注(47)120頁。なお，排除の論理と支援の論理の問題は，既に，「無能力者保護」をめぐる論議の中で登場していたものである（河上正二は「無能力者制度の現状と問題点」金法1352号10頁（1993年）において，無能力者制度が「排除の論理」の上に成り立っていると指摘したうえ，「『排除の論理』に『支援の論理』を組み合わせることによって，できる限り本人の意向を実現できるような形で制度を設計すること」を提言した。その後，熊谷士郎は，河上の意見を踏まえて部分的に「排除の論理」の観点から意思無能力を再構成することを提案した（同・『意思無能力の法理』（有信堂，2003年）345頁以下）。

[109]　潮見・前掲注(47)120頁。

[110]　「生存権保護」の要請と「財産権保護」の要請という2つの側面から適合性原則を捉える潮見の見解に対して，近江幸治は「適合性の原則にはそのような要素が内在しているものの，規範として二つに区別できるかどうかは疑問であろう」と指摘した（同・前

で，資力面での不適格者について，その不適格性を補完することができないものの，判断力面での不適格者に対しては，説明（説明義務ではない）によって不適格性を補完する余地があると主張している。つまり，資力面での不適格者を絶対的に排除するが，判断力面での不適格者に関しては相対的に排除される。「排除」によって本人を保護するというパターナリズムを根拠にしつつ，説明や情報提供で補充できるとする点では，保護と支援という二元的なアプローチが採られているようである。

　このように，「排除の論理としての適合性原則」との見解は，いままでの諸見解と異なり，基本的な視点が「投資者の適合性」に置かれている。すなわち，命令規範として適合性原則を捉える見解にしても，「狭義の適合性原則」の見解にしても，または一般の禁止規範として適合性原則を捉える見解にしても，いずれも，顧客にとっての「投資取引の適合性」の有無に着目しているのに対し，「排除の論理として」適合性原則を捉える見解は，投資取引にとっての「投資者の適合性」の有無に着眼している。視点を「投資取引の適合性」に置くのか「投資者の適合性」に置くのかによって，市場から投資者を排除するという発想を導けるかどうかに大きな差異が生じる。視点を「投資者の適合性」に置く場合にこそ，「市場から投資不適格者を排除する」という論理を導くことが可能となるからである。しかも「市場から投資者不適格を排除する」という発想の有無は，直接に適合性原則を支える理論的根拠にも影響を与える。ここで，なぜ介入が必要なのかという介入の正当化根拠が，公正な市場の形成というより，当該顧客の保護の要請に重心を移しているからである。

　また，「排除の論理として」適合性原則を捉える潮見説は，適合性の有無を判断するとき，投資者の「学歴・年齢・経験」および「資力」を考慮要素として挙げているが，投資者の「投資目的」を取り上げていない。この点も，他の見解とは大きく異なる。顧客の投資目的に一致しない投資取引が適合性原則に反することは大方の一致を見た理解であったが，「投資目的」の考慮要素がここで挙げられないのは，「投資不適格者」を割り出すにあたって，「投資目的」を考慮する必要がないからであろう。

(2)　「排除の論理としての適合性原則」が業者の販売行為に及ぶか
　排除の論理として適合性原則を主張する潮見説は，この場合の適合性原則が

　掲注(58)192頁)。

第4節　適合性原則に関する学説の状況

販売行為に適用されるかどうかについても，2つの場合に分けて論じている。1つは，生存権保護にかかわる資力面での投資不適格者に対して，「当該投資希望者を投資取引から排除するという法理が優先すると考え，いずれが最初に当該投資への申入れをしたかどうか，さらにはいずれが主導権を握ったかという点で差異を設けるべきではない（生存権確保型投資者保護公序に対する自己決定原則の劣後）」とし，適合性原則が販売行為（能動的顧客）までに適用されると主張している。いま1つは，財産権保護にかかわる判断力面での投資不適格者に対して，「投資不適格者であることを投資希望者に説明し（その中には，運用リスク面を含めて，財産喪失の危険に関する情報の提供も含まれている），それでもなお当該投資をおこなおうとする者に対しては，もはやそれは自己の危険において当該投資をおこなうものとして取り扱えばよい」[111]とし，不適格者であることを警告するだけで，適合性原則それ自体が販売行為までに適用されないとしている。

このように，潮見説では，資力面での投資不適格者を投資取引から全面的に排除し，かかる投資不適格者に関しては，勧誘行為のみならず，販売行為まで絶対的に禁止することになる。これに対し，投資判断力面での投資不適格者は，投資取引から相対的にしか排除せず，適合性原則は勧誘を相対的に禁止するが，販売行為まで禁止しない。

(3)　「広義の適合性原則」を助言義務の体現として捉える

「中間整理（第1次）」に提起された「広義の適合性原則」に対して，潮見は，これが命令規範であると理解しつつ[112]，その内容については，金融審議会の見解と異なり，これが投資を積極的に支援する助言義務の体現と理解している。すなわち，顧客の投資目的や財産状態に適合した商品を推奨しなければならないというルールは，商品の勧誘・販売に当たっての命令規範の一態様としての助言義務（アドバイス義務）に当たるものであり，このような義務が設定されることによって，商品の適合性についての判断リスクが顧客から事業者へと転換されることとなる[113]。また，潮見は，このような助言義務を業者に課すには，当事者間の「信認関係」に基づく「信頼供与責任」の観点——「一方の当事者

---

[111]　潮見・前掲注(47)120〜122頁。
[112]　潮見・前掲注(74)182〜183頁。
[113]　潮見・前掲注(74)184頁。

が相手方への信頼に基づいて自己の法益を相手方の影響可能性下に置いたときには，相手方としては，みずからの供与した信頼のゆえに，この法益の保護へと義務づけられる」から正当化されると主張している[114]。つまり，潮見は，「広義の適合性原則」を命令規範として捉えつつ，金融審議会と異なり，これを説明義務の拡張とせず，説明義務よりもう一歩進んで顧客の投資判断を積極的に支援する助言義務として理解しているのである。

(4) 適合性原則違反の民事効果

適合性原則に違反する場合にいかなる民事効果が生じるかについては，議論が少ないが，そのなかで，禁止規範として適合性原則を捉える場合と命令規範として適合性原則を捉える場合に分け，それに違反した場合の民事効果を論じている潮見説が注目される。

まず，潮見は，適合性原則を禁止規範とする場合（ここでは「排除の論理としての適合性原則」を指す——筆者注）には，それに違反した場合，「同原則が当該商品をめぐる市場での取引耐性を欠く者を市場から排除することによって保護することを目的としたものであるがゆえに，この違反に（直接にせよ，間接にせよ）結びつけられる民事上の効果は，当該商品の取引にかかる私的自治・自己決定の効果が妥当することの否定，したがって，当該取引の無効処理ないしは原状回復的損害賠償である」[115]と説明する。次に，適合性原則を命令規範とする場合（ここでは，「助言義務」を指す——筆者注）には，それに違反すると，「そこに（直接にせよ，間接にせよ）民事上の効果としての損害賠償が結びつけられるとき，その内容は，原状回復的損害賠償に尽きるのではなく，推奨どおりの商品適性を有したものであったならば顧客が得たであろう積極的利益の賠償（履行利益の賠償）にも向かいうる」[116]と主張する。

潮見説は，適合性原則の理論根拠を示し，それに違反した場合の民事効果を明示する点で，他の見解より進んでいるが，その見解によると，命令規範とする適合性原則に違反した場合の損害賠償の範囲は，原状回復的損害賠償ではなく，履行利益まで含むことになり，これは原状回復的損害賠償を賠償範囲にする禁止規範としての適合性原則に違反した場合より広くなり，適合性原則に基

---

114 潮見・前掲注(74)186頁，同・前掲注(47)92頁も参照。
115 潮見・前掲注(74)185頁。
116 潮見・前掲注(74)185頁。

づく民事救済の範囲は，適合性原則の捉え方により異なることになる。

　以上のように，1999年以降の時期においては，「中間整理（第1次）」に提言された「狭義の適合性原則」と「広義の適合性原則」という整理方法は，学説上の理解に大きな影響を与えているが，各見解の着眼点が異なることによって，学説上捉えられている「狭義の適合性原則」の意味での禁止規範としての適合性原則は，必ずしも金融審議会に言われている「狭義の適合性原則」と同一の内容を有していない。しかも，同じく適合性原則を禁止規範として捉える学説の中でも，純粋に一般的禁止規範とする見解と，「排除の論理」とする見解も存在する。また，「広義の適合性原則」についても，形式上これが命令規範とする適合性原則に当たるが，その内容に関しては，金融審議会がこれを説明義務の拡張と説明しているのに対し，潮見はこれを助言義務であると解釈している。

　こうしてみると，1999年以降，学説は，適合性原則を細分化して理解しようとしたが，逆に，その内容に多義性を与え，さらなる混乱に陥っているように思われる。

1.4.1.3　適合性原則の意味の理解に関する問題点の整理

　ここまで整理したように，適合性原則の意味については，論者によってその解釈がかなり異なる。適合性原則を禁止規範とするか命令規範とするかの違いもあれば，同じ禁止規範と理解したとしても，各々の主張内容は多様である。

　1999年以前の時期には，適合性原則を命令規範とする見解は，「顧客の属性に照らして適合する投資を勧誘すること」が適合性原則の意味であり，顧客の「財産状態や投資経験」のみならず，「投資目的」も考慮要素とするところでは一致しているが，適合性原則の射程範囲や違反した場合の民事効果などについての論述は見当たらない。

　また，1999年以降の時期には，金融審議会が適合性原則を「狭義の適合性原則」と「広義の適合性原則」に二分類してから，このような整理方法は多くの学者によって承認されたが，それぞれの見解は必ずしも金融審議会のいう「狭義の適合性原則」または「広義の適合性原則」と同じ内容ではない。説明義務との関係を前提に適合性原則を二分類に整理した金融審議会は，「狭義の適合性原則」を特定の利用者，特に理解力・判断力の乏しい顧客を適用対象として想定しており，「広義の適合性原則」を利用者の理解への配慮を中心に説明義

務の拡張として位置づけている。これに対し「狭義の適合性原則」の意味で適合性原則を禁止規範として捉える見解は，さらに「不適合な投資勧誘をしてはいけない」ということを内容とする純粋な一般的禁止規範との見解と，「市場から投資不適格者を排除する」とする「排除の論理としての適合性原則」との見解に分かれており，両者が考慮要素および禁止の中身においては異なっている。また，一般的禁止規範とする見解と1999年以前の命令規範とする見解は，同じく顧客にとって「投資取引の適合性」の有無に視点を置いているのに対し，「排除の論理」とする見解は投資取引にとって「投資者の適合性」の有無に視点を置いている。さらに，命令規範として「広義の適合性原則」を捉える学者は，金融審議会の見解とも1999年以前の命令規範として適合性原則を理解する見解とも違い，これを助言義務であると主張している。

　なお，「狭義の適合性原則」を「排除の論理としての適合性原則」として捉え，「広義の適合性原則」を助言義務として捉える学者は，それぞれの理論的根拠，射程範囲および違反した場合の私法上の効果についても，言及しているが，他の見解はそこまで論じていない。

　このように，投資取引に適用されている適合性原則に対して，その意味について日本での理解は全く一致が見られない。このような状況が，投資者保護の局面における適合性原則の運用に影響を与えることは言うまでもない。

1.4.2　適合性原則と説明義務との関係に関する学説の状況

　投資取引紛争において，適合性原則がよく知られる前に，説明義務違反が業者の民事責任の発生根拠として取り上げられてきたことは，周知の通りである。業者の投資勧誘が適合性原則に違反したかどうかが裁判上の1つの争点となるにつれ，適合性原則と説明義務との関係を明らかにすることは，適合性原則の意味を論じるにあたって，避けられない論題となった。適合性原則の意味に関する理解状況と同様，適合性原則と説明義務との関係についても，学説の理解はまちまちであり，未だ意見の一致が見られない。

　両者の関係に関する従来の見解を大まかに分類すると，両者が密接に関連しているとして連続性を認める見解と，両者が性質上異なる法理であるとする見解に大別しうる。近年，裁判例により適合性原則の役割が肯定されるようになるにつれて，両者が異なる法理であるという見解が，多くの学者に支持されるようになった。しかし，2006年の金融商品取引法や金融商品販売法の改正において，立法担当者により，説明義務の中に「広義の適合性原則」を取り入れ

たとする説明がなされており，適合性原則と説明義務との関係はまたまた不明瞭になってきた。

以下では，そうした議論状況を理解する上で必要かつ代表的な見解を取り上げ，学説上の見解および立法活動における方向性を紹介する。

1.4.2.1　説明義務と密接な関連を有するとする見解

適合性原則と説明義務の関係を論ずる初期の文献の中では，両者の間に密接な関係が存在するという見解が比較的多かった。中には，適合性原則と説明義務とを「表裏の関係」として捉える見解[117]もあれば，説明義務を前提にして適合性原則の適用を二段階に分ける見解[118]もある。前者の見解は，説明したところで顧客の理解を得ていなければ，適合性原則違反となり，適合性との関連で説明義務の内容を考えようとするものであり，後者の見解は，適合性原則と説明義務を別個の法理とまで明言するものではないが，説明義務の履行によって適合性が補完されうるとしながら，説明義務と関係なく適合性原則違反の存在も認めている。しかし，2つの見解においては，適合性原則と説明義務とが密接的な関連性を有することが指摘されたものの，どのような意味での密接な関連性かは明らかでない。

適合性原則と説明義務との密接な関連性を比較的詳細に論じているのは，川浜昇である。川浜は，「適合性原則はいわば説明義務が尽きたところで始まるのだという点をまず確認しておく。適合性原則では情報開示が適切であっても投資勧誘が不適当だといえる。情報開示だけでは不十分な局面で意味をもつのである」[119]と述べたうえで，適合性原則は「投資家の自己決定を充実するために存在する説明義務とは思想基盤からして対立する」ものであるとし，両者の

---

[117]　河内は，適合性原則が自己責任の原則の前提であると主張したうえで，金融商品の仕組みやリスクを説明していても，顧客が「それを理解していないとすれば，不適格者といわざるを得ず，したがって，説明義務及びリスク開示規制は適合性原則と表裏の関係にあるといえよう。」と説明している（同・前掲注(89)69〜70頁）。

[118]　松原は，ワラントに関する幾つかの裁判例を対象に，適合性原則の適用場面について，①「適合性原則に違反するような投資勧誘を違法と解釈する」場合と，②「違法性を帯びた投資が適合性原則に違反していないことをもって違法ではないと解釈する」場合があると分析したうえで，「①の場合は，説明の前後においていずれも適合性のない場合であり，②の場合には，説明書の事前交付の段階では適合性に疑問があるが，説明書を交付し確認書を徴求するとともに，口頭によって説明を行うことで適合性なしとはならない場合に該当させるべき」と主張している（同・前掲注(96)57頁，71頁）。

[119]　川浜・前掲注(93)644頁。

区別を認めたあと、投資勧誘の適合性が不十分である場合に、説明義務がそれを補完する役割を果たせると主張した。すなわち、「適合性原則は厳格に適用すると自己責任原則と対立する可能性がある。自己責任原則に依拠して適合性原則に対抗しようとするものを持ち出すのが説明義務なのである」[120] とし、具体的には、「自己決定原則と適合性原則の折り合いは、適合性から乖離している状況下であればあるほど、当該投資に関してその危険性を正しく判断できるような形で説明を行わせることによってつけられる。……証券会社の推奨への信頼が適合性原則の基礎にあるが、その信頼によって自ら思ってもみなかった危険に曝されかねない投資家に対しては、当該投資によっていかなる状況におかれるのかを適切な形で伝達することが肝要であろう」[121] という。

つまり、川浜説は、理論上、適合性原則と説明義務とを区別しながら、民事責任認定という実際の判断になると、投資者の意向に従って投資決定を行えるような形で当該投資のリスクを説明すれば、説明義務によって、適合性原則が対処すべき事態が処理されるのは妥当であると主張する。すなわち、適合性を欠く投資を勧誘する場合、説明義務を加重することになるが、その勧誘された投資を行うことによって投資者が置かれるリスク状況を適切に説明すれば民事責任が生じない。

1.4.2.2 説明義務とは異なる法理とする見解

他方、適合性原則と説明義務を性質上異なる法理であるとする見解が有力である。この見解をとる論者も、両者が別個独立の法理であるとする点では、一致しているが、具体的な着目点が微妙に異なっている。最初に適合性原則と説明義務を異なる場面に適用するものであると指摘したのは、山下友信である。そして山下の理解の上に、両者の具体的な相違を示したのが、川地宏行である。更に、両者が異なる理論的根拠により支えられていることを明示したのが、潮見佳男である。以下では、具体的に各理解をみてみよう。

(1) 山下友信説。山下は、民事責任の領域において、証券会社は勧誘過程において証券取引の危険性についての説明（警告）義務と顧客の利益に合致した投資推奨をなす義務（適合性原則遵守義務）を負っていると整理したうえで、説明義務は、自己責任を負わせるためにどれだけの情報を与える必要があるか

---

120 川浜・前掲注(93)646頁。
121 川浜・前掲注(93)654頁。

という問題であり，一般的に個人投資者に対して当該取引の危険性を十分に説明（警告）しなければならないが，適合性原則は，「顧客投資者の信頼が強固に示され，証券会社が実質的に投資決定を支配している場合には，投資推奨が顧客の利益に最も合致する」かどうかを問題にしている[122]とし，両者が異なる法理であることを示した。

つまり，山下説は取引の危険性を説明対象とする説明義務が投資取引の一般的な場合に生じる問題であるのに対し，適合性原則は，証券会社と投資者の間に信頼関係がある場合に生じる問題であると理解しているようである。この理解によれば，説明義務と適合性原則の発生する場面は，それぞれ異なるのである。

(2) 川地宏行説。川地は「適合性原則違反と説明義務違反とは適用される局面が異なるので，両者は別個独立の違法性判断基準であると解すべきである」と指摘した上で，具体的に両者の相違について，次のように述べた。すなわち，「適合性原則は『勧誘の是非』それ自体を問題にし，投資家に適合しない金融商品の勧誘そのものを禁じる法理である。それ故，投資家にとって不適格な勧誘をしたこと自体に着目し違法性を認定する。これに対して，説明義務は勧誘のプロセスにおいて投資勧誘者に課せられた義務である。つまり，投資家に適合した金融商品の勧誘において投資家の判断能力を補完するために投資勧誘者に課せられるのが説明義務なのである。自己責任を負わすためには十分な判断能力を有する者の行為が前提になるが，複雑難解な金融商品について一般投資家は十分専門知識を有しないため，自己責任の原則の前提が欠如する。それ故，この前提を回復するために投資勧誘者に説明義務が課せられるのである。このように，適合性原則違反と説明義務違反とは，問題になる局面が異なる。前者は勧誘それ自体の是非を問題にし，後者は勧誘のプロセスにおける態様を問題にする」[123]。

---

[122] 山下・前掲注(82)342〜343頁。また，その後1995年に，山下は「証券投資の勧誘と説明義務——ワラントの投資勧誘を中心として——」金法1407号27頁（1995年）の脚注(10)において，「適合性の原則の考え方を活かせば，説明をすれば足りるというものではなく，投資家の属性によってはそもそも勧誘したこと自体が違法になるという考え方も出てきよう」とも指摘している。

[123] 川地宏行「ドイツにおける投資勧誘者の説明義務違反について」三重大学法経論叢13巻1号117〜118頁（1995年），同「デリバティブ取引における説明義務と損害賠償責任(4)」専修法学論集99号50頁（2007年）。なお，川地は，適合性原則と説明義務との間に密接な関係を認める見解を，次のように批判していた。すなわち，「説明義務が重

つまり，川地は，適合性原則と説明義務の適用場面の違いから，それぞれ独立の違法性判断根拠になるところに重点を置いている。適合性原則は「勧誘の是非」それ自体にかかわる違法性の問題であり，説明義務は投資者の判断力の補完にかかわる違法性の問題とされているのである。

(3) 潮見佳男説。潮見は，適合性原則と説明義務が役割を果たす場面が同じく自己決定原則の機能不全が生じた場合であると指摘したうえで，説明義務が自己決定を行うにあたり必要とされる情報を，投資者が保持していない場合に問題となるから，自己決定原則の機能回復に向けられた原理によって支えられているが，「適合性原則が自己責任を引き受けるにふさわしいだけの能力を有していない場合およびそのような能力を有するにもかかわらず資産規模ないし資力面で当該投資による運用リスクの負担が過剰と評価される場合に問題となるから，自己決定原則の妥当領域からの排除の原理によって支えられている」としている[124]。さらに，具体的に適合性原則と説明義務との関係について，潮見は，資力面での適合性原則は生存権保護と関わっているため，「いかなる説明と情報提供をもってしても，投資不適合が補完されるものではない」とし，他方，理解力面での適合性原則は財産権保護と関わっているため，「投資者の相手が当該投資商品の持つ潜在的危険性の程度と規模につき積極的に十分な説明をすること——あくまでも，投資不適合な投資者に説明をすること自体は，投資商品を提供する相手方に義務づけられているものではない——によって，投資者に投資商品に関する知識を醸成し，当該商品のリスクに関する理解を得させれば，不適合性が補完される余地を認めるべきである」という[125]。

要な情報の提供を目的とするのに対して，適合性原則は適合性判断を業者に義務付ける法理であり，義務の内容が決定的に異なる。……如何に十分な情報提供（説明）を業者が行ったとしても，合理的根拠もなく不適合な勧誘を行えば，それに対する責任を負う必要がある」（同・前掲注(75)36頁）。また，適合性原則と説明義務が重なり合う状況も存在するという予想批判に対して，川地は「業者の説明によって判断材料が十分に備わったとしても，業者との関係で顧客の情報分析力が劣る場合には，勧誘というかたちで示された業者の適合性判断が顧客の適合性判断ならびに投資決定に重大な影響を及ぼすことは避けられない。説明を尽くしたとしてもこの影響力を排除することはできない。説明によって十分な判断材料が与えられても，専門家である業者と異なる適合性判断を顧客に期待することは無理がある。……合理的根拠もなく勧誘というかたちで不当な適合性判断を示した業者は，顧客の適合性判断の誤りを非難する資格はない。不適合勧誘における違法性は説明義務の履行によって治癒されるものではない」とした（同・前掲注(75)37頁）。

[124] 潮見・前掲注(47)120頁。
[125] 潮見・前掲注(47)121～122頁。

第4節　適合性原則に関する学説の状況

つまり，潮見説によれば，適合性原則を二つの側面から判断するため，説明義務との関係が2つに分かれる。資力面での適合性については，説明義務が尽くされたか否かに関係なく適合性原則違反の責任が生じるが，理解力面での適合性については，説明（説明義務まで課さないが）によって不適合性が補完されうるから，十分な説明をもって適合性原則違反が避けられる。この理解は，適合性原則と説明義務を独立の法理によって支配されているものと認めながら，両者が密接な関係も持ちうることを示している。

1.4.2.3　立法活動における動向

既述のように，1999年7月6日に金融審議会第1部会は，説明義務との関係を念頭に，適合性原則を「狭義」と「広義」のものに分類し，「狭義の適合性原則」が，説明義務と異なる適用場面を有するとされているが，「広義の適合性原則」が，説明義務の拡張であると位置づけられた。適合性原則と説明義務との関係についての当該金融審議会の見解は，その後の立法活動によっても維持されている。

2006年の金融商品販売法改正に際しては，第3条1項において重要事項に関する説明義務を定めた上，第2項を新設し，「前項の説明は，顧客の知識，経験，財産の状況および当該金融商品の販売に係る契約を締結する目的に照らして，当該顧客に理解されるために必要な方法及び程度によるものでなければならない」と規定し，説明義務の履行方法について，適合性原則における考慮要素を導入することにした。

この条文の制定経緯について，立法担当者は，「現実の金融商品の販売等の場面において適合性原則（狭義）が遵守され，また，適合性原則（広義）の考え方のもと，業者が説明を行う際に，顧客の属性等を勘案したものとなっていることは，顧客保護の観点からきわめて重要である。このような観点から，平成18年改正では，前述の最高裁判例等の趣旨をふまえ，金融商品販売法上の説明義務について，本項のとおり……と規定し，説明義務を尽くしたかどうかを判断するにあたっての解釈基準として，適合性原則（広義）の考え方が取り入れられた」[126]と説明している。

この解説によれば，「広義の適合性原則」は，金融商品販売法上の説明義務の履行基準と位置付けられている。これは，1999年の金融審議会での「広義

---

[126] 松尾直彦編修・池田和世・前掲注(28)126頁。

の適合性原則」が説明義務の拡張であるという意見に照応する。

　また，2006年金融商品取引法上の適合性原則と説明義務との関係について，立法担当者は，「適合性原則と実質的説明義務の関係」という項目の下で，「金商法の適合性原則（金商法40条1号）は，『不適当と認められる勧誘』を行う等の状況を禁止するものであり，……適合性原則の機能としては，基本的にはいわゆる『狭義の適合性原則』（ある特定の利用者に対してはいかに説明を尽くしても一定の商品の販売・勧誘を行ってはならないとのルール）が働くと考えられる」と述べた上で，「説明義務は従来一般に業者の利用者に対する重要事項の情報提供義務と考えられてきたが，上記の禁止行為としての実質的説明義務は，上記の金販法改正と同様，いわゆる『広義の適合性原則』（業者が利用者の知識・経験・財産・目的に適合した形で販売・勧誘を行われなければならないとのルール）の考え方を説明義務に取り込むものであると考えられる（中間整理（第1次）18頁参照）」[127]として，適合性原則と説明義務との関係について，1999年の金融審議会の意見をそのまま承継している。

　さらに，実務対応について，立法担当者は，以下のようなアドバイスをしている。すなわち，「金融商品・取引の販売・勧誘実務においては，適合性原則のもとで，二段階の対応が必要になると考えられる。具体的には，①顧客の属性に照らして，一定の商品・取引について，そもそも当該顧客に販売・勧誘を行ってもよいかどうかを判断し（「狭義の適合性原則」），②販売・勧誘を行ってもよいと判断される場合には，当該顧客の属性に照らして当該顧客に理解されるために必要な方法および程度による説明をする（「広義の適合性原則」）という対応が必要となると考えられる」[128]というのである。

　このように，1999年以来，立法活動において，適合性原則と説明義務との関係については，二分類での整理が一般化している。すなわち，「狭義の適合性原則」は説明義務と完全に異なるものとして認定されるが，「広義の適合性原則」は説明義務の中に取り入れてその役割を期待するというものである。

　適合性原則と説明義務との関係をどう理解すべきかは，適合性原則をどう理解するかに関わる。したがって，両者の関係をはっきりさせるには，根本的な問題として適合性原則の意味を把握することが必要である。投資者保護法理と

---

[127] 松尾直彦＝澤飯敦他「金融商品取引法の行為規制（下）」松尾直彦編著『金融商品取引法・関係政府令の解説』（商事法務，2008年）別冊商事法務318号211～212頁，松尾＝松本・前掲注(77)158～159頁。
[128] 松尾＝澤飯他・前掲注(127)212頁，松尾直彦監修・池田和世・前掲注(28)159頁。

して，適合性原則をどう捉えるべきか，また，私法秩序における適合性原則の役割を明らかにするにあたって同原則と説明義務との関係を明白にする必要があるが，この問題を解明する鍵はやはり適合性原則の本来的意味をどう受け取るかにあるように思われる。

第5節 小　　括

　本章では，日本において，適合性原則に関する制定法の状況，それに違反する場合の裁判所の司法判断，適合性原則の意味および説明義務との関係に関する学説上の理解を中心に検討してきた。

　日本における適合性原則は，1992年に旧証券取引法によって初めて業法ルールとして明文化され，2006年法改正で，金融商品取引法に引き継がれ，その考慮要素について当初の「顧客の知識，経験，財産状態」に「投資目的」が加えられて現在にいたっている。また，民事ルールを定める金融商品販売法では，制定当初，適合性原則に関する規定が設けられず，2006年法改正で，説明義務を尽くしたかどうかの解釈基準として適合性原則の考慮要素を条文の中に取り入れたが，直接に適合性原則を規定するには至らなかった。つまり，適合性原則はその考慮要素に若干の変化が生じたものの，現段階まで直接の私法的効果を伴う民事ルールとしては確立されておらず，行政規制の根拠規定たる性質を維持している。

　しかし，適合性原則に関する業法規定は存在していても，具体的執行が乏しく，行政規制の場合に適合性原則がどのように利用され，その違反がどのように認定されるのかは明らかでない。行政執行がほぼ空白状態であるのに反し，適合性原則に関する訴訟は後を絶たない。このような状況下で，適合性原則に関する認定は，実質的に，民事裁判に委ねられている。

　裁判所は，最初からこの問題に積極的な対応をしていたわけではなく，徐々に適合性原則違反を理由とする業者の不法行為責任を認めるようになった。適合性原則に対する裁判例の対応は，おおよそ4つの類型に分けることができる。すなわち，①適合性原則違反を一つの独立した法的争点として取り上げず，説明義務違反の中で処理する「説明義務還元型」，②適合性原則違反のみによって不法行為の成立を認定せず，説明義務など他の義務違反とともに一体としての不法行為を認める「一体的不法行為構成型」，③適合性原則違反それ自体による不法行為の成立を認めながら，最終的に説明義務違反など他の義務違反と

共に不法行為責任の認定を行う「不法行為競合型」, ④適合性原則違反による不法行為の成立を認めるのみならず, それだけによって不法行為責任を認定する「独立不法行為責任型」である。①②の類型に属する裁判例は, ほぼ平成17年最高裁判決以前の裁判例であり, 平成17年最高裁判決以降の裁判例の大半は③類型に属する。④類型に属する平成17年最高裁判決以前の裁判例は少数であったが, 平成17年最高裁判決以降にはこの類型の裁判例が増えている。

また, 裁判例は, 適合性原則に違反した勧誘行為がいかなる場合に不法行為となるかについて, 概ね3つの判断枠組みに分かれる。すなわち, 第1判断枠組みは, 適合性原則違反をもって直ちに不法行為となる「適合性原則違反→不法行為の成立」という判断枠組みである。第2判断枠組みは, 適合性原則違反のみならず, それについて業者が認識していたまたは認識すべきであったという主観的態様も不法行為成立の要件とする「適合性原則違反＋業者側の認識→不法行為の成立」という判断枠組みである。第3判断枠組みは, 勧誘された投資取引のリスクが顧客のリスク許容範囲を超える程度の高さによって不法行為の成否を判断する「適合性原則から著しく逸脱した勧誘→不法行為の成立」という判断枠組みである。

平成17年最高裁判決以前の裁判例では, 第1判断枠組みに属するものが少なかったが, それ以降の裁判例においてはこの判断枠組みをとるものも増えている。ただ, 第3判断枠組みの判断をとる裁判例が依然として多数を占めている。平成17年最高裁判決も, 第3判断枠組みの判断構造を示している。ただ, この判断枠組みは, 投資取引リスクの程度によって不法行為の成否を判断するものであるため, 同じく投資取引リスクの程度を基準にする適合性原則違反それ自体の判断との違いが不明であり, 判断基準として曖昧さを残している。

さらに, 適合性原則違反による不法行為を認めながら, 顧客の理解力や投資経験および業者に対する盲信などを理由に, 相当程度の過失相殺を行っている裁判例が多い点にも留意すべきである。業者のどの部分の不法行為に関して, 顧客のいかなる点が責められるべき事由（過失相殺事由）と評価され, 賠償額の減額につながったのかは, ある種のブラック・ボックスの中にある。

適合性原則違反による不法行為の成立の判断に比べると, 適合性の有無そのものの判断について, 裁判例に大きな違いは見出せない。最高裁を含め, 各裁判例は, 取引のリスク性と顧客の属性を相関的かつ総合的に考慮して, 適合性の有無を判断している。顧客の属性に関しては, 制定法より早く, 顧客の知識, 経験, 財産状態に加えて投資目的を考慮要素として取り上げ, しかも, 投資目

第5節 小　括

的と財産状態を相対的に重視する傾向が見られる。つまり，投資目的に一致しない勧誘または財産状態に見合わない勧誘が，適合性原則違反と認定されやすい。また，中には商品の性質および投資方法に着目して投資勧誘の適合性を否定する裁判例もわずかながら存在している。

　適合性原則違反の民事責任認定に関する裁判例の判断状況と同じく，適合性原則の意味に関する学説の状況も混乱している。1999年以前には，適合性原則を命令規範として捉え，「顧客の属性に照らして適合する投資を勧誘すること」が適合性原則の内容であるとする見解が多かったが，1999年に金融審議会が適合性原則を「狭義の適合性原則」と「広義の適合性原則」に二分類して以来，このような整理方法が多くの学説によって承認された。もっとも，それぞれの見解は必ずしも金融審議会の提起した「狭義の適合性原則」または「広義の適合性原則」と同一の内容ではない。説明義務との関係を前提に適合性原則を二分類で整理した金融審議会は，「狭義の適合性原則」を特定の利用者，特に理解力・判断力の乏しい顧客を適用対象として想定しており，「広義の適合性原則」を利用者の理解への配慮を中心に説明義務の拡張として位置づけている。これに対し「狭義の適合性原則」の意味で適合性原則を禁止規範として捉える見解は，さらに「不適合な投資勧誘をしてはいけない」ということを内容とする純粋な一般的禁止規範とみる見解と，「市場から投資不適格者を排除する」とする「排除の論理としての適合性原則」を提起する見解に分かれており，それぞれ考慮要素や禁止の中身が異なっている。また，「広義の適合性原則」を命令規範として捉える学説は，金融審議会の見解とも1999年以前の命令規範として適合性原則を理解する見解とも違い，これを助言義務と主張している。このように，投資取引に適用されている適合性原則の意味について，日本での理解はきわめて多様である。特に，1999年以降には，適合性原則を細分化して理解しようとしているものの，かえってその内容に多義性を与え，適合性原則に関する理解の混乱をもたらしている。

　また，適合性原則と説明義務との関係については，両者に密接な関連性があるとする見解と別個独立の法理であるとする見解に分かれ，それぞれ，具体的な理解に微妙なニュアンスの差が存在する。たとえば，両者が密接に関連しているとする見解の中にも，適合性原則に一定の独立性を認めるものもあれば，両者を別個独立の法理であるとする見解の中でも，説明によって顧客の適合性が補完されるとするものもあるといった具合である。

　1999年の金融審議会第1部会により公表された「中間整理（第1次）」の中

で説明義務との関係を意識した適合性原則の紹介がなされ，特に「広義の適合性原則」が説明義務の拡大であると明言されたこと，および2006年改正金融商品販売法の中に説明義務の履行方法として「広義の適合性原則」の考慮要素を取り入れたことによって，適合性原則と説明義務との関係は一定の二元的理解に収斂しつつある。しかし，適合性原則とされるものの本来的意味が，これによって明らかになったわけではない。

　以上のように，日本においては，業法上の規定に大きな変化が見られないにもかかわらず，適合性原則違反に対する司法上の判断および適合性原則の意味に関する学説上の理解が一致せず，むしろ混乱が見られている。適合性原則を投資者保護の法理として確立するには，まずもって適合性原則の真の意味を解明し，私法秩序における適合性原則の役割を明らかにする必要がある。この課題に取り組むには，適合性原則を生み出した米国法の状況を明らかにし，適合性原則のオリジンを知ることが有用であろう。

第2章　米国における適合性原則の概観

第1節　序　説

　第1章で検討したように，現在の日本では「適合性原則」が大いに注目され，投資取引領域において民事責任の法的根拠として認められるようになった。この「適合性原則」は，1939年に米国で証券業者の自主規制ルールとして作られたものだけに，日本では，米国の状況に関する優れた先行研究がいくつか存在する。ここでは，これらの先行研究の内容を踏まえたうえで，本書における米国法の検討対象を明らかにし，本研究の意義を示しておきたい。

2.1.1　米国法に関する先行研究の状況

　初めて「適合性原則」を日本に紹介したのは1968年の神崎克郎『証券取引規制の研究』[1]である。同書は，当時の適合性原則に関する全米証券業協会（National Association of Securitise Dealer=NASD，以下NASDという）[2]の規則内容とともに，証券取引委員会（Securities and Exchange Commission=SEC，以下SECという）の特別調査報告により適合性原則の内容が補充されたことを紹介し，自主規制規則としての適合性原則の意義を強調している。

　次に，1984年の山下友信論文[3]は，適合性原則に違反した場合の私的訴権の存否をめぐる米国の裁判例の状況を紹介している。同論文は，適合性原則違反に基づく民事責任の成否に関する当時の裁判例の状況を明らかにしつつ，重要な指摘が多く見られるが，当時の米国における適合性原則違反の民事責

---

[1] 神崎克郎『証券取引規制の研究』（有斐閣，1968年）173～177頁。
[2] 2007年7月，全米証券業協会（NASD）とニューヨーク証券取引所（NYSE）を合併して，金融取引業機構（Financial Industry Regulatory Authority（FINRA））が設立され，米国で取引を行うすべての証券業者を規制する全米最大の自主規制機関となった（http://www.finra.org/index.htm）。
[3] 山下友信「証券会社の投資勧誘」龍田節＝神崎克郎『証券取引法大系――河本一郎先生還暦記念』（商事法務研究会，1984年）328～330頁。

任の成立要件の検討には及んでいない。また、1994年の森田章論文[4]も、適合性原則の内容を中心に紹介したものである。

その後、2000年の川地宏行論文[5]が、適合性原則違反に基づく民事責任の認定について、裁判例で確立された成立要件を紹介・検討している。同論文は、米国での適合性原則に関する各自主規制内容を紹介した上で、適合性原則に違反した場合の民事責任を認定する2つのリーディング・ケースの紹介を通して、反詐欺規定に基づく場合の適合性原則違反による民事責任の成立要件を示している[6]。

これに続く、2006年の青木浩子論文[7]は、適合性原則の内容、その発展状況および、同原則違反に対するNASDの制裁状況を視野に入れたものである。

以上のように、米国での適合性原則の状況に関する先行研究がそもそも少なく、適合性原則の内容紹介に重心を置くものが多く、当該原則に違反した場合の責任（行政責任と民事責任の両方を含む）認定については、必ずしも詳しい検討が行われていない。そこで、本書では、これらの先行業績を糧としながら、適合性原則の内容だけでなく、その起源および発展の経緯についても精査したうえで、当該原則に違反した場合の民事責任を認定する裁判例の状況を明らかにするとともに、監督機関による行政責任の認定のあり方にも視野を広げ、米国における適合性原則の運用状況を立ち入って検討し、適合性原則の全体像を明らかにしようとするものである。

2.1.2 米国法の検討対象および文献の選定

米国では、証券取引について、連邦法および州法[8]の両方からの規制が存在

---

[4] 森田章「証券業者の投資勧誘上の義務」岸田雅雄＝森田章＝森本滋編『現代企業と有価証券の法理――河本一郎先生古稀祝賀』（有斐閣、1994年）249～258頁。

[5] 川地宏行「投資勧誘における適合性原則（一）」三重大学法経論叢17巻2号14～22頁（2000年）。

[6] 川地は、反詐欺条項に基づき適合性原則違反の民事責任を認定する米国法の構成について、2つの問題点を指摘した。すなわち、一つはブローカーの主観的故意要件を要求することで被害者側の負担を加重することであり、今ひとつは不開示型の適合性原則違反と説明義務違反との区別が不明確になるという点である（同・前掲注(5)21頁）。

[7] 青木浩子「米国証券リテール規制の金融商品取引法への示唆（下）」証券経済研究56号69頁以下（2006年）。

[8] 州の証券諸法としては、全50州に制定・運用されているブルー・スカイ・ロー（Blue Sky Law）と、30州以上採択されている統一証券法（USA:Uniform Securities Act）が存在している（デビット・L・ラトナー＝トーマス・リー・ハーゼン（神崎克郎＝川口恭弘監訳・野村証券法務部訳）『米国証券規制法概説』（商事法務、2003年）257～258頁

第1節　序　説

している。もっとも，実務上は「州際通商における輸送または通信の手段若しくは郵便を利用する」取引を適用対象とする連邦証券諸法[9]の適用範囲が相当広く，1966年の連邦法改正および1996年の立法により，部分的には，連邦法規制が州法規制に優先する[10]。その結果，米国における主な証券取引規制の重心は，実際上，連邦証券諸法に基づくものとなっており，その中にあって，適合性原則の確立および運用にとって最も重要なのは証券法と証券取引所法である。

　1933年証券法（Securities Act of 1933，以下，「証券法」＝「1933年法」という）と，1934年証券取引所法（Securities Exchange Act of 1934，以下，「取引所法」＝「1934年法」という）は，1929年の大恐慌（Great Depression）による米国証券市場の崩壊後，証券市場に対する信頼の回復および投資者の保護を実現するために制定されたものであり，前者が証券の発行市場（primary market）を規制することを目的とし，後者が流通市場（secondary market）を規制することを目的としている[11]。

　しかし，これらの連邦証券諸法は，主として証券市場の規制を中心に定めており，証券取引市場の担い手であるブローカー[12]の行為に関して，直接の規制を設けていない。そもそも，連邦証券諸法の制定当初，議会は，証券取引にお

　　参照）。
[9]　連邦証券諸法は，基本的に1933年から1940年の間に制定され，その後数回にわたり改正が施された6つの法律および1970年に制定された1つの法律から成り立っている。それらの法律は次の通りである。1933年証券法（Securities Act of 1933），1934年証券取引所法（Securities Exchange Act of 1934），1935年公益事業持株会社法（Public Utility Holding Company Act of 1935），1939年信託証書法（Trust Indenture Act of 1939），1940年投資会社法（Investment Company Act of 1940），1940年投資顧問法（Investment Advisers Act of 1940），1970年証券投資者保護法（Securities Investor Protection Act of 1970）。
[10]　ラトナー＝ハーゼン・前掲注(8)8頁参照。
[11]　米国の証券諸法の制定経緯および内容に関する邦語文献として，黒沼悦郎『アメリカ証券取引法』〈第2版〉（弘文堂，2006年），ラトナー＝ハーゼン・前掲注(8)，栗山修『証券取引規制の研究——アメリカにおける不公正な証券取引規制の展開——』（成文堂，1998年）など参照。
[12]　米国の証券取引所法の規定によると，ブローカーとは，他人の勘定で証券取引を行うことを業とする者であり（同法3条a項4号），ディーラーとは，自己の勘定で証券の売買を行うことを業とする者である（同法3条a項5号）。実際に，証券会社は，取引所上場株式についてはブローカーとして行動すると同時に，店頭株式についてはディーラーとして行動するので，顧客側から見ると分別しにくい。そのため，多くの場合には証券会社がブローカー・ディーラーと呼ばれているが，本書では，統一して証券会社をブローカーと称する。

ける証券会社の行為規制について，制定法ではなく自主規制機関に委ねる方針をとっていたからである[13]。このような背景の下で,適合性原則は，ブローカーの投資勧誘にかかる行為規範として，自主規制機関たる全米証券業協会により制定されたわけである。

そのため，米国では，体系書として適合性原則を取り扱うのは証券取引に関するものであり，論文としても，その殆どが証券取引領域での適合性原則を対象としている。そこで，本書では，米国での適合性原則の状況を把握するため，まず最も信頼されている証券取引法の体系書であるLouis Loss & Joel Seligman, Securities Regulation (3rd ed, 2004)， Thomas Lee Hazen, The Law of Securities Regulation (5th ed, 2005) およびNorman S. Poser & James A. Fanto, Broker-Dealer Law and Regulation (4th ed,2007) などを手がかりにし，代表的な文献，SEC審決事例および裁判例を取り上げ，次に，データベースLexis® Research System (http://www.lexinexis.com) によって関連文献や裁判例などを検索し，できるだけ客観的に適合性原則の運用状況の解明に努めたい（特に，本書では，適合性原則の状況を詳しく紹介するNorman S.Poser & James A. Fantoの著書を大いに参照している）。

なお，本書では，米国での各自主規制機関により制定された「適合性」に関する規定（Suitability Rule）を「適合性規則」とし，SECの審決および裁判例により形成された「適合性」に関する法理（Suitability Doctrine）を「適合性原則」として，用語を使い分けることとする。

2.1.3 米国法に関する検討の手順

米国法の検討においては，①適合性原則の起源，発展状況とその内容，②当該原則に違反した場合の監督機関による行政責任の認定状況，③当該原則に違反した場合の民事責任の成否に関する裁判例の判断をその対象とする。

具体的に，本章（第2章）では①を，第3章では②をそれぞれ紹介し，③について，第4, 5, 6, 7章でそれぞれ取り扱うことにしたい。とりわけ，第4章では適合性規則違反に基づく私的訴権の存否，第5章では適合性原則違反の民事責任を認定する際に，裁判例により利用されたアプローチの1つである反詐欺規定に基づく場合の判断状況，第6章ではもう1つのアプローチである信

---

[13] Steven A.Ramirez, *The Professional Obligations of Securities Brokers Under Federal Law: An Antidote for Bubbles?* 70 U.Cin. L.Rev. 527, at 527 (2002).

認義務違反に基づく場合の判断状況，第7章では適合性原則違反の民事責任を認めた場合の損害賠償の認定について，それぞれ検討する。最後に，第8章において，米国における適合性原則の状況を総括する。

まず，以下では，米国における適合性原則の起源を明らかにし，運用上の発展を整理し，現在適用されている適合性原則の内容を具体的に紹介することに重点を置き，補足的に適合性の判断において興味深い視点を提供しているポートフォリオ理論の役割にも触れることにしたい。

第2節　適合性原則の起源

適合性原則が，いかなる起源を有するかについては，米国においても必ずしも見解が一致しない。一般的に，この原則の原型は，全米証券業協会（NASD）の「公正慣習規則」(Rules of Fair Pracitice)の第3章第2条の規定（一般的に「NASDの適合性規則」と呼ばれている）と，ニューヨーク証券取引所（The New York Stock Exchange=NYSE）の規則 405 の「顧客を知れ」(Know Your Customer)ルール（以下，NYSE規則405という）にあると言われているが[14]，中にはいわゆる「看板理論(shingle theory)」がその出所の1つであるとの主張も存在する[15]。さらに，厳密な適合性原則の起源はNASDの適合性規則であるとする見解もある[16]。い

---

[14] Robert H.Mundheim, *Professional Responsiblities of Broker-Dealer: The Suitability Doctrine*, 1965 Duke L. J. 445, at 451 (1965); Gerald L.Fishman, *Broker-Dealer Obligations to Customers —— The NASD Suitability Rule*, 51 Minn. L. Rev. 233, at 233 (1966); Arvid E. Roach II, *The Suitability Obligations of Brokers: Present Law and the Proposed Federal Securities Code*, 29 Hastings L. J. l1069, at 1073 (1978); Kathy Connelly, *The Suitability Rule:Should A Private Right of Action Exist?*, 55 St. John's L.Rev. 493 (1981); Seth C.Anderson & Donald Arthur Winslow, *Defining Suitability*, 81 Ky.L.J. 105, at 106~107 (1993); Robert N.Rapp, *Rethinking Riskly Investments for that Little Old Lady: A Realistic Role for Modern Portfolio Theory in Assessing Suitability Obligation of Stockbrokers*, 24 Ohio N.U.L. Rev. 189, at 189 (1998); Willa E.Gibson, *Investors, Look Before Your Leap: The Suitability Doctrine Is Not Suitable for OTC Derivatives Dealers*, 29 Loy. U. Chi. L. J. 527, at 547 (1998); Norman S.Poser, *Liability of Broker-Dealer for Unsuitable Recommendations to Institutional Investors*, 2001 B. Y. U. L. Rev. 1493, at 1528 (2001).

[15] Rapp, *supra* note 14, at 200; Boberto S.Karmel, *Is This Shihgle Theory Dead?*, 52 Wash & Lee L.Rev.1271, at 1276 (1995).

[16] Thomas Lee Hazen, The Law of Securities Regulation, at 663~665 (5th ed, 2005); Poser, *supra* note 14, at 1493; Andrew M.Pardieck, *Kegs, Crude, and Commodities Law: On Why It Is Time to Reexamine the Sutiability Doctrine*, 7 Nev.L.J. 301, at 305 (2007).

ずれにせよ、NASD の「公正慣習規則」の第 3 章第 2 条の規定が適合性原則の起源であることについては、異論のないところである。以下では、NASD の適合性規則や NYSE の「顧客を知れ」ルールおよび看板理論につき、それぞれの具体的な内容や趣旨を検討したうえで、それぞれの本来的適用場面と適合性原則との関わり方を検討する。

2.2.1 NASD の適合性規則の制定

既に述べたように、米国では、ブローカーの行為規制について、制定法ではなく自主規制機関に委ねられている。しかし、行為規制を完全に自主規制機関に任せると、規制が薄弱化される懸念が常に存在している。より高い業者の行為基準を確保しつつ自主規制を擁護するという意図をもって、議会は、1935 年に設置された連邦証券諸法の執行および運用を主たる任務とする連邦機関である証券取引委員会（SEC）に、自主規制機関に対する規制権限を与えた[17]。

また、1938 年の法改正（マロニー法（Maloney Act = Over-the-Counter Market Act）と呼ばれている）により追加された取引所法 15A 条および同法 6 条は、SEC への登録を前提として国法証券業協会（National Securities Associations）の創設を認めると同時に、投資者保護のために業者の行為基準を高める特定の意図をもって、「詐欺的および相場操縦的行為ならびに慣行を禁止し、公正かつ衡平な取引原則を促進する」という規則の制定を同協会の登録条件とした。

このような経緯の下で、1939 年に、米国第一の、そして唯一でもある全米証券業協会（NASD）が設立された。制定法の指令に応じて、NASD は「公正慣習規則」を制定し、その中で、最も重要な規則の一つが、後に適合性原則の原型と言われる条文、第 3 章第 2 条（現在の NASD 行為規則 (Conduct Rule) 2310 (a) となった）である。その内容は、次の通りである。

「顧客に対して証券の購入、売却若しくは交換を勧誘する場合、会員は、当該顧客の他の証券保有状況、財産状態およびニーズに関する事実が顧客によって開示されたときは、その事実に基づき、自己の勧誘が当該顧客に適合したものであると信ずるに足りる合理的根拠を持つべきである。」

この規定は、一見して顧客の属性に基づき投資勧誘が顧客に適合すると業者

---

[17] Ramirez, *supra* note 13, at 528.

第 2 節　適合性原則の起源

が信ずるだけの合理的根拠を有することを要求するのが適合性規則の内容であるように見えるが，ここで規定された適合性規則には，考慮要素となっている顧客の財産状態およびニーズ等に関する事実について，「if any」という言葉が付されており，これらの事実が当該顧客によって開示されたなら，という限定要件の上で，投資勧誘が当該顧客に適合すると信ずる合理的根拠を有することを要求するに過ぎない。しかも，この規定は「勧誘」のみに言及し，証券の販売について触れていないことや，顧客の財産状態およびニーズに関する情報についてブローカーが調査する義務の有無，また顧客の情報を獲得できなかった場合の責任の成否に関しては何も決めていない[18]。これらの問題は，適合性原則の適用に際し，重要な論点となっていたが，半世紀後にようやく NASD が行為規則の中に新しい規定を導入することにより問題の解決を試みるに至った（2.4.1.2 で紹介する NASD 規則 2310 (b)）。

2.2.2　NYSE 規則 405（「顧客を知れ」ルール）

　ニューヨーク証券取引所（NYSE）の「顧客を知れ」ルール，すなわち NYSE 規則 405 もまた適合性原則の起源であると言われるが，実は NYSE 規則には明示の適合性規則は存在していない[19]。

　現在，適合性原則として知られている NYSE 規則 405 は，証券諸法が制定される前の 1909 年にニューヨーク証券取引所により採択されたもので[20]，当初，顧客保護のためではなく，無責任な顧客（支払能力のない顧客）から会員（ブローカー）を保護するために「顧客を知れ」ルールとして設けられた[21]。その内容は次の通りである。

> 「各会員は，各顧客，各注文，自己が受け取りまたは運営する各現金若しくは信用取引口座，および会員からこのような受け取りまたは運営する口座の代理権限を有する者について，重要な事実を知るように相当の注意を払わなければならない。」

---

[18] Mundheim, *supra* note 14, at 451.
[19] Roach, *supra* note 14, at 1081; Lewis D.Lowenfels & Alan R.Bromberg, *Suitability in Securities Transactions*, 54 Bus. Law. 1157, at 1571 (1999).
[20] Philip J.Hoblin, JR., *A Stock Broker's Implied Liability to Its Customer for Violation of A Rule of A Registered Stock Exchange*, 39 Fordham L.Rev. 253, at 266 (1970).
[21] Hoblin, *supra* note 20, at 266; Lowenfels & Bromberg, *supra* note 19, at 1571.

127

第2章　米国における適合性原則の概観

　文面からもわかるように，この規則は，ブローカーに対して，顧客に関する重要な事実について相当の注意（due diligence）を払うことを要求している。規定の中には，「勧誘」という表現がなく，「顧客に適合する」という言葉も見られない。
　2.3.2.1 で紹介する 1963 年に実施された SEC の特定調査において，当時のNYSE の Funston 頭取が「顧客を知れ」ルールは主として無責任な顧客から会員を保護するために制定されたものであり，過去の取引所懲戒手続きにおけるこの規則の適用が，そのような利用に限定されているという認識を確認したという意見を表明したにもかかわらず，SEC は，この規則が明らかに販売員による顧客に対する不適合な証券勧誘を防ぐために取引所会員に課した義務とも解釈されうるとした[22]。こうして，NYSE 規則 405 は，SEC のやや強引な解釈によって最初の制定目的から離れ，社会情勢の要望に応じて顧客を保護する手段の1つとしての意味を帯びるようになった。しかし，SEC の特定調査に先立ち，1962 年に NYSE が出したガイドで「適合性」の言葉は使われなかった。その後も NYSE は SEC の特定調査の指示を受けたにもかかわらず，1967 年および 1973 年のガイドにおいて幾つかの点で修正したにとどまり，「適合性」の言葉を入れなかった[23]。現在，NYSE 規則 405 は適合性原則の1つとして利用されてはいるが，少なくともこの規則を投資者保護を目的とする「適合性原則」に転換することに対して，NYSE 自身が積極的でなかったことは確かである。

2.2.3　看板理論[24]

　適合性原則の出所の1つが「看板理論」であるという見解[25]，あるいは適合

---

[22] Nicholas Wolfson & Thomas A.Russo, *The Stock Exchange Member: Liability for Violation of Stock Exchange Rules*, 58 Cal. L. Rev. 1120, at 1130 (1970); Norman S.Poser & James A.Fanto, Broker-Dealer Law and Regulation, at 19-19 (4th ed,2007).
[23] Roach, *supra* note 14, at 1084.
[24] 看板理論に関する邦語文献としては，神崎・前掲注(1)168〜172頁，山下・前掲注(3)317頁以下，島袋鉄男「証券業者の誠実公平義務」琉球法学50号161頁（1993年），森田・前掲注(4)237頁以下，アンドリュー・M・パーデック『証券取引勧誘の法規制──「開示義務」「説明義務」を越えて』（商事法務研究会，2001年）62頁，松岡啓祐「アメリカ法における証券業者の信認義務（受託者責任）を巡る近時の議論について」専修ロージャーナル創刊号45頁（2006年），黒沼・前掲注(11)212頁など参照。
[25] Rapp, *supra* note 14, at 200.

性原則が看板理論の拡張であるという主張もある[26]。それに対し,「看板理論」にとっては信頼の証明あるいは投資者の知識・判断力の欠如が必要な要素でないのに対して,適合性原則にとってはそれらが重要であることを理由に,適合性原則が「看板理論」の拡張ではなく,両者は異なる考え方であるとの主張もある[27]。

看板理論については,「ブローカーの側に意図的な不実表示あるいは不開示がない場合に,これら(証券諸法およびSECの規則)の条文に基づき制定法上の詐欺の事実認定を確立しうる根拠として,SECにより考案されたものである。要するに,この理論は,ブローカーが取引に従事する(自らの「看板」を立てる)場合,公正かつ適切に顧客と取引することと,取り扱う関係証券についての陳述あるいは勧誘に対して適切な根拠を有することを黙示的に表示している」と説明されている[28]。つまり,看板理論は,証券諸法の条文でもなければ,自主規制の規則でもなく,「ブローカーに対してSECによってなされた行政手続(administrative proceeding)において発展し,裁判所により認められた」[29]ものである。

具体的には,1939年に,SECの創設以来初めて下されたDuker & Duker審決[30]は,「ブローカーとその顧客との関係には,顧客が専門家の基準に従い,かつ公正に扱われるであろうという極めて重大な表示は内包されている」[31]と述べた。SECのこの陳述を,Loss教授が「看板理論」と名付けたと言われる[32]。

Duker & Duker審決は次のようなものであった。ブローカーが,まず代理人として顧客の株を売却し,その代金の一部である1,045ドルを,当事者として自らの口座に入れ他の債券を購入することに利用した。ブローカーは,市場価格に変化が生じない間に何日間かこの債券を保持した後,1,506.65ドルで当該顧客に販売し,461.65ドルの利益を獲得した。その際,ブローカーは,代理人として顧客の株を売却したことおよび当事者として債券を顧客に販売したことを,その顧客に知らせなかった。当該人ブローカーは同様の手口で,他の

---

[26] Karmel, *supra* note 15, at 1276.
[27] Roach, *supra* note 14, at 1093.
[28] Richard W.Jennings, Securities Regulation, at 690 (11th ed, 1998).
[29] Karmel, *supra* note 15, at 1276.
[30] 6 SEC 386 (1939).
[31] Id. at 388.
[32] Cheryl Goss Weiss, *A Review of the Historic Foundations of Broker-Dealer Liability for Breach of Fiduciary Duty*, 23 Iowa J.Corp. L. 65, at 88 (1997).

顧客に市場価格を開示せず，当時の市場価格より高い価格で証券を販売した。SECは，ブローカーのこのような行為が，取引所法15条(c)項(1)号および証券法17条(a)項に違反して，詐欺を構成すると判断した。

1943年に，Duker & Duker審決と類似の事案で，ブローカーが市場価格より高い価格で顧客に証券を売却し，その事実を顧客に開示しなかったというCharles Hughes & Co. v. SEC事件[33]において，第2巡回控訴裁判所は，SECの審決を認め，ブローカーの行為が詐欺に該当すると判断し，結果としてSECの「看板理論」を承認した[34]。

看板理論を適用したSECの初期の審決例の多くは，ブローカーが，市場価格を顧客に開示せずそれを超える価格で証券を販売した事案であった。これらの事案では，一見してブローカーの開示責任が問われているようだが，実際に市場価格が開示されれば，そのような取引に参加する投資者がいないはずなので，実質的な問題はそのような不正な取引行為を規制することにある。そのため，看板理論はブローカーの開示義務ではなく，「公正に取引する」という黙示的表示を問題にしていると言えよう。Loss教授が指摘するように，「この理論は，反対の開示がない限り，彼（ブローカー）の販売価格が当時の市場と合理的関連性をもつことが黙示的表示の本質であると要求している」[35]。つまり，看板理論を利用した事案における販売行為が，市場価格で公正に顧客と取引するというブローカーの黙示的表示に違反する[36]。その後，看板理論は拡張され，主として，委任されていない取引（unauthorized transactions）を行う場合，他の意図で顧客の資金を使用する場合，証券の内容を調査せずに顧客を勧誘する場合にまで適用されている[37]。

---

[33] 139 F.2d 434 (2d Cir.1943), cert. denied, 321 U.S. 786. 注意すべきは，この事件では，SECの審決に対して不服申立てをするブローカーが，SECの審決の当否について提訴した事案であるため，裁判所の審理対象がSECの審決の当否であり，結果としてSECの認定を肯定したが，この判決自体は私人間の権利義務関係に及ばないものである。つまり，本判決は看板理論をブローカーと顧客との間の民事責任（損害賠償）の認定根拠として認めたわけではない（Karmel, *supra* note 15, at1284）。看板理論が連邦証券諸法の下で民事責任の根拠になるかどうかについて，米国では意見が一致しておらず，完全否定する見解（Karmel, *supra* note 15, at 1296）と，違反行為と損害との因果関係を立証できれば，証券取引所法規則10b-5違反になるという見解とがある（Hazen, *supra* note 16,at 661）。
[34] Jennings, *supra* note 28, at 690.
[35] Louis Loss & Goel Seligman, Securities Regulation, at 3814 (3rd ed,2004).
[36] Jennings, *supra* note 28, at 690.
[37] Karmel, *supra* note 15, at 1276; Loss & Seligman, *supra* note 35, at 3816〜3824.

第2節　適合性原則の起源

　看板理論の適用された事案を見る限り，同理論の本質は，ブローカーに「公正に取引する」義務を課していることにあると言えよう。言い換えれば，ブローカーは自ら「看板」を立てて取引に従事する場合，顧客と公正に取引することを黙示的に表示することになったため，自らの行動がこの「公正に取引する」という黙示的表示に一致しない場合には，これによって責任（SECにより追及される行政責任）を負うことになる。また，看板理論は必ずしもブローカーと顧客の間の信認関係の存在を前提としておらず[38]，ブローカーが代理人ではなく，対等な当事者として「看板」を立てている場合でも，同じく顧客と公正に取引すると黙示的に表示したことになる[39]。すなわち，ブローカーは対等な当事者として顧客と取引をする場合でも，看板理論に基づき責任が追及されうる。

　このように，看板理論は「取引の公正」を確保するために打ち立てられたものである。確かに，この理論はブローカーが自らの勧誘について合理的根拠を有すると黙示的に表示しているという側面を有している。その点に着目すると，看板理論は適合性原則の一つの起源であると言えるかも知れない。しかし，ここで，注意すべきは，看板理論に要求されている「勧誘に関する合理的根拠」は，顧客の情報をその依拠の対象とせず，自ら勧誘する証券に関する適切な情報を有すべきことを指しているということである[40]。つまり，適合性原則が顧客の属性を基準としてブローカーの投資勧誘の合理性を要求するのに対し，看板理論は，もっぱらブローカーの専門家的地位に着眼し，自らが取り扱っている証券に関する認識が専門家の基準を満たしているかどうかを問題とし，顧客の属性を考慮しないのである。すなわち，「自己の商品を熟知する」との要請においては，看板理論は適合性原則と繋がっているが，「自己の顧客を知れ」との要請の下で，看板理論から適合性原則を導くことは困難である。

　実際，NASDの適合性規則およびNYSE規則405は，SECの活動によりその後適合性原則の具体化として今日まで利用されているが，看板理論は，早期の審決例において詐欺の認定根拠としてSECにより利用されたものの，その後適合性原則が一つの独立した根拠として認められるようになるにつれ，次第

---

[38] 看板理論と信認義務との関係については，見解が分かれている。一般的に，看板理論には当事者間に信認関係の存在が不必要であると言われているが，看板理論はブローカーが顧客に対し信認義務を負うという前提に依拠しているという反対意見もある（Kamel, *supra* note 15, at 1296）。

[39] Loss & Seligman, *supra* note 35, at 3814.

[40] Hazen, *supra* note 16, at 832〜833.

に使われなくなった[41]。看板理論の名付け人である Loss 教授は，看板理論と適合性原則の関係について，SEC が自らのブローカー詐欺という概念をさらに適合性原則要件に精密化する過程において，看板理論を1つのアプローチとして利用したと述べている[42]。

第3節　適合性原則の発展[43]

適合性原則は自主規制規定として，1939 年には制定されていたものであるが，その後「4半世紀にわたって公表されたブローカーに対する懲戒裁決において適合性原則に払われた注意は少ない」と指摘される[44]ように，運用において，適合性原則は，制定から最初の 20 数年間は無視されていたに近く，実際に適用されるようになったのは，1960 年代後半からであった。以下では，その経緯を見てみよう。

2.3.1　1940 年代～1960 年代前半：適合性原則より反詐欺条項が利用される時期

1940 年代から 1960 年代の SEC の審決においては，適合性原則の適用が少なく，証券諸法および SEC 規則の反詐欺条項の利用が圧倒的に多かった[45]。この時期における事案の特徴は，顧客の属性ではなくブローカーの行為に注目して，その行為が，前述の「看板理論」に反することを根拠に証券諸法上の詐欺になると判断していたことである。この時期の審決で問題とされたブローカーの行為は，不実表示と不開示が中心であったが，そうした行為の中には，株の

---

[41] Pardieck, *supra* note 16, at 310.
[42] Loss & Seligman, supra note 35, at 3885～3887.
[43] 青木浩子論文は，米国での適合性に関する自主規制の歴史に三つの転機があったと分析している。同論文によると，第1の転機は，大恐慌を契機に NASD によって適合性規則が設けられた時期であり，第2の転機は，1960 年代から 70 年代初頭まで SEC と NASD により適合性ルールの敷衍および執行が行われるようになった時期であり，第3の転機は，1990 年前後に顧客情報収集義務を設定するなど適合性規則の見直し・発達の時期であるという（同・前掲注(7)71～73頁）。本書は，必ずしも，この3つの転機の視点から適合性原則を紹介しているわけではないが，第1の転機の問題を本章第2節「適合性原則の起源」のところで，第2の転機の問題を本章第3節「適合性原則の発展」のところで，そして第3の転機の問題を本章第4節「適合性原則の内容」のところで，それぞれ論じている。
[44] Rapp, *supra* note 14, at 197．
[45] Lowenfels & Bromberg, *supra* note 19, at1581.

第3節　適合性原則の発展

価格が上昇すると不実表示した Batkin&Co. 審決[46] の場合のように，証券の性質についての不実表示のみを取り上げる審決と，市場価格と合理的関連性のない価格で顧客に証券を販売し，その事実を開示しない Allender Co. 審決[47] および Charles Hughes & Co., Inc. 審決[48] の場合のように，不開示のみを問題にする審決も存在する。もっとも，大多数の審決では，ブローカーの単一の行為ではなく，2 つあるいは 3 つ以上の行為を対象に，詐欺の認定がなされている。例えば，Herbert R. May and Russell H. Phinney 審決[49]，Ramey Kelly Co. 審決[50]，Alexander Reid & Co., Inc. 審決[51] に共通するのは，証券発行者の不利な状況についての不開示と，証券の性質についての不実表示による詐欺の認定であり，William Harrison Keller, JR 審決[52] では市場価格の不開示と過大な利鞘 (mark-up) を問題とし，Richard N. Cea 審決[53] では，証券の発行会社の不利な状況の不開示と証券の性質の不実表示のほか，過当取引も認定されている。

　この時期，NASD の適合性規則は重視されてこそいなかったが，決して「死文」ではなかった[54]。例えば，Thomas Arthur Stewart 審決[55] では，SEC は，NASD の適合性規則に定められた「合理的根拠」がないことを理由に，ブローカーの勧誘が不適合であると判断している。同じ証券の発行会社の不利な状況を確認・開示しなかったことを問題とする Standard Bond & Share Co. 審決[56] では，SEC は反詐欺規定を利用せず，その行為が NASD の適合性規則に違反していると判断した。また，市場価格の不開示および取引の性質の不実表示が認定された Boren & Co. and Irving N.Boren 審決[57] でも，SEC は反詐欺規定ではなく，適合性規則を含む NASD の各規則を適用した。R. H. Johnson & Co. 審決[58] と First Sec. Corp. 審決[59] では，過当取引を理由に NASD の適合性規

---

[46]　1958 Sec Lexis 269, 38 S.E.C. 436.
[47]　1941 Sec Lexis 172, 9 S.E.C. 1043.
[48]　1943 Sec Lexis 481, 13 S.E.C. 676.
[49]　1948 Sec Lexis 32, 27 S.E.C. 814.
[50]　1960 Sec Lexis 424, 39 S.E.C. 756.
[51]　1962 Sec Lexis 514, 40 S.E.C. 986.
[52]　1959 Sec Lexis 506, 38 S.E.C. 900.
[53]　1969 Sec Lexis 268, 44 S.E.C. 8.
[54]　Loss & Seligman, *supra* note 35, n151, at 3892.
[55]　1945 Sec Lexis 318, 20 S.E.C. 196.
[56]　1952 Sec Lexis 271, 34 S.E.C. 208.
[57]　1960 Sec Lexis 352, 40 S.E.C. 217.
[58]　1952 Sec Lexis 265, 33 S.E.C. 180.
[59]　1961 Sec Lexis 310, 40 S.E.C. 589.

則の違反を認めた。

　以上のように，1939年にNASDの適合性規則が制定されてから1960年代前半までは，SECの審決において，適合性規則よりも看板理論に依拠した反詐欺規定の適用が圧倒的に多かった。SECが行政執行において反詐欺規定の利用に偏っていたことに関して，「SECが反詐欺規定を適用することにより，ブローカーの適合性原則に基づく義務の輪郭は未発達のままであった」と指摘されている[60]。この状況を一転させたのが，1963年公表されたSECの「証券市場に関する特定調査報告」(Report of Special Study of the Securities Markets, 以下「特定調査報告」とする）であった。

2.3.2　1960年代後半から：適合性原則が行為規範として確立される時期
2.3.2.1　SECの「特定調査報告」

　1960年代半ばに，米国では，主として長時間の電話によって顧客に投機的な証券を勧誘する高圧的販売方法，いわゆる「ボイラールーム (boiler-room)」事件が多発していた。

　これらの事件は，議会が適合性を取り込んだ行為基準の認可と実施の必要に対して関心をもつ契機となり，1961年，議会は投資者の保護に関する証券業の自主規制規定の適切性についての調査と検討に着手するようSECに命じた[61]。それを受けてSECは調査を進め，1963年，画期的ともいえる「特定調査報告」を出した。この「特定調査報告」における適合性原則に関する記述は，下記のようなものである。

　　「特定の顧客に対する具体的な証券取引の『適合性』の考えは，委員会と自主規制機関によって更に強調されるべきである。一般的適合性規則を採用することによって，この面でリーダーシップを果たしてきたNASDは，その内容のさらなる説明および効果的な監督と実施を行うべきである。行為基準としての適合性を殆ど明白に認識していないNYSEは，この考えを明確にする努力をするとともに，必要な監督と実施に取りかかるべきである。一般基準と特定基準の必要なバランスのとれた政策声明（現在，投資会社販売調査に適用できるものと同類である）を通して，この領域が特に論じられるべ

---

[60]　Lowenfels & Bromberg, *supra* note 19, at 199.
[61]　Rapp, *supra* note 14, at 242.

きであるように思われる。この政策声明は次のことに及ぶべきである。すなわち、明記された状況において明白に不適合と思われる証券のカテゴリー若しくは量に関する可能なガイドライン、無差別勧誘あるいは知らない顧客に特定の証券を販売するような適合性の基準と矛盾すると思われる行為、一任勘定（discretionary accounts）の支配における授権された行為と授権されない行為の違いである。」[62]

SEC のこの「特定調査報告」は、投資情報の開示ではなく、「適合性」に対して重心を置いた点で重要な意味を有するが、最も重要なことは、この「特別調査報告」により、適合性原則が証券業において完全に一人前の行為規範に成熟したことである[63]。この「特定調査報告」の影響を受けて具体化されたのが、前述した NYSE 規則 405 の趣旨の転換および次に紹介する NASD の「顧客と公正に取引する」というガイドラインの公表である。

2.3.2.2　NASD「顧客と公正に取引する」ガイドライン

SEC の「特定調査報告」の要請に応じて、NASD は、適合性規則の内容を明らかにする声明書を作成すべく、1964 年に、NASD の理事会（Board of Governors）から「顧客と公正に取引する（Fair Dealing with Customer）」と称するガイドラインを公表した[64]。このガイドラインは、過去に認定された公正な取引義務に違反する行為をまとめあげて、適合性規則違反となる5つの主要な行為を抽出した。

すなわち、第1は、顧客の財産状態およびニーズに関する情報を知らず、あるいは獲得しようとせずに、顧客に投機的、低額的証券を勧誘することである。理事会は、この違反類型を高圧的電話販売に対するものであるとした。第2は、顧客の口座において過当の取引をすること（過当取引）である。第3は、投資信託（mutual funds）において短期取引をすることである。第4は、顧客の口座における過当取引または未授権取引、あるいは未授権で顧客の資金もしくは証券の流用をなすことを含む詐欺的行為である。第5は、顧客がその証券に対して支払いを行う財産能力を有しないことが合理的に予想される場合に、当該

---

[62] http://www.sec.gov/about/annual-report/1963.pclf; Mundheim, *supra* note 14, at, 458.
[63] Rapp, *supra* note 14, at 204.
[64] Mundheim, *supra* note 14, at 460.

証券の購入を勧誘することである[65]。

同ガイドラインにおいて，NASDが「適合性」という言葉を用いていない点では批判がある[66]。しかし，当該ガイドラインは，「適合性」概念の明確化ではなく，適合性規則を運用する際の具体的指針の提供をその目的としたものであり，実際，1996年にNASDによって公表された「適合性規則に関する解釈」の中でも，このガイドラインに挙げられた5つの違反行為類型がほぼそのまま採用されている。

同ガイドラインの最大の意義は，そこで列挙された違反行為が，かつて「詐欺」と認定されていた行為類型が，適合性規則違反の範疇にも入るようにした点であろうと思われる。特に，適合性規則違反とされた5つの行為類型の中でも，情報を知らずあるいは獲得しようとせずに勧誘する行為（第1類型）および顧客の財産状態を無視して勧誘する行為（第5類型）は，後に，典型的な適合性原則違反行為として定着した[67]。

2.3.2.3　SECによる適合性規則の制定

既述のように，適合性原則は自主規制機関の自主規制に由来するものであり，連邦証券諸法に基づくSECの規定ではないにもかかわらず，SECの活動は，適合性原則の発展に重要な役割を演じている。また，自主規制機関に監督指令を出すだけでなく，SEC自身も直接に適合性規則を制定したのである。

2.3.2.3.1　株式資金調達プログラム（equity funding program）に関する適合性規定

1962年，SECは取引所法に基づき規則15c2-5を制定し，株式資金調達プログラムの勧誘販売において，適合性判断をブローカーに要求した。この株式資金調達プログラムとは，融資によって証券を購入して，その融資の担保として購入した証券を質入れし，さらに証券購入と同時に生命保険を購入し，証券から得た利益をその生命保険の保険料の支払いに利用するという仕組みの金融商品である。この金融商品では，証券から利益が得られるかどうかを問わず，顧客が借入金の返還義務を負う。

SEC規則15c2-5の規定によると，株式資金調達プログラムを顧客に勧誘す

---

[65]　Id. at 460～461.
[66]　Id. at 461.
[67]　Roach, *supra* note 14, at 1076.

第3節　適合性原則の発展

る場合，ブローカーは，顧客からその財産状態とニーズに関する情報を獲得し，融資の配置を含む全体の取引が当該顧客に適合すると合理的に判断したのでなければならない。また，ブローカーは適合する旨の判断を出した根拠を示す記述書面を保持する必要があり，顧客の要求に応じて，この記述書面を顧客の利用に供しなければならない[68]。

この規定は特定の金融商品を適用対象としたものにすぎないが，顧客の属性に基づき，その商品が当該顧客に適合するか否かの判断を要求する点で，NASD の適合性規則と同趣旨のものと言えよう。ただ，適合性判断の根拠を示す書面の保持およびその書面を必要に応じて顧客に開示すべしとする規定は，適合性原則としても極めて珍しい内容である。この規定を支える背景には，このような金融商品が，問題とされた多くの事件において，限られた資産と少ない投資経験しか有しない顧客にとって完全に不適合な商品であるにもかかわらず，漫然と提供されていたという事実が挙げられよう[69]。

2.3.2.3.2　SECO 適合性規則の規定

NASD の適合性規則は，NASD の会員となった証券会社のみを適用対象とするため，非会員の証券会社に対しては拘束力を持たなかった。1964 年の証券法改正によって，SEC は NASD の会員でないブローカーを規制する権限を与えられた。1967 年に，SEC は，NASD の会員でないブローカーに適用する SEC Only（SECO）規則の一部として，証券取引法規則 15b10-3 を制定し，NASD の非会員に対しても適合性原則の遵守を要求した。

その内容は，次の通りである。

「各非会員ブローカーあるいはディーラーおよび関係人（associated person）は，証券の買付け，売付け若しくは交換を顧客に勧誘する場合，顧客の投資目的，財産状態およびニーズに関して合理的に調査した後に，顧客によって与えられた情報およびブローカーまたはディーラー若しくは関係人によってもたらされた他の情報に基づき，その勧誘が当該顧客に不適合でないと信ずる合理的根拠を有すべきである。」[70]

68　Lowenfels & Bromberg, *supra* note 19, at 1583.
69　Id. at 1583.
70　Id. at 1584.

このSECO適合性規則は，特定の金融商品のみを対象とするものではなく，すべての金融商品を勧誘するNASDの非会員ブローカーに適用されるものである。基本的内容としては，当時のNASDの適合性規則と同じであるが，顧客の情報に関する調査義務がブローカーにあると明白に規定している点では，顧客の情報に関する調査義務の有無が不明確であった当時のNASDの適合性規則よりも，優れていると言えよう。

　このSECO規則は，1983年に，事実上すべてのブローカーがNASDの会員となり，NASDの適合性規則に服することになったために廃止された。

　以上のように，1939年に作られたNASDの適合性規則は，1960年代後半から，SECの活動によってようやくその重要性が認識されるようになり，次第に証券業界の行為規範として定着した。適合性原則のこのような発展に伴い，同原則が私法上いかなる役割を有するかについて問題となり，1960年代後半から，適合性原則違反による私的訴権の存否をめぐって裁判上の争いが生じた（これについては，第4章で取り扱う）。

第4節　適合性原則の内容

　米国の適合性原則は，証券業界におけるブローカーの行為規範として確立し，現在に至っている。留意すべきは，適合性原則が制定法上の規定ではなく，自主規制規則として発展したもので，今も証券諸法上に明文規定がない点であろう。したがって，米国での適合性原則は，法的ルールというには曖昧な性格を有し，自主規制機関による業界の自主的行為基準でしかない。実際，米国には，NASDの適合性規則のほか，各自主規制機関[71]により制定されたそれぞれの適合性規則，および適用対象たる金融商品のリスク性に応じて制定された様々な適合性規則が存在する。さらに，商品の特性により適合性原則の適用が排除される場合もある。

　以下，米国における適合性原則の具体的内容を把握するために，すべてのブローカーに適用されるNASDの適合性規則を中心に整理し，金融商品別に制定された適合性規則および当該原則の適用から外されたものを紹介しよう。

---

[71] 米国では，NASD以外に，地方債証券規則制定理事会および8ヵ所の証券取引所が自主規制機関として登録している。

第4節 適合性原則の内容

2.4.1 NASDの適合性規則の内容

　米国では，1983年から事実上すべてのブローカーがNASDの会員となっているため，NASDの適合性規則は，ブローカーに広く拘束力を持つ。現在利用されているNASDの適合性規則は，NASD行為規則（Conduct Rule）2310（以下，「規則2310」とする）である。この規則は，次の3つの小節から構成される[72]。

　まず，規則2310(a)は，顧客に対する「勧誘」を規制対象とし，その内容は，前述の1939年に制定した「公正慣習規則」第3章第2条をそのまま継承したものである。次に，規則2310(b)は，1991年6月1日に新設されたもので，ブローカーの「調査義務」を内容としている。最後に規則2310(c)は，非機関投資家のみに適用する規則2310(b)の「非機関投資家」の定義を定めたものである（NASDの適合性規則の紹介では，この規則2310(c)が省略されることが多いが，規則2310(b)の適用範囲を明らかにするため，ここでは規則2310(c)についてもやや詳細に言及したい）。

　NASDは，1996年に，規則2310(c)を制定するとともに，規則2310に関する3つの解釈指針（Interpretive Material）も公表した（以下，「IM2310-1〜3」という）。NASDは，これらの解釈指針が規則2310の一部として，規則と同じ効力を有すると指摘している[73]。IM2310-1は，1株5ドル以下の取引に対し，SECのペニー株に関する規則を適用することを明言するものである。IM2310-2は，顧客と公正に取引することを要請し，公正に取引する義務に違反する5つの行為を列挙している[74]。IM2310-3は機関投資家に関する適合性規則の適用を内容とするものである。

2.4.1.1 規則2310(a)における「勧誘」の意味

　規則2310(a)の文言は，1939年に制定した適合性規則の内容と同じく，その適用を「勧誘」の場合に限定している。ここで，「勧誘」の意味について，

---

[72] Lowenfels & Brombeg, *supra* note 19.
[73] Id. at 1559.
[74] 公正取引義務に違反する5つの行為とは，①顧客から適合性情報を獲得しようとせず，特に高圧力電話販売キャンペーンによって投機的低額証券を勧誘すること，②過当取引，③ごく短期間で投資信託（mutual funds）を取引すること，④架空の口座の設定，顧客の口座における過当取引または未授権取引，あるいは未授権で顧客の資金あるいは証券の流用，偽造，重要事実の不実表示または不開示および相場操縦を含む詐欺的活動，⑤顧客の財産能力を超える買付をさせるまたは勧誘すること，である（NASD Manual, at 4261〜4262）。これは，1964年公表されたガイドラインの内容とほぼ同じである。

解釈上の問題が生ずる。

　1996年3月9日に発表された会員への通知（Notice to Members）96-32（http://www.finra:org/Industry/Regulation/Notices/1996/P004998）において，NASDは，「自らの顧客を知る」というのは，勧誘したか否かを問わず，低額，投機的証券に関する取引の適切性について注意深く検討することを会員に要求することであると念を押した。4ヶ月後，手形割引業者（discount brokers）からの抗議に対する応答において，NASDは，会員への通知96-60において，前記通知で言及した「勧誘しなかった取引」について次のように説明した。すなわち，

　　「規則2310の下での会員の適合性義務は，会員が証券を勧誘した場合にのみ生じる。従って，会員の勧誘を伴わず，自発的に取引をする顧客のために，会員が単なる注文係（order-taker）として行動する場合には当該義務は生じない。しかしながら，多くの場合に取引が勧誘されたものとみなされるという判断は，具体的な会員により『勧誘した』あるいは『勧誘しなかった』という取引分類に依拠しない。とりわけ，ブローカー若しくはその関係人が，直接の電話コミュニケーション，メールあるいは電子メッセージの送信により促進の資料の送付を含むが，それらに限らず，多様な手段を持って，具体的な証券に対して顧客の注意を喚起した場合にも，この取引は勧誘されたものであるとみなされる。」[75]

　この通知からも判るように，NASDは「勧誘」の意味を広く解釈していた。NASDがこのような解釈を出すのは，ペニー株規則[76]を提案しかつ採用したSECのリリース（Exchange Act Release No. 27, 160）[77]に依拠している。当該リリースにおいてSECは次のように述べた。

　　すなわち，「……この規則（NASDの適合性規則――筆者注）は，ブローカー

---

[75] http://www.finra.org/Industry/Regulation/Notices/1996/P004927
[76] ペニー株（penny stock）は，低額株のことであり，多くは1ドル未満で発行される極めて投機的な株式である。1989年に，SECはペニー株の勧誘に関する規則を作成し，1990年に議会により「1990ペニー株改善法」が制定された（Loss & Seligman, *supra* note 35, at 3908～3923）。
[77] SECリリースとは，SECの「非公式な立法」として，現在関心のある問題に対するSECもしくはその職員の見解を法律に定める形式を採らずに公表した文書である。その中には，法律の重要な解釈を含むものと新しい規則の提案および制定を公表するものもあれば，単に関係する法律を照合した連番が付けられるだけのものもある（ラトナー＝ハーゼン・前掲注(8)14～15頁，18頁参照）。

第4節　適合性原則の内容

が顧客と直接の電話コミュニケーションによるか，またはメールで促進の資料を送付することによるかを問わず，投資者に具体的な（ペニー株の）買付けを勧誘する場合に適用する。……特に，多くの場合において，ブローカーが具体的な（ペニー株に）顧客の注意を喚起し，その結果である証券の買付けはブローカーにより間接的あるいは明示的な勧誘を意味する。たとえば，登録代理人（registered representative）と関係する何人かの別々の顧客は，短期間に互いに交流がなく，同じ証券を購入した場合には，これは登録代理人がこの証券を勧誘したという強い証拠になる。……顧客が一般の広告について情報を要求した後に行われた高圧的な販売術は一般的に勧誘の意味を有し，その結果である取引に対して，この規則は及ぶ。」[78]

　以上のように，NASD 規則 2310(a) は，文言上「勧誘」にかかわる場合にのみ適用されるが，実際の運用においては，SEC も NASD も「勧誘」の意味を広く解釈している。ブローカーが直接に顧客を勧誘する行為に限らず，顧客とコミュニケーションをしたり，メールを送信したりして，具体的な証券に対する顧客の注意を喚起する行為も「勧誘」にあたる。またブローカーの顧客に対して行ったコミュニケーションなどが「勧誘」に該当するかどうかの判断基準は，そのコミュニケーションなどが顧客の注意を喚起し，あるいは証券取引を行う誘因となったかどうかにある。実際の判断においては，すべての関連事実および状況に基づき，具体的なコミュニケーションや一連のコミュニケーションの前後関係およびその内容を分析する必要がある[79]。

　このような解釈の下で，2001 年に，SEC は，インターネット上の行為に対しても適合性規則が基本的に適用できるという NASD の政策声明（Policy Statement）を認可した。こうして，インターネット上の行為が「勧誘」にあたるかどうかも，上述した基準に基づいて判断される[80]。

2.4.1.2　規則 2310(b) における「調査義務」の対象

　規則 2310(a) は，顧客の財産状態やニーズなどの情報に基づき自らの勧誘がその顧客に適合するかどうかを判断することをブローカーに要求しているが，そのような顧客の情報をブローカーが獲得する義務，すなわち「顧客情報の調

---

[78] Fed. Sec. L.Rep. (CCH) P84, 440, at 80, 416 (Aug. 22, 1989).
[79] Loss & Seligman, *supra* note 35, at 3894〜3895.
[80] Id. at 3894〜3895.

査義務」については，何も規定していなかった。そこで，1991年，NASDはブローカーの「顧客情報の調査義務」に関する規定——規則2310(b)を制定した。その内容は次の通りである。

「投資が短期金融資産投資信託（money market mutual funds）に限定される顧客との取引を除き，非機関投資家に対して勧誘した取引を実行する前に，会員は，以下の情報を獲得するために合理的な努力を尽くすべきである。
(i) 顧客の財産状態
(ii) 顧客の課税状態
(iii) 顧客の投資目的，および
(iv) 顧客を勧誘するにおいて，会員若しくは登録代理人によって利用され，または利用することが合理的と考えられるその他の情報。」

前述したように，規則2310(a)の内容は，1939年に制定されたものであり，当時から，ブローカーが顧客の情報について調査する義務を有するかどうかは問題とされており，これについて，NASDとSECの意見が対立していた。

実は，「ボイラールーム」事例に関するリーディング・ケースであるGerald M. Greenberg審決[81]において，SECは，適合性規則の適用にあたってブローカーが顧客情報の調査義務を有するとの判断を下していた。この審決例において，ブローカーは，顧客の持ち株および財産状態に関する情報を有しなかったため，勧誘した証券がこの顧客に適合するかどうかを判断する義務が自分にはないと主張した。この主張に対し，SECは，NASDの適合性規則における「もしあれば（if any）」という言葉を，ブローカーが顧客あるいはその顧客の財産状態およびニーズについての調査を回避することを許すものと解釈することを否定し，ブローカーには調査義務があり，少なくとも「勧誘の適合性を判断する立場にあるため，顧客の他の証券保有状況，財産状態およびニーズに関する情報を獲得しようとせず」，証券を勧誘することはできないと判断した。

しかし，NASDは，SECの見解に従わず，1964年に会員に対し，「顧客の財産とニーズを確かめる積極的な義務を販売員に課さない」と通知し，具体的な事例処理において，ブローカーの調査義務を否認し，ブローカーが不適合を示す事実について実際の認識を有しまたはその事実を無視した場合に限って，適

81　240 S.E.C. 133 (1960). この審決の内容については，3.7.1で紹介する。

第 4 節　適合性原則の内容

合性規則が適用されるという決定を出した[82]。

　NASD のこのような反論に対し，SEC は再び拒否の態度をとった。同じブローカーに対し，SEC は自ら懲戒手続きを開始し，当該ブローカーの勧誘が顧客に不適合であるという理由で，適合性規則違反を認定したのである[83]。

　このように，ブローカーの「調査義務」をめぐって，NASD と SEC との間で，長い論争が続いた。しかし，最終的に，NASD は SEC の意見を取り入れ，1991 年に規則 2310(b) を新設して，ブローカーの調査義務を認めた。

　もっとも，規則 2310(b) の規定によると，ブローカーは，すべての顧客に対して調査義務を負うのではなく，「非機関投資家」に対してのみ調査義務を有するものとされている。しかも，どのような顧客が「非機関投資家」に該当するかは，規則 2310(b) の規定自体からは答えが導けない。そこで，この問題を解明するために，NASD は規則 2310(c) を設けた。

2.4.1.3　規則 2310(c) における「機関投資家」の条件および適合性規則の適用

　規則 2310(b)に定められた「調査義務」は非機関投資家のみに適用され，この非機関投資家の範囲を明確にするため，NASD は 1996 年に，規則 2310(c) を制定した。その内容は次の通りである。

　「この規則の目的として，「非機関投資家」の用語は，規則 3110(c)4 に基づく「機関的投資家」の資格のない顧客を意味する。」

ここで言及されている NASD 規則 3110(c)4 の内容は，次の通りである。

「当該規則および規則 2310 の目的として，「機関的投資家」の用語は次の投資家を意味する。
　(A)　銀行，貯金とローン組合，保険会社，あるいは登録した投資会社
　(B)　1940 年投資顧問法 203 条に基づき SEC か，または州証券委員会（あるいは代理店若しくは職務を履行する事務所）かのどちらかによって登録された投資顧問
　(C)　少なくとも総資産 5 千万ドルを有する他の体（entity）（自然人，会社，

---

[82]　Mundheim, *supra* note 14, at 457〜458.
[83]　Lowenfels & Brombeg, *supra* note 19, at 1564.

パートナーシップ,信託あるいはその他)。」

　規則 3110(c)4 に規定されているこれらの機関投資家を勧誘する場合,ブローカーは,それらの機関投資家の情報について調査する義務を負わない。
　注意すべきは,規則 3110(c)4 に定められた機関投資家は,規則 2310(b) に規定されたブローカーの「調査義務」の対象とならないが,機関投資家に対しても適合性規則そのものの適用は排除されていないという点である。規則 2310(a) の文言によれば,NASD の適合性規則は,すべての投資者に適用されるものである。また,1996 年に,NASD により公表された規則 2310 に関する 3 つの解釈指針の中の第 3 の解釈指針は,機関投資家に対しても適合性規則が適用されることを明らかにしている[84]。
　もっとも,機関投資家に適合性規則を適用するといっても,非機関投資家と全く同様ではない。NASD は,IM2310-3 において,機関投資家に対する適合性規則の適用の範囲を,次のように限定している。すなわち,IM2310-3 の規定によると,機関投資家が投資リスクを評価する一般的能力とブローカーの勧誘を評価する際に独立に判断する具体的能力の両方を有するとされた場合に,ブローカーは当該機関投資家に対して具体的な投資の適合性を判断する義務を履行したものと見なされる[85]。つまり,機関投資家が投資リスクの評価能力および独立の投資判断力を有する場合,ブローカーは適合性規則の拘束から免除されるのである。
　具体的に,第 1 の考慮要素である機関投資家の投資リスクの評価能力に関し,NASD は IM2310-3 で次のように述べている。すなわち,

「会員は利用可能な情報に基づき,顧客の投資リスクを評価する能力を判断しなければならない。ある場合において,会員は,一般的に顧客が独立に投資を判断する能力を有しないとの結論を下し,他の場合においては,機関投資家が一般的能力を有するが,特定の類型の投資あるいはそのリスクを理解できないとの結論に至るだろう。それは,比較的新しい類型の投資,あるいは一般的に機関投資家のなす他の投資より不安定な特性をもつか,または著しく異なるリスクを伴う投資かである。もし顧客が一般的に投資リスクを

---

[84] Porser & Fanto, *supra* note 22, at 19-9.
[85] Lowenfels & Brombeg, *supra* note 19, at 1570.

第4節　適合性原則の内容

評価する能力を有しないか，または具体的な金融商品を評価する十分な能力を欠いているかのどちらかであれば，適合性規則に基づき，会員の特定の顧客に対する義務は，会員が機関投資家と取引しているという事実によっては軽減されない。他方，顧客が最初に潜在的投資ニーズを理解する際に助けを必要としたという事実は，必ずしも顧客が最終的に理解せず，独立の投資判断をしなかったことを意味しない。」

また，NASDは，機関投資家の投資リスク評価能力の有無を判断する際の具体的考慮要素を，次のように列挙している。

① コンサルタント，投資顧問若しくは銀行信託部門の利用
② 金融市場における機関投資家の経験の一般的レベル，考慮中の証券類型に対する具体的経験
③ 証券の経済的特徴について当該顧客の理解力
④ 市場発展がどのように証券に影響を及ぼすかについて独立に評価する当該顧客の能力
⑤ 証券の複雑性

第2の考慮要素であるブローカーの勧誘を評価する際に独立に判断する機関投資家の能力に関し，NASDはIM2310-3において次のように述べている。すなわち，

「顧客の投資判断が，投資により生じる潜在的なリスクと機会，市場要素および他の投資考慮要素に対する独立評価に基づいたものであれば，会員は当該顧客が独立判断を下しているとの結論を下せる。」

また，NASDは顧客が当該勧誘に対して独立に判断をしているかどうかの考慮要素について，具体的に次のように挙げている。

① 会員と顧客の関係の性質および会員により提供されているサービスに関して会員と顧客の間に存在している書面または口頭の合意
② 会員の勧誘への承諾に関するひな形の存在あるいは不存在
③ 他の会員若しくは市場専門家から得た見解，指摘，市場意見，情報，

特に同じ類型の証券に関するものの顧客の利用

④　会員が勧誘した取引を検討する際に当該顧客の現在の包括的なポートフォリオについて顧客から提供された情報の範囲，あるいはポートフォリオ若しくは投資目的に関して顧客から提供されなかった重要な情報の範囲

　以上に列挙された各考慮要素に基づき，機関投資家が投資リスクの評価能力および独立の投資判断能力を有するかどうかは判断される。機関投資家が投資顧問あるいは銀行信託部門のように意思決定の権限を代理人に委任している場合には，同解釈指針は，その代理人にについて適用される[86]。

　ここで注意すべきは，IM2310-3 の適用される機関投資家の範囲が，規則2310(b) の適用される非機関投資家に必ずしも対応していないという点である。というのは，IM2310-3 における解釈は，「自然人以外の，少なくともそのポートフォリオにおいて若しくは管理の下で総計として1千万ドルを証券に投資している機関投資家にふさわしい形で適用する」ものとされているからである。つまり，以上に説明した適合性規則の適用範囲に関する制限は，自然人以外の総計1千万ドル以上を投資する機関投資家にも適用されるのである。これは，規則 2310(b) により「調査義務」の対象から外された機関投資家（自然人を含む総資産5千万ドル以上を有するすべての体）より範囲が広い。

2.4.2　特定の金融商品に関する適合性規則の内容

　上記適合性に関する NASD 規則 2310 の規定は，基本的にすべての金融商品に対して適用される。このほか，具体的な金融商品の特性に応じて，その商品に適用する特定の適合性規則を設けたり，または適合性原則の適用から除外したりしている。

2.4.2.1　地方債証券に関する適合性規則

　1975 年に，議会は，地方債規則制定理事会（Municipal Securities Rulemaking Board=MSRB）を設立し，地方債に関する取引を NASD 規則の適用対象から外すようになった。1977 年に，MSRB は NASD 規則および SEC の規定を参照しつつ，地方債に関する独自の「公正慣習規則」を制定したが，その中の規則

---

[86]　Id. at 1570.

G-19 は，適合性に関する規定となっている。

1994年に改正された MSRB 規則 G-19 の規定によると，地方債証券に適用する適合性規則は，地方債を顧客に勧誘するにあたって，ブローカーが，発行人または他の者から入手できる情報および顧客によって開示された事実または顧客に関するほかの知られた事実に基づき，勧誘が適合的であることを信ずる合理的根拠を有しなければならない[87]というものである。また，調査義務については，「非機関的口座」保有者である顧客，いわゆる非機関投資家に対してのみ要求している[88]。

地方債に関する適合性規則は，基本的に NASD の適合性規則と大きな差異はないが，NASD の適合性規則と比べると，地方債勧誘の適合性を判断するとき，顧客の属性に関しては包括的にしか規定せず，むしろ商品に関する情報を根拠にすることを明示的に要求しているのが特徴的である。

2.4.2.2　オプション取引に関する適合性規則

オプションに内在する複雑かつ固有のリスクに鑑みて，自主規制機関は，SEC を説得して，オプション取引に対する特別な適合性規則を採用した[89]。1973年に初めて上場したオプションに対して市場を作ったシカゴオプション取引所委員会（Chicago Board Options Exchange=CBOE）の適合性規則は，次のように規定している。すなわち，

> 「顧客に対してオプション契約の買付けあるいは売付けを勧誘する各会員（あるいは会員の雇用者）は，顧客の投資目的，財産状態およびニーズに関して合理的に調査した後に，顧客によって与えられた情報，および会員（あるいはその雇用者）によって知られた他の情報に基づき，その勧誘が当該顧客に不適合ではないと信ずるに足りる合理的根拠を有すべきである。
> 　勧誘する時点において金融事情について知識と経験を有するため，顧客が勧誘された取引のリスクを評価する能力を有し，オプション契約において勧誘された持ち高のリスクを耐える財力を有すると合理的に期待されることを信ずるに足りる合理的根拠を持てない限り，会員（あるいはその雇用者）は顧客に対してオプション契約における開始取引（opening transaction）を勧誘

---

[87] MSRB Rule G-19 (c), MSRB Manual (CCH) P3591, at 4891.
[88] Id. at 4891.
[89] Porser & Fanto, *supra* note 22, at 19-19.

してはならない。」[90]

　オプション取引に関する適合性規則については，3つの点に注意すべきである。
　第1に，判断対象は，勧誘されたオプション取引が顧客に「適合する」のでなく，「不適合でない」というところである。「適合する」という単一肯定の要件より，「不適合でない」という二重否定の要件は，ブローカーに課される負担が比較的小さいと信じて採用されたようである[91]。第2に，NASDの適合性規則と異なり，ブローカーにはすべての顧客の情報に関して「調査義務」を有するとされている。第3に，NASDの適合性規則と異なり，開始取引（これはオプションにおいて顧客の長期または短期の地位を設定するあるいは強めるという取引である）を勧誘する場合に，顧客が①勧誘された取引のリスクを評価できるのに十分な理解力・判断力を有し，②勧誘された取引だけでなく，勧誘を受け入れる場合に締結する契約により生じるすべてのリスクに耐えうる財力を有する，と信ずるに足りる合理的根拠を，ブローカーは有しなければならない。
　その後，NASDおよびNYSEも，それぞれNASD規則2860とNYSE規則723において，オプション取引に関する適合性規則を制定したが，その内容は，CBOE規則と同じである。
　また，NASDおよびNYSEは規則の中で，オプション取引の顧客が個人である場合に，顧客の情報について，最低限としてブローカーが把握しなければならないものを具体的に列挙している。すなわち，①投資目的（すなわち，元本の保証，収益，成長，取引利益，投機），②職業の事情（使用者の名前，自営それとも退職），③すべての原資からの推定年収，④推定正味資産（住宅を除く），⑤推定流動正味資産（現金，株式等），⑥婚姻事情および扶養家族の存在，⑦年齢，および，⑧オプション，株式，債権，商品先物等の投資経験と知識（すなわち，年数，量，取引数，種類）である[92]。

---

[90] CBOE Rule 9.9, CBOE Guide (CCH) P2309 (1998).
[91] Porser & Fanto, supra note 22, at 19-20. ただし，著者自身は，二重否定の表現は，特別の意味がなく，NASDの適合性規則における「適合する」という肯定的言葉と同じと認識している。
[92] パーデック・前掲注(24)16～17頁。

2.4.2.3 商品先物取引[93]に対する適合性原則の不適用

オプション取引と同じくハイリスクな商品先物取引について，米国では，適合性原則を適用すべきかどうかについて，かつて論争があった。1977年に，商品先物取引委員会（Commodity Futures Trading Commission=CFTC）により提案された顧客保護のための商品先物取引業者行為準則の中には適合性規則が含まれていた。しかし，同案を公表して意見徴取したところ，業者たちに反対され，結局1978年に，CFTCは，商品先物取引に対して適合性原則を採用しないことを決定した[94]。それに代えて，CFTCは，顧客に対して商品先物取引のリスクを開示する義務をブローカーに課した[95]。とはいえ，リスク開示規定は適合性規則の代わりになるものではない。なぜなら，このリスク開示規則によると，ブローカーがリスク開示告知書を顧客に交付しさえすれば，その商品先物取引が当該顧客に適合するかどうかの判断は，ブローカーにあるのではなく，顧客自身にあることになるからである[96]。

適合性原則を採用しないことについては，2つの理由が挙げられている。第1に，このような原則は，商品先物取引所法（Commodity Exchange Act=CEA）の反詐欺規定に含まれた原則を法典化するにすぎないこと，第2に，この法典化によって得られる便益よりも，反詐欺規定の適用範囲を知らぬ間に狭くする危険性のほうが大きいことである[97]。

証券と商品先物に対して，異なる対応を示す理由は，この2つの種類の投資手段の差異に関係していると言われている。すなわち，商品先物取引は本質的にリスクのあるものであるゆえ，顧客はこの投資方法によって保守的な投資目的を達成するということを合理的に期待できない[98]。裁判所は，単に商品先物

---

[93] 2002年に，NASDが採用した証券先物，すなわち株あるいは株指数に依拠する先物契約に適用される適合性規則によると，証券先物についての適合性基準はオプションのそれと同じである（Porser & Fanto, *supra* note 22, at 19-21）。

[94] Pardieck, *supra* note 16, at 319～320.

[95] このほか，全国先物協会（National Futures Association=NFA）は自主規制規定として「顧客熟知規則」を定めている。この規則によれば，ブローカーは顧客口座を開設する前に，①顧客の本名・住所・主な職業，②現在の推定年収および正味資産，③およその年齢，④投資や先物取引の経験の有無，を含む顧客の情報を顧客から獲得する必要がある。ただし，これらの情報に基づき商品先物が当該顧客に適合するかどうかの判断をブローカーに要求しない（Pardieck,*supra* note 16, at 321.）。

[96] Pardieck, *supra* note 16, at 322.

[97] Norman & Fanto, *supra* note 22, at 19-50.

[98] Walter, C.Greenough, *The Limits of the Suitability Doctrine in Commodity Futures Trading*, 47 Bus. Law. 991 (1992).

取引に関する不適合な勧誘のみでは訴訟原因が生じないと判断しているが，ブローカーが顧客に適合しないことを知りながら，故意あるいは無配慮に「適合する」と顧客に表示した場合には，CEA の 4 条 b 項[99]の詐欺に当たり，民事責任を生ずるものと判断している[100]。つまり，適合性原則は，商品先物取引の勧誘において，ブローカーの行為規範とされないとしても，不適合な商品先物取引を勧誘した場合に，反詐欺規定を利用して，ブローカーの民事責任を追及することができるのである。

第5節　適合性の判断とポートフォリオ理論

　第4節において，米国における一般的金融商品に関する適合性規則（NASDの適合性規則）および特定の金融商品に関する適合性規則（地方債証券およびオプション取引に関する適合性規則）の内容を概観した。

　しかし，適合性規則が制定されても，それで問題が解決されたというわけではない。個々の顧客の属性に照らし，勧誘された投資取引が当該顧客に適合するかどうかという実際上の判断は，一種の評価的判断であって，必ずしも容易ではない。リスクを取引対象とする証券取引において，適合性の有無を判断するにあたり，リスクの評価が極めて重要であることは確かである。しかし，リスクは抽象的で，法的観点から評価する場合にも，明確な基準を立てにくい。この問題を解決するため，米国では，経済理論であるポートフォリオ理論（Portfolio Theory）を利用して，適合性判断に一定の基準を与えようとする研究が，早く 1970 年代から行われてきた。

---

[99]　商品先物取引所法 4 条 b 項の内容は，次の通りである。「何人も，他人のために契約市場において行う，若しくは契約市場の規則に従うべき，商品先物の売買契約の注文または売買契約に関し，次の行為をすることは違法である。
　(A)その他人を騙し若しくは欺罔し，またはその試みをなすこと；
　(B)当該契約につきその他人に対し故意に虚偽の報告若しくはその表示をし若しくはそれをなさしめること，または当該契約につきその他人のために虚偽の記録をなし若しくはなさしめること；
　(C)当該注文若しくは契約に関し，または当該注文若しくは契約の処分若しくは執行に関し，または当該注文若しくは契約につきその他人のためにする代理行為に関し，いかなる方法によるかを問わず，故意にその他人を欺罔し若しくはその試みをなすこと；（以下略）」（この条文の訳文については，龍田節「先物取引委託者の適格性」全国商品取引所連合会編『商品取引所論体系 7』（全国商品取引連合会，1991 年）16 頁，脚注(16)を参照した）。

[100]　Nobrega v. Futures Trading Group, Inc., 1999 WL 450858, at *10 (CFTC July 1, 1999).

第5節　適合性の判断とポートフォリオ理論

　以下では，適合性の意味およびリスクの評価を整理したうえで，適合性判断におけるポートフォリオ理論の役割について紹介する。

2.5.1　適合性の意味とリスクの評価
2.5.1.1　適合性の意味

　第4節で紹介した各適合性規則は，同じく顧客の財産状態および投資目的などの属性に基づき，勧誘した金融商品が当該顧客に適合するかどうかの判断を要求しているが，そもそも「適合する」とは何を意味しているか，およびその適合性を判断するために適切な基準が何であるかという最も重要な問題については，何も明示していない。そのため，「適合性」の意味は，多義的で曖昧であると言われている[101]。

　既に述べたように，いずれの適合性規則も，取り扱う金融商品のリスク性に応じて顧客の属性への考慮を要求している。これらの適合性規則の規定を総合的にみると，「適合性」とは，勧誘する金融商品のリスク性と顧客の属性とを対比して，当該顧客が，その金融商品のリスクを負担するのに適切であるかどうかを意味するものと思われる。適合性原則に関する初期の文献において，「適合性の概念は，投資を行う人のニーズおよび目的のみに照らして投資する，いわゆる投資決定がなされるべきであるという当然のことを明示している」[102]と指摘されている。投資主体である投資者の需要に応じた投資決定を行うためには，投資のリスクと当該投資者のリスク許容範囲の両方の考慮が必要となるわけである。つまり，投資のリスクが投資者のリスク許容範囲を超えない場合に，その投資は当該投資者に適合するといえる。適合性の判断で，リスクが最も重要な考慮要素とされていることについては，実務上も理論上も異論なく承認されている[103]。

　したがって，ブローカーにより勧誘された投資取引のリスクが，顧客のリスク許容範囲を超えた場合，この投資勧誘には「適合性」がないと評価される。ある学者が指摘したように，「適合性の評価において，たった一つの歴史的に不変なものはリスクの評価である。『不適合な』勧誘には，概して，過大なリスクがあるものと思われている。多様な自主規制機関の適合性規則の意図は，

---

[101]　Lowenfels & Bromber, *supra* note 19, at 1557.
[102]　Mundheim, *supra* note 14, at 448.
[103]　Richard A.Booth, *The Suitability Rule, Investor Diversfication, and Using Spread to Measure Risk*, 54 Bus.L. 1599, at 1600 (1999).

一般的に，たとえ完全に正確なものでなくとも，過大なリスクのある勧誘の可能性を最小化することにある」[104]。すなわち，適合性原則にいう「適合性」とは，「最適」の意味ではなく，勧誘した投資取引のリスクが顧客のリスク許容範囲を超えないことを意味している。後に紹介するが，SEC の審決においても裁判所の民事責任の判断においても，「適合性」の有無の判断は，実際のところリスクの比較評価によってなされていた。つまり，勧誘された投資のリスクと顧客のリスク許容範囲とを比較して判断している。

しかし，適合性の判断の本質がリスクの評価問題であると判明したところで，直ちに問題が解決されるわけではない。なぜなら，リスクの評価自体が，実際上，非常に難しいからである。

2.5.1.2 リスクの評価

金融商品の投資にリスクが伴うという認識は一般に共有されているが，具体的にリスクが何を意味するかについては，通常，損失の可能性といった漠然としたイメージしか浮かばない。

実際に，投資勧誘に関する適合性の有無を判断する立場にある SEC にしろ，裁判所にしろ，投資リスクとは何か，どのように評価すべきか，また顧客のリスク許容範囲をどのように判断するかについては，必ずしも明確な基準を定立しているわけではない。「多くの事案において，裁判所は個々の証券に『成長』，『利殖』，『投機的』のような漠然としたラベルを貼る以上のことを，殆どしていない」[105]。また，顧客のリスク許容範囲についても，同様で，「保守的」か「積極的」かといったラベルを顧客に貼り付ける傾向にある[106]。このようにして，ある類型の顧客にとって一定の証券には適合性がないと結論づけられてきたのである。多くのブローカーが，限られた資産しか有しない顧客に，あるいは元本の安全を投資目的とする顧客に，低額・投機的証券を勧誘してはならないという指針には，同意している[107]。しかし，そこで行われたリスクの評価とは，顧客に勧誘した投資の全体を評価対象にするのではなく，その中の個々の証券，特に損失を生じさせた個別証券の投資リスク性に着目しているにすぎず，しかも，個々の証券の投資リスク性についても，「安全」であるか「投機的」であ

---

[104] Rapp, *supra* note 14, at 242.
[105] Booth, supra note 103, at 1600.
[106] Rapp, *supra* note 14, at 228.
[107] Id. at 228.

第5節　適合性の判断とポートフォリオ理論

るか，といった漠然とした評価しかできていないのが実情である。
　このように，法的観点からリスクを評価するとき，明確な基準の提供が困難であることから，結果として漠然としたものにならざるをえない。
　このような弱点に着眼し，リスク評価に経済理論を取り入れ，明確な基準を与えようとする動きが現れてきた。モダン・ポートフォリオ理論（Modern Portfolio Theory = MPT）の登場である。

2.5.2　モダン・ポートフォリオ理論[108]

　前述したように，適合性の有無は，投資リスクが顧客のリスク許容範囲を超えたかどうかによって判断されるため，その判断の実質はリスク評価問題となる。しかし，法的観点からリスクを評価するとき，なかなか明確な基準を提供することができない。そこで，米国の学説は，経済理論であるポートフォリオ理論を取り入れて適合性原則におけるリスク評価に明確な基準を与えようとした。特に，1990年代に多数の研究が現れている。最近のSECの審決には，この理論に依拠して適合性原則違反を認定する事例が現れ，裁判例においてもこの理論に触れるものが見られるようになった[109]。その重要性に鑑み，以下では，

---

[108] ポートフォリオ理論に関する参考文献には，以下のものがある。佐藤義信『ポートフォリオ分析の理論』（中央経済社，1980年），久保田敬一『ポートフォリオ理論』（日本経済評論社，1981年），井上正介『アメリカのポートフォリオ革命』（日本経済新聞社，1986年），D・E・フィッシャー・R・J・ジョーダン（津村英文監訳，日本証券アナリスト協会訳）『証券分析とポートフォリオ管理』（白桃書房，1987年），三浦良造『モダンポートフォリオの基礎』（同文館，1989年），安田信託銀行投資研究部編『ザ・ポートフォリオ・マネジメント』（金融財政事情研究会，1990年），安達智彦＝斉藤進『セミナー現代のポートフォリオ・マネジメント』（同文館，1992年），ロジャー・C・ギブリン（楠本博監訳）『アセット・ポートフォリオ』（現行研修社，1994年），ツヴィ・ボディ＝ロバート・C・マートン（大前恵一郎訳）『現代ファイナンス論』（改訂版）（ピアソン・エデュケーション，2006年）。

[109] Johnton v. Cigna Corporation事件（916 P.2d 643, Ct.App. 1996）において，コロラド州の控訴審裁判所は，「具体的な投資者にとっての投資の適合性は，リスクとリターンの割合に依拠している。伝統的な投資理論は，自らの投資目的を大切にする合理的な投資者は，具体的な投資から期待したリターンをなし遂げるために必要とされるリスクのレベルを最小限にしながら，リターンを最大化する意図をもって個々の投資を選択すると想定している。対照的に，投資の『モダン・ポートフォリオ理論』は，ハイリスク投資を通して素早くかつ実質的なリターンを重要視している。この理論によれば，多様なポートフォリオの配置によって損失が最小化される。この理論によれば，全体のポートフォリオが損失リスクの全体を最小化するために十分な分散を反映する限り，一つの具体的な投資が大きな損失リスクをもたらしたとしても，慎重な投資者にとっては依然として適合性がある」として，適合性の判断においてポートフォリオ理論に言及した。

簡単にこの理論を紹介しよう。

2.5.2.1　モダン・ポートフォリオ理論の概観

　投資者は，投資が常にリスクを伴うことを知りながら，高い収益を求めつつリスクを避けることを望んでおり，マイナスの損失発生に敏感に反応する傾向にある。

　投資をする以上，完全にリスクを避けることは不可能ではあるが，そのリスクを最小化することは可能である。この投資リスクの最小化を実現しようとするのが，ポートフォリオ理論である。

　ポートフォリオとは，いくつかの証券の組み合わせを意味する。つまり，異なる収益性とリスクをもつ複数の資産に分散投資し，その組み合わせを効率的に行えば，一定のリスクの下で最大の利益，あるいは一定の利益に対して最小のリスクを達成できるというものである。この理論は，1952年にハリー・マーコビッツ（Harry Markowitz）によって提案され，その後，ジェームズ・トービンの「分離理論」およびウィリアム・シャープの「ベータ係数」の考え方などが導入され，今日のモダン・ポートフォリオ理論を形成している。モダン・ポートフォリオ理論とは，独立した投資として個々の財産の将来性を考察するのではなく，期待リターンと全体のポートフォリオにおけるリターンという点からのみ投資のポートフォリオを評価するものである[110]。

　モダン・ポートフォリオ理論には2つの想定条件がある。1つは，投資者は，負担する意欲のあるリスクをもたらす投資から，期待リターンを最大化しようとすることであり，今1つは，投資者は「リスク回避傾向」を有しており，期待リターンが同じならよりリスクの小さい投資を，リスクの水準が同じならより高い期待リターンをもたらすような投資を選択することである。つまり，モダン・ポートフォリオ理論は，リスク回避的な投資者を想定対象として投資者が望んだリスクの範囲において，期待リターンを調整するために投資者のポートフォリオを組み立てるものである。

　また，モダン・ポートフォリオ理論には，2つの基本的要素が存在する。第1に，すべての投資をリスクのあるものとリスクのないものとの2つの類型に分類する。「リスクのある投資」とは，投資がいくつかの結果可能性を有する，

---

[110]　Stuart D.Root, *Suitability—The Sophisticated Investor—And Modern portfolio management*, 1991 Colum. Bus. L.Rev. 287, at 347(1991).

言い換えれば，生じる収益が変化するものを指す。「リスクのない投資」とは，結果が一定であって，収益が変化しないものを指す[111]。第2に，モダン・ポートフォリオ理論では，2つの算定基準，すなわちリスクと期待リターンにより投資判断が行われる。そこでは，個々の証券かその組み合わせたるポートフォリオであるかを問わず，当該投資に関するリターンとリスクの組み合わせが評価対象となる。しかも，算定基準であるリスクと期待リターンは，1単位あたりのリスクにつき，リターンを測定する指数あるいは単一数量に統合して表現することができる[112]。

　このようなモダン・ポートフォリオは，一定のリターンの下でリスクを最小化する，あるいは一定のリスクの下でリターンを最大化することを目的としている。この目的を達成するために，最適ポートフォリオの構成と分散投資という2つの手段が用いられる。

2.5.2.2　最適ポートフォリオと分散投資

　最適ポートフォリオとは，単位リスクにつき，最大の期待リターンをもつポートフォリオをいう。このような最適ポートフォリオは，いわゆる「分離理論」を利用して構成することができる。まず，リスクのある投資の最適な組み合わせを構成し，次に，それをリスクのない投資と適当な比率で組み合わせる。こうして，個々の投資家にとって効用が最大になるような最適ポートフォリオを作り出すのである。

　最適ポートフォリオは，個々のリスク資産の期待リターンと標準偏差とそれらの相関関係から決定され，投資者の選好には依存しない。それゆえに，最適ポートフォリオを選択するのに，投資者の選好を知る必要はない。投資者は，最適ポートフォリオに置かれた全ての資産を変動することによって，リスクを調整することができる。ポートフォリオのリスクが，投資者の引き受ける意欲のあるリスクより大きい場合には，リスクのない投資を多くし，逆に投資者にポートフォリオのリスクより高いリスクを負う希望がある場合には，借りをし

---

[111]　Stiphen B.Cohen, *The Suitability Rule and Economic Theory*, 80 Yale L. J. 1064, at 1607 (1971).
[112]　算定は，次のようである。投資の期待リターン率からリスクのないリターン率を引き，そして証券と結合されたリスクの程度によって割ると計算されている。たとえば，リスクのないリターン率が5％であり，証券の期待リターン率が11％であり，その証券のリスクのレベルが4％であるとすれば，期待された単位リスクにつきリターンは（11−5）÷4であり，あるいは1.5である（Cohen, *supra* note 111, at 1608）。

第 2 章　米国における適合性原則の概観

て投資することができる。理論的に，もし投資者が，資産の期待リターン，標準偏差，相関関係を予測する仕事を金融仲介機関に委任し，最適ポートフォリオを構成する仕事をも委任するならば,投資者が唯一なすべきことは,最適ポートフォリオにどれだけ投資するかを決めることだけであると言われている[113]。

単位リスクにつき，最大のリターンを得ることができる最適ポートフォリオの構成に対し，分散投資は，一定のリターンの下でリスクを最小化しようとするものである。

ポートフォリオを利用する場合は，単一の証券より，むしろ複数の証券の組み合わせからなる。その理由は，ポートフォリオ全体のリターンとリスクが，組入れ証券それぞれの固有のリターンとリスクのほかに，証券相互間の相関関係によって大きく左右されるものの，ポートフォリオの期待リターンは相関関係の大小にかかわらず，常に各証券の期待リターンの組入れ比率による加重平均値になっているからである。これに対し，ポートフォリオのリスクは，相関度が低下するにつれて減少する。つまり，ポートフォリオの期待リターンは，ポートフォリオの中の個々の証券の加重平均リターンになるが，そのリスクは一般的に個々の証券のリスクの加重平均以下になることが証明されている。分散投資によってポートフォリオ全体のリスクが各証券のリスクの加重平均以下になる点は，分散投資のメリットである。すなわち，分散投資は一定のリターンの下でリスクを最小化することができる。

もっとも，分散投資はリスクを最小化できるとしても，ポートフォリオに組入れる証券が多ければ多いほど，よい分散になるとは限らない。ポートフォリオ理論の下での分散投資は，証券の数ではなく，正しい種類の証券への投資が必要であると強調されている。ポートフォリオのリスクを下げるためには，分散を取り込む範囲について3つの要因が機能している。すなわち，①異なる保有財産の総数，②保持している異なる証券における割合，③保持した証券が同じ将来の出来事に対して異なる方向で反応を示すことである[114]。分散による取引コストの増加を考慮して，平均的あるいは小規模の投資者にとっての最適ポートフォリオは，少なくとも20種類の異なる証券を含むものであるという研究結果が出ている[115]。

---

[113]　ボディ＝マートン・前掲注(108)420頁。
[114]　Cohen, *supra* note 111, at 1613.
[115]　Id. at 1614.

2.5.2.3　モダン・ポートフォリオ理論におけるリスクの概念

　前述のように，モダン・ポートフォリオ理論による投資判断では，リスクのみではなく，常にリスクとリターンを組み合わせて投資の効用を評価する。ここで，モダン・ポートフォリオ理論にとって極めて重要である2つの概念，リターンとリスクの意味を見てみよう。

　リターンとは，一定の投資期間における収益を投資元本に対する比率で表現したものであり，期待リターンは，将来のある状態に対応する証券の予想リターンを，それぞれの状態が起こる確率（すべてのケースの確率を合計すると1になる）で加重平均して求められる値である。リスクとは，予想リターンが期待リターンからブレる程度のことをいい，ブレが大きいほどリスクが大きいことを意味し，このブレをはかる尺度が標準偏差[116]である。

　また，モダン・ポートフォリオ理論におけるリスクには，組織的（systematic）リスクと非組織的（nonsystematic）リスクがある。組織的リスクとは，投資収益の全変動のうちで，すべての証券の価格に影響する諸要因によって生ずる部分をいう。この類型のリスクは管理不可能で，外在的で，幅広い影響力を持つ諸要因によって形成される市場構造的なものである。非組織的リスクとは，全リスクのうち，一定の企業または産業にとって固有の部分のことである。この類型のリスクは管理可能な内在的な要因によって発生するものであって，産業と企業の双方または一方に特有なものによって形成される[117]。

　適当な分散投資によって個別証券の非組織的リスクが相互に打ち消されるので，適当な投資計略を通して，投資者は個々の証券の非組織的リスクの効果を打ち消すポートフォリオを作ることができる。これに対し，組織的リスクは市場により決まるものであるから，ポートフォリオの相殺効果を通じても排除することができない。最適ポートフォリオを構成すれば，非組織的リスクが除去され，残されるリスクは組織的リスクだけとなる。投資者が負担しなければならないのは，この組織的リスクのみである。つまり，最適ポートフォリオは，非組織的リスクを排除してあるので，ポートフォリオのリスクは，もっぱら市場の動向によって左右される。そこで，最適ポートフォリオのリスクは，その

---

[116]　標準偏差は分散の平方根で与えられる。分散は，すべての起こりうる結果について，それらの期待値からの偏差を2乗し，確率をウェイトとして加重平均したものである（安田信託銀行投資研究部編・前掲注(108)276頁）。

[117]　ジョーダン（津村英文監訳）・前掲注(108)95頁。

ポートフォリオのベータ係数（証券の組織的な変動性の測定値）[118]によって測定され，ポートフォリオのベータ係数は組入れ証券のベータ係数の加重平均である。このように，モダン・ポートフォリオ理論で検討対象となるリスクは，個々の証券のリスクではなく，分散投資による最小化されたポートフォリオ全体のリスクのことであり，個々の証券のリスクがポートフォリオのリスクに対する寄与によって評価される（その寄与は証券のベータ係数により測定することができる）。

2.5.3 モダン・ポートフォリオ理論と適合性原則

投資リスクの判断基準を明確にしたモダン・ポートフォリオ理論は，2つの方面において，投資勧誘の適合性の評価に影響を与えよう。第1に，投資者のリスク許容範囲と比較すべきは，個々の証券のリスクではなく，全体のポートフォリオのリスクであるという点であり，第2に，リスク回避傾向を有する投資者の期待に応じて，リスクを最小化するためには，分散投資が必要であるということである。

2.5.3.1 モダン・ポートフォリオ理論とリスクの評価

適合性を判断する際にリスクの評価が最も重要であることについては，およそ異論があるまい。しかし，多くの場合に，「リスク」の評価は，個々の証券に「収益」，「成長」，「投機性」などのような漠然としたラベルの付与にとどまり，具体的に明確な「リスク」評価基準をもたない。これは，通常我々が「リスク」に対して，漠然として「危険」あるいは「損失の可能性」といった不確定性をイメージすることに関連する。しかし法的観点から，投資勧誘の適合性を判断するときにも，漠然とした概念を用いることは，判断に恣意性を持ち込むことになり，正当な判断を導けない恐れがある。したがって，適合性の判断にとって重要な意味を有する「リスク」を正確に理解する必要がある。

実は，モダン・ポートフォリオ理論において，「リスク」と「不確実性」と

---

[118] ベータは証券の組織的な変動性の測定値である。証券のベータの大きさを決めるのは，証券の投資収益率が市場の投資収益率に連動していかに速やかに首尾一貫して上下するかに左右され，その投資収益率がどの程度まで変動し，かつ市場の投資収益率と相関関係にあるかに依存する。ベータ係数は，分散しえないリスクの一般的尺度であり，あらゆるリスク資産に適用できる尺度である。定義上，市場指数のベータ係数は，1である。ベータ係数が1より大きい証券は，市場全体に比べ変動性が高く，一方，ベータ係数が1よりも小さい証券は，市場全体に比べてリスクが小さいのである。

第 5 節　適合性の判断とポートフォリオ理論

は全く異なる概念として理解されている。「リスク」は，意思決定者が，意思決定を行う際，その決定がもたらす可能性のある結果と，それらの結果の相対的な起こりやすさを知っていることを指している。他方，「不確実性」は，起こりうる結果の実現度合いがわからない状態を意味しているのである[119]。そのため，投資リスクは，単なる「不確実性」ではなく，測定できるものを意味する。つまり，証券のベータ係数によってそのリスクを示すことができるものなのである。このようなリスクの数量化により，従来の「リスク」に対する漠然としたイメージを払拭できる点が，モダン・ポートフォリオ理論の貢献の一つであるといえよう。

　リスクの数量化により判断しやすくすることに加え，モダン・ポートフォリオ理論は，「リスク」の程度を判断する場合に，従来のように個々の証券のリスクに焦点を合わせるのではなく，ポートフォリオのリスクに着目する。組入れ証券のリスクがポートフォリオのリスクに影響するが，ポートフォリオのリスクは個々の証券のリスクの加重平均より低いものであり，分散投資において，投資者が負担するリスクはポートフォリオのリスクであるから，投資リスクの適否を判断するのに，個々の証券のリスクではなく，ポートフォリオのリスクを基準にすることになるわけである。

　したがって，モダン・ポートフォリオ理論によると，投資勧誘の適合性を判断するとき，勧誘された証券自体のリスクではなく，当該顧客の有するポートフォリオのリスクを基準にして評価すべきことになる。個々の証券に固有のリスクの役割は，ポートフォリオ全体のリスクに対する寄与であるから，ポートフォリオに組み入れた個々の証券のリスクの適否を判断するには，ポートフォリオ全体のリスクに対する影響を見なければならない。ポートフォリオ理論を適合性に関する法的判断の中に取り込もうとする法学者 Cohen が，早い段階に「顧客のリスクのある資産とリスクのない資産の両方からなるポートフォリオ全体に対する影響を別にして，個々の勧誘された証券に関してのみリスク適合性が判断されるべきではない」[120] と指摘したのは，このためである。

2.5.3.2　モダン・ポートフォリオ理論とブローカーの注意義務

　ポートフォリオ理論はリスクの評価に対して一定の明白な基準を提供するが，

---

[119] ジョーダン（津村英文監訳）・前掲注(108) 95 頁。
[120] Cohen, *supra* note 111, at 1626.

実際に，この理論を利用して，行われた投資勧誘が顧客に適合するか否かを判断しようとすると，直ちに別の困難な問題に直面する。すなわち，法的観点から，ポートフォリオ理論によって行われた分散投資の中の個別商品について，その適合性をどのように判断するか，である。具体的に言えば，第1に，ポートフォリオが効率のよい分散に達したかどうか，いわゆる最適のポートフォリオであることをどう判断するかであり，第2に，そのポートフォリオにより生じたリスクが顧客にとっては適切であるか否かをどう判断するかである。

実際にモダン・ポートフォリオ理論を利用するには，一定の統計学の知識が必要となり，その仕組みについて，金融理論の専門家でない者には理解し難い。金融理論に関する素人である裁判官が，モダン・ポートフォリオ理論に基づき，投資勧誘の適合性を判断しようとするときには，専門家の証言・鑑定が必要になる。

第2の問題に関しては，この理論におけるポートフォリオのリスクは，客観的に算出可能であるから，具体的なポートフォリオのリスクに関する金融分析は，同じ結果を出すことが可能である。裁判官は専門家の鑑定結果に基づき，ポートフォリオのリスクが顧客のリスク許容範囲を超えているかどうかを判断することができる。これに対し，第1の問題に関しては，分散投資が効率的であるかどうか，つまりポートフォリオの構成が最適であるかどうかについて専門家の間の意見が一致するとは限らず，法的評価には困難が生じる[121]。

効率的な分散投資であるかどうかという判断が容易でないとしても，分散投資に関するいくつかの具体的な判断要素が，当該理論により確立されている。すなわち，①異なる保有財産の総数，②保持している異なる証券における割合，③保持した証券が同じ将来の出来事に対して異なる方向で反応を示すことである。結果として，ブローカーにより勧誘された投資が効率的な分散投資であるかについて，判断できなくても，この3つの判断要素に照らして，ブローカーは注意をもって分散投資を行ったかどうかは判断することができる。この点に着目して，ポートフォリオ理論の支持者であるRappは，ブローカーの勧誘行為が適合性原則に違反したかを，ブローカーが分散投資を行うにあたって注意義務を尽くしたか否かの問題として捉え，ポートフォリオ理論を利用してブローカーの注意基準を明確化できると提言した[122]。すなわち，ここでは，効率

---

[121] Cohen, *supra* note 111, at 1621.
[122] Rapp, *supra* note 14, at 272〜272.

的な分散投資であるかどうかを問題にするのではなく，分散投資を行う際のブローカーの注意義務が問われ，ポートフォリオ理論に確立されたルールが注意義務の判断基準として利用可能となるのである。

　以上のように，投資勧誘の適合性に関する判断との関係において，ポートフォリオ理論は，投資リスクの評価対象が個々の証券のリスクではなく，全体のポートフォリオのリスクであることと，投資者に最小限のリスクを負わせるために分散投資が必要であることを示している点で，重要である。しかし，全体のポートフォリオのリスクを評価対象とする投資リスクの評価においては，一定の投資規模を持っている機関投資家の場合には，利用価値が高いのに対し，小規模的投資しか行わない個人投資家の場合にはなかなか利用しにくいという難点がある。これに対し，分散投資方法は，投資規模と関係なく，この投資方法自体によりリスクが低減するため，個人投資家にも適用できる。実際にSECの審決には，ブローカーが分散投資ではなく「集中投資」を行っていたことを根拠に適合性原則違反が認定された例もみられる。ポートフォリオ理論のみに依拠して，適合性の有無を最終的に判断することは，まだまだ困難であるが，少なくとも適合性の評価基準として一定の示唆を与えるものであることは事実であろう。

第6節　小　　括

　顧客の財産状態および投資目的などの属性によって，勧誘した投資が当該顧客に適合すると信ずるについて合理的根拠を有すべしとする適合性原則は，早くも1939年に，自主規則機関であるNASDによって自主規制規則として制定された。このような自主規制規定が制定された背景には，投資者の信頼の回復および市場の安定と成長を促進するために，証券取引所法が「公正かつ衡平の取引原則」を制定せよと自主規制機関に対して発した指令の存在がある。その後，SECの活動によって，「顧客を知れ」ルールであるNYSE規則405もその目的を投資者保護に転換し，ニューヨーク取引所における適合性規則となり，SECは「看板理論」を持ち出して，適合性原則違反に対する制裁根拠とした。制定当初，NASDの適合性規則の内容には，顧客の情報に関する調査義務が含まれていなかった。

　こうして，適合性規則は早い段階で制定されたが，1960年代前半までは制定法上の反詐欺規定の利用によってほとんど重視されていなかった。1960年

第2章　米国における適合性原則の概観

代から高圧的販売が問題化した「ボイラールーム」事件の多発に伴い，SECが証券市場に対して特定調査を行い，その報告書によって，適合性規則が重要視されるようになった。SECの特定調査報告に応じて，NASDは適合性規則を適用する際の「ガイドライン」を公表し，NYSEも自らの「顧客を知れ」ルールを適合性規則として利用することに同意した。また，SEC自身も特定の金融商品およびNASDの非会員の証券会社を適用対象とする適合性規則を制定し，懸案であった顧客の情報に関する調査義務まで取り入れた。

このように，1939年に作られたNASDの適合性規則は，1960年代後半に，SECの活動によってその重要性が認識されるようになり，次第に証券業界の行為規範として定着した。

1960年代後半から重要視され始めた適合性規則は，1990年代から，NASDの修正によって，1939年当時の内容を維持しながら（NASD規則2310(a)），勧誘を行う証券会社について，新たに，顧客の情報に関する調査義務をとり入れていった（NASD規則2310(b)）。

ブローカーの勧誘が顧客に適合することを要求するNASD規則2310(a)の規定は，「勧誘」に関して適用されるものであるため，「勧誘」の意味を解明しなければならない。NASDおよびSECの拡大解釈によって，ブローカーが直接的であるかまたは間接的であるかを問わず，またコミュニケーションの方法と関係なく，そのコミュニケーションが顧客に注意を喚起し，あるいは証券取引を行う誘因になった場合には，勧誘にあたると認定される。NASD規則2310(b)が問題にしている調査義務は，すべての顧客に対してではなく，非機関投資家のみに対して負うものである。そこで，機関投資家の定義が必要になるが，NASD規則2310(c)および3110(c)4の規定によると，自然人を含む総資産が5千万ドル以上を有する者が機関投資家にあたるとされている。

なお，機関投資家に対しても，適合性規則は適用されるが，NASDの適合性規則に関する解釈指針であるIM2310-3によると，機関投資家が投資リスクの評価能力およびブローカーの勧誘を評価するに際して独立の判断力を有する場合には，ブローカーは適合性規則の拘束から解放される。ここでいう「機関投資家」は，調査義務の適用対象から外された機関投資家の基準とは異なり，自然人を除く投資金額1千万ドル以上を有する者を指している。

一般の金融商品に適用するNASDの適合性規則のほか，特定の金融商品の特性に応じた特別の適合性規則も存在している。その代表が，地方債証券とオプション取引である。地方債証券については，顧客の属性を強調せず，勧誘し

第6節 小　括

た商品の情報を適合性の判断根拠にする点が特徴である。これに対し、オプション取引については、顧客の属性への配慮を強く要求している。つまり、顧客のリスク評価能力およびその投資リスクに耐えうる財力の有無によって、オプション取引が当該顧客に適合するかどうかを判断することをブローカーに要求しているのである。また、商品先物取引所法の反詐欺規定を適用して対応できるという理由から、商品先物取引については、適合性原則が適用されない。

　適合性原則の内容に関しては、一般の金融商品に適用するNASDの適合性規則にしても、特定の金融商品に適用する地方債証券およびオプション取引に関する特別の適合性規則にしても、同じく顧客の投資目的や財産状態などの属性に依拠して勧誘された金融商品が当該顧客に適合的であるかまたは不適合であるかを判断することを要求している。ただし、取り扱う金融商品のリスク性の違いによって、判断要素は多少異なっている。すなわち、一般の金融商品を対象とするNASDの適合性規則は、顧客の財産状態および投資目的を一般的な判断要素にしているが、一般の金融商品よりリスク性が相対的に低い地方債証券に関する適合性規則は、顧客の属性について具体化せず、単に「顧客に関する事実」と包括的にしか規定されていない。これに対して、一般の金融商品よりリスク性が高いと思われるオプション取引に関する適合性規則は、顧客の属性について、投資目的と財産状態のみならず、当該顧客の投資リスクの評価能力の有無も考慮要素にしている。つまり、勧誘した金融商品が適合性を有するかどうかを判断する際に、顧客の属性を考慮することを同様に要求しているものの、当該金融商品のリスク性に応じて、実際に考慮される顧客の属性の内容が異なっているのである。また、最もリスク性が高い金融商品である商品先物取引については、顧客の属性に基づく適合性の判断がもはや現実的なものではなくなるため、逆に適合性原則の適用から外されたと考えられる。

　以上のように、米国では、適合性原則に関する制定法上の規定が存在せず、未だ自主規制規則に止まり、しかも金融商品の種類に応じて個別の適合性規則が制定されている。これらの規定を総合的にみると、顧客の属性を考慮して当該顧客に適合する投資を勧誘することを要求する点で共通している。すなわち、米国における適合性原則は、「顧客の属性に照らして当該顧客に適合する投資を勧誘することを要求するルール」であり、ここでいう「適合性」とは、勧誘する金融商品のリスク性と顧客の属性を対比して、当該顧客がその金融商品のリスクを負担するのに適切であることを意味している。また、一般金融商品に適用するNASDの適合性規則にしても、オプション取引などのような特定の

金融商品に適用する適合性規則にしても，顧客の属性，いわゆる「顧客のリスク許容範囲」を判断する場合の考慮要素として，顧客の「投資目的」と「財産状態」を挙げている。ただし，金融商品のリスク性の高低に応じて，ハイリスクであるオプション取引に対しては，顧客の「投資リスクの評価能力」も要求している。

　また，適合性の判断に明確な基準を提供しようとするポートフォリオ理論については，今日では，適合性に関する法的判断枠組みの中に正面から取り入れられてはいないにせよ，当該理論で提唱されている分散投資が，実際にブローカーにより行われた投資方法の適否を判断する際に，一つの基準となっている。

第3章　米国における適合性原則違反の行政責任

　米国では，証券諸法の規定によると，証券諸法または自主規制規則の規定に違反したブローカーに対して，自主規制機関および監督機関は一定の制裁を課すことができる。適合性原則は，自主規制規則ながら，その違反に関して，行政処分が行われる。実際に，NASDなどの自主規制機関による懲戒処分は，SECの再審査に服するため，適合性原則に違反した場合のブローカーの行政責任は，SECの審決によって最終的に確定されるのである。したがって，行政責任の認定において，適合性原則違反が如何なる基準をもって認定されるかという問題を解明するには，SECの審決を見なければならない。

　以下では，ブローカーの行政責任の内容について，簡単に紹介したうえで，SECの審決を中心に，行政責任の認定にあたって適合性原則違反の要件およびその判断構造を整理する。

第1節　行政処分の概況[1]

　NASDおよび各証券取引所は，証券取引法の規定に基づき，ブローカーの適合性原則違反行為に対して，懲戒処分をする権限を有すると同時に，制裁を課すことが義務として要求されている（証券取引所法6条b項，15A条b項，19条g項）。NASDは，制定法に付与された権限に基づき，「制裁ガイドライン（Sanction Guidelines）」を公表し[2]，ブローカーに対するだけでなく，現実に不適合な勧誘を行ったブローカーの役職員に対しても懲戒処分することもでき，その懲戒処分の内容は，主として，営業の一時停止命令（suspension），登録・資格の取消および罰金を中心としている。

　一時停止命令の場合には，個人に対して30日から2年まで，会社に対して5日の営業日からである。罰金の場合には，5,000ドルから5万ドルまでである。

---

[1] 行政処分の内容に関する紹介は，主としてNorman S. Poser & James A. Fanto, Broker-Dealer Law and Regulation (4th ed, 2007), at 14-3～54を参照したものである。
[2] 「制裁ガイドライン」の内容は，インターネット上でも見られる（http://www.finra.org/Industry/Enforcemant/Sanction Guidelines）。

さらに，必要に応じて，ブローカーおよびその従業員に対して実際に生じた損失分に相当する金額を，顧客に返還させることもある[3]。

これに対し，NASD および証券取引所の懲戒処分を不服とする場合には，ブローカーおよびその従業員は，SEC に対して再審査を求めることができる[4]（取引所法 19 条 d 項 2 号）。SEC は再審査を行い，NASD および証券取引所による懲戒処分が適切であると判断した場合にはそれを是認し，不適当であると判断した場合にはその処分内容を修正することもできる（取引所法 19 条 e 項）。

また，SEC はこのような自主規制機関の制裁に対する不服の再審査に加え，自らの調査により，ブローカーおよびその従業員の行為が証券諸法違反になると判断した場合に，その違法行為に対する制裁を課すこともできる（取引所法 15 条 b 項 4 号）。SEC による制裁は，行政手続きによるものと裁判手続きによるものがある。行政手続きによる制裁は，主として営業の一時停止命令，登録・資格の取消，排除命令（cease-desist order）および民事制裁金[5]（civil penalties），利益の吐き出し（disgorgement），清算したうえでの償還（accounting）などがある（取引所法 15 条 b 項 4 号，6 号）。裁判手続きによる制裁は，主として差止請求および付随的救済（ancillary relief）[6]である（取引所法 21 条 d 項）。

---

[3] Dane S. Faber 審決（2004 SEC LEXIS 277）において，NASD は損害を受けた 2 人の顧客にその損失分および利息を返還するようブローカーに命じた。不服申立てを再審査した SEC もこの懲戒処分を認めた。この事例の内容について，本章の第 3 節において紹介する。

[4] 1975 年以前には，NASD による懲戒処分のみに対し SEC に再審査を請求できるが，1975 年法改正によって，すべての自主規制機関の行った懲戒処分が SEC の再審査の対象となった（デビット・L・ラトナー＝トーマス・リー・ハーゼン（野村證券法務部訳・神崎克郎＝川口恭弘監訳）『米国証券規制法概説』（商事法務，2003 年）208〜209 頁）。

[5] これは，1990 年に議会により SEC に与えられた権限である。具体的に，SEC は 3 段階に分けて民事制裁金を設定している。すなわち，第 1 段階は，通常の場合において，個人に 5 千ドルまで，ブローカーに 5 万ドルまでである。第 2 段階は，詐欺・欺瞞・相場操縦の場合，あるいは故意でまたは無配慮で取締要求を無視した場合において，個人に 5 万ドルまで，ブローカーに 25 万ドルまでである。第 3 段階は，第 2 段階の場合の条件の上に，他人に重大な損失を与えたあるいは自らの作為または不作為から重大な利益を得た場合において，個人に 10 万ドルまで，ブローカーに 50 万ドルまでである（Poser & Fanto, *supra* note 1, at 14-6）。

[6] 付随的救済とは，「かつてコモン・ローとエクイティが別の裁判所によって行使されていたときに，本来その裁判所では与えない救済でも ancillary relief については例外的に裁判をし救済を与えることができた」ことを指す（田中英夫編『英米法辞典』（東京大学出版会，2001 年）51 頁）。ブローカーの違反行為の形態に対応して，SEC により差止命令と共に請求された付随的救済の内容は，管理人または取締役の任命，取引の解除，原状回復および利益の返還など，実に多様である（詳しくは松崎良『アメリカの証券取引

第2節　適合性原則違反の類型

　前述したように，NASD をはじめ自主規制機関の懲戒処分に対し，不服であるブローカーから再審査の要求を受けて，SEC は審決を行う。現に公表されている SEC の審決は，NASD の懲戒処分に対する再審査のものが殆どであるため，実際に，SEC により行われた適合性原則違反の判断は，殆ど NASD の適合性規則によるものである。既に紹介したように，NASD の適合性規則は，ブローカーに対して，顧客の属性を把握することおよびその顧客に適合する投資取引を勧誘することを要請したうえ，さらに，ブローカーが自らの勧誘が当該顧客に適合すると信ずるにつき合理的根拠を有することを要求している。顧客の属性に基づき適合性を有する投資取引を勧誘することは，日本での適合性原則の内容と同じであるが，自らの勧誘が顧客に適合すると信ずることにつき合理的根拠を有するというのは日本法に見られない内容である。ここで，問題となるのが，その「合理的根拠」である。

　以下では，審決において，SEC は適合性原則違反についてどのような判断を行っているかを検討してみよう。なお，審決事例を紹介する際に，記載の便宜上，ブローカーを「S」とし，顧客を「K」とする。

3.2.1　「合理的根拠」の判断基準：F.J. Kaufman 審決[7]

　NASD の適合性規則での「合理的根拠」の基準について，SEC が具体的な意見を表明したのは，F.J. Kaufman 審決において，である。

　【事実の概要】S は 3 組の顧客に margined buy-write strategy[8] と呼ばれるオプションプログラム（以下，「B 投資プログラム」という）を勧誘した。

　K_1 は，40 代であり，1983 年夏に口座を開いた時点で，4 万 5,000 ドルの年収，15 万ドルの正味資産，4,000 ドルの株の流動資産を有し，投資経験はなく，投資目的は新しい不動産を購入できる資金を獲得することである。最

　法における付随的救済』（法律文化社，1986 年）参照）。
[7] 50 S. E. C. 164 (1989).
[8] margined buy-write strategy とは，投資者はコール・オプションを売って，証拠金によってそれらのオプションの基礎株を購入する投資方法である。最初の投資にオプションの結果として得られたプレミアムを加えて，証拠金としてその総額を利用して株を購入することによって，十分に投資のレバレッジを増やすことがその目的である。

167

初，投資が成功したため，Ｓの勧めによって，不動産を第二の抵当に入れて，得た金銭を更に投資した。6ヶ月後，約1万7,000ドルの損失を被った。

K_2 は，4万2,500ドルの年収，5万ドルの正味資産，1万6,000ドルの流動資産を有する。1983年10月に1万1,000ドルの口座を開き，4ヶ月後，7,300ドルの損をした。

K_3 は，2万ドルの年収，6,000ドルの正味資産を有し，投資経験がない。最初友達と一緒に5,000ドル（K_3 が4,000ドル）の口座を開いた。Ｓに対してある程度のリスク負担意欲はあるが，最初の投資の30％以上の損を受けたくないと伝えていた。6ヶ月後，4,000ドルの損をした。

3組の顧客の損失を生じた原因は，Ｂ投資プログラムに組み入れたＡ会社の株が低落し，追加証拠金を満たすために，保有していたＡ社株を売却せざるを得なかったことにあった。

【SECの審決】まず，一般論として，SECは，「一般的に知られた『合理的根拠』の基準は，何人かの特定の顧客より，むしろ特定の勧誘のみに関係している。ブローカーは自らの勧誘が少なくとも，一定の顧客に適合すると信じるについて『合理的根拠』を有しない限り，この勧誘が特定の顧客に適合するかどうかを判断することができないため，『合理的根拠』の基準は適合性規則の中に組み入れられている。実は，ブローカーが勧誘における固有の潜在的なリスクと利益を理解しない限り，この勧誘が特定の顧客に適合するかどうかを判断できないことは自明である」と述べた[9]。

次に，具体的に，本事案におけるＳの勧誘は「合理的根拠」があるかどうかについて，SECは，「Ｓにより勧誘されたＢ投資プログラムは2つの単純な戦術から構成されている。すなわち，コール・オプションの反対売買と証拠金による基礎株の購入という2つの戦術である。しかし，この事案の状況によれば，Ｓの顧客は，関連する取引コストを負担した後に，ＳのＢ投資プログラムに投資するより，むしろ単にＳの複雑な戦術の構成要素の一つである証拠金を利用して基礎株を購入する方が，より多くの利益を得られる。取引コストを考慮する場合に，Ａ社株に関してＳが勧誘したＢ投資プログラムの潜在的なリターンは，常に単に現金あるいは証拠金を用いてＡ社株を買付けあるいは売付けする場合のそれより少ない。単なる現金購入あるいは証拠

---

[9] 50 S. E. C. 164, at 168.

金購入の戦術を利用するより，Ｂ投資プログラムを利用する場合は，Ｓの顧客たちにより多くの利益を与えないことに照らせば，Ｓはこれらの顧客にＢ投資プログラムを勧誘することに合理的根拠を有しない」[10]と判断し，Ｓの勧誘が適合性原則違反になると認定した。

さらに，SECは「この結論に達するにおいて，我々は，ＳにはＢ投資プログラムに関してすべての考えられる選択肢あるいはすべての考えられるその戦術の変化を考慮する義務があるとまで言うものではない。しかし，少なくとも，Ｓは，適切な取引コストを考慮して勧誘した戦術の２つの構成要素が結合された場合に，それらの構成要素の１つから得られるリターンよりも，結合した場合のリターンがより低いことを理解する義務はある。言い換えれば，Ｓの戦術の価値は，構成要素の１つのそれより少ない。Ｓはこの事実を知るべきであり，この戦術がこれらの顧客に不適合であると把握すべきである」[11]と説明を加えた。

この審決において，SECは「合理的根拠」の基準が特定の顧客に関するのではなく，特定の勧誘に関して判断されるべきであると明言した。つまり，「合理的根拠」の有無を判断するとき，まず考慮すべきなのは，ブローカーが自ら勧誘した金融商品または投資方法を理解し，その性質を熟知しているかどうかである。具体的に言えば，「合理的根拠」の基準は，ブローカーが専門家として，自ら勧誘する金融商品または投資方法に関して熟知する義務を有することに関連している。この熟知義務を果たしたかどうかは，顧客の属性の如何とは関係なく，もっぱら勧誘した金融商品または投資方法の性質について，ブローカーが認識すべきであったとの観点から判断されている。当然ながら，自ら取り扱う金融商品または投資方法を理解せず，勧誘の結果を認識できないブローカーは，その勧誘が具体的な顧客に適合すると信じるについて「合理的根拠」を有するとはいえない。

3.2.2　適合性原則違反の２つの類型

SECは1940年代からブローカーの適合性原則違反行為を審査していたが，前述の1989年のF.J. Kaufman審決において，初めて適合性原則違反について

---

[10]　Id. at 169.
[11]　Id. at 169〜170.

類型的にまとめた。すなわち，SEC は，上述した「合理的根拠」の基準について論じた後に，NASD の適合性規則が，2つの方法により違反されうるとの分析を提示した。

まず，第1の方法とは，「ブローカーは，投資者の資産，リスクの負担意欲，年齢あるいは他の個人状況とは関係なく，勧誘が如何なる投資者にも不適合であるという自らの勧誘の結果について根本的に理解していなければ，適合性原則に違反する」とされるものである。

第2の方法は，「適合性原則は，勧誘は一定の投資者に適合するが，勧誘された特定の顧客には不適合であることによって違反とされる」というもので[12]，SEC は，最も一般的なのは第2類型であると指摘した。また，この2つの方法が示すように，適合性には勧誘された証券の性格に着目する側面と各顧客の属性に着目する側面があるため，前者は「合理的根拠」に関する適合性（reasonable-basis suitability）違反と呼ばれ，後者は「特定の顧客」に関する適合性（customer-specific suitability）違反と呼ばれている[13]。

適合性原則は上述の2つの方法によって違反されうるが，一つの事案において，適合性原則は必ずしもどちらか一つの方法によって違反されるわけではない。同一の事案の中に，ブローカーが自らの勧誘の結果を理解していないため適合性原則に違反したと同時に，勧誘された顧客の属性に照らしてもその勧誘が当該顧客に適合しない場合がある。

前述の F.J. Kaufman 審決はまさにこのような事案であった。SEC は，S の勧誘に合理的根拠がないと判断した後に，また顧客の属性に関して，次のように述べた。すなわち，「さらに，顧客らの財産状態とニーズを考慮すれば，証拠は B 投資プログラムがこの事案における3組の顧客に不適合であると示している。これらの顧客は，比較的少ない正味資産と流動資産を有する個人であり，その中の1人は退職預金を利用して投資し，第二の抵当をかけるよう勧められた。これらの顧客は，重大な金融リスクを回避したいという希望を表明した，比較的判断力のない投資者（unsophisticated investors）である。しかし，B 投資プログラムを利用すると，A 社株が 12 ドルに落ちれば，すなわち 33％低下するだけで，S の顧客たちは最初の投資の 117％を失うことになる。特に組み入れられた株が不安定で，価格の大きな変動があると思われる場合に，S の顧

---

[12] Id. at 170.
[13] Frederick Mark Gedicks, *Suitability Claims and Purchases of Unrecommended Securities: An Agency Theory of Broker-Dealer Liability,* 37 Ariz. St. L. J. 535, at 547 (2005).

客らはこのような大きな損失を負担できる立場にはない。従って，顧客の財産状態と投資目的に一致しないため，B投資プログラムの勧誘はこれらの顧客に不適合である」[14]とした。このようにして，SECは「合理的根拠」によるだけでなく，「特定の顧客の属性」によってもSの勧誘が不適合であることを認定した。

確かに，投資勧誘事案において，勧誘した金融商品の性質または投資方法からみる勧誘の適合性の問題と，特定の顧客の属性からみる勧誘の適合性の問題とは共存する場合は多いのである。一つの事案において，どちらか一方だけの問題を根拠にして，適合性原則違反が判断される場合もあれば，両方の問題を取り上げて適合性原則が違反されたと判断する場合もある。しかし，第2章で紹介したように，「適合性」は，投資取引のリスクが顧客のリスク許容範囲を超えていないことを意味しているため，特定の顧客にとって投資勧誘が適合的であるかどうかを判断するにあたって，その投資取引のリスクが当該顧客のリスク許容範囲を超えたかどうかを判断しなければならない。したがって，勧誘した金融商品の性質または投資方法によってそのような投資勧誘がいかなる顧客にも適合しない場合を除き，特定の顧客に関する適合性の有無を判断する場合，顧客の属性と共に，勧誘された金融商品の性質または投資方法も考慮する必要がある。

以下では，適合性原則違反について，2つの類型におけるSECの具体的な判断状況を検討する。

第3節 「合理的根拠」に関する適合性違反

前述したように，「合理的根拠」に関する適合性原則違反は，ブローカーが自ら勧誘した金融商品または投資方法がいかなる顧客にも不適合であるという結果を理解せず，顧客に勧誘したため生じたものである。投資勧誘がいかなる顧客にも不適合であるというのは，そもそもそのような投資取引がすべての顧客に利益をもたらすことが不可能であることを意味している。いかなる顧客にも不適合な投資勧誘は，投資方法により生じる場合と，金融商品の性質により生じる場合と2つの場合に分かれる。

---

[14] 50 S. E. C. 164, at 170〜171 (1989).

3.3.1 投資方法に「合理的根拠」がない場合

実際に，SEC は早くも 1945 年の Thomas Arthur Stewart 審決[15]において，ブローカーにより勧誘された投資方法の不合理性に注目して，そのような勧誘には「合理的根拠」がないとして，ブローカーの勧誘行為は適合性原則違反になると判断した。

3.3.1.1 Thomas Arthur Stewart 審決

【事実の概要】S は，追加設定型投資信託 (open-end investment comanies) を顧客らに勧誘して取引させた。追加設定型投資信託とは，証券所持者は随意に株を償還でき，発行会社は引き続き株を発行し償還するという仕組みである。この投資における真の収益は対象株の配当金である。S は K_1 に勧誘した 19 個の取引において，18 個の取引が 9 回振り替えられた (switch)。K_2 に勧誘した取引の中に含まれた 92 個の償還のすべてが，購入した証券中の 99 個と振り替えしてなされた。利益配当日到来前に購入する場合，購入代金には配当金が含まれるので，高い価格となる。これに対し，利益配当日以後に償還する場合，償還価格は配当金が引かれるので，低い価格となる。S の勧誘により購入した株は，利益配当日が近いものであり，S の勧誘により償還した株は，利益配当日が過ぎたものであった。このような投資方法によって，K らは損失を受けた。

【SEC の審決】証券の購入と償還を振り替えて取引する方法について，SEC は，「購入と償還を同時に一つの信託から他に振り替える場合において，顧客が引き続き市場に存在し，繰り返してかなりの販売手数料を支払う以上，信託ポートフォリオの分散は，顧客の市場利益の獲得の見込みを減らした。顧客の口座において取引行為が増えれば，S の手数料が増えるが，顧客が利益を得る機会は減る」[16]と述べた。

次に，K_1，K_2 に勧誘した取引について，SEC は，「2 つの口座は，取引の量が取り扱われた証券の性質あるいは口座の大きさによって認可されたものより多いことを示し，2 つの口座における取引のパターンは，顧客の側では配当日以後に直ちに償還し，償還日前に他の証券を購入するという証券の切

---

[15] 20 S. E. C. 196 (August 6, 1945)
[16] Id. at 202.

り替えによって多重の配当金を受け取って利益を得たという架空の利益を示している」[17]と判断した上で,「このような株において,多重の配当金の受け取りによって利益を得るという取引行為は,全く信頼できる根拠を欠いている」[18]とし,「配当日に関して対象株の購入と償還について,Ｓの信ずることが誠実であるかどうか,あるいはＳが単に自ら手数料を獲得する方法として取引を勧誘したかどうかに関係なく,このような取引の勧誘について合理的な根拠がないことは,NASD の公正慣習規則第 3 章第 2 条に違反したと認定する根拠になる」と判断し,ブローカーの勧誘行為が適合性原則違反となるという結論を下した。

また,Ｓの不知 (ignorance) の抗弁に対して,SEC は,「証拠によれば,勧誘に関する合理的根拠が存在しなかったことと,これをＳに認識させるのに必要な事実のすべてを,Ｓは知っていたことが示されており,Ｓ自身は販売した証券についてよく理解していたと主張している。したがって,Ｓは『不知』をもって抗弁することができない。少なくとも,証券取引に関して勧誘を行う協会会員として,Ｓの取引の不知が第 2 条の違反の弁解にはならない。Ｓは自らの勧誘が顧客に適合すると信ずることについて「合理的根拠」がないとき,少なくとも勧誘をしない義務を有する」[19]として,Ｓの主張を否定した。

Stewart 審決から 30 年後,SEC は,Kinderdick 審決において,ブローカーの勧誘した投資方法によって,適合性原則に違反することについて,もっと簡明な言葉で説明した。

3.3.1.2 Winston H. Kinderdick 審決[20]

この審決における事実の概要は,簡単である。Ｓは何人かの顧客に投資信託を勧誘し,短期間で 1 つの投資信託を何回か転換させたため,適合性原則違反として,NASD の懲戒処分を受けた。

【SEC の審決】まず,一般論として,SEC は「投資信託株は一般的に,長期間投資のみに適合し,短期取引にとって,特にこのような取引が新しい販

---

[17] Id. at 202.
[18] Id. at 207.
[19] Id. at 207.
[20] 46 S. E. C. 636 (1976).

売手数料を含む場合に，適当な手段として考えられない」[21] と述べた。

具体的に，Sの勧誘行為について，SECは「顧客の投資目的変更の指示がなく，かつ新しい販売手数料が課される場合に，Sにより行われた何人かの顧客をあるファンドから他のファンドへ転換パターンさせる投資方法は適合性原則の考えに矛盾する」[22] と判断し，Sのこのような勧誘行為が適合性原則違反になると認定した。

また，Sは，NASDが顧客の財産状態と投資ニーズに関する証拠を提出しなかったため，不適合な勧誘という判断は支持できないと反論した。これに対して，SECは「ファンド株において同類の転換取引のパターンがなされている。これによって，投資信託における投資方法から明らかな逸脱が正常であるという根拠を提供する責任はSにある。Sは一つのファンドから他への転換という勧誘が適合性を有すると信ずるに合理的根拠があるという証拠を提出しなかった。さらに，Sの弁解は信じがたいのみならず，積極的に顧客の口座になされた投資信託転換というパターンに対して合理的根拠がないことを証明した」[23] として，Sの反論を否定した。

以上の2つの審決において，SECはブローカーが反復して行なった投資方法に注目し，そのような投資方法によっては顧客に利益をもたらせないことを理由に，ブローカーの勧誘行為が適合性原則に違反すると判断した。また，これらの審決と同じく，過当な手数料を稼ぐために行われた過当取引 (churning)[24] についても，投資方法の不合理性に着目してその違法性を認定している。現在，米国では，過当取引は独立の違法類型として認定されているが，実質上それが適合性原則違反の一形態であるとも言える[25]。実際に，過当取引を適合性原則違反として判断したSEC審決も複数存在する[26]。

---

[21] Id. at 639.
[22] Id. at 639.
[23] Id. at 639.
[24] 過当取引は本書の検討対象ではないが，米国での過当取引に関する邦語文献としては，松岡啓祐「アメリカにおける証券の過当売買（churning）（一）～（四・完）」早稲田大学法研論集63号221頁，65号227頁，66号217頁，67号219頁（1992～1993年），今川嘉文『過当取引の民事責任』（信山社，2003年）がある。
[25] Arvid E. Roach II, *The Suitability Obligation of Brokers: Present Law and the Proposed Federal Securities Code,* Hastings. L. J. 29. 1069 (1978).
[26] R. H. Johnson & Co. 審決 (33 S. E. C. 180, 1952); Fist Securities Corporation 審決 (40 S. E. C. 589, 1961); Paul C. Kettler 審決 (51 S. E. C. 30, 1992); Harry Gliksman 審決 (54 S. E.

第3節　「合理的根拠」に関する適合性違反

3.3.2　金融商品の性質により「合理的根拠」がない場合：Clinton Hugh Holland審決[27]

投資方法を問題とする審決と比べると、勧誘した金融商品の性質によってその固有のリスクが高いことを理由に、そのような金融商品を勧誘することが適合性原則違反になると判断したSEC審決は稀である。その1つが、Clinton Hugh Holland審決である。

【事実の概要】1988年2月から1990年8月まで、Sは、年収4万ドル、正味資産20万ドルを有し、85歳であるKに、25個の異なる金融商品を勧誘した。NASDにより不適合と判断されたのは、25個の中の11個である。11個の証券の発行会社の多数は営業損失を持ち、配当金が支払われる見込みもない。少なくとも7社の目論見書には重大な、あるいは高いレベルのリスクを含むものとして性格づけられた募集をしていた。さらに、その中の6社は、募集書類においてこれらの証券が全部の投資を失うことを負担できる人のみに適合すると警告していた。

【SECの審決】SECは、最初に「争点となった勧誘が、全体としてKの口座に不適合である」[28]という結論を下したあと、勧誘された金融商品の資質について、「……それらの投資の多くは高度競争産業あるいは新しいテクノロジーを含んでいる。証券を発行する会社は、常に営業損失、重大な負債、低い市場能力を有し、あるいは配当金を支払う見込みがないのである。このような場合に、発行された証券は実質的な価値が低下しており、公募市場を有しないものである。勧誘された2つの債務証券は、社債の減債基金がないため保証されていないものであった。さらに、SはKに5万3,000ドルをA社の社債（上の2つの債務証券の中の1つである——筆者注）に投資すると勧誘した。いくらよく見ても、これは、Kの正味資産の1/8を超え、高度競争産業における保証されていない投資であった」[29]と述べた。

また、Sが誠実に行動したことおよび正常の手数料を受け取ったことを認めながら、SECは「KがSの勧誘に依存していることを考慮すれば、Sは

C. 471, 1999).
[27]　52 S. E. C. 562 (1995).
[28]　Id. at 565.
[29]　Id. at 565.

175

Kのためにもっと適切な投資方針を考えるべきである」[30]と述べ，Sの勧誘行為が適合性原則に違反するとの結論を確定した。

この審決では，証券の発行会社の経営状態不良によって，証券の価値が低下しているにもかかわらず，ブローカーがこのような証券を顧客に勧誘したため，そのような勧誘は「合理的根拠」を欠き，適合性原則に反すると判断された。
　SECは，早期の審決事案において，既に証券の発行会社の経営不振に着目し，それによってそのような証券を勧誘するブローカーに対して制裁を下していたが，その根拠は，適合性原則違反ではなく，詐欺であった[31]。適合性原則が重視されるにつれて，そもそも利益を生み出す見込みのない証券を顧客に勧誘することそれ自体が「合理的根拠」がなく，適合性原則違反の一類型として判断されるようになった。

第4節　「特定の顧客」に関する適合性原則違反

　勧誘された金融商品の性質または投資方法に着目して，いかなる顧客にも不適合であるという「合理的根拠」に関する適合性原則違反の類型も存在するが，既に指摘したように，最も一般的なのは，「特定の顧客」に関する適合性原則違反の類型である。
　ここで，投資勧誘が「特定の顧客」に対して適合性を有するかどうかを判断するために，まずもって特定の顧客の属性を把握しなければならない。顧客の属性を判断する際に，その考慮要素として，当該顧客の投資目的，財産状態，年齢，投資経験などが挙げられるが，米国での各適合性規則において，共通に規定されているのは顧客の投資目的と財産状態である。というのも，既に述べたように，ある投資勧誘が，特定の顧客に適合するかどうかは，その投資に含まれているリスクと当該顧客のリスク許容範囲とを比較して判断されるからである。客観的に顧客の負担できるリスクの程度を決めるのは，その顧客の財産状態である。しかも，投資主体が顧客であるので，当然ながら顧客のリスク負担意欲も重要であり，これを反映するのは，顧客の投資目的である。実際に，

---

[30]　Id. at 566.
[31]　Herbert R. May and Russell H.Phinney 審決 (27 S. E. C. 814, 1948); The Ramey Kelly Corporation 審決 (39 S. E. C. 756, 1960); Alexander Reid & Co., Inc. 審決 (40 S. E. C. 986, 1962); Richard N. Cea 審決 (44 S. E. C. 8, 1969).

SECは事案を再審査するとき，顧客の投資経験や年齢などを考慮しないわけではないが，顧客の投資目的と財産状態を最も重要視している。

以下では，特定の顧客の属性に基づき，適合性原則違反を認定したSEC審決の具体的な判断を見てみよう。

3.4.1　特定の顧客の属性を把握しない場合の投資勧誘：David Joseph Dambro審決[32]

特定の顧客にとって，投資勧誘が適合するか否かを判断する際に，まず，当該顧客の属性を把握しなければならない。しかし，いかなる情報を調査すれば顧客の属性の把握にとって足りるかが，問題である。この問題について，SECは，David Joseph Dambro審決において，具体的な意見を示した。

【事実の概要】1990年2月に，Sは初めて電話でKに対して，A社株を勧誘した。そのとき，Sは，Kの生年月日，正味資産（40万ドル），年収（5万ドル），50年間の投資経験および退職したなどの情報を聞き出した。A社は，単一ビジネスに従事する発展中の会社であり，初めから，営業損失を出し続けていた。問題となった投資取引が行われる2ヶ月前のA社の目論見書は，見積もられた総収入が，近い将来の配当金を支払うには不十分であること，およびその株には一定の市場がないことを警告していた。SはA社株のマーケット・メーカ（market maker）であり，それによって出されたA社株の買い値が1株0.000625ドルであり，1株0.0075ドル以上で取引されたことはなかった。SはKにA社株を勧誘して1株0.15ドルで総額1万60ドルの67万株を購入させた。その後，A社株は上場できず，取引されなくなった。

【SECの審決】まず，取引対象である証券の性質に対するSの認識について，SECは，「最初から，Sは自ら販売する金融商品に含まれた極度のリスクを識別していなかった。SはA社が高度な投機性を有することを考えず，A社と投資信託とを比較し，直ちにナスダックに上場すると予想した証券会社の内部の勧めを信頼した。それに反して，Sが読んでいたA社の目論見書は，A社の基本資産が流動性も多様性もないため，その株が投資信託と比較できないことを明らかに指摘している。実際に，A社は自らの資産を非流動性のB社の持株に集中しており，このB社は設立したばかりで生産力が証明され

---

[32]　51 S. E. C. 513 (1993).

ず，A社と同じ産業に従事している会社である。A社は過去に営業損失を出しており，『予見できる将来』において配当の計画がなく，『高いレベルのリスク』を伴っていた。さらに，Sは，A社の主要なマーケット・メーカであるB証券会社により出された取引値がかけ離れたため，Kの取引を埋め合わせるには買い値が140％に増えなければならないことを知っていた。目論見書に開示されたことのみに基づき，Sは，A社株が特定の投資者，すなわち，ポートフォリオ，財産および投資目的がハイリスク，長期投資に相応しい投資者のみに適合することを知るべきである」[33]と述べて，Sが自ら勧誘した証券の性質について知るべきであると判断した。

次に，顧客の属性に対するSの認識について，SECは，「Kの1万ドルに含まれたハイリスクを別として，Sはこのような取引がKの目的に一致するかどうかについて大まかな調査しかしなかった。SはKが一般的な意味では『投機する』意欲を有することのみを確かめた。実際に，SがA社に関するリスク要素を認識していないことは，Sが含まれた投機のレベル若しくは種類に関してKに助言できないことを示している」[34]と判断し，また，「さらに，この投資が取引したこともなく接触したこともない顧客に適合するかどうかを正確に判断できるほどには，Sは十分な情報を引き出さなかった。例えば，Sは，退職者の5万ドルの収入が繰り返し発生する性質のものであるかどうかを確かめなかった。また，SがKの正味資産を40万ドルと評価したが，顧客の資産の中で流動資産がどのぐらいであるかに関する情報を所持していなかった。さらに，SはKが高齢者であることおよび少なくともA社株投資の利益が長期であることを知ったが，Kが投資に関して利益を求める時期を確かめなかった。S側のこれらの失敗はNASDの公正慣習規定第3章第2条に示された適合性基準に違反する。このように，Kが適合なA社株の投資者であるかどうかを判断するに必要とされた事実をSが得ていなかったことは明らかである。……Kの他の証券保持情況と財産状態を知らないがゆえに，Sは適合性を有する勧誘のために必要とされている特定の顧客の評価をしなかった」[35]と認定し，Sの勧誘が適合性原則に違反したと判断し，NASDによる2500ドルの罰金および顧客への1万60ドルの返還という懲戒処分を支持した。

---

[33] Id. at 515〜516.
[34] Id. at 516.
[35] Id. at 516〜517.

この審決では，ブローカーが形式的に顧客の情報を収集したものの，それらの情報は当該顧客の属性を判断するには十分でなかったため，必然的に勧誘した証券が当該顧客にとって適合するかどうかの判断ができないとされた。つまり，特定の顧客に対し，投資勧誘の適合性を判断するには，大まかに顧客の情報を取得するだけでは足りず，必要な情報を正確に把握することが要求されている。

3.4.2　顧客の投資目的に一致しない場合の投資勧誘

　顧客の属性を判断するとき，投資目的は重要な考慮要素の一つである。投資目的は，その顧客のリスクを負担する意欲を反映するものであり，例えば，投資者が元本保全や利殖を投資目的とする場合には，低いリスクしか負担する意欲がないことを示している。ブローカーが顧客の投資目的を知った上で，敢えてその目的に反する投資取引を勧誘する場合，その勧誘が適合性原則違反になるのは言うまでもない。実は，顧客の投資目的に反する勧誘というのは，勧誘した投資取引に含まれたリスクが顧客の負担する意欲のあるリスクを超えたことを意味する。すなわち，投資勧誘が顧客の投資目的に一致しているか否かは，勧誘された投資取引のリスクと当該顧客のリスク負担意欲との比較によって判断される。勧誘された投資取引のリスクについては，勧誘した金融商品の性質から生じる固有のリスクと投資方法により生じるリスクとの2つの種類に分けて判断することができる。

　以下では，顧客の投資目的に一致しない投資勧誘について，勧誘した金融商品の固有のリスクが高いため，顧客の投資目的に一致しないような場合と，勧誘した投資方法により生じるリスクが高いため，顧客の投資目的に一致しないような場合との2つの場合に分けて検討する。

3.4.2.1　金融商品の固有のリスクが高い場合：Paul F. Wickswat 審決[36]

　【事実の概要】60歳の開業精神科医であるKは，元本をリスクにさらさせたくないことをSに伝えて，投資を依頼した。その後，SはKにオプション取引を勧誘し，Kの口頭の同意を得て，取引を実行した。この取引によってKは約7万ドルの損失を被った。

---

[36]　50 S. E. C. 785 (1991)

【SECの審決】SECは、「自らの口座で行われるオプション取引についてのKの黙認とは関係なく、Sは、Kの投資顧問として、Kの財産状態とニーズに一致する勧誘のみを行うことが要求されている。真の問題は、KがSの勧誘について適合性を有すると評価したかどうかではなく、Sが顧客に対する義務を履行したかどうかである。記録において、Sのオプション取引方針に対するKの口頭同意あるいはその取引に対するKの黙認が、Kの投資目的を変更しようとしたものであるという証拠は存在しない」[37]と指摘した上で、「Sは傲慢に自らの顧客の投資目的を無視して、顧客の口座を過大なリスクにさらした」[38]と認定し、Sの勧誘行為は、適合性原則違反になると判断した。

この審決において、SECは、オプション取引が性質上リスクの高いものであることを前提に、このような取引が元本保全という投資目的を持つ顧客には、適合しないと判断した。

これに対して、同じく顧客の投資目的に一致しない投資勧誘を問題とした Douglas Jerome Hellie 審決[39]では、SECは、まず勧誘された商品のリスクを評価した上で、そのリスクは顧客の投資目的に一致しないと判断した。すなわち、「元本保全と保守的な成長と利殖」を投資目的とするKに対して、投機的、低額の石油株であるA社株を勧誘し購入させたSに対して、SECは、「SはKのための買付けが必然的に伴う最大限のリスクに関して具体的な指示が与えられた。株の価値がその取得者、または他の外部の出来事に依存しているA社株のような投機的・低額株が、（Kの）口座に許容できるリスクより高いリスクを含んでいることを、Sは知らなければならない、あるいは知るべきである」[40]と指摘した上で、Sの勧誘行為はKの投資目的に反し、適合性原則違反になるという結論を下した。

このように、SECは、勧誘が顧客の投資目的に一致するか否かを判断するにあたって、まず、ブローカーに対し自ら勧誘した投資取引のリスク性を知るべきであると要求し、そのうえで、顧客により明示された投資目的とを比較する。元本保全というような保守的な投資目的を持っている顧客に対して、投機的またはリスク性の高い投資取引を勧誘するのは、基本的に顧客の投資目的に

---

[37] Id. at 786〜787.
[38] Id. at 787.
[39] 50 S. E. C. 611 (1991).
[40] Id. at 613.

一致しないと判断されている。ここで重視されたのは，顧客の意思，すなわちリスク負担意欲の問題である。低いリスクしか負担したくない顧客に対して，高いリスクを有する投資取引を勧誘することは，当該顧客の意思に反することになる。

3.4.2.2　投資方法により生じるリスクが高い場合：Stephen Thorlief Rangen 審決[41]

【事実の概要】Ｓは3組の顧客に対して投資勧誘をした。K_1 は，29 歳の不動産鑑定人であり，3万5,000ドルの年収と8万ドルの正味資産を有し，投資目的は安全に収入を得ることである。K_2 は，70 歳で退職し，2万ドルの年収と 30 万ドルの正味資産を有し，投資目的は安定した収入を得ることである。K_3 は，75 歳で所有する教会基金と投資信託から毎月 800 ドルの収入を得て，30 万ドルの正味資産を持ち，投資目的は出費を埋めるために追加的な収入を得ることである。Ｓには3組の顧客（Ｋら）に関する情報が提供されている。

ＳはＫらに対して，証拠金勘定取引を勧誘した。K_1 に対して，1991 年 3 月から同年 11 月まで証拠金勘定で総額約 190 万ドルを 36 回の取引に，K_2 に対して，1991 年 6 月から 1992 年 3 月まで証拠金勘定で総額約 150 万ドルを 55 回の取引に，K_3 に対して，1991 年 11 月から 1992 年 3 月まで総額約 100 万ドルを 31 回の取引に，それぞれ勧誘した。最終的に，3組の顧客は大きな損失を受けた。

【SEC の審決】SEC は，最初に「K_1, K_2, K_3 らは皆安全な，収益志向の投資を求めていた。K_2 と K_3 は投資経験のない者であり，限られた資産を有する高齢の退職者であり，彼らは投資から追加的な収益が生ずることを求めていた。それらの口座においてなされたＳの投資方法は，いくつかの面で彼らの目的に反していた」という結論を下した。

次に，具体的に証拠金勘定の投資方法について，SEC は，「ＳがＫらの口座に証拠金勘定を利用することは不適切である。証拠金勘定による取引は，2つの理由で顧客に対して損失のリスクを増加させる。第1に，証券の価値が大きく下落して，口座に追加証拠金を生じさせれば，顧客は投資した金額

---

[41]　52 S. E. C. 1304 (1997).

以上に損するリスクを有するからである。第2に、顧客は、純利益を得る前に、投資が必ず増大することによって増えた投資金額および口座を維持するための取引のコストに加え、証拠金ローンに関する利息の支払いが要求されているからである。同時に、証拠金勘定を利用して、顧客により多くの証券を購入させることによって、Sは手数料を増やした。我々は、このような状況の下で、SがKらの口座において取引を実行するために証拠金勘定を利用する範囲は、表明された投資目的および経験のレベルを有するKらにとっては不適合なリスクを有するものであったと考える」[42]として、Sの証拠金勘定の投資方法が当該顧客らに不適合であると判断した。

また、顧客の投資目的に反するSのもう一つの投資方法である集中投資について、SECは、「Sが顧客の純資産の多くを特定の証券に集中することは、個々の投資が安全であり、投機的でないという投資目的に一致せず、損失のリスクを増加させた。これはとりわけ口座を取り扱うSの方針に関連する事実である。K_1の全部の正味資産はA株あるいは単一の店頭株に投資されていた。K_2とK_3の口座も同様に十分に分散されていなかった。5ヶ月間に、K_2の口座にある資産の80％が1つの株——B株のみに集中されていた。前に指摘したように、K_3の投資も高度に集中されていた。1991年12月から1992年1月まで、Sの助言によってK_3はC株に13万2,000ドルを投資し、それを売却した後は、資産の大半をD株に集中投資した」[43]と認定したうえで、「Sにより実行された投資戦術はK_1、K_2、K_3に不適合である」[44]とし、Sにより勧誘された集中投資という投資方法が適合性原則違反になると判断した。

この審決において、問題とされたのは、取引の対象である金融商品ではなく、投資を行う方法、すなわちブローカーが勧誘した投資方法である。投資方法が不合理であるため、それによって生じたリスクが顧客の投資目的に反したのである。証拠金勘定を利用する投資方法は、それ自体に潜在的なリスクが高いために、低いリスクしか負担する意欲を持っていない顧客にとっては、不適合と判断された。また、金融商品の固有リスクが変わっていなくても、分散投資より集中投資のほうが、実際の投資リスクを高めることになるため、顧客にとっ

---

[42] Id. at 1307〜1308.
[43] Id. at 1308.
[44] Id. at 1308.

て適合性を有する投資方法ではないとされた。

3.4.3 特定の顧客の財産状態に一致しない投資勧誘

　顧客の属性を判断するにあたり，投資目的のほか，もう1つ重要な考慮要素が顧客の財産状態である。顧客の財産状態とは一般的に当該顧客のリスクを耐えうる財力の程度を示している。財産状態に一致しない勧誘は，実は，勧誘した投資取引のリスクが，財力面における顧客のリスク許容範囲を超えたものであるため，そのような投資勧誘が当該顧客に適合しないのは，言うまでもない。投資目的に一致しない投資勧誘の場合と同様に，金融商品の固有のリスクと投資方法により生じたリスクの2つの側面から，顧客の財産状態と比較して，適合性原則に違反する投資勧誘の状況を見てみよう。

3.4.3.1　金融商品の固有のリスクが高い場合：Gordon Scott Venters 審決[45]

　【事実の概要】Kは75歳の未亡人であり，3万5,000ドルの正味資産しか持っていない。SはKに対して，低額株であるA社株を勧誘したところ，Kは2,500ドルを低額株に投資することに関心を表した。A社は新しい健康商品を取り扱う会社であり，設立当初から，利益を出したことがない。初めに，SはKにA社株を1株89セントで1,000株を購入させたあと，2週間のうち，再びKに1株93セントでA社株1,500株を購入させた。その後，間もなくA社株が1株5セントに落ちた。

　【SECの審決】Sの勧誘行為に対して，SECは「我々の見解によれば，Sは不適合なA社株を勧誘することによってNASDの規則第1条と第2条に違反した。A社は損失を生じ，配当金を支払ったことがなく，その営業見通しは悪かった。にもかかわらず，SはKの限られた資産と比較して大きな金額をA社株に投資するようKを勧誘した。A社のような会社に対する投資は，元本の全部を失っても耐えることができる者のみに適合する。3万5,000ドルの正味資産しか持っていない退職者Kはこの基準を満たさない」[46]と判断した。

　さらに，Kが自らの判断で購入したというSの主張に対して，SECは，「K

---

[45]　51 S. E. C. 292 (1993).
[46]　Id. at 293〜294.

が投機に関心を持っていたということに関して、これはSおよびその会社の積極的、極端に楽観的で促進的なキャンペーンによってそそのかされたものである。少なくともSは、顧客の年齢と財産状態を知った場合、行っている販売促進を中止し、A社株には投資をしないようにKに助言する義務を有する。Sの主張に反して、記録によれば、Sはこの義務を履行しなかった」[47]として、Sの主張を否定し、その勧誘行為が適合性原則違反になると認定した。

低額株が、投機的な商品であることは、既に1960年代においてNASDおよびSECによって認定されていた。したがって、SECは、Kのような乏しい財産状態である顧客がこのような商品によって生じる損失を負担できないと判断した。顧客の財産状態と金融商品のリスク性を比較せず、無責任に勧誘することは、明らかに適合性原則に反すると判断された。

3.4.3.2 投資方法により生じるリスクが高い場合：Dane S.Faber審決[48]

【事実の概要】K_1は投資経験のない56歳の女性であり、1995年から1997まで彼女の年収は2万1,000ドルから3万2,000ドルの間で変動していた。1996年末に、K_1の資産は、IRA（年金口座）における約3万ドル、預金口座における約2万6,000ドルおよび抵当に入っていない17万5,000ドル相当の不動産を含めている。1996年2月、K_1が母親（Sの顧客）の紹介によりSを尋ね、12年後に退職すること、預金口座とCDs（譲渡可能預金証書）口座の利益より高い利益を得るために投資するということを伝えて、2万500ドルのIRA買い換え口座をSに開設した。

最初に、SはKのために社債を購入したが、1997年7月に、Sは、K_1にA社株を勧誘し、K_1の持っていた社債を全部売却し、その総額約5万2千ドルを利用してA社株を購入させた。2ヶ月後に、K_1は全損を受けた。A社は1996年に顧客にカジノ賭博ゲームを提供するという目的で新設された会社であり、1997年にA社は収益を生み出さず、約20万ドルの損失を負っていた。

また、Sは同じ手口で、長く取引関係を有するK_2にもA社株を勧誘し、

---
[47] Id. at 294.
[48] 2004 Sec Lexis 277.

3万ドルの株を購入させた。

【SECの審決】まず，一般論として，SECは，「ブローカーの勧誘は，顧客の最善の利益に一致しなければならず，顧客の財産状態に一致しない勧誘をやめなければならない。単に顧客が勧誘を黙認したからという理由で，その勧誘が適合性を有することにはならない。むしろ，勧誘は顧客の財産状態とニーズに一致しなければならない」[49]と述べた。

具体的な判断として，SECは，「SのK_1に対するA社株の勧誘は不適合である。K_1は以前にCDsと預金口座のみに投資したことがある投資経験のない者である。SはK_1が少ない収入と正味資産しか持たず，退職のために投資することを知っていた。K_1はSにおいて口座を開設したとき，Sに債券の購入を通して退職預金を増やすことを伝えた。収入と正味資産が限られていたため，K_1は投資資金の全部に相当する損失を負担する余裕を有しない。これらの要素はリスクを限定する投資戦術を要求した。実際に，SはK_1に5万2,000ドルのA社株の購入を勧誘した。これらの資金はSの証券会社におけるK_1のポートフォリオの殆ど全て，かつK_1の流動資産の3分の2以上を構成していた。さらに，Sは自らの証券会社におけるK_1のポートフォリオの全部を1つの投機的株に集中するようにK_1を勧誘した。この集中により大なリスクが生じ，当該リスクはK_1の勘定残高の全部あるいはほぼ全部を失わせた。我々は，再び，1つあるいは限定されたいくつかの投機的証券に高度集中投資が限定的なリスクを求める投資者に不適合であると判断する。我々は，このような状況の下で，SのK_1に対するA社株の勧誘が不適合であると結論を下す」[50]として，Sに対して，資格取消，K_1を含む2人の顧客に約8万2,000ドル，プラス利息を返還（restitution）するというNASDの懲戒処分を支持した。

この審決では，財産状態が決して望ましくない顧客に対して，その投資資金の大半を1つの投機的証券に投資させるという投資方法は適合性原則に違反すると判断された。集中投資という投資方法は，過大なリスクを引き起こすため，一般的には，顧客への適合性を有しないものとされる。

---

[49] Id. at *23, *24.
[50] Id. at *25.

3.4.4 顧客の投資目的と自らの財産状態と矛盾する場合の投資勧誘

顧客が自らの実際の財産状態を考慮せず，利益を追求するような投資目的を設定した場合，ブローカーは顧客の投資目的に叶う投資取引を勧誘すべきか，またはその顧客の実際の財産状態に一致する投資取引を勧誘すべきかが問題となる。審決において，この問題に対する SEC の判断を見てみよう。

3.4.4.1 財産状態を重視する審決

(1) Jack H. Stein 審決 [51]

【事実の概要】Kは，投資経験のある56歳の未亡人であり，2万5,000ドルの年収と10万ドルの正味資産を有する。1994年に他の証券会社からSの証券会社に口座を移したとき，口座には7万8,000ドルがあった。投資目的は利殖であった。

1995年5月から，SはKのため証拠金勘定を設定し，投機的な証券の購入を勧誘し始めた。1996年からKの投資目的を成長と投機的に変更し，Sは1997年1月，Kのポートフォリオの90％を投機的な金・鉱業株に投資させた。その中の75％が，鉱業株の1つであるAGCであった。1997年2月から11月まで，AGC株ともう1つの金鉱業会社の株の株価が低落したため，1997年11月末にKの口座には3万8,345ドルしか残らなかった。

【SEC の審決】まず一般論として，SEC は，「ブローカーは自ら勧誘した投資取引のリスクを開示しただけでは適合性要件を満たさない。たとえ顧客が積極的に高度な投機的あるいは刺激的な取引をしようとする場合でも，ブローカーは，顧客の財産状態に一致しない勧誘をやめる義務を有する」[52] と述べた。

次に，Sの勧誘行為に対して，SEC は，「1994年3月にKが初めてSのところに口座を開設したとき，Kは保守的な投資をしていた。Kは50代後半にあり，限定的な収入を有する未亡人であった。Kの新しい口座申込書は，年間約2万5,000ドルという大きくない収入と10万ドルの正味資産を記録していた。Sの勧誘によって，Kの口座の大半が投機的石油，ガスと鉱業証券に置くことになり，それらの証券はKが以前に持っていた投資目的とその

---

51 2003 Sec Lexis 338 (2003).
52 Id. at *7.

財産状態に一致しない」[53]と判断した。

また、Kが国際税務局に資産を隠すために、新しい口座の正味資産を少なめにするよう要求しており、実際にはKがもっと多くの資産を有するというSの抗弁に対して、SECは、「我々は、顧客が財産情報の提供を拒絶した場合に、ブローカーが『他のありうる資産の価値に関する推測を根拠にするのではなく、顧客が提供した具体的な情報のみを根拠にして』勧誘しなければならないと判断している。Kの口座はSの証券会社に移したとき7万8,000ドルがあった。Kが正味資産の総額が10万ドル、年収2万5,000ドルであることを認めた。Kの税金返還情報もこの金額に一致している。Sは追加的な資産に関して調べる権利を有しない」[54]として、Sの抗弁を否定した。

最後に、KがSに提供した財産状態を基準にして、SECは、「Kの財産状態についてSが利用できる具体的な情報によって、Sの投資勧誘が、Kのような年齢、収入と正味資産を有する者にとってリスクが高すぎる証拠金取引をKにさせることになり、またKのポートフォリオの大半の部分を非分散的で、限定されたいくつかの投機的な証券に集中させ、これによって、Kの損失リスクを増大させたと、我々は認定する」[55]とし、Sの勧誘行為が適合性原則違反になると判断した。

この審決では、たとえ顧客が自身の財産状態と釣り合わない投資目的を設定していても、ブローカーはその顧客の現実の財産状態に一致する投資勧誘をする義務を有すると判断された。

さらに、顧客が積極的に指示を出した場合でも、ブローカーは専門家として、顧客の財産状態に照らして、たとえその指示に反していても、顧客の財産状態に一致する投資取引を勧誘しなければならないと表明したのは、John M. Reynolds 審決である。

(2) John M. Reynolds 審決[56]

【事実の概要】教会であるKは、教会区民の寄付金からなる建築基金を用いて、口座を開設し、Sに投資を依頼した。この基金は教会区に新しいセン

---

[53] Id. at *9.
[54] Id. at *9.
[55] Id. at *10.
[56] 50 S. E. C. 805 (1991).

ターと学校を建設するために設立されたものである。その投資目的は収益と成長である。Sは、この基金が保守的に管理されるべきものと予想されたことを認めた。最初は、保守的方法で投資されたが、教会の建築委員会が、Sに対し利益になる投資をするようにと伝えてから、投資パターンが変化した。1つは、口座における取引行為が増えたことであり、今ひとつは、投資の性質が劇的に変わり、配当金の支払いのない株、店頭株および成長株に投資するようになったことである。

【SECの審決】Sの投資戦術の変更に対し、SECは、「基金の財産状態が保守的な投資を要求するとの事実にもかかわらず、Sは保守的投資方法から方向転換することを選択した。わずか1ヶ月の間に、Sは保守的なポートフォリオ、すなわち収入を生み出す投資を、主に配当金のない短期投資、店頭株、成長株からなるポートフォリオへと変更した。このような状況の下で、Sの口座管理は明らかに不適当である。さらに、教会の建築委員会がSの取引が適当であると考えているかどうかは、Sの行為の適否を判断する基準ではない。受託者として、ブローカーは勧誘が顧客の希望に反しても顧客の最善の利益において勧誘する義務を負う。したがって、委員会がSに積極的、投機的取引をするように指示したとしても、Sは基金の財政状況に一致する方法で勧誘する義務を有する。Sはこの義務を履行しなかったため、NASDの適合性規則に違反した」[57]との結論を下した。

この審決では、顧客は、利益追求の投資目的を持っており、しかもその投資目的に叶う投資をするよう、ブローカーに指示を出していたにもかかわらず、当該顧客の投資資金の性質に照らし投機的な投資取引を勧誘することが適合性原則違反になると判断された。

以上の2つの審決のように、顧客自身により設定された投資目的が、当該顧客の実際の財産状態と矛盾する場合に、SECは、顧客のリスク負担能力を超えた投資を勧誘しないという適合性原則の要請に従い、顧客の財産状態を重視して適合性原則違反の有無を判断している。つまり、顧客の財産状態にとって投資のリスクが過大である場合には、顧客の投資目的への考慮は後退するのである。

---

[57] Id. at 809.

第4節　「特定の顧客」に関する適合性原則違反

このように、顧客の投資目的が自らの財産状態に合わない場合に、基本的に顧客の財産状態を重視する姿勢を、SECは既に1983年のEugene J. Erdos審決において表明した。すなわち、資産状況が乏しい顧客にオプション取引を勧誘したブローカーに対して、SECは「たとえKが急速な利益を望んだとしても、これによって、SにKの個人的状況を無視してKの限られた資産をリスクのある投資に置く権利が与えられることにならない」[58]と判断した。

しかし、財産状態の重視は絶対的ではない。顧客が、自ら望んでブローカーにその投資を依頼し、損失を負担する意欲があり、かつ生じた損失を負担する能力もある場合には、たとえその顧客の財産状態がその投資にとっては望ましくない状況であっても、適合性原則違反にならない。この見解を示したのは、Scott R. Serfling, Chicago, Illinons審決である。

3.4.4.2　投資目的を重視する審決：Scott R. Serfling, Chicago, Illinons審決[59]

この審決は、SECが、適合性原則違反を認めたNASDの判断を否定した、極めて稀な事案である。

【事実の概要】Kは、29歳の離婚歴のある女性であり、多くの顧客を持つヘアスタイリストで、2万～2万5,000ドルの年収、4万～4万5,000ドルの不動産、5,000～7,000ドルの貯金を有し、比較的出費が少なかった。Kの親友AがSのところでオプション取引をして成功したため、KはAの紹介によりSのもとで2,000ドルの口座を開設し、コール・オプション取引を依頼した。SはKのために、2つのコール・オプションを購入した。損失を購入価格の半分までに限定するというKの希望に従い、Sは、価格が購入価格の半分まで下落したとき、Kのためにオプションを売却した。Kの口座が1,300ドルになったとき、取引を継続するかどうか、Sが尋ねたところ、Kは継続の意思を示した。結果として、Kは投資資金の2,000ドル全額を失った。

【SECの審決】Sの勧誘行為が適合性原則に違反したというNASDの認定に対し、SECは、「我々は、オプション取引が重大なリスクを伴っており、特に顧客の資産が限られており、このような証券を取り扱う経験がない場合

---

[58]　47 S. E. C. 985, at 988 (1983).
[59]　48 S. E. C. 24 (1984).

には，販売人がこの取引を顧客に勧誘するとき慎重にしなければならないというNASDの意見に完全に同意する。しかし，我々の前にある記録により示された具体的事実に基づき，我々はこの事案におけるNASDの決定に同意できない」[60] として，NASDの認定を否定した。

　その理由について，SECは，「Kはオプション取引への投資を希望していた。Kの財産状態はそれほど大きくないが，証拠は，SがKの投資により生じる可能性のある損失が重大な困窮を引き起こすと判断すべきことを示すものではない。逆に，明らかな状況によると，オプション市場における友達の成功に影響され，Kは，友達の成功の2倍を獲得するには，自己の負担できる損失だと考える金額の範囲内のリスクを負うと，自ら決めたのである。これらの状況の下で，我々は，限定された役割を実行する際に，Sが自らの勧誘がKの財産状態とニーズに一致したと合理的に信じていたと判断する」[61] と述べ，結果として，Sの勧誘行為が適合性原則違反にならないとの結論を下した。

　この審決では，利益追求の投資目的を有し，かつ負担できるリスクを自ら限定する顧客にとって，オプション取引の勧誘が適合性を有すると判断された。確かに，この判断を下す際に，SECはオプション取引によって利益を得たいという顧客の明白な投資目的を重視している。しかし，これだけによって，NASDの認定が否定されたのではない。SECは，顧客が自ら負担するリスクの範囲を設定し，またその損失が当該顧客の全財産に対する影響が少なく，当該顧客にその損失を負担する能力があることにも配慮して，ブローカーの勧誘が適合性を有するという結論を下したのである。したがって，SECの財産状態重視の姿勢がこの審決によって覆されたとまでは言えない。

第5節　顧客の主観的態様と適合性原則違反

　ブローカーの投資勧誘に対し，顧客自身はそれが適合性を有すると考え，ブローカーの勧誘を容認した場合であっても，ブローカーの行為が適合性原則違反となりうるのかという問題について，SECは，早くも1956年のPhilips &

---

[60]　Id. at 26.
[61]　Id. at 26.

Comany and Gerald G. Bernheimer 審決において，これを肯定した。SEC は，適合性原則違反の有無を判断するにあたって，顧客の主観的態様を重視しない。

3.5.1　顧客の主観的態様の不考慮：Philips & Comany and Gerald G. Bernheimer 審決[62]

【事実の概要】Sは２組の顧客に低額株を勧誘した。工場長であるK₁はSの勧誘を受けて低額株を購入したあとに，他の人に同じく低額株を勧誘したことがある。タクシー運転手であるK₂はK₁によってSに紹介され，Sの勧誘を受けて，低額株を購入した。K₁もK₂も利益になるというSの勧誘を信じて，借金して低額株であるA株とB株を購入した。

【SECの審決】Kらが知識を有する合理的な人であり，独立に判断して投資を行い，購入した株が自らに適合すると考えていた，というSの主張に対して，SECは，「顧客K₁とK₂がA株あるいはB株の購入が適合性を有する投資であると考えたかどうかは，この場合におけるSの行為の適当性を判断するときの基準にならない。判断基準は，Sが顧客に勧誘をするとき，当該顧客の財産状態とニーズに一致する勧誘のみを行うことを引き受けた義務を履行したかどうかである」[63]と述べ，Sの主張を否定し，その勧誘行為が適合性原則違反になると判断した。

この審決では，適合性原則違反の有無は，ブローカーの行為結果，すなわち行われた投資勧誘が顧客の属性に照して，適合性を有するかどうかによって判断されるものであって，顧客がその勧誘について適合性を有すると考えたかどうかとは関係がないとされた。つまり，SECは，適合する投資取引を勧誘する義務を有するブローカーが，不適合な投資勧誘をした以上，顧客がそれについて適合性を有すると考えたかどうか，またはそれを容認したかどうかは，適合性原則違反の認定と無関係であると判断している。

また，既に紹介したClinton Hugh Holland審決[64]において，SECは「たとえ我々はKがSの勧誘を理解してそれに従うと決めたことを認めても，これによってSが適合性を有する投資取引を勧誘する義務から免れるものではない」と

62　37 S. E. C. 66 (1956).
63　Id. at 70.
64　52 S. E. C. 562, at 566 (1995). 詳しい内容は，本章3.3.2. での紹介を参照。

191

明言し，さらに Eugene Erdos 審決[65]，John M. Reynolds 審決[66]，Pau F. Wickswat 審決[67]，Jack H. Stein 審決[68] などの事案において，SEC は一貫して，顧客の主観的態様が適合性原則違反の認定に影響しないとの見解を維持し続けている。

3.5.2　オプション取引に関する顧客の理解力・判断力の考慮

　第2章で紹介したように，一般の金融商品に適用する適合性規則の規定は，顧客の理解力・判断力を顧客の属性の考慮要素として取り入れていないのに対し，オプション取引に関する適合性規則では，それを考慮要素の一つとして定めている。実際の運用において，SEC は審査するにあたって，一般の金融商品に関しては，顧客の理解力・判断力に殆ど触れないが，オプション取引に関しては，それを取り上げている。

　以下では，2つの審決を通して，SEC の判断を見てみよう。

(1)　Frank DeRose 審決[69]

　【事実の概要】Sは5組の顧客にオプション取引を勧誘した。K_1 は，未亡人であり，年収2万ドルで，夫の保険金と雇用給付金の5万1,000ドルの半分で口座を開設した。K_2 は，退職し，年収1万7,000ドルである。K_3 は，夫婦ともに退職し，年収2万5,000ドルである。K_4 ら，K_5 は，年収3万5,000ドル〜5万ドルである。5組の顧客は皆投資経験が殆どなく，投資目的は投資維持と収入の増加である。

　【SEC の審決】SがNYSE の会員であるため，SEC は，まずNYSE が制定したオプション取引に関する適合性規則に基づき，「我々が常に指摘しているように，オプション取引は，重大なレベルのリスクを必然的に伴っている。NYSE 規則723 は，ブローカーが，顧客にオプション取引を勧誘する前に，顧客が金融事情に関する知識と経験を持ち，取引に固有のリスクを評価でき，またこの顧客がそれらのリスクを負担する財産能力を持っていることを信ず

---

[65]　47 S. E. C. 985, at 988 (1983).
[66]　50 S. E. C. 805, at 809 (1991).
[67]　50 S. E. C. 785, at 786〜787 (1991).
[68]　2003 Sec Lexis 338, at *14.
[69]　51 S. E. C. 652 (1993).

第5節　顧客の主観的態様と適合性原則違反

るには合理的根拠を有しなければならないと要求している」[70]と述べたあと，具体的な判断として，「Sの顧客たちは金融事情に精通する経験を持たず，オプションの知識が殆どないといった判断力のない投資者である。Kらは皆，オプション取引の固有リスクを評価できない。さらに，彼らの限られた資産と退職したあるいは退職に近いという事実に照らして，彼らはそのようなリスクを負担しうる財産状況でない」[71]と認定して，Kらに対するSのオプション取引の勧誘が適合性原則違反になると判断した。

この審決では，投資知識と投資経験の少ない顧客らは，オプション取引のリスクを評価する能力を有しないところに着目し，さらにリスクを負担できる財産状態でないことも考慮した上で，オプション取引の勧誘がこのような顧客に適合性を有しないと判断された。

(2)　Patrick G. Keel 審決 [72]
【事実の概要】Sがオプション取引について投資経験のない，3万5,000ドル〜7万4,000ドルの正味資産しかを有しないKに対して，オプション取引を勧誘し，損失させた。

【SECの審決】SECは，「登録販売員はリスクのある，あるいは（オプションのような）投機的な投資取引を勧誘するとき，その勧誘が特定の顧客に適合するという条件を満たされなければならない。販売員も，顧客がその取引に含まれるリスクを完全に理解し，それらのリスクを負担できるのみならず，負担する意欲を有するという要件が満たされなければならない。本件ではそのような状況にはない。Kは多くない資産を有する女性であり，投資資金が彼女の貯金であることからすると，彼女にとってはオプションおよびインデックスオプションに投資することは明らかに不適合である。さらに，Kは最初からSに元本を危険にさらしたくない，むしろ投資した資金の長期成長を求めていると伝えていた。Sが未経験の投資者であるKにオプション取引のリスクを開示しなかったため，Sは，Kがリスクを理解しあるいはそのリス

---

[70]　Id. at 657〜658.
[71]　Id. at 658.
[72]　51 S. E. C. 282 (1993).

193

クを引き受ける意欲を有するという要件を満たしていない」[73]として，顧客がオプション取引のリスクを理解できないことを一つの考慮要素として取り上げ，オプション取引の投資勧誘が当該顧客に不適合であると判断した。

この審決でも，顧客にオプション取引の投資経験がないことから，当該顧客はオプション取引のリスクを理解していないという結論が導かれた。このような判断が，顧客が50年間の投資経験を有する Eugene J. Erdos 審決においても行われていた。その審決において，SEC は損失を受けた後で慌てたKの様子を考慮して，「Kが50年間の証券取引経験を有していても以前にオプション取引をしたことがなく，S自身も認識したように，オプションを完全に理解していなかった」[74]と認定したうえで，ブローカーの勧誘行為が適合性原則違反になると判断した。

このように，オプション取引の勧誘が適合性原則に違反したかどうかを判断する際，SEC は顧客の理解力・判断力を一つの考慮要素として取り上げている。しかし，同じオプション取引の勧誘に関する審決において，SEC は顧客がそのオプション取引について同意した，あるいは黙認したことが適合性原則違反の認定に影響しないとも表明している[75]。一見して，SEC のこのような判断は，矛盾しているようであるが，顧客の理解力・判断力は，あくまでも適合性を判断するときの一つの考慮要素であり，財産状態などの他の要素によって勧誘が不適合であると認定された以上，顧客の主観的態様は，適合性原則違反の結論に影響しないということであろう。

第6節　ブローカーの主観的態様と適合性原則違反

前述したように，顧客が勧誘された投資取引を自己に適合すると考えて同意し，または黙認したことは，適合性原則違反の認定に対し何らの影響も与えない。それに対し，ブローカーが自らの勧誘が顧客に不適合であることを認識したかどうかは，適合性原則違反の認定にいかなる影響を及ぼすだろうか。すなわち，適合性原則違反を認定する際に，SEC がブローカーの主観的態様を考

---

[73] Id. at 284.
[74] 47 S. E. C. 985, at 988 (1983)。この審決の内容について，詳しくは本章3.7.2を参照。
[75] Eugene Erdos 審決（47 S. E. C. 985, 1983），Pall F. Wickswat 審決（50 S. E. C. 785, 1991）。

第6節　ブローカーの主観的態様と適合性原則違反

慮要素として扱っているかどうかが，問題である。この問題に対し，SEC は，1945 年に，ブローカーの主観的態様が適合性原則違反の認定に対して何ら影響を与えないことを明示した。

Thomas Arthur Stewart 審決[76]において，ブローカーの勧誘が合理的根拠を有しないと判断した後，SEC は，ブローカーの主観的態様について，次のように述べた。

「配当日に関して対象株の購入と償還についてＳの信じたことが善意であるかどうか，あるいはＳが単に自ら手数料を獲得する方法として取引を勧誘したかどうかとは関係なく，このような取引の勧誘について合理的な根拠がないことは NASD の公正慣習規定の第３章第２条違反を認定する根拠になる」[77]。

適合性原則違反の認定にとって，ブローカーの主観的態様が考慮要素にならないという見解は，1989 年の F.J. Kaufman 審決[78]において，再確認された。同審決において，SEC は「合理的根拠」によっても「特定の顧客の属性」によってもＳの勧誘が不適合であると認定した後，ブローカーの主観的態様について，次のように論じた。

「実際に，取引コストを負担した後，自ら勧誘したＢ投資プログラムが直接株を購入する場合より利益が低いことについて，Ｓが知っていたかどうかは，関係のないことである。Ｓは，適合性の有無を判断するために，『自己の証券を知る』および『自己の顧客を知る』義務を有すると同様に，『自己の取引を知る』義務も有する。したがって，Stewart 審決におけるように，Ｓが自らの戦術の意味を知って，不適合であるにもかかわらず意図的に勧誘したか，または勧誘の結果を理解しなかったため自らの戦術の意味および勧誘すべきでないことを認識しなかったかに変わりはない。いずれも，この勧誘は不適合であり，NASD の公正慣習規則第３章第２条に違反した」[79]。

つまり，ブローカーが，自らの勧誘が不適合であることを知りながら，故意で勧誘したか，または不適合であることを認識できず，不注意で勧誘したかを

---

[76] この審決の内容について，詳しくは本章 3.3.1.1. での紹介を参照。
[77] 20 S. E. C. 196, at 207.
[78] この審決の内容について，詳しくは本章 3.2.1 での紹介を参照。
[79] 50 S. E. C. 164, at 170.

問わず，その勧誘が客観的に顧客に不適合である以上，ブローカーは適合性原則に違反したことになる。

さらに，1995 年の Clinton Hugh Holland 審決[80]において，SEC はブローカーが善意で勧誘したこと，および受け取った手数料が正当であることを認めながらも，その勧誘が適合性原則に違反するという結論を変えなかった。

このように，SEC 審決において，適合性原則違反は，あくまでも勧誘した投資取引のリスクが顧客のリスク許容範囲を超えたことにより構成されるものであり，その成否の判断は客観的に行われるべきであって，顧客の主観的態様によって左右されないのと同じく，ブローカーの主観的態様によっても左右されない。「適合性原則違反を客観的に判断する」という SEC の姿勢は，一貫して堅持されている。

第 7 節　顧客の情報に関するブローカーの調査義務

適合性原則によれば，ブローカーは，顧客の投資目的，財産状態などの情報を調査する義務を有する。しかし，顧客の情報を調査しない，いわゆる顧客の情報を知らない場合に行われた勧誘と，または調査ができない，いわゆる顧客が自らの情報を十分に提供しない場合に行われた勧誘が，適合性原則違反になるかどうかが問題となる。SEC は早くも 1960 年に，無差別勧誘事案に対して適合性原則を適用できると判断した Gerald M. Greenberg 審決において，前者の問題について答えを出した。

3.7.1　顧客の情報を知らない場合の投資勧誘：Gerald M. Greenberg 審決[81]

【事実の概要】S の主たる業務は，電話で見知らぬ顧客に無差別に低額，投機的な証券を勧誘することである。S のこのような無差別勧誘に対して，NASD は適合性規則違反として懲戒処分を下したが，S は SEC に再審査を申し立てた。S は，申立の理由として，NASD の適合性規則の規定によれば，顧客の財産状態などに関する事実が顧客により提供されないあるいはブローカーに知られていない限り，ブローカーの勧誘は適合性規則違反にならないと主張した。

---

[80] この審決の内容について，詳しくは 3.3.2 での紹介を参照。
[81] 40 S. E. C. 133 (1960).

第7節　顧客の情報に関するブローカーの調査義務

【SECの審決】Sのこの主張に対して，SECは，「法（取引所法——筆者注）15条Aの立法史は，とりわけ顧客にとって不公正となる取引方法に対処する方法を提供する意図を表明しており，規則（NASDの1939年の公正慣習規則——筆者註）の他の規定のように，第3章第2条（1939年のNASDの適合性規則規定——筆者注）はこの目的をなし遂げるために公表されたものである。この規則は，勧誘が顧客に適合すると信ずるにつき合理的根拠がない場合に顧客を勧誘することに向けられている。我々は，顧客に関する情報がブローカーに知らされあるいは提供された場合にのみ適用するものとしてこの規則を解釈しない。もし，勧誘の適合性を判断できるように，顧客の他の証券の保持状況，財産状態およびニーズに関する情報を知らないあるいは獲得しようとせず，ブローカーまたはディーラーが見知らぬ顧客に低額，投機的な証券を勧誘する行為——その性質によってこのような勧誘が少なくとも勧誘された顧客の何人かに不適合である行為——に従事することを認めるものとして，この規則が解釈されれば，当該規則の明らかな目的は破られる。我々の見解によれば，この規則はこのような場合にも及びうる十分に広いものであ」るとして，Sの主張を否定して，NASDの判断を支持した。

　この審決では，顧客の情報を知っているかどうかと関係なく，勧誘を行うすべてのブローカーに課される義務として，適合性原則は解釈されている。当時，NASDの適合性規則にはまだ明白にブローカーの調査義務を規定していなかったが，顧客の情報を知らないあるいは獲得しようとしないブローカーの勧誘行為が客観的に特定の顧客に不適合であった場合に，ブローカーは顧客の情報を知らないことをもって，抗弁することができないのが，この事案によって明らかにされた。

　これに対し，顧客の情報を調査しなかったのではなく，顧客が十分な情報を提供しなかった場合に，ブローカーの投資勧誘が適合性原則違反になるかどうかを取り扱ったのは，Eugene J. Erdos審決である。

3.7.2　顧客が自らの情報を十分に提供しない場合の投資勧誘：Eugene J. Erdos審決[82]

【事実の概要】Kは75歳の退職した未亡人であり，50年の投資経験を有

---

[82] 47 S. E. C. 985 (1983).

する。1976年9月30日時点で証券のポートフォリオの価値が11万4,634ドルであった。1976年Kの納税申告書は修正後総所得が9,542ドルを示し，1977年の納税申告書にはその収入が7,832ドルしかなかったと記載され，しかも，殆どの金額はKの証券から得たものであった。つまり，Kは証券ポートフォリオに大いに依存していた。1976年10月，KはSのもとで口座を開設し，Sに証券保有状況のリストを提供したが，それ以外の財産情報を提供しなかった。

SはKにA株とオプション取引を勧誘し，1977年10月まで，Kの口座に80個のプット・オプションを行った。結果としてKは8万ドルの追加証拠金の請求を受けた。Kは請求を受けたあと，慌ててSと連絡を取ろうとしたが，Sが不在であったため，Sの妻にどんなに遅くても連絡をくれと頼んだ（Kのこのような反応から，SECはKが勧誘の結果を理解していないと判定した）。実際に，SはKが追加証拠金を拠出するのに必要な資金を有するかどうかを知らなかった。

【SECの審決】Kが財産状態の情報を提供していなかったため，適合性原則に違反しないというSの主張に対して，SECは，3.7.1で紹介したGreenberg審決を引用して，NASDの適合性規則は，ブローカーが顧客の情報を知らない場合にも適用できるとを再確認した上で，「Sは，Kが完全な財産情報の提供を拒絶することを考慮して，自ら最善を尽くして25万ドルの正味資産と少なくとも2万ドルの年収を含むKの状況を評価したと主張した。しかし，Sはそのような評価に合理的根拠を持たなかった。Kの証券保有状況と社会保証を貰っている退職した未亡人であるとの事実以外には，Sは実は何も知らずに行動していた。このような状況の下で，Sは慎重にことを進め，他のありうる資産の価値に関する推測を根拠にするのではなく，Kが提供した具体的な情報のみを根拠にして勧誘する義務を有する。実際には，Sはこれと正反対の方針を採っていた」[83]と述べ，Sの主張を否定し，適合性原則違反を認めた。

この審決では，勧誘が適合性を有するかどうかは，ブローカーの推測ではなく，当該顧客から提供された情報のみに基づき判断すべきであるとされた。つ

---

[83] Id. at 988.

まり，顧客が十分な情報を提供しない場合に，ブローカーは，自らの推測情報ではなく，顧客から提供された具体的な情報に基づき，このような情報を有する顧客に適合する投資取引を勧誘しなければならない。顧客が情報提供を拒絶する場合に，ブローカーが調査義務を果たすことは，むしろ無理である。この場合には，ブローカーは調査義務違反にならないが，行われた勧誘が，提供された情報によって判断された顧客の属性に一致しなければ，適合性原則違反になると判断される。

このように，ブローカーは顧客の情報に関して調査義務を有するが，調査しなかった，あるいは調査できなかったこ場合に，調査義務を尽くしていないことになるが，それだけでは，ブローカーに責任を負わせない。すなわち，調査義務を尽くさなかったからといって，直ちに適合性原則違反になるのではなく，顧客の情報を知らずに行われた投資勧誘が当該顧客情報に基づいて適合性を有しない場合のみ，適合性原則違反としてブローカーに責任が生じる。

第8節　ポートフォリオ理論と適合性原則違反

SECは，取引対象である金融商品そのものではなく，投資方法に着目して，適合性の有無を判断する審決の中で，しばしば集中投資を問題にしていた。集中投資は，ポートフォリオ理論により提唱されている分散投資と正反対であり，リスクを分散するどころか，取引のリスクを高めるものである。1990年代後半から，SECがしばしば集中投資という投資方法に着目して，ブローカーの適合性原則違反を認定するようになったのは，米国において1990年代からポートフォリオ理論が法学者により強調されたことと，無関係ではないであろう。

顧客のポートフォリオの構成に着目して，集中投資させるという投資方法が適合性原則違反になると明白に指摘したのは，James B. Chase 審決[84]である。

【事実の概要】Kは独身で24歳の大学生であり，投資経験がない。1994年7月に，Kは継承贈与の一部として約43万6,000ドル相当の証券を取得し，9月にSのもとで口座を開設して，投資を始めた。その投資目的は利殖と「低い」リスク負担である。Sはそれらの証券がKの全財産であることを知っていた。最初に，いくつかの証券に分散投資したが，Kが毎月口座からお金を引き出していたため（1995年末まで17万3,000ドルを引き出した），Sは口座

---

[84] 2003 Sec Lexis 566.

第3章　米国における適合性原則違反の行政責任

からお金の引き出しをやめるか，投資目的を「成長（growth）」と「投機的」に変更するかどちらかにするようにKに助言した。投資目的の変更についてKが同意したかどうかは不明である。1996年5月からSはKの保有していた他の証券を精算し，Kの口座における資産の全部をA会社の株に投資し，同時に，SはA社株をさらに購入できるよう，Kに証拠金勘定の設定を勧め，Kの同意をとりつけた。

　A会社は女性用コンドームという単一商品を製造・販売する新設企業である。この商品は新しく，市場が確立していないため，A会社は利益を獲得できなかった。A会社の株価の低落および追加証拠金拠出の結果，Kの口座における純資産額は，1996年5月の約45万5,900ドルから1997年2月の18万8,000ドルまで減少した。

　【SECの審決】まず，Kの状況に鑑みてKに適合する投資方法について，SECは，「Kは独身の大学生で，事実上無収入である。限られた収入と正味資産しか有しないため，KはSに開設した口座に投資した資産の全部を失うことを負担する余裕を有しない。Kには投資経験もない。これらの要素はリスクを限定する投資戦術を要求している」[85]と述べた。

　次に，Sの勧誘について，SECは，「実際に，Sは，Kに対してKの全部のポートフォリオが1つの投資からなるA社株の購入を勧誘した。A会社は単一の，検査を受けていない商品を取り扱う新設企業であり，利益を生み出していない。SはA社株が高度な投機的証券であることを認識している。資金の一部を投機的証券に投資することは正当化されるが，全部の資金を1つの投機的証券に集中することは重大なリスクを生じ，このリスクはKの口座資産の全部を失わせる。我々は，1つあるいは限られたいくつかの証券に対する高度集中投資が，Kのような投資者にとっては不適合であるとしばしば判断してきた」[86]とし，Sにより行われた集中投資の勧誘が適合性原則違反になると認定した。

　Sは，KにA社株のリスクを開示し，Kが経済を勉強している大学生であるから，A会社の情報を簡単に入手できるなどのことを挙げて，Kへの勧誘が適合性を有すると抗弁した。

---

[85] Id. at *12.
[86] Id. at *13.

これに対して，SECは「SはA社株に投資するリスクに関し，Kに情報を提供しただけでは適合性要件を満たさない。単なるリスクの開示だけでは不十分である。登録販売員は『含まれるリスクを顧客が完全に理解し，かつそれらのリスクを負担できること』という条件を満たさなければならない」[87]と返答して，Sの抗弁を否定した。

この審決では，SECは，投機的証券に投資させることだけでは，適合性原則違反にならないが，1つの投機的証券に集中的に投資させることには，顧客に適合性がないと明言した。証券の投機性が問題とされず，投資方法，すなわち分散投資ではなく集中的に投資するからこそ問題になるという判断枠組みは，第2章で紹介したポートフォリオ理論の趣旨そのものである。また，John M. Reynolds審決[88]，Stephen Thorlief Rangen審決[89]，Jack H.Stein審決[90]，およびDane S. Faber審決[91]においても，本審決と同様に，顧客のポートフォリオの大半を投機的証券に集中的に投資したことが問題となり，適合性原則違反が認定されている。

第9節　小　括

ブローカーの適合性原則に違反した勧誘行為に対して，自主規制機関は行政処分を下し，ブローカーは，その処分に不服がある場合，SECに対し再審査を求めることができる。SECは，再審査において，ブローカーの勧誘行為が適合性原則に違反したかどうかについて具体的な判断を行い，結論を出す。このような活動を通じて，SECは，行政責任認定における適合性原則違反の判断基準を提示している。

SECは，適合性原則違反を2つの類型に分けて判断している。第1の類型は，顧客の属性と関係なく，そのような投資勧誘がいかなる投資者にも不適合であるという場合であり，「合理的根拠に関する適合性違反」と呼ばれる。第2の類型は，投資取引が一定の顧客に適合するが，特定の顧客の属性に照らして，

---

[87] Id. at *18.
[88] 50 S. E. C. 805 (1991).
[89] 52 S. E. C. 1304 (1997).
[90] 2003 Sec Lexis 338.
[91] 2004 Sec Lexis 277.

第3章 米国における適合性原則違反の行政責任

当該顧客に不適合であるという場合であり,「特定の顧客に関する適合性違反」と呼ばれる。また, SEC は, この第2類型の適合性原則違反が最も一般的であると明示している。

　第1類型である「合理的根拠に関する適合性違反」は, ブローカーの勧誘した金融商品または投資方法がその性質上, そもそもいかなる投資者にも適合しないことを指している。この類型において, SEC は, ブローカーが自ら勧誘した金融商品または投資方法によりもたらされる結果 (リスク) について理解していなければ, 適合性原則違反となると判断している。この類型で重視されたのは, ブローカーが投資専門家として,「自らの商品または投資方法を知る」義務を有することである。

　第2類型である「特定の顧客に関する適合性違反」は, ブローカーの投資勧誘がいかなる投資者にも不適合であるわけではなく, 一定の顧客には適合するが, 特定の顧客の属性に照らすと, 当該顧客には不適合であることを指している。この類型において, SEC は, 顧客の財産状態および投資目的に着目して, 勧誘された投資取引または投資方法に含まれているリスクが当該顧客のリスク許容範囲を超えれば, 適合性原則違反となると判断している。この類型で重視されたのは, 投資専門家として自らの金融商品を知るだけでなく, 投資勧誘者として, ブローカーが「自らの顧客を知る」義務をも有することである。

　実際に, SEC の審決では, 第1類型に属するものは極めて少なく, 殆どが第2類型に属するものである。つまり, 実際の判断において, SEC は, 顧客の属性に基づき, 勧誘された投資取引のリスクが当該顧客のリスク許容範囲を超えているかを基準に適合性原則違反の有無の判断を行っている。投資取引のリスクを判断する際に, SEC は金融商品自体のリスクのみならず, 投資方法により生じたリスクにも着目して認定を行っている。顧客のリスク許容範囲を判断するとき, SEC は顧客の年齢や投資経験などを考慮しないわけではないが, 主として顧客の財産状態と投資目的を中心に判断している。投資目的が顧客のリスク負担意欲を, 財産状態が顧客のリスク負担能力を表すものであり, 投資目的に一致しない投資勧誘と, 財産状態からみる顧客のリスク負担範囲を超えた投資勧誘では, いわば顧客のリスク許容範囲を超えた投資勧誘であり, 適合性原則違反になると判断される。また, 顧客の情報を調査する義務がブローカーにあるが, 調査をしなかったからといって直ちに適合性原則違反になるのではなく, 顧客の情報を知らずに行われた投資勧誘が客観的に顧客に適合しなかったことをもって, 適合性原則違反になると判断される。

第9節 小　括

　ここで注意すべきは，適合性原則が勧誘の場面以外に，販売（顧客が能動的に購入してくる）の場面にも適用するかどうかについて，SEC が正面から論じていない点である。多くの審決においては，ブローカーの勧誘行為が適合性原則に違反したかどうかが問題にされている。

　しかし SEC は，繰り返し，適合性原則がもっぱらブローカーに課された義務であり，勧誘した投資取引が結果として顧客に適合しなければ義務違反になると強調している。実際に，顧客の投資目的に沿った投資取引を購入させた場合や顧客自身が勧誘された投資取引が自己に適合性を有すると同意して購入した場合に，SEC は，その投資取引が客観的に当該顧客に適合しないと判断し，ブローカーに適合性原則違反の責任を課した。ここで，SEC は，第三者の立場から，顧客の属性と勧誘された投資取引のリスク性を比較衡量して，客観的に適合性の有無を判断している。このような「客観的適合性」の判断枠組みにおいては，適合性の有無に関する顧客本人の判断および顧客自身の主観的希望が適合性原則違反の判断に一切影響を及ぼさないこととなる。同時に，ブローカーが自らの投資勧誘が顧客に適合しないことについて知っていたかどうかも考慮されていない。すなわち，SEC は，客観的にみてそのような投資取引が当該顧客に適合しないと判断すると，ブローカーの主観的態様および顧客の主観的態様と関係なく，適合性原則違反を認定しているのである。つまり，行政責任認定において，SEC は，適合性原則違反を一種の「結果不法」として捉えている。そうすると，適合性原則が販売行為に適用するかどうかについては，たとえ SEC が正面から論じていなくても，「客観的適合性」の判断枠組みによれば，投資取引が客観的に顧客に適合しなければ，勧誘行為に限らず，販売行為も適合性原則違反となる可能性がある。

　言うまでもなく，販売行為にまで適合性原則を適用する場合には，大きな問題が含まれている。すなわち，適合性原則の適用が顧客の選択の自由を制限する結果となるおそれがあるからである。ただし，これは私法上生じうる問題であるが，公法上はさほど問題とされていない。なぜなら，SEC の審決は，ブローカーと顧客との取引関係を否定するものではなく，単に行政上ブローカーを懲戒するにとどまっており，直接に顧客の選択の自由を問題にしないためである。それゆえ，行政責任の認定において「客観的適合性」の判断枠組みが採用されるわけである。SEC の行政執行の目的は，個別の顧客の救済を図るためではなく，投資大衆の利益を含む証券市場の公共利益を保護することであるため，適合性原則に違反したブローカーの投資勧誘が証券市場の公共利益に害

を与えるものとして認定される以上，取引当事者の主観的態様と関係なく，その行政責任が追及されるわけである。

第4章　米国における適合性原則違反と連邦法上の私的訴権

　NASD および NYSE の適合性規則は，自主規制規則であるが，その違反に関して，SEC が審決によって最終的にブローカーに行政責任を負わせることができる。しかし，これらの適合性規則の違反に対して，投資者が直接にブローカーに向かって民事責任を請求することができるかどうかは，別問題である。

　米国において，60 年代から適合性原則がブローカーの行為規範として確立されるにつれて，同原則が，法的に，とりわけ民事訴訟上どのような意味を持つかが問題となり，連邦裁判所でもこの問題が扱われるようになったが，見解の一致を見ない[1]。しかし，連邦裁判所は，2 つの対照的なリーディング・ケースによって，自主規制規定の違反が直接に私的訴権を生じるかどうかについて，その判断基準を提示している。そして，他の裁判所は，これらの判断基準に従い，肯定的結論と否定的結論を導き出している。注意したいのは，ここで問題とされたのは，連邦証券諸法に基づき自主規制規定たる適合性原則違反を根拠に損害賠償訴訟を提起することができるか否かという連邦法上の私的訴権のことであり，州法に基づく訴訟の提起は問題とされていない。

　以下，裁判例の紹介に入る前に，1 つ留意すべきことがある。すなわち，適合性原則違反を理由に連邦法上の私的訴権が生じるかどうかという問題を扱う米国の裁判例は，2 つの論点を問題にしている。1 つは，証券諸法の条文解釈問題として連邦法上の私的訴権が生ずるかどうかであり，今ひとつは，適合性原則違反それ自体により私的訴権が生じるかどうかという問題である。しかし，連邦最高裁判所の判決の影響で，多くの裁判所はこの 2 つの論点をほとんど区別することなく議論している[2]。そもそも 2 つの論点が取り上げられた理由は，証券取引関連の訴訟に対する連邦裁判所の管轄権が関係するからである。すなわち，証券取引所法 27 条の規定によれば，連邦裁判所は「この章または規定

---

[1]　適合性原則に違反した場合の私的訴権の成否に関する米国の裁判例の判断を，最初に紹介した邦語文献としては，山下友信「証券会社の投資勧誘」龍田節＝神崎克郎編『証券取引法大系――河本一郎先生還暦記念』（商事法務研究会，1986 年）328～330 頁がある。

[2]　F. Harris Nichols, *The Broker's Duty to His Customer Under Evolving Federal Fiduciary and Suitability Standards*, 26 Buff. L. Rev. 435, at 440 (1977).

およびそれに従った規則によって生じた義務もしくは責任」を要求する訴訟に対して専属管轄権を有する。つまり，連邦裁判所が適合性原則違反に対して管轄権を有するためには，適合性原則が同法 27 条に定めた規定または規則によって生じた義務を意味するものでなければならない。

他方，NASD の適合性規則および NYSE 規則 405 は，全米証券業協会および証券取引所が登録するには「公正かつ衡平な取引を保障し，また投資者を保護するために具体的な規則を制定する必要がある」と定めた取引所法 6 条の規定[3]に従って制定されたものであるため，これらの適合性規則違反により私的訴権が生じるかどうかを判断するときには，同法 6 条および 19 条にその根拠を求められることになるからである。以下に紹介する裁判例の中に，しばしばこれらの条文が触れられるのは，このためである。

第 1 節　リーディングケースの判断基準

自主規制規定たる適合性原則違反により直接的に連邦法上の私的訴権が生じるかどうかについて，次に挙げる 2 つのリーディングケース[4]がそれぞれの判

---

[3]　証券取引所法 19 条に言及する裁判例もあるが，19 条は取引所規則が不適切である場合にその修正を要求し，また代替規則を公表する権限を SEC に与えていることを規定している。

[4]　私的訴権の問題について，ここで紹介する Colonial 事件と Buttrey 事件の判断方法のほか，Mircury Investment Co.v.A.G. Edwards & Sons 事件（295 F. Supp. 1160 (S.D. Tex. 1969)）が提示する適合性規則それ自体に私的訴権が生じないという判断方法を含め，3 3 つの理論構成が存在するという指摘もある（Richard M. Baker & Gregory K. Lawrence, Actions Against Broker-Dealers for the Sale of Unsuitable Securities, 1984 St L. Rev. 283, at 289〜290 (1984))。しかし，ここで 3 つ目の理論構成として挙げられている Mircury Investment 事件において，裁判所は，Hecht v. Harris, Upham & Co. 事件（283 F. Supp. 417 (N.D. Cal. 1968)）の判決理由に依拠して，「Hecht 事件の理由を採用し，裁判所は NASD の第 3 章第 2 条規定が証券規制に予想されているものよりブローカーの広い範囲の行為を規制しようとしていると結論を下さなければならない。したがって，NASD の規定の違反それ自体は証券法の下で連邦民事責任を生じない」（295 F. Supp. 1160, at 1163）と判断したが，引用された Hecht v. Harris, Upham & Co. 事件の判決理由は，そもそも次のようなものであった。すなわち，「この事案においては，原告が一部，NASD の適合性規則に依拠しているが，問題はこの規則が損害賠償の民事訴訟の根拠になるかどうかである。思うに，ブローカーが自らの勧誘が『適合性を有する』と信じる根拠が合理的であると誠実に考えているが，結局，法的訴訟において覆され，善意にもかかわらず詐欺と認定されることになる。Friendly 判事が Colonial 事件において指摘したように，このような規則に基づく私的連邦損害賠償訴訟を認めることおよび市場判断に対する司法的評価を伴う事実上の結果を考慮すべきである」（283 F. Supp. 417, at

第1節　リーディングケースの判断基準

断基準を示している。第1は，1966年のColonial Realty v. Bache & Co. 事件，第2は，1969年のButtrey v. Merrill Lynch, Pierce, Fenner & Smith, Inc. 事件である。前者は，自主規制規定がSECの規制を代替するものであるかどうかおよびコモン・ローに見られない明示的な義務をブローカーに課しているかどうかを基準に，判断すべしとするものであり，後者は，自主規制規定に投資者保護の目的が含まれていることを前提として，ブローカーの行為が「詐欺と同等である」という要件を加えることによって判断しようとするものである。この判断の枠組みの違いがその後の裁判例の大きな流れを形成することになるのである。

4.1.1　代替基準とするリーディング・ケース

自主規制規定の違反によって，私的訴権が生じるかどうかという問題を最初に取り扱った連邦控訴審裁判例は，Colonial Realty v. Bache & Co. 事件[5]である。そこで提起された判断基準は，違反された自主規制規定がSECの規制の代替およびコモンローに見られない明示的な義務を課すこととなるという意味で，「代替基準」と呼ばれている。

【事案の概要】　XはYのところで証拠金口座を開設して投資取引をしていた。その後，追加証拠金を満たすために，YはXの証拠金口座にある証券を全部売却し，およそ100万ドルの損失をXにもたらした。そこで，XはYに対して，Yがニューヨーク州取引所規制により要求された金額より多い証拠金を請求しないという口頭の約束に違反し，Yの行為が公正かつ衡平な取引原則に違反したことを理由に，損害賠償を請求した。法的根拠として，Xは1934年法15A条(b)項(7)号，6条(b)項およびNASDの「公正慣習規則」第3章第1条の規定[6]を挙げていた。これに対して，YはXの請求が連邦訴訟の対象にならないと反論したため，裁判所において，自主規制規定，いわゆるNASDの規定の下で連邦訴訟を提起できるかどうかが争点となった。

---

431)。この判決の文言からわかるように，実は，Hecht判決もColonial判決の判断基準に従っている。したがって，本書において，Mircury Investment事件を独立の判断基準として採用せず，2つの基準からなる理論構成として整理した。
[5]　358 F. 2d 178 (2th Cir. 1966).
[6]　この規定は，「会員は，取引行為において，商業的誠実の高い基準および公正かつ衡平な取引原則を遵守すべきである」とするものである。

207

第4章　米国における適合性原則違反と連邦法上の私的訴権

【判旨】　一般的に，自主規制規定違反により連邦法上の私的訴権が生じない理由について，裁判所は，「証券取引所の規定に違反したことによって民事訴訟が主張できるかどうかは，困難な問題である。その理由は，個々の規定の効力と重要性はそれらの規定の実行方法や制定法とそれに基づく SEC 規則の規定およびその目的との関係によって異なるからである。この困難は取引所と証券業協会による『監視された自主規制（supervised self-regulation）』の制定という特有の制定法の構想においても存在している。制定法または委員会（SEC）の規則に扱われていないことについては，取引市場における証券取引を管理する基準および原則を制定する際に，取引所は広範な裁量を与えられている。『公正かつ衡平な取引原則』の遵守の保証規定である 6 条 (b) 項の効力範囲は広くなく，故意に制定法に違反した行為が非難されることが唯一の具体的な要件である。議会が，6 条 (b) 項の下で採用されたすべての規定の違反に連邦法上の私的訴権を与える意図を有しなかったことは，投資大衆に保護を与えるために取引所の懲戒機能に明示的な信頼（explicit reliance）を置くことによって示されている」[7]と説明した。

しかしながら，同裁判所は，「他方，我々は，『監視された自主規制』の概念が広いものであり，SEC 自身の規則を代替するに等しいものを定める規定を含んでいることを無視できない。議会は，6 条と 15A 条の下で登録の先行条件として取引所規定を認可する権限だけでなく，具体的な規定の制定を要請し，あるいは自ら代替規定を発布する権限も委員会（SEC）に授権した。したがって，自らの発布および執行において委員会の決定が，二の次の役割をしているにもかかわらず，具体的な証券取引所規則は SEC 規制において不可欠な役割を果たしている。我々は，このような規則が私的訴権を生じさせる理由にならないと言うつもりはない」[8]と述べ，自主規制規定違反により私的訴権が生じうることを示した。

具体的に，どのような自主規制規定が民事責任を生じるかについて，同裁判所は，「取引所あるいは証券業協会の規定を違反した会員に対して，裁判所が連邦法上の民事責任を追及するかどうかは，両当事者により主張された極度に単純化したオール・オア・ナッシングには決定されない。むしろ，連邦法上の民事責任を追及する当事者は，当該違反行為が制定法あるいは

---

[7]　358 F. 2d 178, at 181 (2th Cir. 1966).
[8]　Id. at 182.

第 1 節　リーディングケースの判断基準

SEC 規則違反である場合より，相当重い立証の負担を負うとともに，裁判所も具体的な規則の性質および規制体系におけるその位置付けを考慮すべきである。当該規則がコモン・ローに見られない明示的な義務を課している場合は，民事責任が認定されやすい。しかし，争点となった当該規則（NASD の規則——筆者注）は，殆どその反対である。これらの規則が，取引所あるいは協会は懲戒手続きによって執行ができる『公正かつ衡平な取引原則』に一致しない行為を従事しない義務を会員に課しているが，これらの規則は一種の包括的規則（catch-all）である。すなわち，制定法の文言（letter of the statute）に応じるとともに多種の不正行為（misconluct）について会員を懲戒する効力を有する規則であり，ここでの不正行為は，議会が法的訴訟を生じさせる意図のない単なる非倫理行為を含んでいる。我々は，取引所あるいは証券業協会に，自らの規則の中にこのような規定を含めるとの要求によって，議会には長い間州法に認められた法的基準と異なる新しい法的基準を会員に課す意図があると信ずる理由がないと判断する」[9]と述べた。

この事案で，第 2 巡回控訴裁判所は，自主規制規定の違反により民事責任が生じるかどうかについて，具体的な規則の性質および規制体系におけるその規則の位置づけによって判断すべしという一般的基準を提示した上で，具体的判断として当該規則が SEC 規則を代替するかあるいはコモン・ローに定められていない明示的な義務を課しているかどうかによるとした。結局，NASD 規則の第 3 章第 1 条の規定内容は包括的であり，議会はこのような規定に私的訴権を与える意図がないことを理由に，その違反から私的訴権を生じないと判断したのである。

この事案は否定的事例としてその後多くの裁判例に引用されていたが，実際に，第 2 巡回控訴裁判所自身は，自主規制規定の違反により民事責任が生じるかどうかの問題について，否定的立場も肯定的立場も明示しなかった。また，この事案には，NASD の「公正慣習規則」の第 3 章第 1 条の「公正かつ衡平な取引原則」の規定が問題となって，第 2 条たる適合性規則をその直接の判断対象としなかったため，当該判決の判断枠組みの中に適合性規則を入れたかどうかは不明である。しかも，第 2 巡回控訴裁判所はその後この問題について判

---

[9] Id. at 182.

断を示さなかった[10]。この判決は総括的な判断基準しか提示せず、自主規制規定違反により私的訴権が生じないと断定していなかったにもかかわらず、その後、多くの裁判所は適合性原則の違反により私的訴権が生じるかどうかを判断するとき、この判断基準に従って否定的な結論を出した。

4.1.2 投資者保護の目的＋詐欺と同等であることを基準とするリーディング・ケース

1969年、第7巡回控訴裁判所は、Buttrey v. Merrill Lynch, Pierce, Fenner & Smith, Inc. 事件[11]では、先のColonial事件における第2巡回裁判所が提出した基準を踏まえた上で、具体的に投資者保護の目的を基準に、勧誘行為が詐欺と同等であるという条件を加えて、適合性原則違反により私的訴権が生ずるという判断基準を示した。

【事案の概要】 証券会社Aは1963年10月にその唯一の株主で代表者であるBにより創立された。同年12月に、YはBの要求に応じて証券会社Aの名義で口座を開設し、Bがこの口座を利用して証券取引をした。Xは破産した証券会社Aの管財人（受託者）として、Yが、Bの口座開設および投機的取引をするとき、A社の財産状態を調査しなかったこと、およびBが詐欺的にA社の顧客の基金を流用してYと証券取引をしていることを知ったことを理由に、Yに対して、損害賠償を請求した。法的根拠の1つとして、XはNYSE規則405を挙げたため、NYSE規則405の違反が私的訴権を生じるかが1つの争点となった。

【判旨】 裁判所は、NYSE規則405違反に対して連邦裁判所が裁判権を有することについて、「たとえ規則405それ自体が（1934年）法6条と19条のもとで設定された規則ではなくても、それらの条文に応じて公表されたものである限りは、規則405違反が『この章によって制定された義務』として訴因を与えうると判断することは、この条文（取引所法27条──筆者注）に一致しないことはない」[12]として、規則405違反に対して連邦裁判所の裁判権を肯定した。

---

[10] Norman S. Porser & James A. Fanto, Broker-Dealer Law and Regulation, at 16-160 (4th ed, 2007).
[11] 410 F. 2d 135 (7th Cir. 1969).
[12] Id. at 142.

第1節　リーディングケースの判断基準

　具体的に，規則405違反が私的訴権を生じるかどうかについて，裁判所は，「具体的な規則の違反が起訴できるかどうかを判断する基準は，当然『投資者の直接の保護』という目的に依拠すべきである。規則405の機能は大衆を保護することであるため，その違反により私的訴権を認めることは制定法の目的に完全に一致している」[13]とした上で，さらに，「我々は，申し立てられた規則405違反それ自体によって訴訟を提起できるという結論を下していない。しかし，訴因ⅠはYがA会社の投資者の基金の不正流用にかまわずに投資を是認したことに関係している。このような公正慣行の違反は投資者の保護を侵害し，確実に取引所とその会員に関するSEC規制にとって必要不可欠な部分を台無しにしている。たとえYの誤った判断だけによって連邦訴権が生じないとしても，ここで申し立てられた事実はA会社の顧客に対して詐欺と同等のもの（tantamount to fraud）であり，したがって，私的民事損害賠償訴訟ができる」[14]として，肯定的な結論を下した。

　この事案において，第7巡回控訴裁判所は，原則として投資者保護の目的を有するNYSE規則405違反に対して私的訴権を認めうるが，具体的に，規則405違反それ自体だけでは私的訴権を生じさせるのではなく，ブローカーの行為が詐欺と同等なものである場合に，損害賠償請求権が生じると判断した。これによると，適合性原則の目的が投資者保護であっても，その違反自体が私的訴権を生ずるのではなく，「詐欺と同等である」という要件の下で私的訴権が認められることになる。この判断基準に従って肯定的結論を出す裁判例は存在するが，このような条件付きの判断枠組みは，「適合性原則違反と独立に，多くの詐欺類型が既に起訴できるのである以上，Buttrey判決がなぜ主たる投資者への関心に応じようとするのかは不明である」[15]と疑問視され，否定的裁判例によっても批判された。

---

[13] Id. at 142.
[14] Id. at 142〜143.
[15] Nichols, *supra* note 2, at 443 (1977).

第2節　黙示的私的訴権に関する連邦最高裁判所の消極的立場[16]

1964年のJ.I. Case v. Borak事件[17]において、連邦最高裁判所は、規定の目的が投資者保護であることおよび私的執行がSEC規制を補足するのに必要であり議会の目的を有効にすることを理由に、証券取引所法14条a項に基づく黙示的私的訴権を認めた。この判決は適合性原則違反により私的訴権が生ずると認定する裁判例に大きな影響を与えた。しかし、1970年代後半から、連邦最高裁判所の態度が変わり、3つの事案において、立て続けに消極的な判決を出した。

まず、1975年に、Cort v. Ash事件[18]において、株主が会社による一定の政治献金を禁止する刑事上の制定法に基づき、取締役に対して損害賠償を請求したことについて、連邦最高裁判所は、正当な黙示的私的訴権の有無を判断するにあたって考慮すべき4つの要素を提示した。すなわち、

「(1)原告は、特有の利益が制定法により定められている階級（class）の一員であるか？　すなわち、制定法は原告の利益のために連邦法上の訴権を与えているか？　(2)このような私的救済を与えるまたは否定する明示的なあるいは黙示的な立法上の意図が存在するか？　(3)原告にこのような救済与えることは、立法計画の根本的な目的に一致するか？　(4)基本的に州に関係する領域において訴訟原因が伝統的に州法に属するため、単に連邦法による訴訟原因を推論するのが不適当であるか？」[19]

結論として、連邦最高裁判所は政治献金禁止の制定法に基づき私的訴権が生じないと判断した。

次に、1979年に、Touche Ross & Co. v. Redington事件[20]において、記録の保持および整理を規定している証券取引所法第17条(a)項に基づき私的訴権が生じるかどうかについて、連邦最高裁判所は、「制定法上の訴訟原因の発生

---

[16] 黙示的私的訴権をめぐる米国連邦最高裁判所の判例変遷に関する邦語文献として、島袋鉄男「合衆国証券諸法の下におけるImplied private Rights of Actionの存否」（同『インサイダー取引規制——アメリカにおける法理の発展——』（法律文化社、1994年）183頁以下参照。

[17] 377 U.S. 426 (1964).
[18] 422 U.S. 66 (1975).
[19] Id. at 78.
[20] 442 U.S. 560 (1979).

に関する問題は，当然制定法の解釈問題である。……我々が最近強調したように，連邦制定法に違反し，ある者が損害を受けたという事実は自動的にその者のために訴訟原因を生じさせるのではない。その代わりに，我々の任務は単に議会が私的訴権を与える意図があるかどうかを判断することに限定されている」[21] と述べ，議会には法17条(a)項に私的訴権を生じさせる意図がないことを理由に，否定的結論を出した。

また，同じく1979年に，Transamerica Mortgage Advisors,Inc. v. Lewis 事件[22] において，1940年の投資顧問法206条に基づく私的訴権の有無について，連邦最高裁判所は，同じく議会の意図を重視して，否定的判断を示した。

この3つの事件は，直接に自主規則規定違反を問題にする事案ではないが，これらの判決において黙示的私的訴権に関する連邦最高裁判所の立場が示されている。結局，適合性原則違反に基づき損害賠償請求ができるかどうかに関する明文規定がないため，これは黙示的私的訴権が認められるかどうかの問題となる。適合性原則に関する連邦最高裁判所の判決は存在していないが，この3つの事件における連邦最高裁判所の見解は，適合性原則違反により私的訴権が生じるかどうかを取り扱う裁判所に重要な影響を与えた。特に，これらの連邦最高裁判決の判断は，実質的にはButtrey事件の判断基準を覆した。Buttrey事件は証券取引所法27条に依拠し，投資者保護の目的を1つの基準として私的訴権を認めたが，連邦最高裁判所は上述のTouvhe Ross事件およびTransamerica事件において，規定が投資者保護の目的を有するという事実が，その投資者のために黙示的私的訴権を生じさせるものではないとした。

第3節　連邦法上の私的訴権に関する否定的裁判例

4.3.1　Buttrey事件の判断基準への批判

自主規制規定の違反により私的訴権が生じるかどうかの問題について，上述した積極・消極の2つのリーディングケースにより，2つの異なる判断基準が提示された。しかし，その後，この問題を取り扱う多くの地方裁判所は2つの基準の差異を区別せずに適用している。Colonial判決の判断基準とButtrey判決の判断基準を比較して，どちらの基準を適用すべきかを明示したのは，Za-

---

[21] Id. at 568.
[22] 444 U. S. 11 (1979).

gari v. Dean Witter & Co., Inc. 事件[23]である。

【事案の概要】 XはYの勧誘を受けて証拠金口座を開設し，A株を購入した。そのときに証拠金口座についてYは間違った説明をXに伝えた。その後A株が証券取引所における取引を停止された。XはA株が店頭販売になったら自分の持っているA株を売るようYに伝えたが，A株が店頭販売になったとき，Yは即時にXの持っているA株を売却しなかった。そこでXは，証券取引所規則違反としてYに損害賠償を請求した。

【判旨】 裁判所は，まず，自主規制規定の違反によって私的訴権が生じるかどうかについて，2つの事案の判断基準を詳細に分析した上で，多くの地方裁判所はこの2つのアプローチの差異を区別しないことを指摘し，どちらの判断基準を適用するかによって結果が異なるので，どちらの判断基準を適用すべきかという問題を先に解決する必要があるとしたあと，次の理由によって，Buttrey事件の判断基準が不適当であると判断した。すなわち，

① 投資者保護の目的という基準について，「証券取引所規則が投資者の保護のために制定されたものと考えられるため，すべての証券取引所規則違反に対して投資者に民事責任が生じることになる」[24]として，この基準の広汎性を批判した。

② 「詐欺と同等である」という要件について，「『詐欺と同等である』の要件は，取引所規則の違反によって私的訴権が生じるかどうかの判断が被告の行為の性質に依存させることになる。この分析の背後にある論理は理解しがたいものである。もし具体的な取引所規則の違反により私的訴権が生じるなら，このような私的訴権は，具体的な行為が詐欺的であるかどうかと関係なく，すべての規則の違反に対して存在するように思われる」[25]として，この要件の不合理性を批判した。また，脚注において，「Ernst&Ernst v. Hochfelder 事件（内容については，第6章で紹介する）において，連邦最高裁判所は，規則10b-5違反によって私的訴権が生じるが，この規則自身は故意の証拠がない限り違反とはならないと判断し，Buttrey事件において第7巡回控訴裁判所が完全に異なることを言っている。すなわち，規則405が単なる判断の誤りによって違反とされうるが，私的訴権はこの規則が『詐欺

---

[23] 1976 U.S. Dist. LEXIS 13032.
[24] Id. at *21〜22.
[25] Id. at *21.

と同等のもの』である行為によって違反とされる場合のみに生じる」[26]と指摘した。

③　詐欺による他の救済方法について，「多くの事案において損害を受けた原告が他の適切な連邦法と州法およびコモン・ローの下で適当な救済を受ける以上，『詐欺と同等である』の要件のもとで取引所規則に黙示的私的訴権を与える必要はなくなる」[27]として，「詐欺と同等である」の要件によって証券取引所規則違反に私的救済を認める必要がないと述べた。

さらに，同裁判所は，連邦最高裁判所は Cort v. Ash 事件において提示された4つの考慮要素に照らして，Buttrey 事件の基準は第1の考慮要素しか合っていないが，Colonial 事件の基準はそのすべての考慮要素に合致していることをも根拠[28]として，最終的に Colonial 事件の基準が適切であると判断した。

また，Nelson and Allen W. Enger v. Nevin F.Hench 事件[29]においても，連邦地方裁判所は，Buttrey 事件における「詐欺と同等である」という要件を批判した。

すなわち，「規則違反が私的訴権を生じるかどうかを判断する Buttrey 事件の基準は，この問題を扱う裁判所の多くによって，妥当な理由で否定されている。もし主張された事実が，過失あるいは『無害な（innocent）』不実表示を含む州法の判断基準によって『詐欺と同等のもの』でなければならないなら，Ernst & Ernst v. Hochfelder 事件において連邦最高裁判所により明白に否定された根拠によって，原告は連邦訴権を主張できる。『詐欺と同等である』という要件は，私的訴権に関する判断が，問題の規則の性質に依存するより，むしろ個々の行為に依存させ，同一の規則の違反に対して私的訴権が一貫して生じるわけではないという法律的に非論理的な結果を生じさせる。確信をもって事物裁判権が決められる前に裁判所の詐欺に関する事実の判断が要求されているため，Buttrey 事件の基準によれば過大な訴訟を引き

---

[26]　Id. at *22.
[27]　Id. at *23.
[28]　Id. at *24.
[29]　428 F. Supp. 411 (D. Minn. 1977).

起こす恐れはある」[30]とし，最終的に，Colonial 事件の基準を適用して，私的訴権がないと結論を下した。

これらの事件は，Buttrey 事件の判断基準における「詐欺と同等である」との要件を中心に批判している。つまり，「詐欺と同等である」というのは，適合性原則の性質とは関係なく，もっぱらブローカーの行為の主観的態様に依拠しているため，これを基準にして私的訴権の有無を判断する場合に，同じ規則に違反してもブローカーの主観的態様によって私的訴権の有無に対する判断が一定しない結果になる。また，「詐欺と同等である」という要件に賛成できないのは，これらの裁判所は自主規制規定違反に基づく私的訴権の存否という問題が，具体的な行為者の主観的態様と関係なく，その規則自身の性質によって判断されるべきであると考えているからであるようである。

4.3.2　議会の意図を重視する否定裁判例

上述した連邦最高裁判所の3つの否定的判決が出されてから，裁判所の多くは，適合性原則違反に基づく私的訴権の発生を否定するようになってきた。連邦最高裁判所の判断が出されて間もなく，それらの見解に従い，議会にそのような意図がないことを理由に，適合性原則違反に基づく私的訴権を否定する裁判例が出てきたが，その中の代表的裁判例が 1980 年の Jablon v. Dean Witter & Co. 事件[31]である。この事件では，Xが，Yの勧誘した証拠金取引は自らの財産状態にとっては投機的でありすぎることを理由に，適合性規則違反として損害賠償を求める訴えを提起した。

【判旨】　第9巡回控訴裁判所は，まず，「連邦最高裁判所は Touche Ross 事件および Transamerica 事件において黙示の私的訴権に対して制限的アプローチを示している。これらの事件は証券取引所規則より制定法を問題にしたが，我々は本事件において同じ制限的アプローチを適用できると考える」[32]とし，適合性原則違反による私的訴権について，これらの連邦最高裁判所の判断枠組みに従うことを明言した。続いて，Touche Ross 判決によると，証券取引所法 27 条に基づく私的訴権は認められないと述べ，証券取引所規則

---

[30] Id. at 419.
[31] 614 F. 2d 677 (9th Cir. 1980).
[32] Id. at 679.

第 3 節　連邦法上の私的訴権に関する否定的裁判例

およびNASD規則違反に対して議会が私的訴権を与える意図があるかどうかは，取引所法 6 条 (b) 項および 15A 条 (b) 項 (6) 号に求めるしかないと説示した上で，Touche Ross 判決および Transamerica 判決を引用して，取引所法 6 条 (b) 項および 15A 条 (b) 項 (6) 号には議会が私的訴権を与える意図がないと判断し，結論として，「Touche Ross 判決および Transamerica 判決の基準に従って，我々はNASD規則違反に対して黙示的私的訴権が生じないと判断する」[33]とした。

また，Klitzman v. Bache Halsey Stuart Shields, Inc. 事件[34]において，原告が 1975 年法改正によって SEC に NASD 規則を審理する権限を与えたことを根拠に，適合性原則違反により私的訴権が生じると主張した。これに対して，裁判所は，以下のように判示した。すなわち

「原告は，単に 1975 年に議会が SEC に 1934 年法に一致するために自主規制規定を再審理する権限を与えたことを主張するだけで私的訴権を立証するという負担を満たさない。このような自主規制規定は，一般的に営業停止あるいは自主規制範囲内での会員資格の取消のような自らの制裁を持っている。連邦証券諸法の命令と NASD のような協会の規則との間に生じうる衝突を回避することに関する議会の関心は，NASD 規則の違反によって投資者に対して金銭賠償の責任を NASD の会員に負わせようとする意図からはずれている。『Touche 判決および Transamerica 判決の基準に従って，……NASD 規則の違反に対して黙示的私的訴権が生じない』という第 9 巡回裁判所の判断に同意しなければならない」として，適合性規則違反による私的訴権の発生を否定した[35]。

これらの事件において，裁判所は単に議会に私的訴権を与える意図がないことを理由に，容易に否定的結論を導き出したが，適合性原則の性質についての具体的分析は殆ど行われていない。しかし，その後，議会の意図の有無だけではなく，適合性原則それ自体の性質に着目して，私的訴権の存在を否定する裁判例も出てきた。

---

[33] Id. at 681.
[34] 499 F. Supp. 255 (S. D. N. Y. 1980).
[35] Id. at 259.

4.3.3　具体的義務の有無から否定する裁判例

NASD の適合性規則および NYSE 規則 405 に基づき，損害賠償が請求された Colman v. D.H. Blair & Co., 事件[36]において，連邦地方裁判所は，連邦最高裁判所の Cort 事件に示された 4 つの考慮要素を取り入れて，適合性原則が具体的な義務を課していないことを理由に，適合性原則違反に基づく私的訴権を否定した。

　【判旨】　裁判所は，「中心的な考慮要素は，議会に私的訴権を発生させる意図があるかどうかである。ここで，いくつかの要素はこのような意図がないことを示している。すなわち，(1) NYSE と NASD 規則の根拠である制定法は，取引所あるいは協会会員に権利を付与し又は行為を禁止するものではない。(2)立法史においてこの問題に関する言及は明らかに存在しない。(3)法（証券諸法――筆者注）において明記された状況の下で私的救済を生ずる明示的な規定がいくつか存在していることは，取引所あるいは協会規定の違反に対して私的訴権を規定しないのが見落としではないことを示唆している。(4)制定法が取引所と協会の自主規制の施行を規定していることは，議会が施行の唯一の意味としてこれを選択していることを示唆している」[37]として，一般論として，NASD および NYSE 規則のような自主規制規定違反に基づく私的訴権を否定する立場を示した。

　次に，同裁判所は，Colonial 事件の判断基準に従い，NASD の適合性規則および NYSE 規則 405 違反による私的訴権の有無について，具体的に判断した。すなわち，「Colonial 事件は，具体的な規定が規制体系において必要不可欠な役割を演じていることを証明する負担を原告に課している。この立証の負担を果たそうとする原告は，問題の規定が取引所あるいは協会に登録した会員ではないブローカーを管理する SEC 規制によって対応されている以上，これが全体の規制体系における NYSE および NASD 規則の重要性を証明していると主張している。たとえ Colonial 事件がこれらの規則の制定前に起こったとしても，それについて信頼している原告の主張が事前に Colonial 事件により否定されたと言われることは公平である。Colonial 事件において裁判所は登録した取引所と協会の規則が SEC 自身の規則を代替するに

---

[36]　521 F. Supp. 646 (S. D. N. Y. 1981).
[37]　Id. at 653～654.

第3節 連邦法上の私的訴権に関する否定的裁判例

等しいものであると認めたが、これが一般的に私的救済を意味するのに十分な根拠であるということを否定した。むしろ、裁判所は『具体的な規定』が全体のシステムにおける本質的な役割を果たしているという証明を要求した。このような証明は、当該規定が制定法規制あるいはコモン・ローにより課されていない具体的な義務を課しているかどうかに大きく依存している。SECによる類似の規則の制定は、この基準を変更したものと考えられていない。Colonial 事件において、裁判所は単に公正かつ衡平な取引原則に一致しない行為を禁止する規則が包括的に過ぎ、この基準を満たさないと判断した。結果的に Colonial 事件に従っている裁判所は、黙示的私的訴権を認めるために、規則がブローカーに課した他ならぬ『正確な指令』を含むと要求している。……一般的に勧誘が顧客のニーズに適合することを要求する NASD 規則第2条は、同様に Colonial 事件の基準を満たすために、権利と義務を限定する際に必要な正確さを欠いており、制定法あるいはコモン・ローにより課された義務に殆どあるいは何も加えていない。……NYSE 規則 405 は、同様に本質的に証券法とコモン・ローにより課された包括的な義務しか課していないから、私的訴権の推定に適切な根拠にならない」[38] として、適合性原則違反により私的訴権が生じないことを明言した。

この事案では、裁判所は、適合性原則違反に基づく私的訴権の有無を判断するとき、連邦最高裁判所の見解に配慮しつつ、Colonial 事件に示された具体的な義務を課しているかどうかを基準にして、適合性原則がそのような具体的な義務を課していないと評価した上で、否定的結論を出した。その後、Jaksich v. Thomson McKinnon Securities, Inc. 事件および[39]Bosio v. Norbay Securities, Inc. 事件[40]において、連邦地方裁判所は当該判決の判断基準を適用して、NASD と NYSE の適合性規則に基づく私的訴権を否定した。

4.3.4 目的解釈から否定的結論を出す裁判例

Colman 事件の判断枠組みと異なって、Lange v. H. Hentz & Co. 事件[41]において、連邦地方裁判所は、Cort 事件で提起された4つの考慮要素に依拠しつつ、

---

[38] Id. at 655.
[39] 582 F. Supp. 485 (S. D. N. Y. 1984).
[40] 599 F. Supp. 1563 (E. D. N. Y. 1985).
[41] 418 F. Supp. 1376 (N. D. Tex. 1976).

適合性原則の文言から規則の具体的目的を解釈し，その違反を理由とする私的訴権が生じないと判断した。

【事案の概要】 YはXに対して，A社が多大な発展可能性のある会社であると説明し，A社株の購入を勧誘したが，その後，A社が破産した。XはNASDの適合性規則違反を理由に損害賠償請求の訴えを提起した。

【判旨】 まず，NASDの適合性規則の範囲，構造および歴史について詳細に論じ，その違反による私的訴権の有無について，Colonial事件の判断基準とButtrey事件の判断基準を比較した後，裁判所は，「Buttrey事件以来，特定の事実状況において損害を受けた投資者に救済を提供する必要性に対する認識と，他の場合において規則が一旦そのように性格づけられた柔軟な適用を認める必要性との間で裁判所が分かれるとともに，判例法の発展が立ち止まって細分化されている。ブローカーと投資者との関係の多面的性質に関してバランスのとれた考慮に依拠する責任構成に賛成し，厳格な責任それ自体は拒否されていると考えている」[42]と述べ，適合性規則違反による私的訴権の認定について，柔軟な姿勢を示した。

次に，NASDの適合性規則の性質について，同裁判所は，「大衆を保護する効果を有する類型の規則を除き，NASD規則の具体的な焦点は，一般的に投資大衆の保護ではない。NASDの規則の目的は，証券業者を専門家とすることを望んでいるところにある。最後まで，倫理性は法律を超えて強調されて，結果として特にNASD規則の採用から利益を得ている者の種類は，大衆ではなく証券業者たちである。……さらに，この分析を支持するのは，NASD規則の文言自身である。その文言の大部分は，具体的な禁止に関するものよりも，むしろあるべきものに関して肯定的にかつ漠然と表現されている。したがって，例えば，不適合であるものを勧誘しないと命ずるのではなく，その代わりに適合するものを勧誘すべしと命じている。語義に関する違いは重要である。なぜなら，前者の場合には，投資者と証券の間に見出される不適合に対する処罰を限定することによって，違反の範囲は狭められているが，後者の場合には，相応な買主に適合する証券を調達することを要求しており，これは賞賛に値するが，困難な挑戦である。最後に，私的訴権を与える黙示的意図の発見を27条に期待することはできない。なぜなら，以前

---

[42] Id. at 1381.

に議論されたように，27条は，取引所の規定を含まず，裁判権が証券法自身の下で公表された規定に付与されるとしているにすぎないからである」[43]として，NASDの適合性規則の目的は，文言上投資者の保護ではないと解釈した。

　最終的結論として，裁判所は，「要するに，裁判所はこの事件においてNASD規則の下で責任の争点を決定する裁判権を有しない。しかしたとえ裁判権が存在すると想定されたとしても，Colonial Realty事件によってアウトラインが示された考慮要素に基づくと同様に，Cort事件の分析によっても，NASDの公正慣習規則の第2条……の違反によって民事責任が生じない」[44]と判断した。

　この事案では，裁判所は，適合性原則違反に関する民事責任認定について厳格主義を取らないといいながら，適合性原則の文言から，その目的が投資者の保護ではないと判断し，否定的結論を出した。

第4節　連邦私的訴権に関する肯定的裁判例

　以上でみてきたように，Colonial事件の判断基準および連邦最高裁判所の見解に従って，適合性原則違反に基づく私的訴権の発生を否定する裁判例が主流となった。しかし，このような状況の中でも，少数ながら，肯定的結論を出した裁判例が存在する。

4.4.1　Buttrey事件の判断基準に従う裁判例

　Geyer v. Paine Webber Jackson & Curtis, Inc. 事件[45]において，連邦地方裁判所は，Buttrey事件の判断基準に従って適合性原則違反により私的訴権が生じると判断した。

　【事案の概要】　YはXに対して，パス・スルー証券の購入について少なくとも10万ドルからと伝えて，その購入を勧誘した。Xは勧誘に従って，約10万ドルの証券を購入したが，実際にはその証券は2万5,000ドルで購入できた。しかも，Yは金利率の変動の影響およびその証券の現在の市場価値

---

[43]　Id. at 1382.
[44]　Id. at 1383.
[45]　389 F. Supp. 678 (D. Wyo. 1975).

についてXに伝えなかった。その後，XはNYSE規則405およびNASDの適合性規則を根拠にし，このような投機的証券がXの元本保護の投資目的に一致しないとして，Yに対して損害賠償を請求した。

【判旨】まず，適合性原則が投資者保護の目的を持っていることについて，裁判所は，「理事会（Board of Governors）の構成と選任，会員資格の移転，手数料と他の費用，フロア従業員の登録および内部の手続きのような『管理規則（house-keeping rules）』は，一般的に言えば，投資大衆の私的訴権を発生させない。他方，投資大衆の直接の保護のために取引所と証券業協会により公表された規則は，私的訴権を生ずる。このような規則の下で，投資大衆は真の意味で，これらの規則を遵守するよう要求された人々に課した義務の第三受益者である。『管理規則』は投資大衆にこのような地位を与えるものではない。ここで議論の対象であるこれらの規則は，Colonial 事件のように一般論として述べられた広く『包括的』なものではなく，むしろ比較的精密であり，その目的の中に投資大衆の保護が入っている規則である。……2つの規則（NYSE規則405とNASDの適合性規則——筆者注）は投資大衆の保護において必要不可欠な役割を果しており，これによって作り出した義務は明示的である。これらの規則に基づく私的訴権を認めることによって投資大衆の保護は減少されるのではなく，高められる。かつこのような明示的な規則に依拠した訴訟は，これらの規則の目的を促進する。これらの規則は単にブローカーに対して慎重に行動するように漠然と勧めるものではない」[46]として，適合性原則が投資者保護の目的を有することを肯定した。

続いて，「詐欺と同等である」の要件について，次のように述べた。すなわち，「証券法は，投資者を保護することを企図したが，本質的には詐欺に向けられている。議論している規則に基づき訴訟を提起できると判断するにあたって，裁判所はこのような規則の下で単なる過失あるいは判断の誤りによって訴訟が提起できると示すつもりはない。原告は，被告が不実なかつ誤解を招く表示をしたことおよび原告の負う責任について情報を提供しなかったこと，投機的証券への投資を誘導することによって原告の財産保全の目的を成し遂げると原告を誤解させたことを明確に主張している。事案の状況に照らして，合理的推論を引き出している原告のこれらの主張は，責任の根拠

---

[46] Id. at 683.

となる『詐欺と同等である』を立証している」[47]として，適合性原則による私的訴権を認めた。

この判決は，連邦最高裁判所の3つの判決が出る前のものであるが，Buttrey 事件の判断基準に従って，適合性原則の目的が投資者保護であることおよび被告の行為が「詐欺と同等である」ことについて，詳細に分析した上で，私的訴権を認めた。

また，連邦最高裁の3つの判決が出た後の1988年に，Hempel v. Blunt, Inc. and Scott 事件[48]において，連邦地方裁判所は，適合性原則違反によって私的訴権が生じるかどうかについて，「『自己の顧客を知れ』および『適合性』規則は，Touche Ross & Co. 事件あるいは Sacks v. Reynoles Securities, Inc. 事件に示されたような単なる記録要件以上のものである。たとえ最近の他の裁判所の判決の多くが黙示的私的訴権はないと判断したとしても，本裁判所は Buttrey 事件の判断が生きていると信じている。Xの第2番目の訴訟原因において述べたNYSE と NASD の規則は投資者の保護のために制定されており，申し立てられたYの行為は詐欺と同等なものである」[49]と認定して，適合性原則違反により私的訴権を認めた。

4.4.2 両基準を取り入れる裁判例

上述した事件は，Buttrey 事件の判断基準のみに従い，肯定的結論を出したのに対して，連邦地方裁判所は，1981年に，Smith v. Smith Barney, Harris, Upham & Co., Inc. 事件[50]において，連邦最高裁判所の判決を無視して，Colonial 事件の分析方法に従いつつ，Buttrey 事件の判断基準も取り入れて，最終に適合性原則違反により私的訴権を認めた。

【事案の概要】XはパートナーシップAのパートナーである。1960年3月に，BはAの唯一の所有者であるという協議書を作成し，Yのところで架空のAの名義で現金と証拠金口座を開設し，1965年まで取引した。XはNYSE 規則405を根拠の1つとして，Yに対して損害賠償を請求した。

---

[47] Id. at 683.
[48] 123 F. R. D. 313 (E. D. Wis, 1988).
[49] Id. at 138.
[50] 505 F. Supp. 1380 (W. D. Mo. 1981).

【判旨】裁判所は，Colonial 事件の判断基準を紹介した後に，「本裁判所は，適切な状況のもとで，投資者保護のために制定された取引所規則違反により私的訴権が生じるという提案を受け入れる」[51] とした上で，続いて「Colonial Realty v. Beache & Co. 事件において第 2 巡回裁判所により採用された分析を利用して，Rolf v. Blyth Eastman Dillon & Co. 事件[52] において，裁判所は次のように結論を下した。すなわち，『NYSE 規則 405 と NASD 規則第 3 章第 2 条は訴訟原因を支持するのに十分である。さらに，言うまでもなくこれらの規則の目的は投資者を保護することである。最後に，特に訴訟において被告に課された義務はコモン・ローに見られないものである以上，裁判所は NYSE と NASD 規則の下で黙示的民事訴権が生じると結論を下す』」[53] と引用して，適合性原則の目的が投資者保護であり，それによって課された義務がコモン・ローに見られないものであると認定した。

また，「規則 10b-5 と取引所法 15 条 c 項 1-2 号が本質的に詐欺に向けられている以上，NYSE 規則 405 および NASD 規則第 3 章第 2 条のもとで起訴することを制限するのは，できるだけ控えるべきである。実際に，この問題を扱うすべての裁判所は過失による NYSE あるいは NASD 規則違反のみでは連邦裁判所に起訴できず，むしろ責任と損害賠償の根拠を形成するために，ブローカーの規則違反が『詐欺と同等である』ものでなければならないと判断している」という Rolf 事件の判決を引用して，同裁判所は「したがって，Rolf 事件における理由が信頼できるということが本裁判所の見解である」[54] と述べ，「詐欺と同等である」という要件も採用した。

最後に，同裁判所は「Rolf 事件において，証券会社の販売員が『彼が原告の投資目的を知らないこと，原告に投資顧問を薦めたとき自らの顧客がどの類型の投資者であるかという認識を有していないこと』が認められた。その

---

[51] Id. at 1384〜1385.
[52] 424 F. Supp. 1021 (S. D. N. Y. 1977). この事件において，連邦地方裁判所は，Colonial 事件の判断基準に従いながら，NASD の適合性規則および NYSE 規則 405 違反により私的訴権が生じると肯定したが，1977 年にこの判決が出たときは，前述した連邦最高裁判所の消極的な 3 つの判決の中の 2 つの判決がまだ出されていないため，この判決は連邦最高裁判所の立場に影響されていないものである。これに対して，ここで紹介している Smith v. Smith Barney, Harris, Upham & Co., Inc. 事件は，すでに連邦最高裁判所の 3 つの判決が出た後の事案であるが，連邦最高裁判所の見解を無視して，敢えて Rolf 事件の判決理由に依拠するところは，紹介する価値があると思われる。
[53] 505 F. Supp. 1380, at 1385.
[54] Id. at 1385.

裁判所は『これらの事由だけは NYSE 規則 405(1)の違反の根拠となり詐欺と同等である』と指摘した。実際に，ここでXは類似の主張をしている。すなわち，YがAの投資目的を知らず証拠金口座を中止することができなかったこと，およびYがパートナーシップとしてよりむしろ個人としてXと取引するとき自らの顧客がどの類型の投資者であるかという認識を有しなかったとXは主張している。したがって，Rolf 裁判所の分析に基づき，これらの主張された事実は NYSE 規則 405(1)違反の根拠となり，詐欺と同等である」[55]と述べ，NYSE 規則 405(1)違反に基づく私的訴権を認めた。

　この事件は，Colonial 事件の判断基準に従う類型の事件であると言われているが[56]，判決を読む限りでは，裁判所は，形式的には Colonial 事件の判断枠組みに従いつつ，実質的には Buttrey 事件の判断基準を取り入れて判断している。実際に，この判決に依拠された Rolf 事件の判決は，Colonial 事件の判断基準に従いながら，適合性原則違反に基づく私的訴権の成立を制限するために，Buttrey 事件の「詐欺と同等である」の要件を取り入れたものであった[57]。これは，裁判所自身が意識的に 2 つの判断基準を区別しなかったことに原因があるが，連邦最高裁判所の判決の後に，積極的に適合性原則違反に基づく私的訴権を認めている点では意味がある。

　このように，Buttrey 事件の判断基準のみに依拠して判断する裁判例でも，2 つの基準を取り入れて判断する裁判例でも，同じく「投資者保護の目的」および「詐欺と同等である」という要件によって肯定的結論を導いているのである。

第 5 節　州法による適合性原則違反の判断

　以上でみてきたように，適合性原則違反によって直接に連邦法上の私的訴権を導くことを否定するのが，連邦裁判所の主流である。ただし，既に指摘したように，ここで否定された私的訴権は，連邦証券諸法に基づき連邦裁判所に対して提起する私的訴権のことである。連邦法ではなく，州法基づきコモン・

---

[55] Id. at 1386.
[56] Richard M. Baker & Gregory K. Lawrence, *Actions Against Broker-Dealers for the Sale of Unsuitable Securities,* 1984 St L.Rev. 283, at 299〜300 (1984).
[57] 424 F. Supp. 1021, at 1041.

第4章 米国における適合性原則違反と連邦法上の私的訴権

ロー上の訴訟を提起することは可能である。既に，いくつかの裁判例は，適合性原則違反に対して，コモン・ロー上のネグリジェンス（negligence）訴訟として損害賠償責任の認定を行っている。その場合に，ブローカーの行為が，業者の行為基準である適合性原則に違反したことは過失認定の１つの要素となる。

連邦地方裁判所は，Piper, Jaffray & Hopwood Inc. v. Jacob H. Ladin 事件[58]において，適合性規則違反に基づく直接の私的訴権を否定したが，適合性原則違反を考慮要素としてブローカーの過失を認定し，損害賠償を認めた。

【事案の概要】　Yが２つの信託の受託者であるXに対して，追加証拠金の支払いを請求する訴訟を提起したのに対し，XはYの勧誘が適合性原則に違反したとして反訴を提起した。

【判旨】　裁判所は，まずColonial事件の判断基準に従って適合性原則違反を理由とする私的訴権が生じないと判断した後に，そのようなブローカーの行為がコモン・ロー上の過失になるかどうかの認定に移った。

次に，ブローカーの行為がコモン・ロー上の過失になるかどうかを判断するにあたって，裁判所は，「これらの事実の考慮によって，裁判所は，投資者が比較的判断力・理解力のない投資者であり，証券市場に関するブローカーの判断，知識および経験を信頼していたと判断した。最初に証拠金取引を提案したブローカーが，自ら勧誘した債券に固有のリスクレベルを検討せず，相互に関係するこれらの要素の意味を検討しなかった事実によって，裁判所は一般的に採用されている証券業者の行為基準に従いブローカーの行為を判断する必要がある」[59]と示した上で，「NYSE規則405もNASDの適合性規則もブローカーの専門的行為に関しブローカーに要求された行為基準の適切な象徴である。この結論はMercury Investment Co. v. A. G. Edwards and Sons 事件（295 F. Supp. 1160, at 1163）の判断と一致している。その事件では，NASDの適合性規則違反に対して連邦訴訟原因がないと判断したが，当該規則の違反が過失の証拠として認められると指摘した」[60]と述べ，適合性原則がブローカーの行為基準として過失の認定の証拠になると認めた。

また，ブローカーの勧誘行為が適合性原則に要求された行為基準に一致したかどうかについて，裁判所は，「ブローカーが『自己の顧客を知れ』に課

---

[58]　399 F. Supp. 292 (S. D. Iowa. 1975).
[59]　Id. at 298.
[60]　Id. at 298.

第5節　州法による適合性原則違反の判断

された積極的な義務に従わなかったと判断する。たとえブローカーが投資者が証拠金取引において受託者として行動していたことを注意しなかったとしても、ブローカーは2つの信託の財産状態について調査しなかった。規則405によれば、証拠金取引にとっては信託の財産状態は本質的要素である」[61]として、ブローカーの勧誘がNYSE規則405違反になると判断したほか、ブローカーがリスクを開示せず証拠金取引および債券を勧誘することはNASDの適合性規則違反になるとも認定した。

　結論として、裁判所は、以下の2つの点においてブローカーがコモン・ロー上の過失を犯したと判断した。すなわち、「(1)証拠金によって債券の購入を勧誘する前に信託にある資金額について調査しなかったこと、(2)投資者に情報に基づく判断が出させるために、証拠金勘定において債券の購入によって生じる追加的な財産責任のリスクを投資者に助言しなかったこと」[62]である。

　この事案で、コモン・ロー上のネグリジェンス訴訟の認定に利用されている2つの事由は、実は適合性原則に違反した行為にもなりうる。つまり、NASDの適合性規則の規定によれば、ブローカーが投資者の情報を知らずに勧誘したことおよび自ら勧誘した投資方法のリスクを開示しなかったことが、適合性原則に違反することになる。このように、適合性原則違反によって連邦法上の私的訴権は認められないが、コモン・ロー上のネグリジェンス訴訟の認定事由として利用されている。この場合に、証券業者の行為基準である適合性原則は、実際にブローカーが勧誘を行うときの注意基準として考慮されている。

　しかし、適合性原則違反により連邦法上の私的訴権が生じないと言いながら、実際にコモン・ロー上のネグリジェンス訴訟において、適合性原則違反によって民事責任を認めることは、同一のことについて裁判所が矛盾する判断を下しているようにみえる[63]。この点については、2つの理由があると言われている。1つは、ネグリジェンス訴訟では、ブローカーの適合性原則違反は、責任の根拠ではなく、ただブローカーが合理的に行動したかどうかを判断するときの1つの要素に過ぎないからである。今ひとつは、ネグリジェンス訴訟がコモン・ロー上の訴訟であり、適合性原則に基づく訴訟は連邦訴訟であり、いずれの場

---

[61] Id. at 299.
[62] Id. at 300.
[63] Porser & Fanto, supra note 10, at 16-165.

合も責任の事実上の根拠は同じであるが，2つの訴訟は異なり，独立のものだからである[64]。

また，適合性原則は，ブローカーの信認義務違反が問われた場合の根拠ともなる。実に，適合性原則違反により直接に連邦法上の私的訴権が生じるかどうかの議論が盛んに行われていたとき，早くも1968年に，カリフォルニア州の控訴裁判所は，Twomey v. Mitchum, Jones & Templeton, Inc. 事件[65]において，既に適合性原則に違反したブローカーに対し，信認義務違反として損害賠償責任を認定していた。

適合性原則と信認義務違反との関係を明快に示したのは，Rupert v. Clayton Brokerage Company of St. Louis. Inc. 事件[66]である。

【判旨】　この事件において，コロラド州の最高裁判所は，「証券会社が自らの顧客を保護し，従業員と口座を管理することを規定するこれらの規則（NASDの適合性規則，NYSE規則405を含む――筆者注）は，決定的ではないが，証券会社の信認義務を履行するには遵守しなければならない注意基準と無関係なものとして無視することはできない。これらの規則は，取引に含まれたリスク，リスクを下げるために必要となる警告および保護手段の可能性に関する被告の認識の証拠となる。本事件において，裁判所は被告がこれらの規則に違反したことそれ自体によっては責任を生じさせないが，これらの規則が投資者の資金を管理するにあたっての被告の過失と明らかに関係している」として，被告の行為が適合性原則に違反し，信認義務における注意基準を満たさないことによって信認義務違反となると判断した。

この事案では，信認義務を履行するときの注意基準として，適合性原則は捉えられており，その違反が信認義務違反の根拠とされた。

また，コモン・ロー上のネグリジェンス訴訟と信認義務違反訴訟との関係について，「違反がブローカーの過失による場合に，ネグリジェンス訴訟の分析は信認義務違反訴訟のそれと異ならない。2つの種類の訴訟における争点はブローカーと顧客の関係およびブローカーの義務の範囲に集中している。原告がブローカーの注意義務違反としてネグリジェンス訴訟を性格づける事実は，裁

---

[64]　Id. at 16-165.
[65]　69 Cal. Rptr. 222 (Ct. App. 1968).
[66]　737 P. 2d 1106 (Colo, 1987).

判所の分析を変えるものではない」[67]と説明されたように，ブローカーのネグリジェンスに着目してコモン・ローに基づき損害賠償を提起する場合に，ネグリジェンス訴訟にするかまたは信認義務違反訴訟にするかを問わず，ブローカーと顧客との関係およびブローカーの義務の範囲が重要な要素である。ブローカーと顧客との関係およびブローカーの義務を考察するには，両者の間の信認関係の存否が極めて重要であることおよび実際の裁判において信認義務違反を認定する事件が多いということを考慮し，本書においては，ネグリジェンス訴訟のそれではなく，第6章で，信認義務違反を中心に後述する。

第6節 小　括

　適合性原則違反により直接に連邦法上の私的訴権が生じるかどうかについて，米国の裁判例は2つの立場に分かれているが，大半の裁判例は否定的である。

　否定的立場をとる裁判例は，Colonial事件の判断基準，いわゆる規則の性質およびその規則の規制体系における位置づけを考慮し，具体的に，SECの規則を代替するものであるかどうか，およびコモン・ローに見られない明示的な義務を課しているかどうかを基準として，適合性原則違反に基づく私的訴権を否定した。さらに，これらの裁判例は，3つの理由から否定的結論を導いている。第1は，証券取引所法の条文に基づいて黙示的私的訴権が存在するかどうかについての連邦最高裁判所の消極的見解の影響を受け，適合性原則の制定根拠である法条文に対して議会が私的訴権を与える意図がないこと。第2は，Colonial事件の判断基準を忠実に遵守し，適合性原則により具体的な義務が課されていないこと。第3は，肯定的立場の裁判例の基準を意識しながら，禁止規定ではない適合性原則の文言から，その目的が投資者保護ではないことを理由にしている。

　これに対して，肯定的立場をとる裁判例は，Buttrey事件の判断基準，いわゆる投資者保護の目的にブローカーの行為が「詐欺と同等である」という要件を加えた判断枠組みによって適合性原則違反に基づく私的訴権を認める。これらの裁判例は総じて適合性原則の目的が投資者保護であるとし，その上で，ブローカーの行為が「詐欺と同等である」と認定した上で，適合性原則違反により民事責任が生ずるという結論を導いている。

---

[67] Porser & Fanto, supra note 10, at 16-146.

第4章 米国における適合性原則違反と連邦法上の私的訴権

　一見すると，否定的立場の裁判例と肯定的立場の裁判例の判断基準は，異なるようであるが，これは，適合性原則の性質に対する認識の違いが決定的な原因である。否定的裁判例は，適合性原則が包括的プログラム規定であり，それによって具体的な義務を生み出さないものと理解している。これに対し，肯定的裁判例は，適合性原則が精密な実体的規定であり，投資者保護を目的として明示的義務を要求しているものと認識している。たとえ Colonial 事件の判断基準に依拠しても，適合性原則が具体的義務を課していると認定できたならば，肯定的な結論を導くことも可能である[68]。

　適合性原則の性質をどう理解するかは，解釈問題となり，認識が一致しないのは無理のないことである。適合性原則違反に基づく連邦法上の私的訴権の有無が問題とされた 1960 年代から 70 年代にかけては，民事責任どころか，SEC が行政執行においてようやく適合性原則を重視し始めた時期であり，適合性原則が単なる倫理規制であるという認識が一般的であった。裁判例だけでなく，学者も「禁止規定としてより肯定的指令として表現された適合性原則には特定性が不十分であり，この原則が倫理的勧告として顧客保護と同様にブローカーの評判の保護をも意図されている」[69]として，適合性原則の具体的規範性を否定的に評価していた。

　適合性原則の具体的規範性についての否定的評価が主流となっている中で，いくつかの裁判例が積極的に適合性原則を評価した点には重要な意味がある。ただ，それらの裁判例が民事救済を与えるためにはブローカーの勧誘行為が適合性原則違反にあたるのみでは足りず，ブローカーの主観的態様，すなわち「詐欺と同等である」行為をしたことも必要とした点は，批判の的になった。確かに，これらの裁判例は，ブローカーの行為が「詐欺と同等である」との要件と適合性原則が「投資者保護の目的」を有するとの要件を併せて適合性原則違反による損害賠償責任の成立要件としているが，適合性原則違反の行為に関する判断と「詐欺と同等である」行為に関する判断との関係を明らかにしていないからである。しかし，ブローカーの主観的態様を問題とすることは，第5章で

---

[68] Starkman v. Seroussi 事件（377 F. Supp. 518 (S. D. N. Y. 1974)）は，忠実に Colonial 事件の判断基準に依拠した事件であるが，NYSE 規則 405 の性質について，この判決は NYSE 規則 405 が明確であり，目的の中に投資者保護を含めており，またこの規則が SEC 規制にとっては不可欠な部分であると考えられるとして，NYSE 規則 405 違反により私的訴権が生じるという肯定的な結論を導いた。

[69] J. Michael Rediker, *Civil Liability of Broker-Dealer under SEC and NASD Suitibility Rules,* 22 Ala. L. Rev. 15, at 50〜51 (1969).

第6節 小 括

　紹介する，証券取引所法 10 条 b 項および規則 10b-5 に基づき適合性原則違反の民事責任を認定する場合の判断方法と共通している。Buttrey 事件の判断基準は批判されていたが，法の発展の観点からは，この基準に従った裁判例は，積極的に適合性原則に違反したブローカーの民事責任を認定する方向に貢献したに違いない。

　適合性原則違反について，直接に連邦法上の私的訴権が生じるかどうかについては，1970 年代に盛んに議論されたが[70]，1978 年に連邦控訴裁判所によって，適合性原則違反に関する民事責任が，証券取引所法 10 条 b 項および規則 10b-5 に基づき認定できると認められたことにより，この議論は終息した。

---

[70] 本文に直接に引用した文献のほか，Roach, *The Suitability Obligations of Brokers: Present Law and the Proposed Federal Securities Code,* 29 Hastings L. J. 1068, at 1185～1196 (1978); Note, *Private Action as a Remedy for Violation of Stock Exchange Rules,* 83 Harv. L. Rev. 825 (1970), Wolfson & Russo, *The Stock Exchange Member: Liability for Violation of Stock Exchange Rules,* 58 Calif. L. Rev. 1120 (1970); Cockman, *Stock Exchange Rule-Implied Civil Liability Under the Securities Exchange Act of 1934 for Breach of the "Know Your Customer Rule",* 44 Tul. L. Rev. 633 (1970); Lowenfels, *Implied Liability Based Upon Stock Exchange Rules,* 66 Colum. L. Rev. 12 (1966) なども参照。

第5章　米国における適合性原則違反の民事責任(1)
——反詐欺条項に基づく場合

　裁判所の多数は，議会の意図を重視して，Colonial 事件の判断基準に従い，自主規制規則たる適合性原則違反により直接に連邦法上の私的訴権が生じることを否定している。Buttrey 事件の判断基準に従えば肯定的結論も出せるが，適合性原則それ自体によるのではなく，ブローカーの行為が「詐欺と同等である」ことを要件としている。また，コモン・ローのネグリジェンス訴訟および信認義務違反訴訟でネグリジェンスまたは注意義務違反の判断要素として適合性原則違反を認定している。

　このように，適合性原則違反のみによる損害賠償の請求に対して，裁判所は消極的である。にもかかわらず，勧誘の適合性に関する訴訟はやまない。このような状況の中で，連邦裁判所は，やがて証券取引所法10条b項およびそれに基づき SEC により制定された規則 10b-5（以下，法10条b項および規則 10b-5 という）を利用して，適合性に関する訴訟を審理し，その違反行為に対して民事責任の認定を行うようになった。このような司法上の活動によって，適合性原則はようやく倫理準則から法準則となり，これは自然かつ望ましい発展であると言われている[1]。

　後に紹介するように，法10条b項および規則 10b-5 に基づき適合性原則違反に対して民事責任を認定する場合には，いくつかの要件が必要とされている。それらの要件を立証することは，投資者にとって必ずしも容易なことではない。1987 年の Shearson/American Express, Inc. v. McMahon 事件[2] および 1989 年の Rodriguez de Quijas v. Shearson/American Express. Inc. 事件[3] において，連邦最高裁判所は，ブローカーと投資者間に事前に仲裁で紛争を解決する旨の合意があれば，証券取引に関する紛争は当該合意に従って解決されるべきであるという画期的な判決を出してから，投資者からの適合性原則違反に対する損害賠償請求についての認定場所は，裁判所から仲裁，特に NASD により指定さ

---

[1] Norman S. Porser & James A. Fanto, Broker-Dealer Law and Regulation, at 16-164 (4th ed, 2007).
[2] 482 U. S. 220 (1987).
[3] 490 U. S. 477 (1989).

第5章　米国における適合性原則違反の民事責任(1)——反詐欺条項に基づく場合

れた仲裁審判所（arbitration tribunals）に移すことになった[4]。このような動きが裁判例の蓄積にも大きな影響を与えている。実際には，仲裁が認められるようになってから，適合性原則違反に対する民事責任の認定を扱う裁判例は減少している。

　以下では，法10条b項および規則10b-5に基づき，適合性原則違反に対する民事責任を認定するにあたって，裁判例により確立された成立要件を中心に紹介する。

第1節　反詐欺条項に基づく黙示的私的訴権

　米国の証券諸法における反詐欺条項には，1933年の証券法17条a項，1934年の証券取引所法10条b項，14条e項および15条c項1号などがあるが，実際に適合性原則違反に関して，利用されているのは証券取引所法10条b項および規則10b-5である。

　1934年の証券取引所法10条b項（以下，法10条b項という）それ自体は，包括的条項であり，同法9条および10条a項に明示された禁止事項に当てはまらない不正行為に対処することがその目的である[5]。法10条b項は以下のような内容である。

　　「いかなる者も，直接または間接に，州際通商のなんらかの方法若しくは
　　手段あるいは郵便，または国法証券取引所のなんらかの施設を用いて，次の
　　行為を行うことは，違法である。
　(a)　〈略〉
　(b)　SECが公益または投資者保護のために必要または適当と定める規則
　　　および規制に違反して，国法証券取引所に登録されている証券または
　　　登録されていない証券の買付けまたは売付けに関して，相場操縦的ま

---

[4]　Lewis D. Lowenfels & Alan R.Bromberg, *Suitability in Securities Transactions*, 54 Bus. L. 1557, at 1558 (1999). また，NASDの仲裁審判所のほか，NYSEおよびアメリカ仲裁協会のそれもある。訴訟と比べて，仲裁は次のような利点がある。すなわち，①時間がかからないこと，②コストが少ないこと，③判断基準が柔軟であること，④多くの仲裁人が専門家であること（栗山修『証券取引規制の研究——アメリカにおける不公正な証券取引規制の展開——』（成文堂，1998年）199頁参照）。

[5]　デービッド・L・ラトナー＝トーマス・リー・ハーゼン（神崎克郎＝川口恭弘監訳・野村證券法務部訳）『米証券規制法概説』（商事法務，2003年）111頁。

第1節　反詐欺条項に基づく黙示的私的訴権

たは欺瞞的計略若しくは策略を用いまたは採用すること」

　法10条b項の規定内容からわかるように，SECが具体的な禁止規則を制定しなければ，この条文自体，具体的には何も禁止していないことになる。
　1942年，SECは法10条b項のもとで，取引所法規則10b-5（以下，規則10b-5という）を制定した。その内容は以下の通りである。

　「いかなる者も，州際通商の方法若しくは手段，あるいは郵便または国法証券取引所の施設を用いて，証券の買付けまたは売付けに関して，直接または間接に，次の行為を行うことは違法である。
　(a)　詐欺を行うための策略，計略または技巧を用いること
　(b)　重要な事実について真実でない記載を行い，またはそれが作成された状況に鑑み，記載につき誤解を招くこととならないための必要な重要な事実を記載することを省略すること
　(c)　いずれかの者に対して詐欺若しくは欺罔となる，あるいはなりうる行為，慣行または業務を行うこと」

　これらの規定は，反詐欺条項と呼ばれるように，主たる目的は詐欺の防止にある。証券諸法のもとで発展してきた制定法上の詐欺（fraud）は，欺瞞（deceit）に関するコモン・ロー上の不法行為訴訟に依拠しており，その要件は次の通りである。
　すなわち，①虚偽の表示（false representation）の存在，その表示が②重要な，③事実に関するものであること，④被告は，虚偽を認識していなければならず（この種の認識は故意（scienter）と呼ばれている），しかも虚偽を認識しているにもかかわらず，原告に対してその虚偽の表示を信頼させようとする目的で行っていなければならないこと，⑤原告は正当にその虚偽の表示を信頼していなければならないこと，⑥結果として損害を被っていること，である[6]。
　しかし，法10条b項および規則10b-5の条文上，明示的私的訴権が与えられていないため，これらの条文に基づき損害賠償訴訟を提起するためには，黙示的私的訴権の認定が必要となる。連邦地方裁判所は，早くも1946年にKar-

---

[6] Louis Loss & Joel Seligman, Securities Regulation, at 3411 (3rd, 2004).

don v. National Gypsum Co. 事件[7]において，コモン・ロー上の不法行為原則を適用し，実定法に違反し，法律が保護しようとした他人の権利を侵害した者は，損害賠償の責任を負うとして，黙示的私的訴権を認めた。1971年にSuperintendent v. Bankers 事件[8]において，連邦最高裁判所は，初めて規則10b-5違反により黙示的私的訴権が生じるかという問題に触れたが，判決の本文の中で具体的な検討を行わず，脚注の中で黙示的私的訴権が生じると判示した。

　ところが，第4章で紹介したように，1970年代後半から，連邦最高裁判所は黙示的私的訴権に対して厳しい態度を示し，これが規則10b-5の適用にも影響を与えた。1960年代には連邦控訴裁判所および地方裁判所は規則10b-5を拡大解釈し，その違反に対し，故意のみならず過失があった場合にも損害賠償責任を認めていたが，1975年以降，規則10b-5の文言を限定的に解釈するようになった。しかし，これは規則10b-5に基づく黙示的私的訴権が否定されたわけではなく，ただ規則10b-5の適用要件が厳格になったことを意味するものであり，引き続き規則10b-5に基づく民事救済が，認められている。

第2節　反詐欺条項に基づく場合の認定要件[9]

5.2.1　不適合な勧誘は規則10b-5違反になる──リーディングケースの判断

　連邦控訴裁判所において，初めて不適合な勧誘が規則10b-5違反になると認定したのは，Clark v. John Lamula Investors, Inc. 事件[10]である。

　【事案の概要】　Xは，学校の教員であったが，1974年に退職した。Xは離婚の財産分与によって13万8,000ドルを取得し，その中の10万ドルを利用して，月に1,000ドルの利回りで投資することを望んでいた。友達の紹介で，XはYに投資を依頼し，自らの投資目的を伝えた。Yは自ら9,436ドルで購入した転換社債を1万890ドルでXに売りつけた。その後，Xは投

---

[7]　69 F. Supp. 512 (E. D. Pa. 1946).
[8]　404 U. S. 6 (1971).
[9]　反詐欺条項たるSEC規則10b-5に基づく場合の民事責任の成立要件を，最初に紹介した邦語文献は，川地宏行「投資勧誘における適合性原則(一)」三重大学法経論叢17巻2号14〜22頁である。
[10]　583 F. 2d 594 (2d Cir. 1978). この判例を紹介した邦語文献として，前掲注(9)川地論文のほか，山下友信「証券会社のブローカーの義務」証券取引法研究会国際部会編『証券取引における自己責任原則と投資者保護』（日本証券経済研究所，1996年）51〜53頁がある。

第2節　反詐欺条項に基づく場合の認定要件

資顧問である甥と相談して、転換社債が自分に不適合であると知り、直ちにYに対して転換社債を処理するよう要求したが、Yは応じなかった。Xは自ら他の証券会社を通して購入した転換社債を売却したが、結果的に約3万ドルの損失を受けた。そこで、Xは法10条b項および規則10b-5違反を理由の一つとして、Yに対して損害賠償訴訟を提起した。

この事案では、責任の根拠について、原告は、①故意に（knowingly）不適合な証券を勧誘すること、②過大な手数料（mark-ups）を取得すること、という2つの根拠を提示したが、第2巡回控訴裁判所は、陪審員の具体的な評決が第1の根拠に基づく場合には原告に有利であるため、過大な手数料のことを議論する必要がないと判断した。したがって、本事案において、不適合な勧誘だけが問題とされている。

【判旨】　まず、規則10b-5の下で私的訴権によって損害賠償を請求するときの要件について、裁判所は、「規則10b-5の下で私的訴権によって損害賠償を請求するために、原告は2つのことを立証しなければならない。第1に、この規則に違反されたことであり、第2に、これは故意で、すなわち意図的な欺瞞、操縦または詐欺をもって違反されたことである」[11]と述べた。

次に、Yの勧誘行為について、同裁判所は、「陪審員の評決によってYが規則10b-5に違反したことは明らかである。陪審員は当該社債がXのニーズに適合していなかったこと、Yが適合していないことを知っていたあるいは合理的に信じていたにもかかわらず、Xに勧誘したことを明確に評決した。さらに、陪審員はYが次のことをXに開示しなかったことも評決した。すなわち、(1)格付け機関が当該社債をどのように評価したかということ、(2)大きな金融リスクを伴う投機的証券を購入しない限り、Xが投資から年間1万2,000ドルの収益を期待し得ないこと、(3)購入した証券に含まれているリスクの範囲についてである。陪審員は、さらに進んでYが他の投資機会を含むこれらの事実をXに開示すれば、Xがこの証券を購入しないであろう、と評決した。したがって、Yが詐欺または欺瞞をもってXに影響を及ぼす行動をしたこと、取引の進行またはその実施に従事したこと、およびXの正確な購入に対する重要な事実を開示しなかったことは、疑いのないことである」[12]

---

[11]　Id. at 600.
[12]　Id. at 600.

第5章　米国における適合性原則違反の民事責任(1)——反詐欺条項に基づく場合

として，Yの勧誘行為が規則10b-5に違反したと判断した。

また，Yが故意であるかどうかについて，裁判所は，「さらに，公判の判事の説示を考慮してなされた陪審員の尋問回答によって，Yが故意をもって規則10b-5に違反した。Yが他の投資機会をXに開示しなかったとき，意図的にXを欺瞞したという認定に加えて，陪審員は明白かつ確信的な証拠によって，YがXに売りつけようという明確な目的をもってこの証券を購入させ，過大な価格をXに負わせて，そしてYが意図的な欺瞞をもってそのようなことをしたと評決した」[13] として，Yに故意があると判断した。

結論として，同裁判所は，「Xに不適合な証券の購入を勧誘したとき，Yが故意にXを欺瞞したことは，判事の説示と陪審員の明白な回答によって明らかになったこと，および，Yが証券に関して過大な価格をXに請求したとき，欺瞞する故意をもって行動したことを考慮して，我々は，これらの証拠によってYが規則10b-5に違反したことおよび故意があったという認定を支持する。したがって，Xは連邦証券取引所法10条b項および規則10b-5の下で私的訴権によって損害賠償を請求できる」[14] と判断した。

この事案では，投資者のニーズに一致しない証券の勧誘が不適合であること，および不適合であることを知っていたあるいは合理的に信じていたにもかかわらず，投資者に勧誘したブローカーは故意を有すると認定し，重要な事実の不開示に加え，ブローカーの勧誘行為が規則10b-5に違反したとして，投資者の損害賠償請求を認めた。

本判決は，故意の要件の下で，不適合な勧誘が規則10b-5違反になると認定した最初の連邦控訴審裁判例として，紹介されているが[15]，判決の中では，不適合な勧誘だけでなく，重要な事実の不開示も考慮されていたところからみると[16]，詐欺的行為あるいは重要な不開示による規則10b-5訴訟に対して，不適合な勧誘が根拠の一部になっているとも思われる[17]。しかも，この事案は，規

---

[13] Id. at 600.
[14] Id. at 601.
[15] Porser & Fanto, *supra* note 1, at 19-25 (4th ed, 2007).
[16] 川地および山下は，本事件においては，適合性原則違反と説明義務違反の両方が認定されたと解釈した。すなわち，不適合な勧誘行為が適合性原則違反にあたり，重要な事実の不開示が説明義務違反にあたるとした（川地・前掲注(9)16〜17頁，山下・前掲注(10) 52〜53頁）。
[17] Mark C. Jensen, *Abuse of Discretion Claims Under Rule 10b-5: Churning, Unsuitabili-*

則10b-5訴訟にとっては故意の要件が必要であることを強調するにとどまり，適合性原則違反による規則10b-5訴訟の要件について，詳しく検討しているわけではない。

5.2.2 反詐欺条項に基づく不適合訴訟の理論的根拠

ブローカーの勧誘行為が適合性原則に違反した場合に，投資者が法10条b項および規則10b-5に基づき民事訴訟を提起する理論的根拠について，City of San Jose v. Paine, Webber, Jackson & Curtis Inc. 事件[18]において，連邦地方裁判所は，「原告の不適合訴訟は，おそらく規則10b-5から導く2つの理論のいずれかの下で検討される。第1の理論によれば，被告である証券業者がこの取引が原告の目的に不適合であったことを開示しなかったため，故意のある不適合な取引の勧誘を理由とする訴えは提起できる。便宜上，これを『不開示』理論と呼ぶ。第2の理論によれば，故意のある不適合な取引の勧誘は，それ自体が詐欺になるため，提訴できる。便宜上，これを『詐欺的行為』理論と呼ぶ。原告にここで依拠する理論を明記することは要求されないが，原告がどちらの理論的根拠を選択するかは法的分析にとって重要な意味を有する」[19]とした。この事案では，不開示を問題にしたため，裁判所は第1の理論的根拠を「不開示」としたが，実際には，反詐欺規定の中に，不開示と不実表示が一緒に規定されている。

学説は，この裁判例により提起された理論構成を受け入れて，適合性原則違反に対し，反詐欺条項に基づき訴訟を提起する場合に，「不実表示または不開示理論」および「行為による詐欺理論」という2つの理論的根拠の下で，適合性原則違反による民事責任の成立要件を分析している[20]。

第1の理論的根拠である「不実表示または不開示理論」によれば，ブローカーは顧客を勧誘するとき，勧誘した証券が適合性を有することと表示し，あるいは不適合であることを開示しない場合に，不実表示または不開示に該当するため，民事責任を生じる。第2の理論的根拠である「行為による詐欺理論」によると，ブローカーは顧客に不適合な証券を勧誘する場合に，その行為自身が詐欺になるため，民事責任を生じる。この2つの理論的根拠は，反詐欺条項

---
 ty, and Unauthorized Transactions, 18 Sec. Reg. L. J. 374, at 382 (1991).
[18] 1991 U. S. Dist. LEXIS 8318 (N. D. Cal. 1991).
[19] Id. at *2.
[20] Porser & Fanto, *supra* note 1, at 19-24; Lowenfels & Brombeg, *supra* note 4, at 1585.

の内容から導かれたものであるため，どちらの理論的根拠にしても，詐欺の存在が必要不可欠の要件となっている[21]。

ブローカーの不適合な勧誘行為に対して，この2つの理論的根拠のいずれを利用しても，損害賠償を請求することができる。しかし，それぞれの理論構成に含まれる要件が異なるため，原告に選択された理論的根拠の違いによって，適合性原則違反による民事責任の成立要件は異なることになる。以下では，それぞれの場合における民事責任の成立要件について，具体的に見てみよう。

5.2.3 「不実表示または不開示理論」に基づく場合の要件
―― リーディングケースの判断

Lamula事件において，裁判所は不適合訴訟の要件について，理論的根拠を明示せず，ただ勧誘の不適合性および故意の存在という2つの要件を挙げた。同じ第2巡回控訴裁判所は，Lamula事件から15年後，リーディング・ケースであるBrown v.E.F. Hutton Group, Inc.事件[22]において，「不実表示または不開示の理論」に基づく不適合訴訟の要件を明確に示した。

【事案の概要】　XらはYに投資した約400名の理解力・判断力のない（unsophisticated），利殖志向の投資者である。Yは，開発された現存の石油とガスの鉱井に対して所有権を獲得し，その所有権に基づく石油とガスの販売によって投資者に定期的な現金配当を提供するために設立された，リミテッド・パートナーシップ（limited partnership）である。YはXらに当該パートナーシップへの投資を勧誘する際に，Xらにパンフレットやパートナーシップの発起書を提出した。パンフレットにおいて，石油とガスの所有権獲得だけの購入が探鉱リスクを排除できると強調することによって，パートナーシップとその原型となる石油とガスの投資リスクとの区別が示されている。また，Xらに渡したパートナーシップの発起書にもリスクについて詳しく記述されている。しかし，YはXらを勧誘する際に，当該パートナーシップがリスクのないあるいはリスクの低いものであると口頭で陳述した。当該投資が無価値なものになったとき，Xらは，不適合な証券を購入させたYの行為が法10条b項に違反することを理由の1つとして，損害賠償訴訟を提起した。

---

[21] Id. at 19-24.
[22] 991 F. 2d 1020 (2d Cir. 1993).

第2節　反詐欺条項に基づく場合の認定要件

　【判旨】法10条b項および規則10b-5に基づく不適合訴訟の要件について，裁判所はLamula事件の判決を参考にして，次のように述べた。すなわち，「原告は，次のことを立証しなければならない。①購入された証券が買主のニーズに不適合であること，②被告がこの証券が買主のニーズに不適合であることを知っていたあるいは合理的に信じていたこと，③被告がとにかく買主に不適合な証券を勧誘したあるいは購入させたこと，④被告が，故意（scienter）をもって証券の適合性に関する重要な不実表示をした（あるいは，買主に対する開示義務を負いながら，重要な情報を開示しなかった）こと，⑤買主が被告の詐欺的行為を正当に信頼し，自ら損害を受けたこと」[23]である。

　また，④の「故意」の要件の認定について，同裁判例は「Yが証券が投資者のニーズに不適合であることを知っていたあるいは合理的に信じ，証券の不適合性について不実表示あるいは不開示し，とにかくこの証券を勧誘しあるいは購入させるよう推進したという認定事実によって，故意は推断されうる」と説明し，⑤の「正当な信頼」の要件について，「不適合訴訟の信頼要件に関するXらの負担は，法10条b項および規則10b-5に基づく他の訴訟と同様に，訴訟が詐欺的表示または詐欺的不開示のどちらを主張したかによって変わる（不実表示の場合における正当な信頼要件の立証と不開示の場合のそれとの違いについて，第6節で紹介する──筆者注）」[24]と述べた。

　具体的な判断として，同裁判所は，①の要件，すなわちYが勧誘した投資がXらの利殖，元本増加および預金というニーズに適合しないと認定したものの，⑤の要件，すなわち投資の性質に関するYの不実な口頭勧誘に対するXらの信頼は正当でないことを理由に，最終的に，Xらの請求を否定した。具体的な理由について，同裁判所は，まず，投資者の正当な信頼の認定について，一般論として，「最小限の注意を払いさえすれば，真実を発見すべき場合に，投資者が不実表示を信頼することは正当ではない。この基準によれば，投資者の行為が相当程度の無思慮（recklessness）によって生じた場合には，法10条b項の責任は課せられないのである。投資者が無思慮で行動し，それゆえに正当な信頼をもっていないかどうかを判断するためには，単一の要素は決定的でなく，すべての関連する要素を考慮し，バランスを取らなければならない」[25]と述べ，たとえブローカーによる口頭の不実表示があっても，

---

[23]　Id. at 1031.
[24]　Id. at 1031.
[25]　Id. at 1032.

第5章　米国における適合性原則違反の民事責任⑴──反詐欺条項に基づく場合

投資者が無思慮で信頼した場合に，そのような信頼は正当性がないという見解を示した。

　本件において，XらのYの口頭勧誘を信頼したことが正当性を有するかどうかについて，同裁判所はYがXらに提出したパンフレットおよび発起書に投資に関する情報が詳しく記載されていたことを踏まえて，「Yによるリスクの開示は，当該投資が低いリスク，元本増加または利殖を生じさせるといった投資目的に適合しないという情報を適切にXらに与えた。また，投資の制限された譲渡可能性と流動性の開示は，当該投資が適合する預金手段でないことを適切にXらに知らせた。したがって，Xらに公開した情報は，Xらに個人の投資者にとって当該投資の適合性の有無を正確に示した。さらなる調査をしなければ，Xらが主張したYの口頭勧誘に対する信頼は，無思慮で，正当性がない。我々もパンフレットおよび発起書が完全な客観的な開示をもってXらに誤解させることのない事実を提供したと判断する」[26]として，Yの口頭勧誘に対するXらの信頼には正当性がないものと認定した。

　この事案では，Yの勧誘した投資はXらの投資目的に一致しないため，不適合であることと，Yが故意で不適合な勧誘をしたことおよびYの口頭勧誘が不実表示であることを認めながら，たとえYの口頭勧誘が不実な表示をしたとしても，提出した書面資料が完全な情報を提供したため，これを検討しないXらが，無思慮でYの口頭勧誘を信頼したことには正当性がないとして，Yの民事責任を認めなかった。

　この判決自体は否定裁判例であるが，「不実表示または不開示理論」に基づく不適合訴訟の要件について，次のように明示された。すなわち，①勧誘された証券が投資者のニーズに不適合であること，②ブローカーが故意で不適合な勧誘をしたこと，③適合性に関する不実表示または不開示が重要であること，④投資者がブローカーの表示を正当に信頼したことである[27]。

---

[26] Id. at 1033.
[27] Willa E. Gibson, *Investors, Look Before Your Leap: The Suitability Doctrine Is Not Suitable for OTC Derivatives Dealers,* 29 Loy. U. Chi. L. J. 527, at 550~551 (1998); Norman S. Poser, *Liability of Broker-Dealers for Unsuitable Recommendations to Institutional Investors,* 2001 B. Y. U. L. Rev. 1493, at 1540 (2001).

5.2.4 不適合訴訟（unsuitability claim）と法10条b項に基づく通常の詐欺訴訟（ordinary section10(b) fraud claim）との区別：Louros v. Kreicas事件

　Lamula事件は不適合な勧誘が反詐欺規定違反になることを認め，Hutton事件は，さらに，その要件をも明示したが，同じく反詐欺条項に基づき訴訟を提起する場合に，不適合訴訟と通常の詐欺訴訟との区別については触れなかった。この2つの訴訟類型の違いを明白にしたのは，Louros v. Kreicas事件である[28]。

　【事案の概要】　Xは55歳の弁護士であり，ビジネス経営学の修士号と経済学の学士号を持ち，10年間の投資経験を有する。Yは退職した薬剤師であり，投資に強い関心をもち，自らの投資経験の範囲を不実表示して，ブローカー業務口座を開設し，投資顧問を偽って，Xを勧誘した。2000年後半に，XとYは，YがXのためにXの投資口座で投資し，その代わりに利益の10％をYが受け取るという第1の取決め（Arrangement）を締結した。そのとき，Xは，自己が保守的投資者であり，投機的投資に関心がなく，損失を負担する余裕がないことをYに伝えた。第1取決めが2001年9月に終了するまで，XはYの助言に従って多くのオプション取引に投資し，利益をあげた。問題となった取引は，第2取決めの下で行われたものであった。2002年1月から，Xが再び株市場に大量投資することを決めて，Yとの間に第1取決めと同じ内容の第2取決めを締結し，それぞれ27万5,000ドルと76万ドルを有する2つの口座をYに任せつつ，これらの資金は自己の生活預金であることおよびこれらの元本の損失を負担できないことをYに伝えた。そのとき，投資目的について，Xは現時の利殖を重要視せず，穏当なレベルのリスクを選んだ。最初，YはXの以前の2つの口座の資金を全て新しいA口座とB口座に移転して，結合方法でオプション取引を行った。利益を上げたため，2002年5月にYは自己の手数料を利益の10％から20％まで上げることをXに要求し，Xは同意した。2002年6月にYはXのB口座において，プット・オプションを利用して，垂直ブル・スプレッド（vertical bull spreads）投資（以下，Cオプション取引という）を行い始めた。これは，現時の市場価格より低い行使価格でプット・オプションの売り，およびそれよりもっと低い行使価格である場合を除いて同じプット・オプションの購入を同時に行うというオプションを組み合わせる投資方法である。この投資の仕組

---

[28]　367 F. Supp. 2d 572 (S. D. N. Y. 2005).

第 5 章　米国における適合性原則違反の民事責任(1)——反詐欺条項に基づく場合

みについてYはXに説明しなかった。Cオプション取引投資は，急速に利益を上げる反面，投資資金以上の損失をもたらす可能性がある。Yは 2002 年 6 月にこのような投資を 4 回行い，4 万 5,000 ドルの利益を取得したあと，75 万ドルの損失を出した。最終的に，X は 56 万 6,500 ドルの損失を被った。

原告は法 10 条 b 項および規則 10b-5 に基づき損害賠償訴訟を提起したが，当事者の間に，これを通常の詐欺訴訟とするか不適合訴訟とするかの区別を申し立てなかったため，裁判所は，2 つの訴訟類型における判断要素について，真に事実上の差異があるかどうかを検討する必要があると考えて，以下の判決を下した。

【判旨】　まず，不適合訴訟と通常の証券詐欺訴訟の関係について，裁判所は，「不適合訴訟が，(a)不適合な証券を故意に勧誘しまたは買付けさせたことの証明，(b)問題である不実表示と不開示は証券の買付けまたは売付けよりもむしろ証券の適合性に関してなされたものであること，を要求していることを除き，不適合訴訟は通常の法 10 条 b 項の詐欺訴訟と類似している」[29] と述べた。

具体的な判断として，第 1 に，Y が勧誘した投資の適合性について，裁判所は，X がオプション取引の経験を有するが，C オプション取引をしたことがないこと，特に X が自らの投資目的に投機性を認めないと指示したことを考慮して，Y が勧誘した C オプション取引は X に不適合であると認定した。

第 2 に，不適合な勧誘に関する Y の故意の有無について，裁判所は，X は何度かの場合に自己が保守的な投資者であることおよび投機をしたくないことを Y に伝えており，Y が X の投資目的が投機ではなく成長であることを合理的に信じたこと，および Y が自ら行った投資がハイリスクであることを知っていたことによって，Y は X に勧誘した投資が不適合であることを知っていたと判断し，Y に故意があると認定した。

第 3 に，重要な要素である証券の適合性に関する不実表示または不開示について，裁判所は，X が列挙した不実表示と不開示について，個々に検討した。X は以下のように，Y の不実表示と不開示を列挙して主張した。すなわち，①Y が X に伝えた自己が投資顧問の資格を有するという不実表示，②Y が同時に X に伝えた(a)自己が保守的な投資戦術のみを利用する，(b)X の元本

---

[29]　Id. at 585.

244

第2節　反詐欺条項に基づく場合の認定要件

が完全に保護されるという不実表示，③Yが電話でXに伝えた自ら推薦したS＆P500によってプットとコール・オプション相殺における投資が保守的であり，前の投資より安全であるという不実表示，④Yが電話でXに伝えた自己の戦術を利用していればたとえ市場相場が下落してもXの元本は保護されるという不実表示，⑤YがXに伝えた(a)自己がとても保守的に投資していたこと，(b)S＆P500によってプットとコール・オプションの相殺を利用したため，Xの元本が安全であり，たとえ市場相場がさらに下落してもXが保護されるという不実表示，⑥Yが以下の事実に関する不開示があったこと，すなわち，(a)何回かのCオプション取引の実行について，損失のリスクが実現した利益より遙かに大きいこと，(b)S＆P500がYの予想より大きく下落した場合にはXが損失を被ること，(c)Xのリスクが持高の大きさにより増加されること，(d)Xの潜在的な損失が限定されたとしても，依然として巨額であるため，より低い行使価格をもつオプションの所有によって与えられる保護は架空のものであるという事実である[30]。

　裁判所は，①の不実表示は適合性とは関係ないとし，②の不実表示は③および⑤の不実表示に含まれるため，検討しないと示した後，③④⑤の不実表示は，当該証券の適合性と直接に関連していると判断した。すなわち，「③の不実表示は，……YがXの投資のリスク性に関係した。さらに，Cオプション取引は『プットとコールオプションの相殺』ではない。その逆に，それは市場リスクをヘッジしない一連の強気なオプションである。同様に，Xが最大限の範囲で元本を保護することを望んでいたため，④の不実表示が適合性に関連することになる。⑤の不実表示は③と④の不実表示と同じ情報を含んでおり，さらに，Yが既に何回かCオプション取引をしたとき，表示の虚偽性および当該表示とCオプション取引の適合性との関連を高めたことが示された」[31]。また，不開示について，「不開示の⑥の(a)から(c)までは同じくYが行った投資のリスク性に関係するものであり，適合性に直接関連した」と判断した。

　第4に，法10条b項に基づく通常の詐欺訴訟における不実表示または不開示の要件について，裁判所は，この場合の不実表示または不開示が「証券の買付けまたは売付けに関して」という要件，およびこの要件を満たすため

---

[30]　Id. at 583~584.
[31]　Id. at 587.

に，当該証券の価値，性質または投資特性に関係する不実表示でなければならないという従来の裁判所が確立した基準を，本事案にあてはめ，「③④⑤の不実表示および⑥での不開示はYがXのために取引しようとする，あるいは取引したオプションのリスク性に関係している。……ここで主張されたのは，単にYが保守的にXの金銭を管理しまたはXのために利益を上げるという一般的な約束でなく，YがXの口座において購入・売却した証券に関するリスクの量と性質についての具体的な陳述と不開示であった」[32]と述べた上で，不適合訴訟の場合と同じく，③④⑤の不実表示と⑥の(a)から(c)までの不開示は，法10条b項の詐欺訴訟に基づく不実表示または不開示に関する要素であると判断した。

第5に，故意について，裁判所は，「故意は不適合訴訟と通常の法10条b項の詐欺訴訟の両方の要件である」[33]と述べた上で，不適合訴訟における故意の要件について，Hutton事件における第2巡回控訴裁判所の「証券が投資者のニーズに不適合であることを，被告が知っていたあるいは合理的に信じ，証券の不適合性について不実表示あるいは不開示し，とにかくこの証券を勧誘しあるいは購入させるよう推進したという認定事実によって，故意は推断されうる」という判断を引用して，Yの不適合な勧誘に関する故意性を認定した。

また，通常の法10条b項の詐欺訴訟における故意の要件について，裁判所は，既に確立されている「原告が，①意識的な不正行為または無配慮について強い付随的な証拠になる事実の主張，②被告が詐欺を行う動機と機会を有したと証明する事実の主張により故意を十分に主張できる」[34]という基準に依拠して，「証拠によれば，2002年6月にYは，市場は険しく変動しないという自己の信念によってXの全部の資産をB口座に置いた。陪審員は，とりわけCオプション取引から重大な損失が出た後に，Yがこのような戦術を利用したことが，意識的な不正行為または少なくとも無配慮であると判断する」として，通常の詐欺に関してもYが故意を有することを認めた。

第6に，信頼について，不適合訴訟も通常の詐欺訴訟も，同じく不実表示に対し原告が正当に信頼したことを要件としている。裁判所は，本事案の不実表示を2つのグループに分類した。すなわち，「第1に，Xの元本がたと

---

[32] Id. at 588~589.
[33] Id. at 589.
[34] Id. at 589~590.

第2節　反詐欺条項に基づく場合の認定要件

え市場相場が下落しても保護されるという不実表示，第2に，問題の投資が保守的であるという不実表示である」[35]。そのうち，第1のグループに属する④と⑤(b)の不実表示は，リスクなしで利益を獲得するという保証である。Xが経済学とビジネス学の学位を持つ弁護士であること，オプション取引を含む10年間の投資経験およびX自身も認めたオプション取引のリスクを理解していることなどを考慮して，裁判所は，第1グループの不実表示に対するXの信頼には正当性がないと判断した。しかし，第2グループに属する③と⑤(a)の不実表示は，Yが行おうとしたまたは行った具体的な投資のリスクに関する陳述である。結合方法で行われたオプション取引およびCオプション取引のリスクに対して，Xが理解できず評価能力もないこと，およびすべての関連情報をXではなくYが直ちに入手したなどのことを考慮して，裁判所は，第2グループの不実表示に対するXの信頼は正当性があると認めた[36]。また，不開示について，「主張が重要な事実の不開示に関する場合に，信頼は満たされたものとして推定される」[37]から，裁判所は，⑥の(a)から(c)までの不開示が関係する事実は重要であると認定し，信頼の正当性が満たされたと判断した。

この事案では，法10条b項に基づく不適合訴訟は，他の要件において同条文に基づく通常の詐欺訴訟と類似しているが，2つの要件において区別が付けられると示している。すなわち，第1は，不適合な証券を故意に勧誘したことであり，第2は，証券の適合性に関して不実表示または不開示があることである。しかし，実際の判断として，裁判所は，ブローカーにより行われた同じ不実表示に対して，不適合訴訟における「証券の適合性」に関するものであると認定したのと同時に，通常の証券詐欺訴訟における「証券の買付けまたは売付け」に関するものにもあたると判断した。つまり，「証券の適合性」に関する不実表示にしても「証券の買付けまたは売付け」に関する不実表示にしても，同じく証券の性質や投資リスクなどを判断対象としているため，実質上，両者間に差異が生じないのである。したがって，不適合訴訟と通常の証券詐欺訴訟との区別は，第1点にある。つまり，通常の証券詐欺訴訟では，購入させた証券が顧客にとって「不適合な証券」であるか否かの判断は要求されないが，不

---

[35] Id. at 590~591.
[36] Id. at 591.
[37] Id. at 592.

適合訴訟では，勧誘した証券の適合性が必要不可欠の要件とされている。両者の要件上の違いは，実際に顧客の投資目的への考慮を反映している。すなわち，不適合訴訟においては，勧誘の適合性を判断する際に，勧誘した証券が顧客の投資目的に一致するか否かが基準とされているため，顧客の投資目的が重要な判断要素となるのに対し，通常の証券詐欺訴訟においては，そもそも適合性の有無を問題にしないため，顧客の投資目的が考慮されない。顧客の投資目的に関する考慮の有無は，反詐欺条項に基づく不適合訴訟と通常の詐欺訴訟との本質的な差異であるといえよう。

5.2.5　行為による詐欺理論に基づく場合の要件——リーディングケースの判断

「不実表示または不開示理論」と並んで，「行為による詐欺理論」が反詐欺条項に基づく適合性原則違反の民事責任を認定する場合のもう1つの理論的根拠となっている。当該理論に基づく場合の要件を明示したリーディングケースは，O'Connor v. R. F. Lafferty & Co. 事件[38]である。

【事実の概要】　1975年，Xは離婚によって得た20万ドルを資金として，兄に紹介されたYに預けて投資を始めた。Xは投資経験がなく，投資目的は保守的である。Yに対して，Xは，この20万ドルが自分の全資産であること，自分の生活費が投資による毎月700ドルの収益と元夫からの月800ドルの生活援助費に依存すること，また，当該投資から得られる利益を利用して，自分の扶養手当と口座に生じた税金および口座管理費を支払うことを望んでいることをYに伝えた。YはXが投資判断をすべて自分に依存していることを知って，Xの口座において取引を行った。Yは36時間内にXに取引報告書を提出し，また月末にもう一度取引状況を報告していた。

1985年に，Xが投資によって利益を得て，経済状況が好転したため，元夫から毎月800ドルの生活援助費を貰えなくなった。それに応じて，Xの資金計画の性質は変更せざるを得ず，Xの当初の投資目的を満たすために，Xの投資口座から毎月2,100ドルの収益が必要となった。

1987年，Xは口座に関心を向け，1982年から1987年までに行ってきたいくつかの投資は，自己の投資目的に適合しないことが発覚したため，Yに対して，法10条b項および規則10b-6違反を理由の1つとして，損害賠償

---

[38]　965 F. 2d 893 (10th Cir. 1992). この判例を紹介した邦語文献として，前掲注(9)川地論文のほか，村田淑子「適合性原則違反と行為による詐欺に基づくSEC規則10b-5上の責任」商事法務1444号30～33頁（1996年）もある。

第2節　反詐欺条項に基づく場合の認定要件

を請求した。
　Xは，不実表示または不開示による詐欺を主張せず，Yの購入行為を行為による詐欺に該当すると主張し，それに応じて裁判所が主として，行為による詐欺の要件を検討したのが本件である。

　【判旨】　裁判所は，まず「適合性原則は，『顧客を知れ』というNYSE規則405とNASDの公正慣習規則を前提としている。不適合訴訟は，不開示の事実と行為による詐欺の事案として分析されている。いくつかの裁判所は法10条b項および規則10b-5に基づき，単に不実表示または重要な事実の不開示として不適合訴訟を分析した。それらの事案において，ブローカーは，勧誘が投資者の利益に不適合であることを投資者に伝えなかった。裁判所は不開示に関する従来の法律を利用してこのような訴訟を審理することができる」[39]と述べた上で，「それに対して，Xは行為による詐欺に基づく不適合訴訟を主張している。Xは，購入した証券が自己の投資目的に不適合であることについてYが伝えなかったことを主張していない。むしろ，Xは，自己の口座においてYによりなされた証券の購入が詐欺になると訴えている」[40]と説明した後に，Xの主張に沿って，行為による詐欺についての判断に移った。
　「行為による詐欺」に基づく場合の要件を判断するにあたって，裁判所は，まず「行為による詐欺が規則10b-5(a)および(c)違反であり，過当取引（churning）と類似する。過当取引とは投資者の目的に照らして，（投資者の）口座においてブローカーにより行われた過大な取引のことである。……過当取引が顧客の口座で購入された証券の量を問題とするのに対し，不適合は購入された証券の質を問題とする。連邦裁判所はNYSEとNASDの規則を利用して，この2つの種類の不正行為を分析している。したがって，我々は，不適合訴訟の要件を検討する際の補助材料として，過当取引訴訟の要件を検討する。過当取引訴訟の要件が確立されたのに対し，詐欺に依拠する不適合訴訟の要件はまだ確立されていない。過当取引訴訟に勝訴するために，原告は，次のことを立証しなければならない。すなわち，①当該口座における取引が投資者の目的に照らして過大であること，②ブローカーが当該口座の取引を支配していたこと，③ブローカーが欺罔の故意をもってあるいは投資者の利益を

---

[39] Id. at 897.
[40] Id. at 898.

第5章　米国における適合性原則違反の民事責任(1)——反詐欺条項に基づく場合

故意に無視して行動したことである」と述べたうえで過当取引訴訟の要件を参考にして，行為による詐欺を根拠とする不適合性訴訟の要件について，「不適合訴訟が過当取引訴訟と類似しているため，確立された過当取引の要件が不適合訴訟に関する適切な要件の判断に役立つと，我々は確信した。現在，我々は，行為による詐欺に基づき不適合を立証するために3つの要件が必要であると判断する。つまり，原告は，次のことを立証しなければならない。すなわち，①ブローカーが投資者の目的に照らして不適合である証券を勧誘した（または一任勘定の場合は購入させた）こと，②ブローカーは，欺罔の故意をもってまたは投資者の利益を無配慮で無視して証券を勧誘しまたは購入させたこと，③ブローカーは投資者の口座を支配したこと，である。過当取引訴訟の支配要件を同種の不適合性訴訟に適用できるかどうかは未解決の問題である。我々は口座の支配という要件が，法10条b項および規則10b-5違反の因果関係要件，すなわち信頼の要件を満たすには本質的なものであると信ずる」[41]と述べ，「行為による詐欺理論」に基づく場合の適合性原則違反の民事責任の要件を明示した。

　次に，故意の要件について，裁判所は，「我々は，無配慮（recklessness）が法10条b項および規則10b-5違反の故意要件を満たすと判断する。したがって，不適合訴訟に関する我々の判断において，原告はブローカーが欺罔の故意をもってまたは投資者の利益に配慮せず，これを無視して証券を購入させたことを立証しなければならない」と述べて，無配慮も故意の要件を満たすとした。また，無配慮について，同裁判所は，「無配慮とは，『一般的注意基準から極端に逸脱した行為であり，かつその行為は買主を誤解させる危険性——その危険性を売主が知っていたまたは危険性が明白であるため売主が認識すべきである——をもたらすものである』として定義されている」[42]と述べた後に，Yの故意についてXが提出した証拠の検討に入った。

　Yの故意を証明するために，Xは報酬の増加を含む自己取引の証拠，および①手数料，②Yが投資顧問の資格を持っていないこと，③購入した証券の不適合な性質，④毎月の（出資金の）受け出しによる元本の激減，⑤Xが石油とガスの投資から年ごとに2万ドルの収入を得るという約束，に関する不実表示と不開示を証拠として提出した。これについて，裁判所は，報酬の増

---

[41] Id. at 898.
[42] Id. at 899.

第 2 節　反詐欺条項に基づく場合の認定要件

加をＸが認識していたこと，①②が不実表示にあたらないこと，③について，Ｙが証券を購入する前にすべての投資機会を調査し，購入した証券がＸの保守的な投資目的に適合することを合理的に信じたこと，④について，Ｙに提出された取引状況報告書によってＸは口座状況を知っていることを認定した上で，「我々は提出された事実が法 10 条ｂ項および規則 10b-5 訴訟を支持するための無配慮要件のレベルに達しなかったと判断した。Ｙが故意にまたは無配慮でＸを欺いた証拠はない。実際には，証拠はＹが多年にわたってＸの口座を支配することに成功したことを表している」[43] とし，Ｙによる口座の支配はあるが，Ｙに故意または無配慮がないことを理由に，Ｘの主張を否定した。

　この事案では，証券の適合性に関する不実表示または不開示を問題にせず，勧誘行為それ自体に着目して判断する場合に，裁判所は，証券の質を問題とするかまたは証券の量を問題とするかの違いを除けば，実際に不適合な勧誘行為が過当取引と類似していることを示した上で，過当取引の要件を参考にして，「行為による詐欺理論」に基づく場合の適合性原則違反による民事責任の要件を明示した。

　「行為による詐欺理論」に基づく不適合訴訟を審理した裁判例は多くないため，この事件は，「行為による詐欺理論」に基づく不適合訴訟の唯一のリーディングケースとして紹介されている。この判決により，「行為による詐欺理論」に基づく不適合訴訟の要件は，次のように定立された。すなわち，①ブローカーの勧誘が投資者の投資目的に不適合であること，②ブローカーが故意にまたは無配慮で不適合な証券を勧誘したこと，③ブローカーが投資者の口座を支配したこと，である[44]。

　以上のように，「不実表示または不開示理論」に基づく場合の民事責任の成立要件と「行為による詐欺理論」に基づく場合のそれとを比較すると，「共通の要件」と「特有の要件」が浮かび上がってくる。すなわち，「共通の要件」として，①「勧誘が投資者の投資目的に一致しないこと」と，②「ブローカーが故意または無配慮であること」という 2 つがあり，他方，「適合性に関する

---

[43]　Id. at 900.
[44]　Lowenfels & Bromberg, *supra* note 4, at 1587〜1588; Gibson, *supra* note 27, at 554〜555; Poser, *supra* note 27, at 1551.

251

第5章　米国における適合性原則違反の民事責任(1)——反詐欺条項に基づく場合

不実表示または不開示が重要であること」と「投資者の信頼が正当であること」という2つは「不実表示または不開示理論」に基づく場合の「特有の要件」とされ,「ブローカーが投資者の口座を支配すること」が「行為による詐欺理論」に基づく場合の「特有の要件」とされている。

以下では,「共通の要件」の1つである「投資目的の不一致」(第3節),「共通の要件」である「故意または無配慮」(第4節) を検討し,次いで「不実表示または不開示理論」に基づく場合の「特有の要件」の1つである「不実表示または不開示の重要性」(第5節),「投資者の正当な信頼」(第6節),さらに「行為による詐欺理論」に基づく場合の「特有の要件」である「ブローカーによる口座の支配」(第7節) を,順番に裁判例を紹介しつつ明らかにし,最後に,民事責任認定における顧客の理解力・判断力の役割を分析する (第8節)。

第3節　「投資目的不一致」に関する判断

「共通の要件」として,ブローカーの勧誘が投資者の投資目的に不適合であることが,適合性原則違反による民事責任成立の第1要件となっている。つまり,投資者は,適合性原則違反を理由に民事訴訟を提起するには,まず,勧誘された証券が自己の投資目的に一致しないことを立証しなければならない。

5.3.1　投資目的に関する判断

投資者による投資勧誘の不適合性の証明については,適合性原則違反による民事責任が一般的に認められる以前の1973年に,連邦地方裁判所がRotstein v. Reynolds & Co. 事件[45]において,その理論の原型を提起している。この事件において,ブローカーによりなされた未登録証券の勧誘が不適合であるという顧客の主張に対して,裁判所は,「A株とB株が不適合である理由についてヒントを提出しないため,この訴訟は漠然かつ推断的であり,事実の支持がないものと判断する」[46]とした。その後,法10条b項および規則10b-5に基づく不適合訴訟が認められるようになってからも,勧誘された証券が投資目的に一致しているかどうかの判断において,この事件にににおいて示された「事実をもって不適合を証明する」という判断基準が,他の裁判所により維持されている。

---

[45] 359 F. Supp. 109 (N. D. Ill. 1973).
[46] Id. at 114.

第 3 節 「投資目的不一致」に関する判断

まず，Rotstein 事件の 10 年後，第 1 巡回控訴裁判所は，Tiernan v. Blyth, Eastman, Dillon & Co. 事件[47]において，「不適合訴訟は，原告の購入した株の性質が原告自己の投資目的に不適合であることを明示することを要求する」[48]と指摘し，その後，同裁判所は，Lefkowitz v. Smith Barney, Harris Upham & Co., Inc. 事件[49]において，投資目的不一致の証明について，詳しく判断した。

この事案では，人格代表者 X（遺言執行者）が控訴人として，死亡した投資者 A に対する被控訴人 Y の勧誘が A の投資目的に不適合であると主張した。

【判旨】 裁判所は，一般論として「X は，A の口座における投資の不適合を Y が開示しなかったことが重要な不開示になると主張している。したがって，X は A の口座において購入された証券の性質が A の投資目的に照らして不適合であったことを立証しなければならない」[50]と述べた。

具体的判断において，A の限られた教育，高齢，不安定な財産状態および投資経験のないことによって A の投資目的が「低いリスクでの」投資であると推断されるという X の主張に対し，裁判所は，「しかし，これらの事実の主張は，X の指摘するような推論を導くものではない。それらの事実は，A のような状況の者がリスクのレベルを変える証券の組み合わせからなるポートフォリオを望んでいるという推論が，我々にとっては合理的である。さらに，我々は，これらの状況から『合理的なブローカー』は A が『低いリスクでの』投資のみをしたかったと必然的に判断すべきであったとは考えない。……X により主張された事実は，A の投資目的を明確にするには不十分であり，単にその目的に対する X の意見の根拠のみを提供している。したがって，我々は，『情報と意見』(information and belief) のみに依拠した X の推断的な主張が不適合訴訟の本質的な要件を立証するには不十分であると判断する」[51]として，Y の勧誘が A の投資目的に適合しないという X の主張を否定した。

このように，不適合訴訟において，勧誘された証券が投資者の投資目的に一致していないことを証明するには，投資者は，まず自らの投資目的を明確にす

---

[47] 719 F.2d 1 (1st Cir. 1983).
[48] Id. at 5. この事案では，不適合であることを示すために時間と準備が必要なため，原告の訴訟理由の変更が遅れたという手続き上の理由で不適合訴訟を却下した。
[49] 804 F.2d 154 (1st Cir. 1986).
[50] Id. at 155.
[51] Id. at 156.

る必要があり，その上でまた具体的な理由を挙げて勧誘された証券が自らの投資目的に一致していないことを立証しなければならない。ただ漫然として，自らの投資目的に一致していないという主張は，勧誘された証券が自己に不適合であるとの証明にならないのである。

5.3.2 投資目的不一致の主張を否定した裁判例

　自らの投資目的を明確にしなければ，投資目的不一致との主張が成立しないと同様に，勧誘された証券のリスク性を明示しなければ，投資目的不一致との要件は成立しない。これを示したのは，Vetter v. Shearson Hayden Stone, Inc. 事件[52]である。

　この事案では，XはYに勧誘された証券の性質については何も言及せず，ただYの勧誘が自らの利殖という投資目的に一致しないと主張した。これに対して，連邦地方裁判所は，「不適合訴訟について，XはYの取引が自らの投資目的に一致しなかったことのみを主張している。このような訴訟原因を支持するために，Xは，勧誘された取引と証券を明らかにし，少なくともこのような証券が不適合である理由を示さなければならない」[53]として，勧誘された証券の性質を明示せず，それが自己の投資目的に一致しないと主張するのみでは，不適合訴訟の要件を満たせないと判断した。

　その後, Bischoff v. G. K. Scott & Co., Inc. 事件[54]において，連邦地方裁判所は，Vetter事件の見解を取り入れ，投資目的不一致を証明するためには，自らの投資目的のみならず，勧誘された証券のリスク性をも明らかにする必要があると具体的に判示した。

　【事案の概要】　投資未経験者であるXは，Yのところで最初に6つの証券を購入する6万8,000ドルの口座を開設し，その時，Xは子供の大学費用を備えるにはお金が必要となるため，投機的取引を1万ドルに限定するという趣旨のみをYに伝えた。その後，Yにより最初の6つの証券のうちの5つを売却し，3つの投機的店頭証券を購入させられたことを理由として，Xは不適合訴訟を提起した。

　【判旨】　裁判所は，「単にYの購入が顧客の投資目的に一致しないと主張

---

[52]　481 F. Supp. 64 (S. D. N. Y. 1979).
[53]　Id. at 66.
[54]　687 F. Supp. 746 (E. D. N. Y. 1986).

しあるいは示すのは不十分である。Xは，勧誘された取引と証券のこと，およびこれらの証券が不適合である理由を示さなければならない。Xが『子供の大学費用を備えるにはお金が必要となる』と述べたのみでは，自らの投資目的を明白に示したことにはならない。この訴訟において，主張された取引を詳述するには，これらの取引を『投機的』として記述するのみでは，同じく不十分である」[55]とし，勧誘された取引が自らの投資目的に一致しないことを証明するために，自らの投資目的を明白にし，当該取引の性質を具体的に示す必要があると判断した。

不適合訴訟において漫然とした投資目的不一致との主張のみでは不十分であるという見解は，連邦地方裁判所で確立された後，Craighead v. E. F. Hutton & Co. 事件[56]において，連邦控訴裁判所によっても確認された。
　この事案では，Xら（親子4人）が共に87万ドルの投資をYに依頼したところ，Yの行なったハイリスク株，オプション取引および先物取引への投資勧誘が，低いリスクと元本保全および利殖という自らの投資目的に一致しないとして，それらの投資勧誘が不適合であると主張した。これに対して，第6巡回控訴裁判所は，「原告らが不適合な取引（unsuitable trading）あるいは不適合な性質を有する取引（trades of unsuitable nature）の被害者であると主張する場合に，単に被告であるブローカーの勧誘が顧客の投資目的に一致しないと主張しあるいは示すのみでは不十分である」[57]と判断し，同じく単なる漫然とした投資目的不一致の主張による投資勧誘の不適合性の立証を否定した。

5.3.3　投資目的不一致の主張を肯定した裁判例
　顧客の投資目的不一致の主張を認めたのは，Cruse v. Equitable Securities of New York, Inc. 事件[58]である。
　　【事案の概要】　Xは82歳で，優良銘柄株に投資する経験しか持たず，保守的投資目的を持っている。Xはそれらのことを伝えて，Yのところに口座を開設した。その後，YはXに対して，現有の株の配当金よりも10～15％以上のリターンを得るとして，オプション取引を勧誘し，購入させた。Yは

---

[55]　Id. at 752～753.
[56]　899 F.2d 485 (6th Cir. 1990).
[57]　Id. at 494.
[58]　678 F. Supp. 1023 (S. D. N. Y. 1987).

オプション取引の担保として、Xの保有している株の一部を売却しなければならないが、それらの株は清算されないとXに説明したにもかかわらず、実際には清算されることになった。XはYの勧誘が自らの投資目的に一致しないことを理由に、不適合訴訟を提起した。

【判旨】　連邦地方裁判所は、「Xは主張において自らの投資目的を明白に表明している。YがXの保守的な投資目的を完全に知っていたこと、およびYが反対の行動をしたが、Xは投機的取引を行う意図がなかったことが陳述されている。最後に、Xは担保に提供した株が清算されないことが自己の望みであると強くYに伝えたと述べている。Xも前述した投資目的に照らして、全体として具体的取引および被告の取引戦術が不適合であることを示し、かつその理由を説明している。したがって、Yにより行われた取引は、相当長期間保持していた優良銘柄株の清算というXが最も恐れ、かつ強く避けようとしていたことの可能性を意味していることを、Xは明白に表明している。また、XはYの取引戦術およびそれが自己の保守的な投資目的に照らして明らかに不適合であったことを厳密に述べた」[59]と認定し、投資目的不一致をもってYの勧誘が不適合であるというXの主張を認めた。

また、同じく投資目的の不一致をもって不適合の主張が認められたPit, Ltd., v. American Express Bank Int'l事件[60]では、外国の会社であるXは、投資管理が取締役Aにより行われていた。AはYのもとで任意勘定口座を開き、Xの代表として自分の退職金および子供への遺産のために、低いリスクのファンドを設立し、保守的投資を目的のもとで、97万ドルを投資した。多少の投資経験はあるが、オプション取引を理解できないAは、英語の同意書を十分に理解しないままに、Yの勧誘に従い、オプション取引に同意した。その後、XはYの勧誘が自らの投資目的に一致しないことを理由に不適合訴訟を提起した。これに対して、裁判所は、「この主張は不適合訴訟の目的物である取引または証券を十分に明らかにしており、その具体的な例としてオプション取引が明細に記されている。……オプション取引のリスクが大きすぎたため、自らの投資目的に一致しないという主張は十分である」[61]と判断し、Xの主張を認めた。

---

[59]　Id. at 1031~1032.
[60]　911 F. Supp. 710 (S. D. N. Y. 1996).
[61]　Id. at 718.

以上のように，裁判所は，適合性の有無を判断する際に，投資勧誘が顧客の投資目的に一致するか否かを基準としたうえで，実際の認定において，投資目的不一致の主張に対して，明確性および具体性を要求している。しかし，否定裁判例も肯定裁判例も，繰り返し投資目的不一致の主張の明確性と具体性を問題にしているが，何を基準にして主張の明確性と具体性を判断するかについて，何の指針も出していない。そもそも，投資目的自体が主観的なものであるため，どのように主張すれば明確性および具体性の要求を満たせるかという基準が，容易に見出し難いのは確かであろう。

第4節　「故意または無配慮」に関する判断

　自ら勧誘した証券が当該顧客に不適合であることについて，ブローカーに主観的な故意または無配慮があること（以下，「故意要件」ともいう）は第2の「共通の要件」である。ブローカーの主観的態様を問題にする「故意要件」は，不適合訴訟の場合だけでなく，通常の詐欺訴訟の場合にも要求されている。以下では，「故意要件」に関する裁判例の具体的な判断を見てみよう。

5.4.1　通常の詐欺訴訟の場合

　既述のように，1960年代には連邦控訴裁判所および地方裁判所は法10条b項および規則10b-5を拡大解釈し，その違反に対し故意（scienter）のみならず，過失（negligence）があった場合にも損害賠償責任を認めていた。これに対し，連邦最高裁判所はErnst & Ernst v. Hochfelder事件[62]において，法10条b項の立法史に従い，法10条b項および規則10b-5に基づく損害賠償を請求するには，過失ではなく，故意が必要であると明言した。つまり，意図的に相手を欺瞞すること，いわゆる詐欺の故意は法10条b項および規則10b-5に基づく民事訴訟の必要要件であるとされている。しかし，その際，連邦最高裁判所は無配慮（recklessness）が故意の要件に該当するかどうかに言及しておらず，後の争い焦点となった。

　その後，第10連邦控訴裁判所は，Hackbart v. Holmes事件[63]において，無配慮が故意要件を満たすと判断した各連邦控訴裁判所の意見[64]をまとめ，無配

---

[62]　425 U. S. 185 (1976).
[63]　675 F.2d 1114 (10th Cir. 1982).
[64]　無配慮が故意要件を満たすという意見を提示した事案として，G. A. Thompson & Co.

慮が「故意要件」を満たす理由は3つあると説明した。すなわち、「第1に、証券法は救済的な目的を達するため広く解釈されているから、第2に、原告に故意の証明を要求するのは甚だしく耐え難い負担であるから、第3に、証券法はコモン・ローの詐欺に類似している行為を禁止することを目的としており、かつ無配慮の行為がコモン・ローの詐欺の「故意要件」を満たしているから」[65]である。

また、無配慮の判断基準について、同裁判所は、「規則10b-5を適用するために、無配慮の行為の最良の定義は、一般的注意基準から極端に逸脱する行為であり、その行為には買主または売主を誤解させる危険性があり、しかもその危険性を被告が知っていたあるいは明白であるため認識すべきであった」[66]と述べた。

現在、法10条b項および規則10b-5に基づく通常の詐欺訴訟の場合において、被告の故意が必要要件であること、および被告の無配慮が「故意要件」を満たすことは、判例法上定着している。

5.4.2 不適合訴訟の場合

法10条b項および規則10b-5に基づき不適合訴訟を提起するとき、「故意要件」が当然必要とされることに異論はないが、問題は、不適合訴訟の場合にも、「無配慮」が「故意要件」を満たすかであり、これについて、裁判所の意見が必ずしも一致しているわけではない。

適合性原則違反の場合に、無配慮が「故意要件」を満たさないと判断したのは、Clark v. Kidder Peabody & Co., Inc. 事件[67]である。

【事案の概要】 Xは19歳の大学2年生であり、父親から受け取った遺産約29万ドルを資金として、Yに一任勘定を任せて投資を依頼した。そのとき、Xは自己がリスク指向でないことおよび投資から大学費用および生活費用と

---

v.Partridge, 636 F.2d 945, 961-62 (5th Cir. 1981); McLean v. Alexander, 599 F.2d 1190, 1197 (3d Cir. 1979); Mansbach v. Prescott, Ball & Turben, 598 F.2d 1017, 1023 (6th Cir.1979); Nelson v. Serwold, 576 F.2d 1332, 1337 (9th Cir.), cert. denied, 439 U. S. 970, 99 S. Ct. 464, 58 L. Ed. 2d 431 (1978); Rolf v. Blyth, Eastman Dillon & Co., 570 F.2d 38, 44 (2d Cir.) sert. denied, 439 U. S. 1039, 99S. Ct. 642, 58L. Ed. 2d 698 (1978); Sundstrand Corp. v. Sun Chemical Corp., 553 F.2d 1033, 1039-40 (7th Cir.) cert. denied, 434U. S. 875, 98S. Ct. 224, 54L. Ed. 2d 155 (1977) などがある。

[65] Id. at 1117~1118.
[66] Id. at 1118.
[67] 636 F. Supp. 195 (S. D. N. Y. 1986).

第 4 節 「故意または無配慮」に関する判断

して年間 1 万 7,000 から 1 万 8,000 ドルの収益の獲得が必要となることを被告に伝えた。その後，損失が出たため，Ｘは不適合訴訟を提起した。

【判旨】 不実表示がなくとも，ブローカーが故意に顧客の任意勘定口座において不適合な証券を購入させることは訴訟原因になると認め，不適合訴訟にとってブローカーの故意が第 1 要件であるとした上で，裁判所は「一連の主張は不適合に関する訴訟原因を陳述していない。Ｙが誤ってＸの口座が適合的に，適切に，有効に投資されているとうっかり言ったと，Ｘは主張するが，一体Ｙがどこで，いつ，どのように言ったかについては，Ｘは主張していない。無配慮は不適合訴訟にとっての故意要件を満たすには不十分である」[68]とし，不適合訴訟において無配慮が故意要件を満たさないことを理由に，Ｘの主張を否定した。

しかし，同じ連邦地方裁判所（判事が異なる――筆者注）は，Cohen v. Prudentia Bache Securities, Inc. 事件[69]においては，「無配慮」が故意要件を満たすという判断を出した。

【事案の概要】 退職したＸは，投資経験がなく，安全な投資を望んでいたが，ＹはＸの投資目的に適合し，リスクはないと述べて，Ｘにリミテッド・パートナーシップの株Ａを勧誘した。Ｘに提出した覚書には 13.4％のリターンとリスクのないことが書かれていた。その後，損失を被ったＸはＹの勧誘が不適合であるとし損害賠償を請求した。

【判旨】 Ｙの故意要件についてＸが立証できたかどうかについて，裁判所は，Ｙが抗弁として依拠した上記 Clark 事件の判決に同意しない立場を示し，Lamula 事件と Rolf 事件を引用して，無配慮が「故意要件」に該当すると指摘した上で，「Ｘは次の主張によって自らの立証責任を果たした。すなわち，Ｙが，①Ｘの保守的，リスクのない投資目的を知っていた，②Ｘに株Ａが適切な投資であると信じさせた，③株Ａがリスクのある，税金回避手段であることを知っていたあるいは知るべきであった，④Ｘが株Ａへの投資に要求されている収入または財産を有しなかったことを知っていたあるいは知るべき

---

[68] Id. at 198~199.
[69] 713 F. Supp. 653 (S. D. N. Y. 1989).

259

第5章　米国における適合性原則違反の民事責任(1)──反詐欺条項に基づく場合

であった」[70]とし，Yが不適合な勧誘につき無配慮であったことを認定した。

　その後，既に紹介したO'Connor事件（5.2.5参照）において，連邦控訴裁判所は，法10条b項および規則10b-5に基づく一般の反詐欺訴訟と区別せず，不適合訴訟においても同じく無配慮が「故意要件」を満たすと判断し，無配慮の判断基準については上記Hackbart事件の判決が言明した基準を引用した。
　裁判例の多数は，このように，通常の詐欺訴訟と同様に，不適合訴訟においても故意が必要要件であることおよび無配慮が「故意要件」を満たすことを認めている。問題は，故意または無配慮について，どのように判断するかである。
　前述した不適合訴訟要件に関するリーディング・ケースであるHutton事件（5.2.3参照）において，連邦控訴裁判所は故意の認定について，「被告が証券が投資者のニーズに不適合であることを知っていたあるいは合理的に信じ，証券の不適合性について不実表示あるいは不開示し，とにかくこの証券を勧誘しあるいは購入させるよう推進したという認定事実によって，故意は推断されうる」[71]と述べた。つまり，不適合訴訟の場合には，「故意要件」は，勧誘した証券が不適合であることについて，ブローカーが知っていたあるいは知るべきであったにもかかわらず，投資者にそのような不適合な証券を勧誘したという事実から推測されうる。
　勧誘した証券が不適合であるという事実認定を通じて，「故意要件」の成否を認定するという判断枠組みが，多くの裁判例によって採られている。「故意要件」の成立を認めた上記Cohen事件において，裁判所は，被告が原告の投資目的および勧誘した証券の性質を知っていたことを根拠に，被告の無配慮を認めた。また，意識的に，不適合訴訟と通常の詐欺訴訟を区別して判断したKreicas事件（5.2.4参照）において，ブローカーが投資者の保守的な投資目的および自ら勧誘した証券のハイリスク性を知っていたから，その投資勧誘が不適合であることを知っていたと判断した上で，「故意性」があると明言した。
　このように不適合訴訟において，過失ではなく故意または無配慮が要件とされることを前提にして，勧誘した証券が当該顧客に不適合であると認定された以上，投資の専門家として，自らの顧客と自らの商品または取引を知るべき立場であるブローカーにとっては，不適合であることを認識しなかったという抗

---

[70]　Id. at 661.
[71]　991 F.2d 1020, at 1031 (1993).

弁が成り立ち難いようである。

第5節 「適合性に関する不実表示または不開示」に関する判断

「適合性に関する不実表示または不開示の重要性」との要件は、「不実表示または不開示理論」に基づく場合の「特有の要件」の1つである。不適合訴訟において、適合性に関する不実表示または不開示は、重要な事実に関するものでなければならない。ここで問題となるのは、重要性の判断基準である。連邦最高裁判所は、1976年にTSC Industries, Inc. v. Northway, Inc.[72]事件において、「重要性の問題は、開示されなかったあるいは不実表示がなされた事実が、合理的投資者にとって重要な意味を有する客観的なものであることについては一般的に一致している。重要性の一般的基準に関する明確な表現の変化は、事実がどのように重要でなければならないか、言い換えれば、事実が合理的投資者の判断に影響することがどれほど確実でなければならないかという表現において生じている」[73]と述べた上で、各連邦裁判所の見解を踏まえて、「合理的株主がどのように投票するかを決定するには、開示されなかった事実が重要であると考える実質的な見込みがある場合に、その事実は重要である。……つまり、開示されなかった事実の開示は、利用できる情報の『全体の調和 (total max)』を変える重要性を有するものとして、合理的投資者によって評価されている実質的な見込みがなければならない」[74]とした。

この事案は委任状勧誘の場合の不開示に関するものであるため、ここで連邦最高裁判所が示した重要性の基準も委任状勧誘の場合における不実表示または不開示の重要性に関するものであるが、その後、1988年に、連邦最高裁判所は、Basic Inc. v. Levinson[75]事件に際し、法10条b項および規則10b-5を適用する場合の不実表示または不開示の重要性を判断するとき、「我々は、法10条b項および規則10b-5を利用する場合において、TSC Industries事件における重要性の基準を採用する」[76]と明言した。この事案は、会社が合併する前に公式文書において合併のことを否定したY会社に対して、合併前にY社株を低い価格

---

[72] 426 U. S. 438 (1976).
[73] Id. at 445.
[74] Id. at 449.
[75] 485 U. S. 224 (1988).
[76] Id. at 232.

で売却した元株主Xは，法10条b項および規則10b-5に基づき不実表示または不開示を理由に損害賠償を請求した事案である。この事案自体は直接の不適合訴訟ではないが，法10条b項および規則10b-5に基づく通常の詐欺訴訟において，合理的投資者の判断に重要な影響を与えるかどうかを基準にして，不実表示または不開示の重要性を判断することを明らかにした。

　前述した不適合な勧誘を取り扱うCohen事件（5.4.2参照）において，連邦地方裁判所は，不適合訴訟における不実表示または不開示の重要性について，「リスク性，適合性および投資の本質的性質に関する開示は，確実に原告に利用できる事実の全体的調和を変え，不実表示がなされたあるいは開示されなかった情報は合理的投資者にとっては事実上重要である」と説明したあと，具体的な判断として，ブローカーのリスクなしで13.4％リターンの獲得という表示は重要であると認定した。

　このように，不適合訴訟においても，「不実表示または不開示が重要であるかどうか」は，同じく合理的投資者を基準に判断される。つまり，投資のリスク性や投資の性質などの適合性に関する不実表示または不開示の場合に，「重要性」の要件が満たされる。投資勧誘の場合に，投資のリスク性が，合理的投資者の判断に重要な影響を与えるのは言うまでもない。実は，投資のリスク性は勧誘が投資者の投資目的に一致するかどうかの判断にとっても重要な考慮要素であり，勧誘が不適合かどうかを認定するとき，重要性の問題も含まれている。また，次節で紹介する「投資者の正当な信頼」との要件を認定する際に，裁判所は当該要件と連動して判断している。そのためもあってか，実際の不適合訴訟において，適合性に関する不実表示または不開示の重要性の問題が争点となる例は少ない。

第6節　「投資者の正当な信頼」に関する判断

　「投資者の正当な信頼」との要件は，「不実表示または不開示理論」に基づく場合に必要とされる2つ目の「特有の要件」である。ここで問題とされるのは，ブローカーの勧誘に対する投資者の信頼が正当であるかどうかである。この「正当な信頼」の要件は，不適合訴訟において最も重要な争点であり，投資者にとっては最も立証し難い要件でもある。実際に，ブローカーの勧誘に対する投資者の信頼が正当でないことを理由に，投資者の主張が否定された事案は多いのが現実である。

第6節 「投資者の正当な信頼」に関する判断

　注意すべきは,「信頼の正当性」は,不実表示に対してのみ生ずる問題であり,不開示については,投資者の信頼の正当性が問われない。連邦最高裁判所は,Affiliated Ute Citizens of Utah v. United States[77]事件において,不開示により詐欺が生じた場合に,信頼の証明は重要ではないと判断した。この事案では,被告である銀行は,原告である一組の投資者たちから証券を購入するとき,当該証券が被告によってより高い価格で販売されていたことを原告らに開示しなかったため,原告らに訴えられた。控訴審では,原告らが自らの信頼の正当性を立証できなかったことを理由に,請求が棄却された。連邦最高裁判所は控訴審の判決を破棄して,次のように述べた。すなわち,「主として不開示を含むこの事案の状況によれば,信頼の積極的な証明は損害賠償にとって必要要件ではない。必要とするのは,合理的投資者が決定するのに重要と考えている意味において,開示されなかった事実が重要であることである。……実際に開示する義務および重要な事実の不開示は,訴訟の必要な要件である」[78]。つまり,不開示の場合に,投資者は相手方が開示義務を有することおよび開示されなかった事実が重要であることを証明するだけでよく,自らの信頼の正当性を立証する必要がない。この判断は,不適合訴訟の場合にも同様である。そもそも開示されなかった事実に対する投資者の信頼自体,問題にする余地がない。

　なお,投資者の正当な信頼が,法10条b項および規則10b-5に基づき損害賠償を請求する場合の要件となることについては,異論はないが,投資者の信頼が正当であるかどうかの判断基準について,連邦裁判所の意見は必ずしも一致しているとはいえない。多数の裁判例は,正当な信頼をもって不実表示と損害との間の因果関係を証明するものと捉え,ブローカーの勧誘を信頼する投資者が「無思慮」[79]であったかを基準に,投資者の信頼の正当性を判断している。これに対し,少数ながら,信頼の正当性を判断する代わりに,投資者が「相当の注意」(due diligence) をしたかどうかを対象として判断する裁判所もある。以下では,それぞれの具体的な判断を見てみよう。

---

[77]　406 U. S. 128 (1972).
[78]　Id. at 153~154.
[79]　「無思慮 (recklessness)」という言葉は,ブローカーの「故意要件」の認定にも用いられている。ブローカーに関して使う場合には,ブローカーが相手の利益を無視するという主観的態様を表しているが,顧客に関して使う場合には,顧客が自らの利益を保護しようとしないという主観的態様を表している。このような差異が存在しているため,原語は同じく「recklessness」だが,ブローカーに関する場合は「無配慮」に,顧客に関する場合は「無思慮」と訳し分けた。

5.6.1　信頼の正当性のアプローチをとる裁判例

　信頼の正当性の判断について，リーディングケースである Zobrist v. Coal-X, Inc. 事件[80]において，第10巡回控訴裁判所は，無思慮の基準をもって，投資者の信頼の正当性を判断していた。

　【事案の概要】　石炭の採鉱事業に投機的資金を集めるために成立されたリミテッド・パートナーシップAは，私募によって株式を市場で売買している。Yらは，口頭でX_1とX_2に対して，Aの株への投資が損失を生じない確実なものであると言い，X_3に対して，この投資にリスクがなく，投資利益を保証すると言って，Aの株への投資を勧誘した。しかし，Aの株を購入する前にYらによって提出された私募覚書には，投資に含まれているリスク性，冶金の石炭の価格が鋼鉄の生産の変動に応じて変動することおよび安定した生産契約のないことなどが明確かつ具体的に記述されていた。また，購入する前に，X_1とX_2は投資が覚書に示されたリスクを有することを認識したという同意書にサインをし，X_3はさらに覚書を読んで，投資の性質および含まれているリスクを理解したかどうかの投資アンケートにサインした。その後，許可の問題と過酷な天候によって，石炭生産の開始は1年遅れて，その後鋼鉄生産の低下により冶金の石炭の価格が下落した。結果として，2年間でAはおよそ80万ドルの損をした。そこで，法10条b項および規則10b-5に基づき，X_3は投資リスクに関する不実表示を理由に，X_1とX_2は不開示を理由にYらに対して損害賠償を請求した。

　第一審において，陪審員はYらの不実表示に対する，X_3の信頼だけが正当であると評決し，X_3に対する損害賠償を認めた。それに対し，Yらは，X_3の信頼に正当性がないことを理由に，控訴した。そこで，控訴審における争点は，X_3の信頼が正当であるかどうかである[81]。

　【判旨】　正当な信頼の性質について，裁判所はHoldsworth v. Strong 事件[82]の判決を引用して，「正当な信頼は寄与過失（contributory negligence）理

---

[80]　708 F.2d 1511 (10th Cir. 1983).
[81]　不開示を理由に控訴したX_1とX_2について，控訴裁判所は，不開示の場合に，重要な事実から信頼が推測されるという連邦最高裁判所の判断に対して異論はないが，それは決定的でなく，この場合には信頼のないという立証を被告に転換しただけと判断して，被告がたとえその情報を開示したとしてもX_1とX_2が異なる行動をしないであろうということを証明したという第1審陪審員の判断を支持し，それ以上論証しなかった。
[82]　この事件の詳細については，本章5.6.3参照。

第6節　「投資者の正当な信頼」に関する判断

論ではなく、むしろ、これは不実表示と原告の損害の間に因果関係があることを要求する規則10b-5訴訟における1つの制限（limitation）である」[83]と表明した上で、その判断基準について、「原告の行為が被告のそれと匹敵する有責の行為（culpable conduct）のレベルに達する場合のみ、信頼は正当でない。本控訴裁判所において、このような行為は少なくとも無思慮な行動に等しくなければならない」[84]と示した。

また、実際に判断するときの考慮要素について、他の裁判例の判断をまとめて、同裁判所は8つの関連要素を取り上げた。すなわち、「①金融および証券事情について原告の判断力・理解力（sophistication）と経験、②長期にわたる継続的取引あるいは個人的関係の存在、③関連情報へのアクセス、④信認関係の存在、⑤詐欺の隠蔽、⑥詐欺を見抜く機会、⑦原告が投資取引を始めたか、あるいは取引を促進しようとしたかどうか、⑧不実表示の一般性または特定性」[85]である。その上で、これらの要素を考慮するときは、「単一の要素が決定的なのではなく、信頼が正当であるかどうかを判断するには、関連性のある要素のすべてを考慮し、比較しなければならない」[86]と指摘した。ここで列挙された正当な信頼を判断するときの考慮要素は、その後、多くの裁判所に引用され、今日の多数意見となっている[87]。

次に、具体的にX_3の信頼が正当であるかどうかについて、同裁判所は、「私募覚書により行われた完全かつ公正な情報の開示が、Yらにとって有利な関連要素である場合に、X_3が判断力・理解力のある投資者であったとしても、このような開示は決定的ではない」と判断しながら、「しかし、我々は、X_3が私募覚書を読んでいたならば、投資のリスクを確実に知り得ると認定する……当然、我々は、覚書においてリスクを開示すること、かつ当該覚書に含まれていない他の表示を信頼しないように投資者に警告する記述が覚書の中にあることをもって、Yらが不実表示の責任を免れるとは判断していない。たとえX_3が覚書を読んだとしても、さらなる調査をしなければ、リスクが

---

[83]　708 F.2d 1511, at 1516.
[84]　Id. at 1516.
[85]　Id. at 1516.
[86]　Id. at 1516.
[87]　この基準を引用した裁判例には、Kennedy v. Josephthal & Co., 814 F.2d 198 (1st Cir. 1987); Bruschi v. Brown, 876 F.2d 1526 (11th Cir. 1989); Foremost Gruar. Corp. v. Meritor Sav. Bank, 910 F.2d 118 (4th Cir. 1990); Myers v. Finkle, 950 F.2d 165 (4th Cir. 1991); Keenan v. D. H. Blair & Co., Inc., 838 F. Supp. 82 (S. D. N. Y .1993) などがある。

第 5 章 米国における適合性原則違反の民事責任(1)――反詐欺条項に基づく場合

ないという口頭の不実表示を信頼したことが正当であるかどうかは，なお重要な問題である。覚書は明らかに口頭の表示と矛盾している以上，X_3 はその矛盾を消極的に受け入れざるを得ない理由を明らかにする必要がある。正当な信頼を証明する意味において，覚書を読んでから口頭の不実表示を信頼した場合より，本件における X_3 は，有利な立場にある。我々は，結果として警告および目論見書を読まないことを投資者たちに促すことになるかどうかについて，確信を有するわけではないが，そのようなことをする投資者を保護する理由も見出さない。したがって，我々の見解によれば，制定法あるいは規制により是認されている目論見書または同等の書類に含まれている情報の理解は，このような書類を読まない投資者に負わせるべきである。このように，我々は私募覚書に含まれているリスクと警告について擬制認識 (constructive knowledge)[88] の責任を X_3 に課さなければならない」として，X_3 が提示された書類を読んでなかったとしても，その内容について擬制認識があると判断した。

さらに，「擬制認識」の範囲について，裁判所は，「X_3 に擬制認識の責任を課すことは，ただ彼を慎重な投資者と同等な立場に置くにすぎない。我々は，実際に開示された情報の範囲において，情報の認識を X_3 に負わせている。つまり，我々は，理解力のある投資者が刊行された文章や記録から推測の情報の認識を X_3 に負わせるのではなく，刊行された文章あるいは記録に関する認識のみを X_3 に負わせている。このような擬制認識は，正当な信頼の基準を変えない。私募覚書の内容の認識を X_3 に負わせる唯一の結果は，正当な信頼の判断において各要素を考慮するとき，X_3 の行為は，彼が覚書に含まれている警告を認識した場合と同じように評価されなければならないことである」[89] と説明した。つまり，投資者に負わせた「擬制認識」は，あくまでも提示された書類に記載された情報に限定される。

最後に，同裁判所は，X_3 と Y らの間に長期の継続的な商業または個人的関係が存在しないこと，および覚書の第 1 頁にリスクを警告し，Y らが自らの詐欺を隠蔽していないことを踏まえて，「この事案において，我々は，単に開示されたリスクの認識を X_3 に負わせた場合，これは，X_3 が故意に目を

---

[88] constructive knowledge とは，現実に認識していなくとも，合理的な注意を払えば認識したであろう事実について，knowledge（認識）があるとみなされること（田中英夫編『英米法辞典』（東京大学出版会，2001 年）189 頁。
[89] 708 F.2d 1511, at 1517.

瞑って，覚書にある情報と不実表示の間の矛盾を調査しないことによって，無思慮で行動した証拠になると判断する。法律問題としては，X_3 がさらなる調査せず不実表示を信頼してはいけない」[90] とし，X_3 の信頼が正当でないという結論を出した。

この事案では，口頭の表示と矛盾する書類が提示されたにもかかわらず，投資者がブローカーの口頭の不実表示を信頼した場合，そのような信頼には正当性がないとされた。
　ここでは，提示された書類を読まなかったことのみによって，信頼の正当性を否定したのではなく，判決の中に列挙された8つの要素，すなわち①金融および証券事情について原告の判断力・理解力と経験，②長期にわたる継続的取引あるいは個人的関係の存在，③関連情報へのアクセス，④信認関係の存在，⑤詐欺の隠蔽，⑥詐欺を見抜く機会，⑦原告が投資取引を始めたか，あるいは取引を促進しようとしたかどうか，⑧不実表示の一般性または特定性，を総合的に考慮した上で，その信頼が正当でないという結論に至ったのである。
　また，投資者の信頼が正当であるかどうかは，投資者の行動が無思慮なものかどうかによって決まる。この判決によれば，書類の提示自体は決定的ではないが，投資者がその書類を読まなかったとしても，提示された書類に含まれた情報について，投資者は既に認識を有したと推定される。この「擬制認識」を前提として，口頭の不実表示を信頼した投資者の行動が無思慮であるかどうかを考察することとなる。つまり，書類の提示それ自体が決定的ではないが，投資者の信頼の正当性を判断するときの重要な要素となっている（書類の開示と信頼の正当性との関係については，5.6.4 で紹介する）。

5.6.2　相当の注意のアプローチをとる裁判例

　不実表示と損害との因果関係の証明として，投資者の正当な信頼を判断する多数の裁判所と異なり，第5巡回控訴裁判所は，投資者の信頼は別として，別個の要件として，投資者の相当の注意（due diligence）を要求した。投資者に相当の注意を要求する理由について，第5巡回控訴裁判所は，Dupuy v. Dupuy 事件[91] において，2つの政策的理由を挙げた。すなわち，「別個に原告

---

[90]　Id. at 1517.
[91]　551 F.2d 1005 (5th Cir. 1977).

第 5 章　米国における適合性原則違反の民事責任(1)——反詐欺条項に基づく場合

の不注意により，彼に対する救済を排除すべきかどうかを考慮することによって，裁判所は 2 つの政策を促進する。第 1 に，一般的な衡平の原則（principles of equity）は注意および善意をもって自らの利益を追求する者のみが裁判によって規則 10b-5 に基づく司法上の救済を受ける資格を有すると示している。第 2 に，原告に慎重に投資するよう要求することによって，裁判所は法（連邦証券諸法を指す——筆者注）の反詐欺政策を促進し，市場を安定させる」[92]。

　この事案自身は，不適合訴訟ではなく，通常の詐欺訴訟であるが，証券に関する不実表示が問題とされたため，判断枠組みが共通している。この判決以後，第 5 巡回控訴裁判所は，一貫して法 10 条 b 項および規則 10b-5 に基づく詐欺訴訟に対して，「投資者の正当な信頼」の判断の代わりに，投資者が相当の注意を果たしたかどうかを判断対象としている[93]。

　少数であるが，第 5 巡回控訴裁判所の判断枠組みの影響を受けて，他の連邦控訴裁判所の中には投資者の正当な信頼を判断対象としつつ，相当の注意の基準を採用したものもあり，正当な信頼の要件について，やや混乱は生じている。例えば，第 2 巡回控訴裁判所は，Royal Am. Managers, Inc. v. IRC Holding Corp. 事件[94]において，信頼が認められるかどうかの基準は相当の注意基準であると述べた。また，第 4 巡回控訴裁判所は，Banca Cremi v. Alex Brown & Sons 事件[95]において，Dupuy 事件の相当の注意の判断基準を引用して信頼の正当性の判断基準を説明した。このような状況に対し，学説では，相当の注意を基準にして，投資者の信頼の正当性を判断することにより，過失ある投資者が保護されなくなり，これがブローカーに対する故意または無配慮要件と釣り合わないという批判も現れている[96]。この混乱を解決するためには，まず，第 5 巡回控訴裁判所がいかなる基準をもって投資者の相当の注意を判断していたかという問題を解明する必要がある。

　この第 5 巡回控訴裁判所の「投資者の相当の注意」に関する判断枠組みを明快に提示したのが，Stephenson v. paine Webber Jackson & Curtis 事件[97]である。

---

[92] Id. at 1014.
[93] Laird v. Integated Resources, Inc., 897 F.2d 826 (5th Cir. 1990); Stephenson v. paine Webber Jackson & Curtis, 839 F.2d 1095 (5th Cir. 1988); Siebel v.Scott, 25 F.2d 995 (5th Cir. 1984); Swenson v. Engelstad, 626 F.2d 421 (5th Cir. 1980).
[94] 885 F.2d 1011 (2d Cir. 1989).
[95] 132 F.3d 1017 (4th Cir. 1997).
[96] Poser, *supra* note 27, at 1544.
[97] 839 F.2d 1095 (5th Cir. 1988).

第6節 「投資者の正当な信頼」に関する判断

【事案の概要】税務弁護士であるXは，1979年にYのもとで口座を開き，Yの従業員Aの助言を得て，オプション取引をしていた。AがYの他の支店に転勤したとき，Xは自己の口座をそちらに移転し，投資し続けていた。そのとき，Xは，詳細な取引の情報を記載している勘定報告書を毎月受け取っていた。その報告書には，取引の量，取引された項目および証拠金勘定の使用の有無などの内容が含まれていた。1982年10月に，Yの支店から見覚えのない取引の通知電報を受けたにもかかわらず，Xは1983年8までYの勘定報告書および確認伝票を読まずにいた。その後，Xは委任しなかった取引が行われていたことを発見し，Yに対して規則10b-5違反を理由に損害賠償を請求した。実際のところ，これらの取引は勘定報告書および確認伝票に記載されていた。

【判旨】 第5巡回控訴裁判所は，まずDupuy事件の判決を引用して，規則10b-5違反の要件の1つは，原告が注意および善意をもって自らの利益を追求するという相当の注意を果たすことであると述べた上で，相当の注意について詳しく論述した。

まず，相当の注意の判断基準について，同裁判所は「Ernst & Ernst v. Hochfelder事件における連邦最高裁判所の判決以前に，多くの裁判所は，原告が相当の注意義務を果たしたかどうかを判断するとき，ネグリジェンス（negligence）基準を採用した。Ernst事件において，連邦最高裁判所は，被告側の単なる過失は規則10b-5の下での民事責任上の故意要件を満たさないと判断した。この判決の影響を受けて，いくつかの巡回控訴裁判所は過失が被告の故意要件を満たさないと判断されている事実を考慮して，相当の注意の文脈においてネグリジェンス基準の妥当性を再評価するようになった。第5巡回控訴裁判所はDupuy事件においてこの課題を引き受けて，次のように論じた。すなわち，『Ernst事件以後の相当の注意に関する判断では，原告がリスクを知っており，あるいはリスクが明白であるため原告が認識していなければならず，かつそのリスクが大きいため損害発生の蓋然性が高いことを無視して，原告は故意にそのリスクの調査を拒否していたかどうかを適切に検討すべきである』。この『無思慮』基準は第5巡回控訴裁判所において例外なく採用されている」[98]と述べ，被告の故意要件との関係で，原告の

---

[98] Id. at 1098.

第 5 章　米国における適合性原則違反の民事責任(1)──反詐欺条項に基づく場合

相当の注意の判断基準は，ネグリジェンスではなく，無思慮であることを明示した。

　本事案について，同裁判所は，「Xの高いレベルの教育，経験および金融と証券事情に関して知らされた腕前は，我々の判断にとって重要な要素である。Xは証券取引によく精通している。Xは個人資金をもって 20 年以上証券取引をし，証券詐欺訴訟に関与し，税務弁護士として十分に取引上の問題点を発覚する能力を有していた。さらに，Xには申し立てられた自らの口座における間違いを訂正する機会が，十二分に存在した。……申し立てられた委任のない取引の全期間，Xは報告書を受け取っていた。その報告書が自らの口座状況を示していることを知っていながら，Xはそれを読まなかった。これは判断力・理解力のない，あるいはブローカーによる優位の専門家の意見あるいは親友の好意を信頼して，疑わない者に関する事案ではない。多くの者が毎月銀行報告書を読み，間違いを見出すように，Xは十分な知識を有し，Yの報告書を検討することができた。これらの事実は，審理においてXの信頼の正当性について地方裁判所が示した疑問と共に，無思慮の認定を支持するのに十分である」[99]とし，Xが無思慮で行動することによって，相当の注意を果たさなかったと判断した。

　この事案では，相当の注意をXに要求しながら，相当の注意を果たしたかどうかを判断する際に，「無思慮」を基準にしている。つまり，Xの判断力・知識，投資経験，不実表示を見抜く機会および提示された書類を読まないなどの態様によって，Xの行動が無思慮であり，相当の注意を尽くさなかったものと判断された。

　また，Royal Am. Managers 事件において，相当の注意を基準にして信頼の正当性を判断した第 4 巡回控訴裁判所は，「被告が，原告が真の事実を発見すべきであったことを立証すれば，信頼の主張は覆されうる。これは，伝統的に過失基準が適用される相当の注意基準と呼ばれている。しかし，原告に要求された注意のレベルは，最小限の注意に限られている。より具体的にいうと，一旦被告により注意の争点が提起されたら，原告はただ自らの『無思慮』を否定する負担しか負わない」[100]と解説した。つまり，相当の注意をもって信頼の正

---

[99]　Id. at 1100.
[100]　885 F.2d 1011, at 1015~1016.

当性を判断する場合にせよ，相当の注意それ自体を判断対象にする場合にせよ，その判断基準は「無思慮」の有無である。ここでいう「無思慮」とは，原告がリスクを知っており，あるいはリスクが明白であるため原告が認識していなければならず，かつそのリスクが大きいため損害発生の蓋然性が高いことを無視して，原告は故意にそのリスクの調査を拒否していたということである。

5.6.3 信頼の正当性と相当の注意との関係

　Holdsworth v. Strong 事件[101]において，第10巡回控訴裁判所は，相当の注意と信頼の正当性との関係を分析した。

　【事案の概要】　弁護士兼会計士であるXは，Yの古くからの友達であり，Yと共同でA会社を設立したが，Xは農場生活に没頭しており，A会社の経営をYに任せていた。その後，A会社は収益を上げていたにもかかわらず，YはXにA会社が将来配当金を支払えないことを伝え，Xの有するA社株を低額で自己に売却させた。Xは，A社株をYに売る前に，A社の帳簿などの書類を読んでいなかった。

　【判旨】　まず，故意の詐欺の場合に，原告に相当の注意を要求すべきかどうかについて，裁判所は，「原告が故意の基準によって自らの主張を証明しなければならないとする以上，詐欺的な行為者が，原告が注意を払えば騙されなかったと主張して自己の責任を免れることになると，故意要件の有効性について疑問が生ずる。もし原告が故意を証明しなければならないと同時に，被告にこの理由をもって抗弁することが認められるならば，この救済方法における一般的効力は極めて重大な制限を受けるものとなり，このような訴訟は例外的な場合にのみ存在するのである。例外的な場合において，被告は原告側が注意（diligence）しなかったことを主張しうる。もし原告の寄与過失（contributory fault）が悪意のあるまたは故意の詐欺を相殺するほどであれば，原告の行為は被告のそれに匹敵するものである。」[102]と述べたあと，さらにコモン・ロー上の不法行為における寄与過失について，「寄与過失とは論理的に被告が過失の不実表示に対して責任を負わされる場合の過失に関するものであり，被告が故意の詐欺に対して責任を負わされる場合には，原告の単

---

[101] 545 F.2d 687 (10th Cir. 1976).
[102] Id. at 693.

第5章　米国における適合性原則違反の民事責任(1)——反詐欺条項に基づく場合

なる寄与過失は比較すると些細なものということになる。同様に，不実表示が明白な虚偽性をしない限り，原告は故意の不実表示の真偽について調査する義務がない。……したがって，故意の不実表示が存在する場合に，コモン・ローは損害を受けた原告に正当な注意あるいは相当の注意義務を要求しない」[103]と説明したうえで，結論として，「不法行為の分析を利用して，単純にErnst & Ernst 判決の理論に基づき，規則10b-5 訴訟では相当の注意が不適当な基準であることを論証している。なぜなら，規則10b-5 訴訟に相当の注意が適用されるのは寄与過失の適用と同じであるからである。寄与過失が，詐欺の場合における故意の不法行為に対して抗弁にならないのと同様に，相当の注意は，規則10b-5 のもとで故意の証明が要求されている行為に対して不適切である」[104]と判断して，規則10b-5 に基づく損害賠償を請求する原告に対して，相当の注意という義務を課す必要がないことを論証した。

次に，信頼の正当性について，同裁判所は「我々は，原告が一旦被告側の故意を証明すれば必要要件を満たしたことになると述べているわけではない。原告は不実表示を信頼したことおよびその信頼が正当であることを証明しなければならない。不実表示の虚偽性が明白である場合は，原告は合理的にあるいは正当にそれを信頼することはできない。言い換えれば，被告の不法行為が原告の損害の原因とならなければならない。コモン・ローの詐欺の場合と同じく，規則10b-5 訴訟において，不実表示あるいは不開示と原告の損害の間に因果関係が存在しなければならない」[105]と述べて，信頼の正当性に関する証明が必要であると判示した。

具体的に，本事案におけるXの信頼について，同裁判所は「たとえXには経験があり，または判断力があるという事実を考慮しても，1970 年代に始まった取引の大規模な増加を考慮して，Yの誠実さと正直さに対するXの信頼は正当である。Xが農場に没頭したとき，Yが会社を管理していたことが認められた。XはYに対する信頼が間違っていたことに注意を払う立場におかれておらず，2人の当事者の関係は信認的性質を有していた」と説明し，Xの信頼の正当性を認めた。

この事案では，会社の発起人であるXの立場および弁護士兼会計士としての

---

[103] Id. at 694.
[104] Id. at 694.
[105] Id. at 694.

第6節　「投資者の正当な信頼」に関する判断

知識に鑑みると，会社の帳簿などの書類を読むなどの注意さえすれば，配当金がないというYの口頭表示が不実であることを容易に発見できるはずであった。しかし，本裁判所は，Xに注意義務を課さないことを前提に，XとYが古くからの友人であることを考慮して，Yの不実表示が書類の記載と矛盾していることが，Xにとって明白であったとまではいえず，書類を読まなかったXの信頼が正当であると判断した。

　この裁判所は，「相当の注意」の欠如が過失の範疇に属するという伝統的理解に基づき，「相当の注意」が抗弁事由としての寄与過失であるから，因果関係を示す「信頼の正当性」とは異なる法的概念であると解釈したうえで，「故意または無配慮」というブローカーの主観的要件との関係を考慮し，「相当の注意」によるアプローチを否定した。

　これに対して，「相当の注意」アプローチを取る裁判所は，「信頼の正当性」が客観的あるいは合理的な人の基準を要求している点を批判している。つまり，「相当の注意」アプローチは客観的基準よりも緩和された主観的基準によって投資者の行為を判断しているという[106]。

　この2つのアプローチ間の相互批判は，裁判例の展開によって既に的外れなものとなった。すなわち，既述のように，「相当の注意」を要求する裁判所は，確かに顧客の寄与過失を問題にしているが，実際の判断において，「相当の注意」の基準を過失ではなく故意に近い「無思慮」においている。また，「信頼の正当性」を要件とする裁判所は，顧客の信頼の正当性を問題にしているが，実際に正当性の有無を認定する際，関連要素を総合的に考慮して投資者の信頼が「無思慮」であるかどうかを判断している。このように，いずれのアプローチにしても，実際の判断対象は，同じくブローカーの勧誘を信頼した投資者の行動が「無思慮」であったかどうかである。しかも，「無思慮」を判断する際の考慮要素として，いずれのアプローチも投資者の判断力，知識，相手の不実表示を見抜く可能性などを取り入れている。投資者の注意義務を問題にするか，投資者の信頼の正当性を問題にするかの違いはあるものの，具体的な判断において，「信頼の正当性」アプローチと「相当の注意」アプローチとは実質的な差異が見られない。

　しかし，注意義務は過失の領域に属する法的概念と解されていることから，規則10b-5に基づき訴訟をする場合に「相当の注意」を投資者に要求するには，

---

[106] Huddleston v. Herman & MacLean, 640 F.2d 534, at 548 (5th Cir. 1981).

第5章　米国における適合性原則違反の民事責任(1)——反詐欺条項に基づく場合

通常の注意義務と区別して，過失によるものでは足りず，故意または無思慮によるものでなければならないとされる。現有の法的概念を異なる意味で利用するのは，混乱を招きかねない。ブローカーの故意ある行為に対して，有過失の投資者が保護されないのはおかしいという批判は，ここから生じたものである。

5.6.4　書類の提示と信頼の正当性

既述したように，投資者の信頼の正当性の判断基準は，投資者の行為が無思慮であったかどうかである。また，無思慮の有無を判断するには，リーディングケースで列挙された幾つかの要素を総合的に考慮しなければならない。その考慮要素の中には，書類の提示は含まれていないものの，実際の事案において，よく問題とされるのは，ブローカーの口頭勧誘が，提示された書類の記載と矛盾しているにもかかわらず，投資者がブローカーの口頭勧誘を信頼した場合，そのような信頼が正当かどうかである。この点について，裁判例の判断は分かれている。

5.6.4.1　否定裁判例

「信頼の正当性」に関するリーディングケースであるZobrist事件[107]では，提示された書類を読まずに，それと矛盾する口頭の勧誘を信頼した投資者に対して，その信頼の正当性を否定した。これに対して，提示された書類を読んだにもかかわらず，その書類の内容と矛盾する口頭の勧誘を信頼して投資する場合に，同じくその信頼が正当性を有しないと判断したのが，Kennedy v. Josephthal & Co., Inc. 事件[108]である。

【事案の概要】　XらはYの本件取引の勧誘を受ける以前に，Yの間で，数回の取引関係をもった。1979年に，YはXらに対して，石炭の採鉱により利益を獲得する目的で設立されたパートナーシップA社の株の購入を勧誘した。この勧誘を受けて，Xらは現金2万ドルと手形18万ドルを使ってA社株を購入した。Yの従業員Bは，Xらにこの投資が安全であることやA社がすぐに利益を上げるなどのことを伝えた。購入前に，YはXに募集覚書を提供し，その中にA社株のリスクが高いことと，具体的なリスク要素および覚書に含まれていない情報を信用してはいけないとの警告が記載されていた。Xらは

---

[107]　Zobrist v. Coal-X, Inc., 708 F.2d 1511 (10th Cir. 1983). 事案の内容については，5.6.1を参照。
[108]　814 F.2d 798 (1st Cir. 1987).

第 6 節　「投資者の正当な信頼」に関する判断

彼らが募集覚書を読んでおり，含まれているリスクを認識し，投資の損失を負担できるという内容の書類を作成した。その後，石炭は採掘もされず売却もされることはなかった。

【判旨】　裁判所は，信頼の正当性を判断するときの考慮要素として，Zobrist 事件に列挙された要素に依拠するとした上で，各要素の認定について，「第 1 に，証拠から，Xらが 1 つの投資において 2 万ドルの現金を調達し，18 万ドルの手形にサインするのに十分な財力を有する裕福な弁護士であり，裁判所は証券および金融についてXらの判断力・理解力を厳密に考察する必要はない。Xらは何回か取引したことのあるYとの間で，このような金額の投資をしていた。Xらは初心者ではない。第 2 に，Xらは以前に特定のY'（Yの代表者——筆者注）と取引したが，本件の取引において，Xらは助言を受けたYの新しい社員Bに紹介された。XらとBの間に信頼があるとの証拠はない。しかし，第 3 に，Bにより与えられた助言は募集覚書と完全に異なる口頭の不実表示であった。これはXらが必要とした関連情報である。すなわち，これは詐欺の可能性を表している。したがって，その意味において信認関係の存在は疑わしいと思われる。XらがA社に関する一連の陳述を盲目的に信頼したことにより，詐欺の継続の隠蔽という第 5 番目の要素だけが，起こりうる。さらに，盲目的な信頼は，詐欺を見破る機会を損なうことになる。……Bが助言するとき，募集覚書の記載との矛盾は明らかであった」[109]と述べ，各考慮要素の該当性を判断した。

　以上の事実認定を踏まえた結論として，同裁判所は，「総合的に考えれば，これらの要素は正当な信頼がないという一つの結論にしか導けない。事実認定の義務を忠実に行ったところ，他の結論を出す裁判官も陪審員もいない。正当な信頼は，無思慮の行為によって満たされることができない。……Xらが自らの目を瞑って，消極的にBの陳述と募集覚書との間の矛盾を受け入れた場合には，Xらは正当に不実表示を信頼していたとは言えない」[110]と判断し，Xらの信頼の正当性を否定した。

　この事案では，Xらが提示された書類を読んだという文書を提出したことか

---

[109]　Id. at 804~805.
[110]　Id. at 805.

ら，Xらは書類を読んだものとされ，そのうえで，ブローカーの口頭の表示と書類の記載との矛盾が明白であるにもかかわらず，Xらが信認関係を有しない相手の口頭表示を盲目的に信頼したことには正当性がないと判断された。前述したZobrist事件で指摘されたように，投資者の信頼の正当性を判断するにあたり，書類の提示は，それほど決定的ではないにせよ，投資者の理解・認識，詐欺の隠蔽および詐欺を見抜く機会などの要素に密接に関わっている。特に，重要事項に関する書類の記載と口頭の表示とが明らかに一致していない場合に，書類の提示は重要な役割を果たしている。というのも，まず，書類に明確な記載がある以上，口頭の不実表示を隠蔽していないことになり，また，書類が提示されていたため，投資者は口頭の表示の虚偽性を見抜く機会があった，との判断につながるためである。

5.6.4.2 肯定裁判例

同じくZobrist事件に示された考慮要素を取り入れたが，Bruschi v. Brown事件[111]において，裁判所は提示された書類を読まなかった投資者の信頼が正当であると判断した。

【事案の概要】 高卒で，投資経験の乏しいXは，Yに投資を依頼したところ，YはXにコンピュータ備品販売およびリースに従事するA社の株に投資するよう強く勧誘し，また，この投資が節税にもなると説明した。実際のところ，未登録証券であるA社株の投資は複雑でリスクの高い投機的なものであった。またYはA社との間で協議を行っており，YがA株を販売することでA社から手数料を受け取るとの取決めがあった。投資を行う前に，XがYから160頁の書類を提供されたが，「形式的なものなので読む必要がない」というYの助言を受け，Xはそれを読まずに書類にサインした。

【判旨】 裁判所は，まず，「我々は，状況を考慮することもなしに，投資者が信頼した不実表示は口頭でなされたものであり，かつ同時に存在している投資者が入手利用できる書面表示とその内容が矛盾している場合に，規則10b-5に基づき当該投資者が損害賠償から排除されると判断することはない」と述べた上で，投資者の信頼の正当性を判断するには，Zobrist事件に提示された8つの要素を総合的に考慮すべきであるとした。

---

111 876 F.2d 1526 (11th Cir. 1989).

第6節　「投資者の正当な信頼」に関する判断

　次に，本件におけるXの信頼の正当性について，同裁判所は，「XがA株に投資するかどうかを判断する前にとるべき合理的な行為は，開示書類を読むことであると主張されている。しかし，状況に基づけば，Xが口頭の不実表示と書面表示との不一致を発見しなかったことは，法的問題としてXの信頼を不当なものにはしない。我々は第1に，開示書類の記載のいくつかは，申し立てられた口頭の不実表示と矛盾しているものの，他のいくつかの記載が口頭の不実表示と一致していたことに着目する。YがA株投資の経済的なリスクと税金上のリスクが最小限であると口頭の不実表示をしたと，Xは主張している。これらの不実表示は経済的なリスクと税金上のリスクが重大であるという開示書類の記載と矛盾している。しかし，開示書類は，①YとA社の間に重要な関係がない，②YがA社から報酬を受け取っていない，かつ受け取る予定もないというYの口頭の不実表示に一致している。……したがって，たとえXが開示書類を読んだとしても，Yに主張された信頼できない明白な表示より，むしろ申し立てられた口頭の不実表示の信頼性に関して矛盾する印象を受けていたであろう。開示書類に記載されたいくつかの情報がYの口頭の表示を信用できないと示しているという事実は，考慮すべき要素ではあるものの，この要素だけでは決定的ではなく，すべての関連要素が比較されなければならない。我々は，以下の要素を考慮しなければならない。すなわち，①Xは判断力・理解力のない，金融事情に経験のない者であること，②YはXの投資顧問であり，投資の経済的なリスクと税金上のリスクについて十分な知識を有すること，③YはXの最大利益において行動する信認義務を受け負っていること，④Xが開示書類を読まなかったのは，YがXに読まなくてもいいと助言したためであること，⑤Yは不実表示が間違っていることを知っていたこと，⑥Yから取引を開始したこと（番号は筆者による）。これらすべての要素が考慮されると，法的問題として，口頭の不実表示に対するXの信頼が正当でないとはいえない」[112]として，Xの信頼の正当性を認めた。

　この事案では，Xが提示された書類を読んでいなかったが，その理由が読まなくてもよいというYの指示にあること，また開示書類の記載自体にも不実表示があったことを重視して，Xは口頭の不実表示を正当に信頼したと判断され

---

[112] Id. at 1530.

た。つまり，提示された書類を読まなかったという事実をもって，直ちに顧客の信頼の正当性を否定するのではなく，顧客が書類を読まなかったことに対してブローカーが演じた役割や提示された書類の記載内容の真偽も考慮された。

以上の否定裁判例と肯定裁判例の判断からみると，投資者の信頼が正当であるか否かを判断する際に，書類の提示の有無は考慮されるものの，決定的要素ではないようである。たとえ書類の提示があったとしても，投資者の信頼が正当であるかどうかは，やはり「正当な信頼」の要件を判断する場合に考慮される関連要素を総合的に考慮したうえで判断されるのである。

第7節　「ブローカーによる口座の支配」に関する判断

「ブローカーによる口座の支配」という要件は，「行為による詐欺理論」に基づく場合の特有の要件である。つまり，「行為による詐欺」を根拠に適合性原則違反の民事責任を追及する場合，実際の取引関係において，顧客の取引口座をブローカーが支配していることが要求されている。

一般的に，ブローカーは投資者のために投資を行う際，一任勘定（discretionary account）と非一任勘定（non-discretionary account）という2つの方法によっている。一任勘定では，ブローカーは事前の委任がなくとも投資者の口座において投資取引を行うことができる。その際，投資者の口座を管理しているのは，投資者本人ではなく，ブローカーであるため，この場合には一般的に，ブローカーによる口座の支配が認められる。これに対して，非一任勘定では，ブローカーは投資者の承諾があったときにのみ，投資者の口座において投資取引を行うことができる。この場合には名目上は投資者本人が口座を管理しているため，ブローカーによる口座の支配は生じない。このように単純な一任勘定あるいは非一任勘定の場合には，どちらが口座を支配しているかは判断しやすいが，単純な場合ではないとき，つまり一任勘定か非一任勘定かが容易に断定できない場合に，口座の支配がどちらにあるかの判断は問題である。実務上，当事者間でよく争いになるのは，形式上非一任勘定であるものの，ブローカーが口座を事実上支配しているような場合である。

「ブローカーによる口座の支配」の有無の判断基準について，リーディングケースとなったのは，Lieib v. Merrill Lynch, Pierce, Fenner & Smith, Inc. 事

第7節 「ブローカーによる口座の支配」に関する判断

件[113]である。この事案において，連邦地方裁判所は，一任勘定の場合に，ブローカーが投資者の口座を支配しているかどうかを判断するにあたり，4つの考慮要素を挙げた。すなわち「第1に，裁判所は，顧客の年齢，教育，知識および投資経験を考察する。顧客が特に若者や高齢者あるいは金融事情に無知である場合に，裁判所はおそらくブローカーが口座を支配していたと判断する。第2に，ブローカーが顧客との間に公的または私的な関係を有している場合に，裁判所はおそらく信用と信頼のゆえに顧客が口座支配を放棄していたと判断し，反対に，ブローカーと顧客の間に対立的取引関係がある場合には，裁判所は顧客が口座の支配を保持していたと判断する傾向がある。第3に，顧客の事前許可がなく多くの取引が行われている場合に，裁判所は一般的にブローカーによる口座の支配の奪取としてこれを解釈する。第4に，顧客とブローカーが常に口座の状況または具体的な取引の合理性について話し合いを行っていた場合には，裁判所は一般的に顧客が口座に対して積極的な関心を持っているため，顧客が口座の支配を維持していると判断する」[114]。つまり，実際に誰が口座を支配しているかを判断するとき，①顧客の判断力・理解力などの属性，②顧客とブローカーとの関係，すなわち対立当事者関係か信頼関係か，③投資取引の実態，すなわち顧客の事前の許可の有無，④顧客とブローカーの間の投資に関する意見交換の有無，などの要素を総合的に考慮する必要があるとの基準が示された。

その後，第9巡回控訴裁判所は，前述した判断基準を絞り込み，Follansbee v. Davis, Skaggs & Co., Inc. 事件[115]において，2つの方法で口座支配を証明できると指摘した。

【事案の概要】 Xは遺産相続で受け取った14万5,000ドルを資金として，投資していた。YはXの口座を管理し，Xに具体的な投資を勧誘するときに，その同意を得た。また，XはYが主催した投資セミナーの65％に参加し，そこで議論されたA株およびパートナーシップBへの投資に関心をもち，自

---

[113] 461 F. Supp. 951 (E. D. Mich. 1978), aff'd, 647 F.2d 165 (6th Cir. 1981). この事案では，会計士兼税理コンサルタントであるXは，投資経験を有し，自らの判断で投資を行っていた。1971年，XがYのもとで証拠金口座を開設し，Yの助言の下で投資を行った。YはXに投資を勧誘したが，すべての投資取引においてXの事前許可を得ており，加えて，Xとの間に毎日何回か電話で連絡を取っていた。損失が出たあとに，Xは過当取引を理由に訴訟を提起した。結果として，裁判所は，Yが口座を支配していないことを認定した上で，Xの請求を否定した。

[114] Id. at 954~955.

[115] 681 F.2d 673 (9th Cir. 1982).

279

ら進んで購入した。パートナーシップBへの投資について、Yは反対し、もしXの限界利益における累進課税の税率が39％を超えた場合にその投資を考えるべきであると助言したが、Xは実際に利益の税率が39％以下であったにもかかわらず、Yに39％を超えたと伝え、パートナーシップBへの投資を依頼し、結果として損失が生じた。

【判旨】 ブローカーによる口座の支配の有無の判断について、裁判所は、「ブローカーが正式に顧客の口座において買付けと売付けの裁量権限が与えられる場合に、ブローカーは明らかに口座を支配している。裁量権はないが、顧客がブローカーの勧誘を評価して、独立の判断を下すことができない場合も、口座はブローカーの支配のもとにある」[116]とし、2つの方法を示した。さらに、その判断基準について、同裁判所は、「これは、通常、ブローカーの助言に従う専門家でない投資者が口座を支配していないと言っているわけではない。……基準は、顧客がブローカーの勧誘を評価し、勧誘が不適合であると考えるときにそれを断るには、十分な知識と理解力を有するかどうかである」[117]と説明した。

具体的な判断として、同裁判所は、「Xは決して知識のない初心者でない。彼は経済学の学位を有し、会計講義も受けていた。また、彼は会社の財政書類を読んで理解し、投資助言誌の定期読者で、Y主催の投資セミナーの積極的な参加者であり、取引の細かい記録を持っていた。Yの勧誘に対するXの受け入れは、無知の依存者による消極的な受け入れではなかった。多くの場合に、XはYの指示を否定し、Yにさらなる調査をするよう指示を出していた。A株については、Xが自ら財政事情と報告書に関する分析をしたという具体的な認定事実がある。Xは、受動的ではなく熱狂をもって株とパートナーシップBに投資することにした。Xが、パートナーシップBに対し、余りにも熱狂的であったため、これがYの助言に反することを知り、Yの反対を克服するために自らの所得税状況を偽って陳述し、不幸な投機に入った。これらのすべての事情は、Xが自らの口座を完全に支配している者であるとの特徴を強く示している」[118]として、ブローカーによる口座の支配という要件を否定した。

---

[116] Id. at 676～677.
[117] Id. at 677.
[118] Id. at 677～678.

この事案では，ブローカーは形式上顧客の口座を管理していたが，実際の投資判断では，顧客が取引の主導権を持っており，ブローカーの助言を無視して投資しようとした事実を考慮して，実質上顧客の口座を支配していたのはブローカーではなく顧客本人であると判断された。この判決によると，ブローカーによる口座の支配に関する判断を2段階にわけて行っている。すなわち，まずブローカーに裁量権があるか否かによって判断し，次に裁量権がない場合には顧客の判断力・理解力の有無をもって判断する。しかし，実際の判断において，顧客に判断力・理解力があれば，ブローカーの裁量権が否定される場合が多く，結局，口座の支配がどちらにあるかを決める要素としては，顧客の判断力・理解力がもっとも重要である。

第8節　投資者の判断力・理解力と適合性原則違反

5.8.1　投資者の判断力・理解力（sophistication of investors）の有無を区別する理由

　投資者の判断力・理解力の有無は，表面的には適合性原則違反による民事責任の認定要件ではないが，既に紹介したように，「不実表示または不開示理論」に基づく場合の「投資者の正当な信頼」との要件，「行為による詐欺理論」に基づく場合の「ブローカーによる口座の支配」との要件を認定する際に，明らかに重要な考慮要素とされている。例えば，「投資者の正当な信頼」の判断基準を示したZobrist事件において，連邦控訴裁判所は「金融および証券事情について原告の判断力・理解力と経験」を第1の考慮要素としてとり上げた。また，「ブローカーによる口座の支配」の判断基準を示したFollansbee事件において，連邦控訴裁判所は「基準は，顧客がブローカーの勧誘を評価し，勧誘が不適合であると考えるときにそれを断るには，十分な知識と理解力を有するかどうかである」と明言した。このように，投資者の判断力・理解力の欠如が不適合訴訟の明示的要件になっていないが，実際の事実認定では，裁判所は，投資者が判断力・理解力を有するかどうかを重要視している。投資者の判断力・理解力の有無が不適合訴訟の成否を左右していると言っても過言ではない。このような判断枠組みによれば，不適合訴訟によって救済を受けられるのは，判断力・理解力のない投資者（unsophisticated investors）ということになる。

　不適合訴訟において，投資者の判断力・理解力が重要視される理由は，1933

年証券法および 1934 年証券取引所法の立法趣旨にあるとと言われている[119]。証券諸法を制定する際，議会は判断力・理解力のない投資者を保護対象として想定していたからである。立法史によると，議会は，当初の平均的投資者が不適切な開示，不実表示および操縦的計略によって騙されることを懸念し，また個人投資者への侵害が，資本市場，金融システムおよび管理方式に対する信頼の喪失までを引き起こすという2次的な問題を導くことに配慮して，1933 年証券法と 1934 年証券取引所法を制定したという[120]。このような立法趣旨によれば，証券諸法の保護対象は判断力・理解力のない投資者であり，判断力・理解力のある投資者はそもそも証券諸法の保護範囲に入っていない。判断力・理解力のある投資者は，もともとブローカーに依存して投資するのではなく，自ら投資を評価・判断しているため，ブローカーとの関係も，信頼関係ではなく，対等な当事者の関係であると想定される。

しかし，そうした立法趣旨にもかかわらず，規定上は，投資者について判断力・理解力のある投資者と判断力・理解力のない投資者とを区別する文言はどこにも存在しない。

立法趣旨と条文の文言との差異は，裁判所の判断に影響を与えている。一部の裁判所は厳格に条文の文言に従って，「連邦証券法が判断力・理解力のある投資者と判断力・理解力のない投資者を区別しておらず，反詐欺と登録規定により提供された保護は判断力・理解力の有無を問わず，すべての投資者のために予定されている」[121] と解釈して，投資者の判断力・理解力の有無を考慮しないとしている。

これに対し，裁判所の大多数は議会の立法趣旨に従って，証券諸法の保護を受けるのは判断力・理解力のない投資者に限定されるとしている。不適合訴訟は，法 10 条 b 項および規則 10b-5 に基づく訴訟である限り，投資者の判断力・理解力の有無が重要な考慮要素になるのは当然である。しかし，立法趣旨以外に，裁判所は，不適合訴訟について，判断力・理解力のある投資者と判断力・理解力のない投資者を異なって取り扱うことを正当化する明瞭な理論を提供し

---

[119] C. Edward Fletcher, III, *Sophisticated Investors Under The Federal Securities Laws*, 1988 Duke L. J. 1081, at1133~1134 (1988).

[120] Fletcher, *supra* note 119, at1133~1134; Lyle Roberts, *Suitability Claims under Rule 10b-5 :Are Public Entities Sophisticated Enough to Use Derivatives?* 63 U. Chi. L. Rev. 801, at 817 (1996).

[121] Newman v. Shearson, Hammill & Co., 383 F. Supp. 265, at 268 (W. D. Tex. 1974).

ていない[122]。

5.8.2 投資者の判断力・理解力の判断基準

　投資者は，ブローカーの勧誘を評価できる知識および理解力をもち，その勧誘を独立して判断することができるならば，判断力・理解力のある投資者とみなされる[123]。判断力・理解力を持つ投資者の判断基準を，Fletcher 教授は，3つの大きなグループに分類して分析した[124]。すなわち，第1に，金融的および商業的洞察力に属するものである。これには，投資経験，専門的地位，投機的投資の経験，管理またはビジネス経験，証券業における専門的経験および一般的に証券取引に精通していることなどが含まれる。第2に，判断力・理解力の個別の特性に属するものである。これは，投資口座における取引への理解，教育，情報への具体的なアクセス，知識，年齢，財産と収入を含む。第3に，具体的な投資行動に属するものである。投資専門家との定期的な相談，証券会社口座の数，株クラブのメンバー，投資された金額，投資口座への監視，投資勉強会への参加，金融または投資雑誌の購読，確認書または月報告書の検討などが考慮される[125]。つまり，投資者が判断力・理解力を有するかどうかを判断するにあたって，投資者の様々な能力や経験を総合的に考慮しなければならないということである。

第9節　小　　括

　自主規制規則たる適合性規則違反により連邦法上の私的訴権が直接生じるか否かについて，連邦裁判所は消極的であったが，適合性原則違反による民事責任を否定したわけではない。実際に，連邦裁判所は 1978 年に，法 10 条 b 項および規則 10b-5 を利用して適合性原則違反の民事責任を認定した。
　反詐欺条項である法 10 条 b 項および規則 10b-5 に基づき訴訟を提起する場合には，当然ながら詐欺の成立が必要不可欠である。裁判例は，適合性原則違反に対して，2つの理論構成をもって詐欺の認定を行っている。1つは，「不実表示または不開示理論」であり，今ひとつは，「行為による詐欺理論」である。

---

[122] Fletcher, *supra* note 119, at 1109.
[123] Poser, *supra* note 27, at 1508.
[124] Fletcher, *supra* note 119, at 1149.
[125] Id. at 1149〜1154.

第5章 米国における適合性原則違反の民事責任(1)——反詐欺条項に基づく場合

　前者については、勧誘した証券の適合性に関してブローカーが不実表示または不開示をすれば詐欺になり、後者については、証券に関する不実表示または不開示がなくとも、不適合な証券を勧誘すること自体が詐欺になる。すなわち、「不実表示または不開示理論」に基づく場合は、ブローカーによる証券の適合性に関する不実表示または不開示が問題とされ、「行為による詐欺理論」に基づく場合は、ブローカーの不適合な勧誘行為そのものが問題とされる。

　「不実表示または不開示理論」に基づく適合性原則違反による民事責任（損害賠償）の認定要件は、①勧誘された証券が投資者のニーズに不適合であること、②故意または無配慮で不適合な勧誘をしたこと、③適合性に関する不実表示または不開示が重要なものであること、④投資者がブローカーの表示を正当に信頼したこと、の4つである。

　これに対し、「行為による詐欺理論」に基づく場合の要件は、①投資勧誘が投資者の投資目的に不適合であること、②故意または無配慮で不適合な証券を勧誘したこと、③ブローカーが投資者の口座を支配していたこと、の3つである。

　どちらの理論を根拠にするとしても、投資勧誘が投資者の投資目的に不適合であるという「投資目的不一致要件」、およびブローカーが故意または無配慮で不適合な投資を勧誘したという「故意要件」は、「共通の要件」として要求されている。すなわち、裁判所は、投資勧誘の適合性の有無を判断する際、「投資目的との不一致」を基準にしており、それに加え、投資勧誘が不適合であることに関するブローカーの主観的態様をも要求している。

　「投資目的不一致要件」について、裁判所は明確性と具体性を要求している。顧客は勧誘された証券が自らの投資目的に一致していないと漫然として主張するだけでは足りず、自己の投資目的を明白にし、勧誘された証券の性質を具体的にすることが必要となる。

　「故意要件」について、裁判所は、「故意」だけではなく、「無配慮」でもその要件を満たすとしている。「無配慮」とは、一般的な注意基準から極端に逸脱し、かつ投資者を誤解させる危険性をもたらす行為のことである。実際の認定において、裁判所は、勧誘した証券が当該顧客に不適合であることを、ブローカーが知っていたあるいは知るべきであったにもかかわらず勧誘をしたという事実から「故意要件」を推認している。

　また、「不実表示または不開示理論」に基づく場合の要件である「投資者の正当な信頼」と、「行為による詐欺理論」に基づく場合の要件である「ブロー

第9節　小　括

カーによる口座の支配」とは，一見して各理論に特有の要件であるようだが，実質は，いずれもブローカーの勧誘行為と顧客の損害との因果関係を示す要件として，機能している。

「投資者の正当な信頼」という要件について，裁判所は，実際に比較過失法理に基づき投資者の行為の有責性とブローカーのそれとを比較して，投資者がブローカーの勧誘を信頼するのが無思慮の行動ではないことを要求している。当該投資リスクを投資者が知っており，あるいはリスクが明白であるため，投資者が認識していなければならず，かつそのリスクが大きいため損失発生の蓋然性が高いことを無視した場合，投資者の行為は無思慮であると評価される。具体的に，投資者の信頼が正当であるか否かの判断について，リーディングケースは考慮要素を8つ挙げている。すなわち，①金融および証券事情について投資者の判断力・理解力と経験，②長期にわたる継続的取引あるいは個人的関係の存在，③関連情報へのアクセス，④信認関係の存在，⑤詐欺の隠蔽，⑥詐欺を見抜く機会，⑦投資者から投資取引を始めたか，あるいは取引を促進しようとしたかどうか，⑧不実表示の一般性または特定性，である。言うまでもなく，これらの要素のいずれかが決定的なのではなく，すべての要素を総合的に考慮しなければならない。

「ブローカーによる口座の支配」という要件について，裁判所は，実質的にブローカーが投資取引を主導していることを要求している。具体的な判断において，裁判所は，形式上ブローカーと投資者間が一任勘定であるか非一任勘定であるかを問わず，実際にブローカーが投資者の口座を支配しているかどうかを判断対象としている。「ブローカーによる口座の支配」の有無を判断するとき，リーディングケースは考慮要素を4つ挙げている。すなわち，①顧客の判断力・理解力などの属性，②顧客とブローカーとの関係，すなわち対立当事者関係か信認関係か，③投資取引の実態，すなわち顧客の事前の許可の有無，④顧客とブローカーの間での投資に関する意見交換の有無，である。

「投資者の正当な信頼」を判断する場合の考慮要素と，「ブローカーによる口座の支配」を判断する場合の考慮要素とを比較すると，「当事者間の信認関係」の存否および「顧客の判断力・理解力」が各要件において考慮されている。つまり，一見して「投資者の正当な信頼」と「ブローカーによる口座の支配」とは，各理論に個別の因果関係要件として課されているようだが，その実体は共通要素をもっている。前述した「投資目的不一致要件」および「故意要件」という共通要件に加え，因果関係要件の判断も共通していると言えよう。

第 5 章　米国における適合性原則違反の民事責任(1)——反詐欺条項に基づく場合

　要件面において，「不実表示または不開示理論」に基づく場合と「行為による詐欺理論」に基づく場合との区別を立てるのは，適合性に関する不実表示または不開示の重要性を要求するかどうかによるものである。前者の場合には，適合性に関する不実表示または不開示が必要とされているが，後者の場合には必要とされていない。具体的に，適合性に関する不実表示または不開示とは，投資リスクや証券の性質などに関するものを指しており，そのような不実表示または不開示が重要であるか否かについて，実際に，裁判所は，「投資者の正当な信頼」の認定と連動して判断を行っているため，実質上この要件が独立に機能しているわけではない。

　このように，裁判所は，適合性原則違反による民事責任（損害賠償）を認定する際に，「不実表示または不開示理論」に基づく場合と，「行為による詐欺理論」に基づく場合とでは，実際の判断において，さほどの差異を設けていない。すなわち，裁判所は，適合性原則違反に対して，民事責任（損害賠償）を認定するにあたり，投資勧誘の不適合性について投資目的の不一致を基準に判断し，不適合な勧誘についてブローカーが故意または無配慮であることを要求し，顧客の判断力・理解力および当事者間の信認関係の有無を重要な考慮要素としてブローカーの勧誘行為と顧客の損害との因果関係を判断する点で，どちらの理論に基づく場合にも，同じ結果をもたらしているのである。

　以上のように，適合性原則違反に対して，裁判所により行われた民事責任の認定と，SEC により行われた行政責任の認定とは，それぞれの要件が異なっている。すなわち，SEC は，顧客の属性に基づき投資勧誘の適合性の有無を判断し，そのとき顧客の投資目的および財産状態を重要な考慮要素としているが，顧客の投資経験や年齢なども考慮に入れている。これに対し，裁判所は，顧客の属性全般ではなく，顧客の投資目的に着目し，投資目的の不一致をもって投資勧誘の不適合性を判断している。つまり，適合性原則違反の認定について，裁判所では SEC ほど厳密な判断が行われていない。また，SEC は，行政責任の成否を認定するとき，ブローカーおよび顧客の主観的態様を一切考慮しない，いわゆる結果不法として適合性原則違反を捉え，客観的な判断を行っている。これに対し，裁判所は，民事責任の成否を認定するとき，ブローカーの主観的態様，すなわち故意または無配慮を要求するのみならず，因果関係の要件として顧客の主観的態様，すなわち，ブローカーの表示への信頼が正当であるかまたは取引の主導権をブローカーに与えたかも要件としており，そのとき，顧客の判断力・理解力や投資経験などの顧客の属性に関するものやブローカー

第9節 小　括

との関係が考慮されている。つまり，当事者の主観的態様は，行政責任の認定に影響を与えないが，民事責任の認定にとっては重要な要件となる。このように，適合性原則違反に関する行政責任の認定と民事責任の認定では，判断要素が異なることは明らかである。この差異は，行政責任と民事責任の機能の違いに起因すると思われる。すなわち，行政責任の認定は，主として証券市場における公共利益の保護を目的とし，具体的な当事者間の権利義務関係の調整を行う必要がないため，当事者の主観的態様を考慮せず，客観的に判断することが可能である。これに対し，民事責任の認定は，個別の当事者に司法上の救済を与えることがその役割であり，救済を与えるべきかどうかの判断においては，客観的判断だけでは足りず，各当事者の主観的態様をも考慮しなければならなくなるのである。

第1節　序　説

第6章　米国における適合性原則違反の民事責任(2)
——信認義務に基づく場合

第1節　序　説

　法10条b項および規則10b-5の規定，いわゆる反詐欺条項に基づく適合性原則違反の民事責任を追及する場合には，①投資目的との不一致のみならず，②ブローカーに故意または無配慮があるとの主観的要件，および③ブローカーによる口座の支配の存在，あるいは④投資者の正当な信頼が要求される（第5章）。

　これに対し，適合性原則違反に対し，連邦証券諸法に依拠せず，州法上の信認義務の規定に基づいて民事責任を追及することもできる（第4章）。この場合は，ブローカーの適合性原則に反した勧誘行為が信認義務違反と捉えられ，民事責任の認定が行われる。信認義務違反に基づく場合の要件は，①信認義務の存在，②当該義務に違反したこと，および③信認義務違反によって直接に損害が生じたこと，である[1]。信認義務違反を根拠にブローカーの民事責任を認定する場合には，第1要件である信認義務の存否が最大の問題であり，適合性原則違反の場合についていえば，ブローカーが顧客に対していかなる場合に信認義務を負うとかが先決問題となる。

　本章では，投資勧誘の場合におけるブローカーと顧客の間での信認義務の存否を検討する前に，問題となる信認義務について簡単に触れ，そのうえで，ブローカーが顧客に対していかなる場合に信認義務を負うかどうかについての米国の裁判例の動向の検討に入りたい。

　周知のように，忠実義務と注意義務を内容とする「信認義務（fiduciary duties）」は，当事者間の約束（契約）によって生じるというよりも，当事者間にある特定の関係から導かれるものと理解され，この特定の関係が「信認関係」[2]

---

[1] Normsn S. Porser & James A. Fanto, Broker-Dealer Law and Regulation, at 16-7 (4th ed, 2007).

[2] 信認関係あるいは信認義務についての，英文文献として，Austin W. Scott, *The Fiduciary Prinsiple*, 37 Calif. L. Rev.539 (1949); L. S. Sealy, *Fiduciary Relationship,* 1962

と名付けられている。各自が対等の立場で各々の利益を追求する関係とは異なって、信認関係に入った受認者は、委託者の利益のために行動しなければならず、これに反して委託者の利益を害した場合には、信認義務違反として損害賠償責任を負う。いかなる関係が信認関係となるかについては、かねてより議論があり、未だ一般的包括的な信認関係の定義は存在していないと言われる[3]。

もともと「信認」は、一方当事者が、特定のサービスにおいて他方当事者に依存せざるをえない場合に生ずるものであるため、信頼・依存関係から信認関係が生じると思われがちがあるが、実は、一方の信頼または信任だけでは当事者間の取引関係（business relationship）を信認関係に変えることはできず、一方の信頼と同時に、その相手方がその信頼を認識して引き受けたときから、当事者間の関係が信認関係となるといわれる[4]。つまり、ここでは、①一方当事者の相手方に対する信頼の存在と、②相手方のその信頼を認識したうえでの引き受けという2つの要件が必要である。従って、信認義務違反を根拠に、適合性原則に違反したブローカーの民事責任を追及する場合、その前提条件として、顧客がブローカーを信頼していたこと、および、ブローカーが自ら当該顧客の信頼を引き受けたことが必要となる。

以下では、信認義務違反アプローチをとる裁判例の判断状況を具体的に見てみよう。

第2節　ブローカーの信認義務に関する裁判例

米国では、一般的に、ブローカーは顧客の代理人であると理解されている[5]。

Camb.L.J.69 (1962) ; J. C. Shephed, *Towards a Unified Concept of Fiduciary Relationships,* 97 L. Q. Rev.51 (1981); Tamar Frankel, *Fiduciary Law,* 71 Calif. L. Rev. 795 (1983); Deboraha A. Demott, *Beyond Metaphor: An Analysis of Fiducirary Obligation,* 1988 Duke L. J.879 (1988); Cheryl Goss Weiss, *A Review of the Historic Foundations of Broker-Dealer Liability for Breach of Fiduciary Duty,* 23 Iowa J. Corp. L. 65, at 70 (1997); Arthur B. Laby, *Resolving Conflicts of Duty in Fiduciary Relationships,* 54 Am. U. L. Rev. 75, at n7 (2004) 等参照。邦語文献として、道垣内弘人『信託法理と私法体系』（有斐閣、1996 年）、植田淳『英米法における信認関係の法理：イギリス判例法を中心として』（晃洋書房、1997 年）、樋口範雄『フィデュシャリー[信認]の時代』（有斐閣、1999 年）、同『アメリカ代理法』（成文堂、2002 年）、同『アメリカ信託法ノートⅠ、Ⅱ』（弘文堂、2003 年）など参照。

[3] Laby, *supra* note 2, at n7 (2004).
[4] Weiss, *supra* note 2, at 69.
[5] Porser & Fanto, *supra* note 1, at 16-3.

第 2 節　ブローカーの信認義務に関する裁判例

　米国の代理法上，代理人と本人は契約関係というより信認関係にあり，代理人は本人に対して信認義務を負っている[6]。従って，ブローカーが代理人として行動する以上，顧客に対して信認義務を負うはずであるが，実際に，ブローカーが顧客の受認者であるかどうか，またはいかなる状況のもとで顧客の受認者となるかについて，米国の判例の立場は必ずしも一致していない[7]。

　ブローカーと顧客の関係が信認関係であるかどうかについて，米国の裁判所は州法に基づいて判断している。大まかに分類すると，三つの判断類型がある。すなわち，第 1 に，一般的に信認関係を認める類型，第 2 に，一定の条件の下で信認関係を認定する類型，第 3 に，一定の条件を付して信認義務の成立を制限する類型である。また，同様の要素が，第 2 の類型の中で利用されることもあれば，第 3 の類型の中で評価されることもある。たとえば，「口座の支配」という条件を取り入れて，これをもって信認関係を限定する要件として利用する裁判所がある一方で，単にこれを信認義務の制限要件として使う裁判所もある。やや煩瑣になるが，米国の裁判所の認識を忠実に伝えるために，敢えて両方とも紹介する。

6.2.1　第 1 類型：一般的に信認関係を認める裁判例

　ブローカーと顧客の信認関係およびブローカーの信認義務を最も広く認定するのは，California 州の裁判所である。早くも 1968 年に，同州控訴裁判所は Twomey v. Mitchum, Jones & Templeton, Inc. 事件[8]においてブローカーと顧客の信認関係およびブローカーの信認義務に制限を加えることなく承認した。同裁判所は，Duffy v. King Cavalier 事案[9]において，Twomey 事件の意見を再確認した。

　【事案の概要】　A 社は退職した従業員に福祉を提供するために信託基金を設立し，A 社の取締役である X は，受託者としてその基金を管理して，投資を行っていた。Y の勧誘を受けてオプション取引を開始したところ，市場価格が低落したため，Y が X にすべての証券を売るように助言した。しかし，X はそれに従わず，70 個のコール・オプション取引の中の 10 個についてし

---

[6]　Restatement (Second) of Agency 第 1 条 1 項 1 (1)(1958)．
[7]　Carol R. Goforth, *Stockbrokers' Duty To Their Customers*, 33 St. Louis U. L. J. 407 (1989).
[8]　69 Cal. Rptr. 222 (Ct. App. 1968).
[9]　259 Cal. Rptr. 162 (Ct. App. 1989).

第6章　米国における適合性原則違反の民事責任(2)——信認義務に基づく場合

か売却の指示を出さなかった。その後，残りのコール・オプション取引は無価値となったため，XはYに対し損害賠償を請求した。

　【判旨】　裁判所は，「本来はブローカーとその顧客との関係は信認関係であり，前者に顧客のために最善の誠実をもって行動する義務を課している。……問題は，すべてのブローカーと顧客の関係において信認義務があるかどうかなのではなく，むしろ事案の事実によって信認義務の範囲または程度を確定することである」[10]として，一般的にブローカーと顧客の関係が信認関係であると認定したうえで，信認義務の内容を問題にしている。

　続いて，ブローカーの信認義務の内容について，同裁判所は，「ブローカーの信認義務は単に陳述された顧客の目的を実行する以上のものであり，少なくとも，ここで明らかにブローカーの勧誘に常に従っているというような証拠がある場合には，ブローカーは顧客の実際の財産状態とニーズを判断しなければならない。顧客により明示された投機目的の実行が不適切かつ不適合であれば，ブローカー側はこのことを顧客に知らせて，顧客から明示的な指示がある場合を除き，その実行を中止するというさらなる義務が存在する。このような状況の下で，たとえブローカーが投機的オプションについて顧客に助言することができるとしても，顧客のリスク許容範囲を超える投機的証券の購入を顧客に勧誘すべきではない」[11]と述べた。

　具体的判断について，同裁判所は，「この事案の事実の下で，Yは，Xが退職した従業員の福祉のための信託基金を利用して投機しようとしていることを認識していた。これらの状況に基づき，Yは投機的取引を勧誘しあるいは推奨する前に，Xがオプションに投資しようとする基金の金額および性質について調査し，それらの投資が不適切であることが明らかになった場合には，このような取引の推奨を完全に停止する義務を有する」[12]として，ブローカーの信認義務違反を認めた。また，この裁判所は，「顧客に対するブローカーの信認義務は，ブローカーが投資顧問としてサービスを提供したかどうかあるいは口座を支配したかどうかを含む特別の事実の証明に依存しない。ブローカーは証券の買付けまたは売付けの代理人として行動している。いかなる代理人も受認者であり，信託者と同様に注意義務および誠実にサービ

---

[10]　Id. at 171.
[11]　Id. at 173.
[12]　Id. at 174.

をする義務を負う」[13] と明言した。

このように，California 州の裁判所は，ブローカーと顧客の関係を一律に信認関係であると認定した上で，具体的にブローカーが負う信認義務の内容については，事案の具体的状況から判断する立場を採用している。

6.2.2 第2の類型：一定の条件の下で信認関係を認定する裁判例
この類型に入る裁判例は，口座の支配などのような特別の事情の有無を問わず，広くブローカーと顧客の信認関係を認める第1類型の裁判例と異なり，一概にブローカーと顧客の関係を信認関係とするのではなく，一定の条件のもとで，ブローカーと顧客の関係を信認関係として認めている。さらに，具体的に用いられた条件は，裁判例により異なる。

6.2.2.1 信認関係を一任勘定の場合に限定する裁判例
連邦地方裁判所は，リーディングケースである Leib v. Merrill Lynch Pierce, Fenner & Smith, Inc. 事件[14] において，一任勘定の場合と非一任勘定の場合を区別して，基本的に一任勘定の場合には信認関係が生じ，非一任勘定であっても，実際にブローカーが顧客の口座を支配していた場合には信認関係が生ずると示した。

この事案において，連邦地方裁判所は，単純にブローカーと顧客の信認関係が口座の支配により生ずると判断したのではなく，一任勘定の場合と非一任勘定の場合におけるブローカーの義務内容をも具体的に述べた。

【判旨】 まず，同裁判所は，非一任勘定の場合における6つのブローカーの義務内容を挙げた。すなわち，「①株の性質，価格および金融予測に関して知らされた情報を十分に検討した後に株を勧誘する義務，②顧客の利益を最も満たす方法で正確に顧客の注文を実行する義務，③具体的な証券の買付けまたは売付けに含まれているリスクを顧客に知らせる義務，④自己取引をしない義務および勧誘した具体的な証券についてブローカーが私的利益を有することを開示する義務，⑤取引に関する重要な事実につき不実表示を行わ

---
[13] Id. at 170~171.
[14] 461 F. Supp. 951 (E. D. Mich. 1978). この事案の概要については，第5章第7節を参照。

ない義務，⑥顧客から事前の授権を得た後にのみ取引する義務」である[15]。また，裁判所は，非一任勘定において各取引が別々に評価され，しかもブローカーのすべての義務は取引の完了に従い終了すると指摘した。

次に，同裁判所は一任勘定の場合における4つのブローカーの義務を挙げた。すなわち，「①授権書に記載されたあるいは顧客の投資と取引の履歴から明らかになる顧客の目的とニーズに直接に一致する方法で口座を管理する，②顧客の利益に影響を与える市場の変化に関する情報を保持し，顧客の利益を保護するために迅速に行動する，③完了した各取引について顧客に知らせる，④ブローカーが従事している取引を進行する上での実質的な影響および潜在的なリスクを直ちに説明する」[16]と判示した。

さらに，同裁判所は，「純粋な非一任勘定と純粋な一任勘定の間に，この事案において原告が主張しているような，混成タイプの口座が存在する。このような口座は厳密にはブローカーが非一任勘定口座を現実的に支配しているときのものである。このような場合には，裁判所はブローカーが最初から一任勘定のときと同様に顧客に対して信認義務を負うと判断する」[17]と述べた。つまり，形式上非一任勘定であっても実際にブローカーが顧客の口座を支配する場合には，一任勘定の場合と同じく信認関係が生じる。

結果として，この事案では，顧客が自ら口座を支配[18]していたため，裁判所はブローカーと顧客の信認関係を認めなかったが，一般論としてブローカーと顧客の関係を信認関係とするような判断方法をとらず，一任勘定の場合と非一任勘定の場合を区別して，基本的に一任勘定の場合には，ブローカーと顧客の関係は信認関係になるが，実際の口座の支配を基準として，ブローカーと顧客の関係が信認関係であるかどうかを判断するという方法は，その後の他の裁判所に大きな影響を与えた。

第3巡回控訴裁判所は，McAdam v. Dean Witter Reynolds, Inc. 事件[19]において，New Jersey 州法を適用して，「少なくとも顧客がブローカーと一任勘定

---

[15] Id. at 953.
[16] Id. at 953.
[17] Id. at 954.
[18] 口座支配の判断基準については，第5章第7節を参照。
[19] 896 F.2d 750 (3d Cir. 1990).

第2節　ブローカーの信認義務に関する裁判例

を継続している場合には，ブローカーは顧客と信認関係にある」[20]として，事案における具体的な口座が一任勘定であることを理由に，ブローカーと顧客の関係を信認関係として認めた。

　単純に一任勘定か非一任勘定かによってブローカーと顧客の間の信認関係の存否を判断するこの判決に対して，第7巡回控訴裁判所は，Randall Bank v. Griffin, Kubik, Stephens & Thompson, Inc. 事件[21]において，「Wisconsin 州法において，顧客が最終の決定を有する口座に関して，ブローカーは受認者でない。特別の状況がない場合に，ブローカーは顧客に対して通常の注意義務のみを有する」[22]と判断し，原則として口座の実際の支配者が顧客である場合には，ブローカーと顧客の関係は信認関係ではないとし，特別の状況がある場合に例外的に認めるという見解を示した。特別の状況の内容について，同裁判所は，「Wisconsin 州法によれば，（顧客からの）追加的情報の要求は，もともと負わない信認義務をブローカーに課しうる」[23]と述べた。しかし，この事案において，機関投資家である顧客は，ブローカーの勧誘にそのまま従うのではなく，自ら投資判断をしていたことから，ブローカーは顧客が要求した追加的情報を開示する義務がないことを理由に，最終的にブローカーの信認義務を認めなかった。また同裁判所は，Carr v. Cigna Secs., Inc. 事件[24]において，「一般的には，顧客が自らの投資選択の裁量権をブローカーに委任しない限り，ブローカーは顧客の受認者ではない」[25]として，ブローカーが投資の裁量権を有する場合に信認関係が生じることを再確認した。

　このように，リーディングケースである Leib 事件に提示された一任勘定と非一任勘定の区別および口座の支配の状況によりブローカーと顧客の信認関係を判断するという枠組みを前提として，各裁判所はそれぞれの結論を出している。形式的に一任勘定であるか非一任勘定であるかによって判断する第3巡回裁判所および第8巡回裁判所と比べて，原則として実際の口座支配によって判断しながら，特別の状況も考慮するという第7巡回控訴裁判所の判断は，リーディングケースの判断基準を忠実に反映しつつ，信認関係の認定範囲を広げて

---

[20]　Id. at 767.
[21]　3 F.3d 208(7th Cir. 1993).
[22]　Id. at 212.
[23]　Id. at 213.
[24]　95 F.3d 544(7th Cir. 1996).
[25]　Id. at 547.

いるようである。

6.2.2.2　対等な当事者の間に信認関係を否定する裁判例

　原則として，ブローカーと顧客が代理人と本人の関係である場合には，両者の間に信認関係があると認定しながら，ブローカーと顧客が対等な当事者（arm's length）として行動する場合には，両者の間に代理関係は存在しないことを理由に，信認関係を否定する裁判例がある。このような類型事案を代表するのは，Banca Crmemi, S. A. v. Alex Brown & Sons 事件[26]である。

　【事実の概要】　Xは大手銀行であり，いわゆる機関投資家にあたる。YからCOMs（不動産担保付社債を担保として発行された証券）の勧誘を受けて，Xの投資担当者たちがCOMsの利益およびリスクについて自ら調査し，他の証券会社にもCOMsについての評価を依頼した。他の証券会社の評価とYの評価とは正反対であったが，最終的にXはCOMsに投資することに決定した。実際の取引としては，Yは先に自らの名義でCOMsを購入し，それをXに売却して，その差額（markup）を利益とするものだったが，YはXから手数料を取得しなかった。当初，Xは多大な利益を得たが，米国の利息率の上昇によって，COMsの価値が大幅に下落し，結果として大きな損失を被った。

　【判旨】　Yが信認義務に違反したというXの主張に対して，第4巡回控訴裁判所は「代理人と本人の関係は信認関係であるため，ブローカーと顧客の関係が代理人と本人の関係である場合に，ブローカーは顧客の受認者になる」と示した上で，「この事案においては，Xの従業員たちは，YがXの代理人として行動しておらず，むしろ当事者対当事者の関係において対等な当事者として取引を行ったことを非常に明白にしている。したがって，本事件の当事者間に信認義務を生じさせる正式の関係（formal relationship）がない。さらに，信認義務の負担を認める実質的関係（informal relationship）を示す証拠もない」[27]と判断し，機関投資家である顧客とブローカーが対等な当事者として取引を行った以上，両者の間に信認関係は生じないとした。

---

[26]　132 F.3d 1017 (4th Cir. 1997).
[27]　Id. at 1038.

また，連邦地方裁判所は，Behrman v. Allstate Life Insurance Co. 事件[28]において，「信認義務違反の請求は，信認関係の存在を必要要件とする。信認関係は，より弱い一方当事者により信頼が置かれており，優越的地位および影響力を有する他方当事者によってその信頼が引き受けられ，このような当事者間の信頼と信任によって確立された関係である」[29]と述べた上で，「しかし，対等な当事者取引において，他方の当事者の保護もしくは利益のために行動する，あるいは他方当事者が自ら注意すれば発見できる事実を開示するという義務を各当事者に課すものではない」[30]と判示した。結果として，原告は個人投資者であるが，18年間にわたって投資取引を行い，600万ドルの利益を上げているところから，裁判所は「したがって，申立てに主張された事実は，原告が取引事情について判断力・理解力を有すること，これが対等な当事者取引であることおよび原告が被告らを信頼・信任していなかったことを示している」[31]と判断し，ブローカーと顧客の信認関係を認めなかった。

　このように，ここでいう対等な当事者関係とは，投資取引について判断力・理解力を有する顧客とブローカーとの関係を指している。機関投資家だけではなく，個人の投資者であっても，投資経験，知識などによって投資取引に関して判断力・理解力のある者として判断されると，ブローカーとの関係は対等な当事者関係と見られ，両者の間の信認関係が否定される。

　また，Brine v. Paine Webber, Jackson & Curtis, Inc. 事件[32]において，第1巡回控訴裁判所は，「Massachusetts州において単なるブローカーと顧客の関係が信認関係とならない」としながら，明示的な信頼がある場合に信認関係が生じうると示した。この判決によれば，顧客が判断力・理解力を有しない場合，ブローカーに対する明示的な信頼の存在は認定されやすい。つまり，明示的な信頼の有無は，顧客の判断力・理解力に関わる問題であり，判断枠組みとして，上記の2つの裁判例と比較しても，判断基準や成立の範囲は，ほとんど変わりがない。

---

[28] 2005 U. S. Dist. LEXIS 7262 (S. D. Flo. 2005).
[29] Id. at *19.
[30] Id. at *19.
[31] Id. at *19~20.
[32] 745 F.2d 100 (1st Cir. 1984).

6.2.3 第3の類型：一定の条件を付して信認義務を限定する裁判例

この類型に属する裁判例は，第2類型の裁判例により考慮された条件と同一のものを利用している場合もあるが，これらの裁判例は信認関係ではなく，直接ブローカーの信認義務の範囲を判断しているという特徴がある。さらに，この類型に属する裁判例は，具体的な条件について，それぞれ異なっている。

6.2.3.1 信認義務を委任の範囲内に限定する裁判例

Thomas Conway v. Icahn & Co., Inc. 事件[33]において，第2巡回控訴裁判所は，「New York 州法によれば，ブローカーと顧客の関係は代理人と本人の関係であり，本来的には信認関係である」と認め，信認義務について，「代理人として，ブローカーは合理的な努力をもって委任されている仕事に関連する情報を本人に提供する義務を有する」[34]と判断した。また Press v. Chemical Inv. Serv. Corp. 事件[35]において，同裁判所は，「New York 州のコモン・ローの問題として，ブローカーと顧客の間に生じている信認義務はブローカーに委任した仕事に関連する事項に限定されている」[36]と明示した。

この2つの事案において，裁判所は顧客の口座が非一任勘定であっても，ブローカーが委任の範囲内において顧客に対して信認義務を負うと判断した。2つの事件ともブローカーの情報提供が問題とされていたが，Thomas Conway 事件では，ブローカーが証拠金要件の変更を顧客に通知しないことが信認義務違反になると認定されたのに対し，Press 事件では，ブローカーが利鞘について顧客に知らせなかったことは，信認義務違反にならないと判断された。結果に差異が生じた理由は，証拠金要件の変更に関する情報が委任された仕事に関連する事柄であるのに対し，利鞘の開示は委任された仕事に関連する事項ではないからであろう。

また，第10巡回控訴裁判所は，Hill v. Bache Halsey Stuart Shields, Inc. 事件[37]において，代理関係であるブローカーと顧客の間に信認関係が存在するが，問題の核心は代理の範囲であると指摘した上で，「したがって，信認義務は，単に本人が代理人を信頼および信任したかどうかの判断を陪審員に要求するこ

---

[33] 16 F.3d 504 (2d Cir. 1994).
[34] Id. at 510.
[35] 166 F.3d 529 (2d Cir. 1999).
[36] Id. at 536.
[37] 790 F.2d 817 (10th Cir.1986).

第2節　ブローカーの信認義務に関する裁判例

とでは限定できない。陪審員はまず，被告が原告のために行動するという約束の内容を決めて，そして被告が正確にそれらの任務を実行したかどうかを判断するように指示されるべきである」と明示した。つまり，ブローカーと顧客の関係が信認関係であっても，それによって直ちに信認義務が確定されるのではなく，実際に顧客が何をブローカーに委任したかが重要であり，信認義務はその委任の範囲内に限定される。

しかし，一任勘定であるかまたは非一任勘定であるかを問わず，委任の範囲によって信認義務を確定する裁判所に反して，第8巡回控訴裁判所は，Greenwood v. Thomas H. Dittmer, Ray E. Friedman & Co. 事件[38]において，「Arkansas 州法によれば，非一任勘定に関してはブローカーと顧客の間に信認義務がない」[39]として，顧客の口座が非一任勘定であることを理由に，簡単にブローカーの信認義務を否定した。

6.2.3.2　信認義務をブローカーが口座を支配している場合に限定する裁判例

基本的には，ブローカーと顧客の関係が信認関係であると認めつつ，特定の状況によって信認義務を制限する裁判例とは反対に，原則として，ブローカーと顧客の信認関係を否定するが，特定の場合に限って信認義務の存在を認める裁判例もある。

Colorada 州の最高裁判所は，Pain, Webber, Jackson & Curtis, Inc. v. Adams 事件[40]において，ブローカーと顧客の関係それ自体は信認関係ではないが，ブローカーが顧客の口座を支配する場合に信認義務が生じると判断した。

【判旨】Colorada 州最高裁裁判所は，まず，信認関係の有無を判断するとき，2つの要素を考慮すべきであると指摘した。すなわち，「ブローカーと顧客の間に信認関係の存在を判断するために用いられた基準を採用する場合に，我々は，すべての実質的な意志を放棄し，投資決定の支配をブローカーに委ね，ブローカーの優れた知識と経験のレベルを信頼している顧客を保護する必要性を重視している。同時に，我々はブローカーが顧客の口座の保証人でないことを認識している。これらの要素を考慮して，我々は，ブローカーと顧客の関係それ自体が本来的に信認関係であるという原則を採用しない。そ

---

[38]　776 F.2d 785 (8th Cir.1985).
[39]　Id. at 788.
[40]　718 P.2d 508 (Colo. 1986).

うではなく，我々は，ブローカーが顧客の口座を実際に支配していたという証拠によって，ブローカーが顧客の口座の保持に関して，顧客に対する信認義務を負うと判断した」[41]として，一般的にはブローカーと顧客の信認関係を認めないが，ブローカーが顧客の口座を支配した場合には，信認義務が生じると判示した。その理由として，同裁判所は，「顧客がブローカーを信頼・信任し，ブローカーの知識を利用して自らの利益のために口座をブローカーに管理させているという証拠は，信認関係の存在の徴候ではありうるが，それ自体によって信認関係を確立するものではない。……現在の状況において，信認関係を示すために顧客がある程度ブローカーを信頼または信任するときに，そのような信頼または信任は支配と密接に関係する場合，ブローカーは常に顧客の口座に対し職務上の支配を有する。さらに，最後の検討として，信認義務の認識を有する顧客に対して，ブローカーが保護を与える必要が生じるということは，これが顧客の口座における取引の支配に対するブローカーの責任である」[42]と説明した。

この事案では，顧客がブローカーの勧誘に従って口座を開設し，取引もブローカーに任せていたという本事案の状況に照らして，一任勘定ではないものの，実際にブローカーが顧客の口座を支配していたと認定し，顧客に対して信認義務を負うと判断された。

6.2.3.3 対等な当事者間に信認義務を否定する裁判例

対等な当事者間には信認関係は存在しないと判断する裁判例もあるが，これを信認義務の否定事項とする裁判例も存在する。South Dakota 州の最高裁判所は，Dinsmore v. Piper Jaffray, Inc. 事件[43]において，「ブローカーと顧客の間には信認関係が存在するが，当事者たちが対等な当事者として取引する場合には信認義務は生じない」[44]と判示し，その理由について，「一般的に，信認関係においては，他の者の財産，利益または権限が受認者に預けられている。South Dakota 州法は，信認義務が本来通常の対等な当事者の取引関係には存在せず，一方当事者が主として他方当事者の利益のために行動することを引き

---

[41] Id. at 517.
[42] Id. at 518.
[43] 593 N.W.2d 41 (S.D.1999).
[44] Id. at 46.

受ける場合にのみ生ずるという伝統的な見解を反映している。法がこのような義務を定めるのは，関係する一方当事者が自らの利益を完全に保護できず，しかも他方の当事者に信頼と信任を置いていた場合である」[45]と説明した。つまり，信認義務は自らの利益を保護できない当事者のために，当事者間の約束の有無と関係なく，法的に確立されるものであり，各自の利益を自ら保護できる対等な当事者の間に，そもそもこのような義務は存在しえない。

6.2.4 各裁判所の見解不一致の理由

以上見てきたブローカーと顧客の関係が信認関係であるかどうか，あるいはブローカーがいかなる場合に顧客に対して信認義務を負うかについては，米国の各裁判所の判断には一致が見られない。

ブローカーが顧客に対して信認義務を有するかどうかについて，各裁判所が異なる解釈を行った理由として，代表的体系書によれば，ブローカーが自らの代理権の範囲内の事項だけについて受認者となり，しかも，米国では，ブローカーの代理権の範囲がケースバイケースで非常に流動的であるからであると説明されている[46]。すなわち，一般的にブローカーと顧客が代理関係であると認定されていても，実際の事案ごとにブローカーの顧客に対する代理の範囲が非常に多様であるため，ブローカーが顧客に対して信認義務を負うかどうかの判断が異なるわけである。何故ブローカーの代理権の範囲が一定しないかについては，3つほど理由が挙げられている。第1に，一般的にブローカーはたとえ1人の顧客に対する単一の取引をするに際しても，顧客のためにいくつか異なる種類の機能を果たしている。第2に，顧客とブローカーの関係は単一のパターンではなく，顧客の特徴，ブローカーの果たす役割および取引の性質によっていくつか異なる形態を取りうる。第3に，州裁判所による顧客とブローカーの関係の評価方法がそもそも異なるというのである[47]。

第1の理由について，単一の取引の範囲内で，ブローカーは以下のようなサービスに従事している。すなわち，顧客に具体的な投資を勧誘し，証券市場において取引を実行し，かつ清算と決済により取引を完了する。さらに，ブローカーは，少なくとも取引を完了するために必要となるまでの間に購入された証券と

---

[45] Id. at 46. (quoting Genetics Research v. J K Mill-Ranch, 535 N. W. 2d 839, at 842 (S. D. 1995)).

[46] Poser & Fanto, *supra* note 1, at 16〜12.

[47] Id. at 16〜12.

顧客の資金を保持し，また顧客のために保管する目的で証券を保持し続ける[48]。つまり，ブローカーが投資取引において，顧客に投資助言を与える（あるいは顧客のために投資する際に自らの裁量を行使する）ときに，ブローカーは助言者の立場で行動し，顧客の取引を実行または清算するとき，代理人の立場で行動し，また，顧客の証券または現金を保持する（取引を完了するには必要となる期間のためであるかまたは顧客の便宜のために長期間の保管であるか）ときに，ブローカーは財産管理人の立場で行動している[49]。このように，ブローカーは，顧客のために投資取引を行うとき，場合によって果たす機能が異なる。当然，ブローカーはある顧客に対して，これらの機能のすべてを引き受けている場合とそうではない場合がある。

　さらに複雑なのは，ブローカーが顧客の融資者（貸主）として行動する場合である。つまり，証拠金勘定において，ブローカーは証券の購入金額の一部を顧客に貸与し，そのローンの担保としてその証券を保持する。このような立場で行動するブローカーは，顧客の融資者および顧客の証券の質権者として，主として顧客の利益のためではなく，自らの利益のために行動していると言われている[50]。

　このように，1つの投資取引においても，ブローカーが果たしている機能は場面によって異なる。それぞれ，ブローカーが顧客に対して負うべき義務も異なってくるため，これらの関係を一様に処理することはできないのである。

　第2の理由として，ブローカーと顧客の関係それ自体は，実は顧客の属性や取引の実態などの要素によって多様であることが挙げられる。形式上，ブローカーと顧客の取引関係には，大まかに2つの類型がある。1つは，顧客が投資決定を全部ブローカーに任せて，ブローカーに自己に代わって投資するために任意裁量権を与える，いわゆる「一任勘定」である。今1つは，顧客が自ら投資判断をし，ブローカーに任意裁量権を与えない，いわゆる「非一任勘定」である。しかし，この分類はあくまでも形式上のものにすぎず，実際のブローカーと顧客は必ずしも類型の通りに行動しているわけではない。たとえば，非一任勘定といっても，その実態は必ずしも一様ではない。顧客が自らすべての投資決定をし，単なる注文の受け手（order taker）としてブローカーを利用する場合もあれば，ブローカーの専門家としての意見および情報へのアクセスにある

---

[48] Id. at 16～12.
[49] Id. at 16～13.
[50] Id. at 16～13.

程度依存している場合もある。また，ブローカーの勧誘に対して，自らの判断によってその勧誘を受け入れる場合もあれば，顧客は自ら判断せず，単にゴムのスタンプのようにブローカーの勧誘をいつもすべてを承認する場合もある[51]。非一任勘定の場合のように複雑ではないが，一任勘定の場合においても，顧客が自己のための投資を選択するスキルと経験が乏しいためか，あるいは顧客が自ら投資決定する時間若しくは気質を有しないためかといういずれかの理由によって，顧客は，自己をブローカーに依存するような地位に置いている場合[52]が多いが，他方，任意裁量権をブローカーに与えている場合であっても，顧客がすべての投資決定を自ら行う場合もある。

つまり，非一任勘定であるからといって，必ずしも顧客が自ら投資判断を行っているとは限らないと同様に，一任勘定であるからといって，必ずしも顧客は完全にブローカーに依存しているのではない。このようにブローカーと顧客の関係は単一のパターンではないため，両者の関係を認定する際，関連要素を考慮してケースバイケースの判断を行わざるを得ない。

第3の理由として，信認義務違反が州法によって判断される以上，異なる法域にある裁判所は，顧客とブローカーの関係について異なる評価をすることもあるのは当然というものもある。しかし，これは，第1と第2の理由とを比較すると，決定的要因ではない。なぜなら，各州の州法の基礎はコモン・ローにあるため，実際には各州法の内容が著しく異なるものではなく，判事は，たとえ先例がなくとも通常自ら望んでいる結果を導き出すことができるからである[53]。

以上のように，適用する州法が異なることも，ブローカーと顧客の信認関係に対する各州裁判所の評価が一致しないことに影響を及ぼしてはいるものの，この評価の不一致が生じる主要な理由は，ブローカーと顧客の関係それ自体の多様性にあると考えられる。

第3節　小　　括

信認義務違反に基づき適合性原則違反の民事責任（損害賠償）を追及する場合に，適合性原則が業者の行為基準として認識され，ブローカーの勧誘行為が

---

[51] Id. at 16～16.
[52] Id. at 16～16.
[53] Id. at 16～17.

第6章　米国における適合性原則違反の民事責任(2)——信認義務に基づく場合

　適合性原則に違反すれば，その行為は，ブローカーに課された信認義務上の注意基準を満たさないことをもって信認義務違反と認定される。しかし，適合性原則違反をもって直ちに信認義務違反が生じるわけではなく，前提要件として，ブローカーが顧客に対し信認義務を負っていることが必要不可欠である。ここでの判断の中心は，ブローカーがいかなる場合に顧客に対して信認義務を負うかに移る。

　英米法では，一方当事者に信認義務を課すには，信認関係の存在が前提となる。信認関係は，一方当事者が他方当事者を信頼し，一定の裁量権を授与したこと，および他方当事者が相手の利益のためにのみ行動すると引き受けたことによって生じる。

　米国では，ブローカーと顧客の関係の性質に関する裁判所の評価が分かれるが，ブローカーが信認義務違反行為を行ったかどうかについて，基本的に2つのアプローチによって判断している。1つは，ブローカーと顧客の信認関係の有無の認定を通じ，両者間の信認関係を制限して間接的に信認義務を制限するものである。今ひとつは，信認関係ではなく，ブローカーの信認義務の有無の判断によって直接信認義務を制限するものである。信認関係を制限するアプローチと，信認義務を限定するアプローチとは，着眼点に違いはあるものの，いかなる場合にブローカーが顧客に対して信認義務を負うかを判断するという目的は同じである。そもそも信認関係の有無の認定は，ブローカーの信認義務を確定するためのものだからである。同じ目的を持つこの2つのアプローチには，以下に述べる4つの共通する判断要素が存在している。米国の裁判所はそれぞれの結論を出しているが，実際の判断において，以下の4つの判断要素のいずれかを基準としてブローカーの信認義務の認定を行っている。

　第1に，代理の範囲により判断する場合がある。代理の範囲を基準に判断する裁判例は，顧客がブローカーに一任勘定を委任したかまたは非一任勘定を委任したかを問わず，顧客により与えられた委任の範囲によって，ブローカーの信認義務を認定している。この場合に，当然，一任勘定と非一任勘定の場合とでブローカーの信認義務の具体的な内容は異なるが，非一任勘定の場合においてもブローカーの信認義務も認定しうる点に，この判断基準の大きな意味がある。

　第2に，一任勘定であるかどうかにより判断する場合がある。一任勘定であるかどうかを基準に判断する裁判例は，一任勘定の場合にのみブローカーが信認義務を負うとする。非一任勘定の場合にブローカーが顧客に対して注意義務

第3節 小　括

を負わないわけではないが，それは信認義務ではなく，限定的でかつ狭い義務であるとされた。多くの裁判所は，この判断基準を取り入れている。この基準の長所は，その明快さにある。なぜなら，NYSEまたは他の証券取引所の規則によれば，一任勘定が書面によらなければならず，一任勘定であるかどうかは書面の有無によって簡単に判断できるからである。また，一般的に非一任勘定より一任勘定の場合の方がブローカーの裁量権が大きいので，証券取引所はブローカーに対して一任勘定の管理について特定の手続きをも要求している。

　第3に，ブローカーによる口座の支配の有無により判断する場合がある。口座の支配を基準に判断する裁判例は，形式上一任勘定であるか非一任勘定であるかを問わず，実際にブローカーが顧客の口座を支配しているなら，ブローカーが信認義務を負うと判断している。この判断基準は，形式論ではなく，取引主導権をめぐるブローカーと顧客の関係を重視しているところに意味があるが，一任勘定であるか非一任勘定であるかは書面によって簡単に判断できるのに対して，実質上誰が口座を支配しているかを判断するのは難しい問題であり，これを判断するとき，行われた取引の実態および顧客の属性を考慮しなければならず，容易に結論を出すことができない。

　第4に，顧客の判断力・理解力の有無により判断する場合がある。顧客の判断力・理解力を基準に判断する裁判例は，ブローカーが顧客と対等な当事者として行動する場合には信認義務が生じないとしている。つまり，判断力・理解力のある顧客は独立に投資判断できるため，ブローカーに依存していないと想定されているのである。しかし，仮に顧客が判断力・理解力を有しているにせよ，時間的制限あるいはその他の事情により，すべての投資判断をブローカーに任せていたような場合には，当然ブローカーを信頼しており，依存している。また，口座の支配の判断と同様に，顧客が判断力・理解力を有するかどうかは判断し難い問題である。

　以上のように，米国では，ブローカーの信認義務の有無に関して，一様な判断基準は存在しない。しかし，代理の範囲を基準に，最も広くブローカーの信認義務を認定している場合を除き，その他は，一見して異なる基準を立てているように見えるものの，「一任勘定の基準」にしても「口座の支配の基準」にしても「顧客の判断力・理解力の基準」にしても，実際にはブローカーが顧客の投資取引を主導しているかどうかを問題にしているのである。すなわち，実質上ブローカーが顧客の投資取引を主導していれば，ブローカーは当該顧客に対して信認義務を負うことになるといえるようである。

第6章　米国における適合性原則違反の民事責任(2)——信認義務に基づく場合

　米国では，ブローカーと顧客の関係が代理関係として理解されているため，代理の範囲を基準にして信認義務を認定すると，ブローカーが常に顧客に対して信認義務を負うことになり，ブローカーに過重な義務を課す恐れがある。なぜなら，顧客が，単に証券の買付けまたは売付けの注文をブローカーに依頼した場合に，顧客がブローカーに依存しておらず，ブローカーも顧客の利益のために行動する認識もないとすると，そもそも信認関係は生じないからである。これに対し，ブローカーが自ら進んで顧客を勧誘し，投資取引をさせたうえで，その投資取引を主導する場合には，ブローカーに信認義務が生じる。なぜなら，この場合に，顧客は多かれ少なかれブローカーを信頼して取引に入っており，ブローカーもその信頼を認識しながら顧客のために投資取引を行っているからである。つまり，ブローカーと顧客という関係のみからは，信認関係は生じない。両当事者間の実際の関係，すなわち行われた投資取引の主導権がどちらの当事者にあるかを考慮した上で，具体的に判断すべき問題なのである。

第 7 章　米国における適合性原則違反の民事効果
——損害賠償の認定

　ブローカーの勧誘行為が適合性原則に違反した場合，顧客がブローカーに対して民事責任を追及するには，主として 2 つの方法がある。1 つは，法 10 条 b 項および規則 10b-5 の反詐欺規定に基づくものであり（第 5 章），今 1 つは信認義務違反に依拠するものである（第 6 章）。いずれの方法によるかを問わず，顧客の目的は，投資取引によって生じた損害を回復することである。この目的を実現するために，顧客には 2 つの救済方法がある。第 1 に，投資取引を否定し，取引前にあった状態に戻す，いわゆる取消（rescission）である。第 2 に，投資取引を肯定し，得たものを保持しながら，受けた損害について賠償を請求する，いわゆる補償的損害賠償（compensatory damages）である[1]。

　第 1 の救済方法である取消を利用して，投資者は相手方に証券を返して，購入代金の全額を返還請求することができる。完全に取引をなかったことにすることによって，取消の救済方法は証券の市場価格の下落結果を含めて投資者に補償を与えることができる。したがって，投資者は，取消を行使できる場合には，取引によって支出した全額を回復することができる[2]。しかし，実際の運用において，取消は，その適用要件の制限によって，すべての場合に利用できるものではない[3]。理論的に，取消によって投資者は不法な（improper）取引を取り消し，受け取った証券を相手方に返還し，支払った対価を取り戻すことができるが，英米法において，取消により生じた効果である原状回復は，同一物の原状回復（specific restitution）を意味しているから[4]，顧客は既に購入した証券を売却した場合には，もはや原状回復できなくなる[5]。特に，投資勧誘の場合，顧客はすべての証券を処分したあとで訴訟を提起する場合が多い。さらに，重要なのは，判例法理によると，取消が厳格に直接の契約関係を有する両当事者

---

[1] Arnold S. Jacobs, Litigation and Practice Under Rule 10b-5, at 11-64 (2nd ed, 1991).
[2] Andrew L. Merritt, *A Consistent Model of Loss Causation in Securities Fraud Litigation: Suiting the Remedy to the Wrong*, 66 Tex. L. Rev. 469, at 474 (1988).
[3] Jacobs, *supra* note 1, at 11-68; Merritt, *supra* note 2, at 474.
[4] Scott M. Himes, *Measuring Damages for Fraud-Based Mismanagement of a Securities Portfolio*, 27 Sec. Reg. L. J. 74, at 80 (1999).
[5] Merritt, *supra* note 2, at 475.

間にしか適用できないとされている点である[6]。ここでいう契約関係は，証券売買などの取引に関する契約関係を指しているので，証券の直接の売主でない当事者に対して，証券取引の取消を行使できないことになる。この要件によると，証券の直接の売主でないブローカーに対して，顧客は取消を主張することができない。

　また，同一物の原状回復ができない場合，原状回復法に基づく不当利得(unjust enrichment)の請求を利用できないではないが，不当利得を請求するには，相手方が不法な利得を得ていることが要件であるため，相手方に利得がない場合あるいは相手方の利得が投資者の損失より少ない場合には，もはや不当利得を請求できなくなる[7]。

　このように，取消をもってする救済方法は存在しているものの，適用上の制限があるため，実際に投資者にとっては利用しにくいものである。現実の訴訟においては，投資者が不法行為法理を利用して，損害賠償を請求するケースが圧倒的に多い。損害賠償においては，投資者が受けた損害を回復させることを目的とする補償的損害賠償と，ブローカーの行為の悪質性に着目する懲罰的損害賠償の2つの種類がある。本章においては，この2つの損害賠償を検討対象とする。また，信認義務違反による補償的損害賠償の認定は，基本的に法10条b項および規則10b-5違反の場合のそれと同じであるため，補償的損害賠償の認定については，法10条b項および規則10b-5違反を中心に検討する。証券取引所法28条a項の規定により，法10条b項および規則10b-5に基づき損害賠償を請求する場合には，懲罰的損害賠償を請求することができないため，懲罰的損害賠償の認定については，信認義務違反を中心に検討する。

第1節　補償的損害賠償

7.1.1　基本的な損害賠償の算定方法

　既述のように，法10条b項および規則10b-5の規定は明示的私的訴権を定めていないため，これらの規定によって民事責任を追及するには，判例法理により認められた黙示的私的訴権に依拠している。同様に，法10条b項および規則10b-5はこれらの規定に違反した場合の損害賠償の算定についても何も規

---

[6] Jacobs, *supra* note 1, at 11-68; Merritt, *supra* note 2, at 475.
[7] Merritt, *supra* note 2, at 475.

第 1 節　補償的損害賠償

定していない。もともと，規則 10b-5 がいくつかの異なる種類の不正行為を扱っている以上，すべての事案に適用できる単一の損害賠償の算定方法は存在していない[8]。

　ただし，制定法上，証券諸法に違反した場合の損害賠償を制限する規定は存在する。その規定が証券取引所法 28 条 a 項であり，それによると，証券取引所法に基づき損害賠償を請求する原告は，「訴えた行為のために受けた現実の損害（actual damages）を超過する総額」を取り戻すことができない。法 10 条 b 項および規則 10b-5 の規定を利用して損害賠償を請求する場合には，当然に「現実の損害」という制限に拘束されることになる。具体的に「現実の損害」とは何かについては，条文に何も定めておらず，結局，解釈論に委ねられることになる。「現実の損害」に関する認識の相違によって，法 10 条 b 項および規則 10b-5 に基づき損害賠償を認定する場合に，伝統的に 3 つの認定方法が存在するとされている。第 1 に，原状回復，いわゆる手数料の返還（restitution: return of commissions）である。これは準契約的損害賠償（quasi-contractual damages）とも呼ばれている。つまり，原告が被告に対して直接に支払った手数料およびその利息だけは損害賠償の対象になる。実は，この賠償方法は過当取引の場合に適用できるが，適合性原則違反の場合には適用できない。第 2 に，差額損害賠償（out-of-pocket damages）である。これは，一般的に被害者が支払った価格（あるいは移転された対価）と被害者が取引において得た現実の価値との差額である[9]と言われている。後述のように，損失発生の時点の認定方法で，その差額は変動するが，そもそも，損失の発生時点の認定にいくつかの方法があるとされ，一定していない状況にある。第 3 に，取引利益の損害賠償（benefit-of-bargain damagaes）である。これは，被告の不正行為がなかったら原告が得られるべき利益を賠償する方法である。この方法は，理論的には成立しうるが，実際に「得られるべき利益」を立証することは殆ど不可能なため，この方法での損害賠償を認めた裁判例は極めて少ない。

　以上のように 3 つの損害賠償の認定方法が存在するものの，多くの裁判所は，法 10 条 b 項および規則 10b-5 違反に対して損害賠償を認定するには，適切な方法として第 2 の差額損害賠償の方法を採用しており，特に，適合性原則違反

---

[8]　Norman S. Poser & James A. Fanto, Broker-Dealer Law and Regulation, at 23-3 (4th ed, 2007); Himes, *supra* note 4, at 77.

[9]　Robert B. Thompson, *The Measure of Recovery Under Rule 10b-5: A Restitution Alternative to Tort Damages,* 37 Vand. L. Rev. 349, at 356 (1984).

の場合には，裁判所は一般的に差額損害賠償の方法を利用して損害賠償を認定している[10]。

7.1.2 差額損害賠償の算定方法

差額損害賠償は，詐欺の不法行為訴訟に対するコモン・ローの救済方法であり，原告を詐欺にあった前の状態に戻すことで，被害を受けた当事者にその損害を賠償するという不法行為法の目的を反映している[11]。この賠償方法に従う場合は，投資者が受けた損失は賠償されうるが，取引から期待された利益が賠償の対象から外されている。したがって，差額損害賠償は純粋な補償的損害賠償であり，潜在的な利益ではなく投資者の現実の損失に焦点を合わせている[12]。

しかし，差額損害賠償は，被害者の受けた損失を補償的に賠償することを目的としているが，「差額損害」の内容に対する理解が一致しているわけではない。「差額損害」に対する理解の相違によって，具体的な算定方法が異なり，その結果として，損害賠償の範囲も変動する。

伝統的に，差額損害は，「契約価格，あるいは支払った価格と取引の日における真の若しくは現実の価格との差額である」[13]と認識されている。この認識に従うと，損失の算定時点は現に行われた取引の日であるため，差額損害賠償の範囲は，投資者が支払った価格と取引の時点におけるその証券の現実の価格との差額となる。つまり，厳格にこの算定方法によると，投資者は支払った代金と購入の日における証券の真の価格との差額について，賠償を請求できるが，証券購入後に生じた証券価格の下落について賠償を受けることができなくなる[14]。この算定方法は，「投資者が証券価格の変動リスクについて想定しなければならないという証券市場の現実に対する裁判所の理解を反映している」と評される[15]。

しかし，差額損害賠償を厳格に算定すると，投資者が真に受けた損害を賠償

---

[10] Tracy A. Miner, *Measuring Damages in Suitability and Churning Actions under Rule 10b-5,* 25 B. C. L. Rev. 839, at 840 (1984).
[11] Thompson, *supra* note 9, at 356.
[12] Himes, *supra* note 4, at 79.
[13] Estate Counseling Serv., Inc. v. Merrill Lynch, Pierce, Fenner & Smith, Inc., 303 F. 2d 527, at 533 (10th Cir. 1962) ;A. Robert Thorup, *Theories of Damages: Allowability and Calculation in Securities Fraud Litigation,* 18 Sec. Reg. L. J. 23, at 32 (1990).
[14] Thorup, *supra* note 13, at 32.
[15] Id. at 357.

することができないという不都合を生じざるを得ない。証券取引の複雑性を考慮して，裁判所は次第に差額損害賠償の算定を柔軟に行うようになった[16]。その方法は，損失の算定時点を後にずらすことである。つまり，損失の算定時点は証券の購入日ではなく，相手方の詐欺的な行為が発覚した日とすることによって，損害賠償の認定範囲を拡大している[17]。このような修正された差額損害賠償の算定方法によると，差額損害賠償の範囲は投資者が最初に支出した価格と最終的に得た価格の差額になる。この修正された差額損害賠償の算定方法は，多くの裁判所に採用され，特に適合性原則違反を取り扱う裁判例は殆どこの算定方法に基づく損害賠償を算定している。

7.1.3 適合性原則違反に対する補償的損害賠償の認定

前述したように，修正された差額損害賠償の算定方法によると，投資者が最初に支出した価格と最終的に得た価格の差額が損害賠償の範囲になる。この算定方法により算出された差額は投資者の総経済的損失[18]（gross economic loss）とも取引損失（trading loss）とも呼ばれている。

一見して，差額損害賠償の方法によれば，投資者の受けた損害が全部賠償されるように見えるが，実際のところ，裁判所は，必ずしも投資者の最初に支出した価格と最終的に得た価格との差額を損害賠償の範囲として認定しているわけではない。つまり，同じく差額損害賠償の方法に依拠しても，事案の具体的な事実に照らして，実際には多様な算定方法が利用されている[19]。

投資者の最初に支出した価格と最終的に得た価格の差額が必ずしも損害賠償の範囲として認定されない理由は，投資取引の性質上，証券の価格は常に証券市場の変動により影響されているため，市場状況により生じた証券価格の下落分が投資者の受けた損失の範囲に入るかどうかについて見解が分かれているからである。つまり，証券市場の変動により生じた証券価格の下落を投資者の受けた損失として認定しない裁判例は，投資者の最初に支出した価格と最終的に

---

[16] Himes, *supra* note 4, at 79.
[17] Thorup, *supra* note 13, at 33〜35.
[18] このように算出された差額を対象とする損害賠償が，原告を取引がなかった状態に戻す効果となるところに着目して，「取消による損害賠償（resicission damages）」と呼ぶ学者および裁判例もある（Himes, *supra* note 4, at 80〜81; Miner, at 840;）が，既に述べたように，適合性原則違反の場合に必ずしも取消を主張できるわけではないことを考慮し，混乱を避けるため，本書では差額的損害賠償として統一する。
[19] Himes, *supra* note 4, at 80.

第 7 章　米国における適合性原則違反の民事効果——損害賠償の認定

得た価格の差額を投資者の受けた全損失とせず，証券市場の変動率によってその差額を調整して損害賠償の範囲を確定している。これに対して，証券市場の変動により生じた証券価格の下落を投資者の受けた損失として認定する裁判例は，投資者の最初に支出した価格と最終的に得た価格の差額を投資者の損害賠償の範囲としている。

7.1.3.1　証券市場の変動率をもって損害賠償の範囲を調整する裁判例

　証券市場の変動率によって，投資者が最初に支出した価格と最終的に得た価格の差額を調整して，損害賠償範囲を決定するという方法を採用したリーディングケースは，Rolf v. Blyth Eastman Dillon & Co. 事件[20]である。

　【事案の概要】　Yは自らの顧客Xの要請に応じて他の投資顧問AをXに紹介したところ，AがXに対し不適合な証券を勧誘し，過当取引もさせた。幇助・教唆者（aid and abet）の立場であるYが，Aの不適合な勧誘および過当取引によってXに生じた損害について責任を負うべきとして，Xは訴訟を提起した。

　第 2 巡回控訴裁判所は，被告が投資顧問により行われた不適合な勧誘および過当取引について認識したにもかかわらず放置したことが法 10 条 b 項および規則 10b-5 の故意要件を満たし，法 10 条 b 項および規則 10b-5 違反になると判断し，被告の幇助・教唆責任を認めた。この事案自体は，直接的に適合性原則違反による損害賠償責任を追及する事案ではないが，適合性原則違反および過当取引行為に幇助・教唆する当事者に対し，法 10 条 b 項および規則 10b-5 違反に基づき損害賠償を認定していたため，当該判決に採用された損害賠償の算定方法が，その後，適合性原則違反および過当取引を取り扱う裁判例によって引用されるものとなった。

　この事案の第 1 審において，連邦地方裁判所は委託手数料およびその利息だけを損害賠償として認定したが，控訴審において，第 2 巡回控訴裁判所は第 1 審の認定方法を否定して，次のような損害賠償の算定方法を判示した。

　【判旨】　第 2 巡回控訴裁判所は，「第 1 に，連邦地方裁判所はできるだけ正確にYがAの詐欺を幇助・教唆し始めた時点を決定し，その時点におけるXのポートフォリオの市場価値を算定する。第 2 に，連邦地方裁判所はYが

---

[20]　570 F.2d 38 (2d Cir. 1978).

第1節　補償的損害賠償

幇助者・教唆者になった時点における価値から，詐欺的な計略に対するYの加入・助力が終了した時点におけるポートフォリオの価値を控除する。この額はXの総経済的損失（gross economic loss）である。連邦地方裁判所は，Dow Jones Industrials, the Standard & Poor's Index，あるいは他のよく認められた証券指数，またはYの幇助・教唆の開始と終了の間の期間において国全米証券市場の指数の併合における平均の価値下落率によって，Xの総経済的損失を減額する。したがって，関連する期間にわたって株市場価値が25％下落した場合に，Xの総経済的損失は25％が減じられるべきである。……我々はXが幇助・教唆期間に行った取引のみに関して，Yに支払った手数料および地方裁判所の判事により決められた利息の返還を得る権利を有する」[21] と判断した。

この判決によれば，投資者の損害賠償を算定するとき，まず投資者の最初のポートフォリオの価値と最後のポートフォリオの価値の差額を算定し，この差額を投資者の総経済的損失であるとし，次に，適切な証券市場の変動率を利用して，投資者の総経済的損失を調整する。すなわち，証券市場の変動率に応じて投資者の総経済的損失が減少すべき分を，総経済損失から差し引き，さらに，証券市場の変動率によって調整されたあとの金額に，投資者が支払った手数料を足したあとの総額が損害賠償の範囲とする。

この事案の算定方法によると，証券市場変動のリスクは，投資者が負担することになる。なぜ投資者が証券市場変動のリスクを負担しなければならないのかについて，同裁判所は，判決の本文の中でその理由に触れていなかったが，脚注において，次のように述べた。

すなわち，「Xのポートフォリオは，たとえ詐欺的に管理されなかったとしても，幇助・教唆の期間における下落相場によって，価値が下落したはずである。Yは経済状況において通常の下落に対して責任を有しない。ここで我々が実質的に利用している損害賠償の取消理論（rescission theory of damages）では，原告を詐欺がなかったらあるべき状態よりよい状態に回復させることができない」[22] とした。つまり，市場変動により生じた価値の下落は，ブローカーの不法行為と関係なく生じたものであるため，その分を投資取引

---

[21]　Id. at 49~50.
[22]　Id. at 49, n22.

を行う投資者自身が負担すべきとされた。

　この事件の算定方法によると，ブローカーの行為と関係なく生じた証券市場の変動リスクは，投資者の負担に帰すべきものであるとなっている。この事件では証券市場相場が下落したため，結果として投資者に対する損害賠償の範囲は狭くなったが，この理論によれば，証券市場相場が上昇する場合には，それにより増加すべき価格についても損害賠償の範囲に含まれることとなる。

　実際に連邦地方裁判所は，Medical Associates of Hamburg, P. C. v. Advest, Inc. 事件[23]において，Rolf 事件の理論に従い，証券市場相場の上昇に応じて生ずるべき価格の増加分を，損害賠償の範囲に取り入れて算定した。

　【事実の概要】　証券市場相場が全般的に上昇しているにもかかわらず，Yにより勧誘された証券は，その3分の2が配当金を支払えないものであり，残りの3分の1が最近5年間の運営において純損失が続いた。Yは勧誘した証券がXに適合しないことについては争わなかったものの，損害賠償の範囲が勧誘した証券の価格減少分のみに及ぶと主張した。

　【判旨】　裁判所は，「言うまでもなく，Rolf 事件におけるように，関係する期間において，証券市場相場が下落した場合，Xの特定のポートフォリオにおける減少が部分的に市場効力（被告の詐欺の代わりに）に帰するものであるため，Xの損害賠償は『現実の損害』の反応に応じて引き下げられるべきである。同様に，本事件において，市場相場が全般的に上昇しているにもかかわらず，Xのポートフォリオが減少している場合，このようなXの現実の損害は単に購入した証券の価格の低下に限定するものではなく，それらの証券を市場相場と同調させなかったことによって生じた損害も含まれるべきである」[24]と述べ，Yの主張を否定し，証券市場相場の上昇率に応じて損害賠償範囲を算定すべきものと判断した。

　この事件のような，証券市場相場の上昇率に応じて算定された損害賠償は，「取引上の損失への賠償」と呼ばれることがあるが，証券市場変動のリスクを投資者に負わせるべきという認識によれば，市場価格が下落する場合の低下分のみならず，上昇する場合の増加分も，当然投資者に帰属させるべきことにな

---

[23] 1989 U. S. Dist. LEXIS 11253 (W. D. N. Y. 1989).
[24] Id. at *7.

第 1 節　補償的損害賠償

るであろう。

　証券市場変動のリスクを投資者が負担すべきという認識は，Rolf 事件によって確立され，その後多くの裁判例によって維持されている。しかし，既に指摘したように，Rolf 事件自身は，純粋に適合性原則違反を取り扱った事案ではないため，この判決の算定方法が，あらゆる適合性原則違反の事案に対して適用できるかというと，そうではないようである。同じ第 2 巡回控訴裁判所（判事が異なる――筆者注）は，この事件の半年後に，Clark v. John Lamula Investors, Inc. 事件において，証券市場相場の変動率に基づいて投資者の総経済損失を調整する算定方法を否定した。

7.1.3.2　総経済的損失を損害賠償の範囲とする裁判例

　第 2 巡回控訴裁判所は，Clark v. John Lamula Investors, Inc. 事件[25]において，初めて適合性原則違反が法 10 条 b 項および規則 10b-5 違反となることを認め，さらに，損害賠償の範囲の認定について，ブローカーが不適合な証券を投資者に購入させたことを根拠として，証券市場変動のリスクを投資者に負わせた Rolf 事件の算定方法を否定した。

　【判旨】同裁判所は，まず，投資者の受けた損失について，「損害賠償の適切な算定について，Rolf 事件における控訴審の見解は，我々にいくつかの一般的な考え方を与えている。Rocf 事件において裁判所は，原告が純経済的損失を得る権利を有すると判断した。ここでいう純経済的損失は，総経済的損失を決定することと，事案の具体的な事実により決められた適切な差し引きを控除することによって算出される。Rolf 判決に指摘されたように，総経済的損失は，たいてい取消損害賠償として言及されている。本事案において，Rolf 判決の一般的原則に従って，X の全体の取消損害賠償は彼女が当該社債に関して支払った価格と得た価格の差額に，購入時に要求された金額により生じた利息を足して，そして証券の保持期間において得た利益を引いたあとの金額である」[26] と判断した。つまり，投資者の受けた総経済的損失が，基本的に最初に支出した金額と最後に得た金額の差額であるというところは，Rolf 判決の認定と一致している。

---

[25]　583 F.2d 594 (2d Cir. 1978). 事案の内容については，第 5 章 5.2.1 を参照。
[26]　Id. at 604.

315

しかし，証券市場相場の変動が損害賠償の範囲に影響を与えるかどうかについて，同裁判所は，「Rolf 事件の事実関係からすると経済損失が下落相場 (bear market) の影響を反映した金額により差し引かれることが要求されたが，本事案でこのような差し引きは適切ではない。Rolf 事件における損害賠償は詐欺的な不正管理に対するものであり，その事案においてたとえ証券を適切に管理したとしても市場の状況によって価値が下がっていたという証拠があった。本事案においては，Y が詐欺的に X に不適合な証券を購入させたために損害賠償が認められた。単に X が詐欺を認識したあと，偶然に下落している市場において当該証券を売却したために，Y が X を完全に回復させる責任から免れることは認められない。同様に，X を完全に回復させることが Y に X との取引から得たもの以上の支払いを要求しているという Y の主張も認められない」[27] として，損害賠償の範囲を認定するとき，証券市場相場の変動により生じた証券価格の下落について，考慮しない方針を示した。

　この事件においては，損害賠償の認定について，Rolf 事件の一般原則に従いながら，投資者の損失の範囲を判断するとき，本事案の損害賠償の根拠は不適合な証券を購入させたことであることを理由に，証券市場の変動率によって総経済的損失を調整する Rolf 判決の算定方法を否定し，証券市場の変動状況を考慮せず，投資者が最初に支払った金額と最後に得た金額との差額を損害賠償の範囲とした。

　両判決の算定方法を比べてみると，証券市場相場の変動リスクを考慮するかどうかの違いのほか，損害賠償の範囲の中に，投資者がブローカーに支払った手数料が含まれるかどうかの違いもある。不適合な証券を投資者に購入させた事実を重視して，証券市場変動のリスクを投資者に負わせない点は，本判決の特徴であるが，Rolf 事件においては，投資者がブローカーに支払った手数料およびその利息を損害賠償の対象としたのに対し，本事件において，損害賠償の中に手数料が含まれておらず，かような結論となった理由についても言及がない。また，Rolf 判決においても，投資者の受けた総経済的損失の調整後の金額に，手数料およびその利息を加える理由について何らかの説明が付されているわけではなかった。

　本件と Rolf 事件では，事実状況が異なっていることは確かである。本件では，

---

[27] Id. at 604.

第 1 節　補償的損害賠償

ブローカーの行為が不適合な証券を購入させたという単一の適合性原則違反行為であるのに対して，Rolf 事件で問題になったのは，紹介した投資顧問が不適合な証券を購入させただけではなく，過当取引も行わせた。両事案の事実の相違によっては，実際の損害賠償の範囲が異なったとするならば，適合性原則のみに違反した場合における損害賠償の範囲と，適合性原則違反だけでなく過当取引もあった場合における損害賠償の範囲は異なるものと解されよう。

その後，第 9 巡回控訴裁判所は，Mihara v. Dean Witter & Co. 事件[28] および Arrington v. Merrill Lynch, Pierce, Fenner & Smith, Inc. 事件[29] において，詳しく理由を述べることなく，同じく投資者の最初に支払った価格と最終的に得た価格の差額を損害賠償の対象とした。

適合性原則違反だけの損害賠償の範囲と，その他の要因が関連する場合の損害賠償の範囲との差異の存在を明白に示したのは，次に紹介する Miley v. Oppenheimer & Co., Inc. 事件である。

7.1.4　適合性原則違反の場合における補償的損害賠償の対象

Miley v. Oppenheimer & Co. 事件[30] において，第 5 巡回控訴裁判所は，適合性原則違反により生じた損害賠償の対象と過当取引により生じた損害賠償の対象を明白に区別して認定した。

この事件では，XはYにより行われた投資取引が過当取引であることを理由に損害賠償を請求した。第 1 審において，陪審員はXが支払った手数料およびその利息と，証券市場相場の平均の下落を超過したポートフォリオ価値の低下分を損害賠償として認定したが，Yは手数料と取引損失の両方を賠償することが二重賠償になるとして，控訴した。

【判旨】　Yの控訴理由に対して，第 5 巡回控訴裁判所は，まず，ブローカーが投資者の口座を利用して過当取引をした場合に，投資者に 2 つの異なる損害を与えると判示した。すなわち，第 1 の損害は「吸い取られたミルク (skimmed milk)」であり，いわばブローカーが過当取引により生じた手数料を投資者から不法に取得したことである。第 2 の損害は「こぼしたミルク (spilt milt)」であり，いわば「ブローカーが手数料を生じさせるために，意

---

[28]　619 F.2d 814 (9th Cir. 1980).
[29]　651 F.2d 615 (9th Cir. 1981).
[30]　637 F.2d 318 (5th Cir. 1981).

図的にかつ欺瞞的に投資者に不適合であった取引を締結した結果として」[31]，投資者のポートフォリオの価値が下落したことである。また，同裁判所は，手数料は直接に過当取引から生じた最も主要な損害であると示しながら，「ブローカーが手数料を生じさせるために，口座を過当に取引しようとする場合に，不適合な取引を行っており，したがって，同時にポートフォリオの価値に損害を与えている」[32]とし，ポートフォリオ価値の下落の損害が実は不適合な取引により生じたものであることを明示した。

さらに，同裁判所は，「損害を受けた投資者を完全に賠償するためには，この2つの損害を救済する必要がある」[33]と述べ，同時に2つの損害に対して賠償させることを是認した。最終的に，同裁判所は，第1の損害である手数料が過当取引により生じたものであり，第2の損害であるポートフォリオ価値の下落は適合性原則違反により生じたものであって，2つの損害は別個独立のものであるため，同時に損害賠償の対象とすることは二重賠償にならないとして，Yの主張を否定した。

この事案では，裁判所は，手数料が純粋に過当取引により生じた損害であり，総経済的損失が適合性原則違反により生じた損害であるとして別々に認定している。しかし，このような過当取引により生じた損害と適合性原則違反により生じた損害を区別する二分法的な認定方法は，実は本事案から始まったものではない。既に Mihara v. Dean Witter & Co. 事件[34]において，第9巡回控訴裁判所は，「過当取引に対する損害賠償は手数料およびその利息に限定されているが，購入された証券の適合性に関する原告の主張は取引損失をも含む」[35]と明言していた。

Mihara v. Dean Witter & Co. 事件の内容は，Miley 事件のものと類似しており，原告は，被告により行われた取引が過当であり，また勧誘された証券が自己に不適合であることを理由に，損害賠償を請求した。第9巡回控訴裁判所は，ブローカーの行為が過当取引および適合性原則違反になったと認定した上で，損害賠償の範囲について，上記の過当取引の損害を手数料に，適合性原則違反の

---

[31] Id. at 326.
[32] Id. at 326~327.
[33] Id. at 327.
[34] 619 F.2d 814 (9th Cir. 1980).
[35] Id. at 826.

第1節 補償的損害賠償

損害を取引損失とする見解を示した上で,「陪審員の認定が,手数料の全額およびその利息と取引損失の一部を原告に賠償すべきものとするものであることが明らかである」[36]。我々は証拠に照らしてこの認定が合理的であり,不当ではないと判断する」[37] として,第1審で認定された損害賠償の範囲を是認した。なぜ適合性原則違反により生じた取引損失について一部の賠償しか認められなかったのかについては,その理由は不明だが,適合性原則違反により生じた損害賠償の範囲と過当取引により生じた損害賠償の範囲を区別して判断していることは,明らかである。

　これらの2つの事案から分かるように,過当取引の場合には,実質上,適合性原則違反も生じていたため,損害賠償の対象は取引損失[38]と手数料の両方に及ぶが,適合性原則違反のみの場合には,損害賠償の対象は取引損失のみとなる。つまり,適合性原則違反の場合における補償的損害賠償の範囲には,投資者がブローカーに支払った手数料が含まれていない。

　適合性原則違反の場合の損害賠償の対象と過当取引の場合の損害賠償の対象を区別して判断することは,裁判例のみならず,学説からも主張されている。その見解によれば,過当取引の場合に,「勧誘した証券が同時に顧客に適合性を有しないとき,損害賠償の範囲は取引損失と手数料の両方を含むが,証券が顧客に適合性を有するとき,損害賠償の範囲は手数料だけになる。これに対し,適合性原則違反のみの場合には,損害賠償の範囲は取引損失に限定する[39]」と主張しながら,2つの損害賠償の範囲は異なるが,実際上,同一の事案の中で同時に認定されることがありうるとも指摘した[40]。現に,上記の裁判例では,まさに同様の判断を行っていた。

---

[36] この事案では,原告が実際に支払った手数料は1万8,000ドルで,受けた取引損失は4万6,464ドルであったが,陪審員は補償的損害賠償として2万4,600ドルしか認定しなかった。ここでいう取引損失は最初に支払った金額と最終的に得た金額の差額のことである。さらに,判決は懲罰的損害賠償として6万6,666ドルを認めた。

[37] 619 F.2d 814, at 826.

[38] ここでは記載の便宜上,いずれも「取引損失」の文言を用いているが,実際に両事案における最終的な取引損失の範囲の認定は異なっている。つまり,Miley 事件では,Rolf 事件の算定方法を採用して,取引損失に対して証券市場の変動率による調整を行っているのに対し,Mihara 事件では,Lamula 事件のように,証券市場の変動率を考慮しなかった。

[39] Edward Brodsky, *Measuring Damages in Churning and Suitability Cases*, 6 Sec. Reg. L. J. 157, at 159 (1978).

[40] Id. at 159.

319

しかし，同学説も裁判例と同じく，なぜ手数料が適合性原則違反の場合の損害賠償の対象にならないのかについては，充分な説明をしていない。この理由については，不法行為に基づく損害賠償の因果関係の要件にあるとも言われている[41]。そのため，以下では，損害賠償の因果関係の要件について簡単に触れておく。

7.1.5 損害賠償における因果関係の要件

　適合性原則違反に対して，法10条b項および規則10b-5に基づき損害賠償を請求する場合には，取引の因果関係（transaction causation）と損害の因果関係（loss causation）という2つの因果関係要件が立証されなければならないとされている[42]。これに関しては，1974年に第2巡回控訴裁判所がSchlick v. Penn-Dixie Cement Corp. 事件[43]において，法10条b項および規則10b-5に基づく損害賠償の請求における因果関係を取引の因果関係と損害の因果関係に分けて立証することを要求した。同判決において，第2巡回控訴裁判所は，取引の因果関係とは事実的因果関係（causation in fact）であり，すなわち，被告の行為がなければ，原告が当該取引に入ることもなかったであろうということであり，損害の因果関係とはコモン・ローの近因（proximate cause）に類似する法的因果関係であり，すなわち被告の行為が直接的に原告の経済的損失を生じさせたということを意味すると判示した[44]。

　1974年のSchlick事件判決以来，法10条b項および規則10b-5の下で損害賠償を認定する際に，取引の因果関係のみならず，損害の因果関係も必要となることは，多くの裁判所により引用された[45]。第5巡回控訴裁判所は，Huddleston v. Herman & MacLean 事件[46]において，より詳しく損害の因果関係の立証の必要性について論じた。

　【判旨】　裁判所は，「原告は真実を知っていたら行動しなかったことだけではなく，さらに真実ではないことが合理的に自己の損失の直接的あるいは

---

[41] Miner, *supra* note 10, at 842.
[42] Merritt, *supra* note 2, at 471.
[43] 507 F.2d 374, at 380 (2d Cir. 1974).
[44] Id. at 380,
[45] 栗山修「米国連邦私的証券詐欺訴訟をめぐる最近の動向(1)(2)」神戸外大論叢53巻4号55頁，7号63頁以下（2002年）。
[46] 640 F.2d 534 (5th Cir. 1981).

320

第1節 補償的損害賠償

最も近い原因であることも証明しなければならない。規則10b-5訴訟において，不実表示が投資価値の下落の原因を与えている場合にのみ，この（損害の）因果関係要件は満たされる。投資決定が重要であり，かつ原告が信頼した不実表示または不開示によって引き起こされたとしても，その不実表示または不開示が原告の金銭的損失の最も近い原因でなければ，規則10b-5に基づく救済は認められない。この（損害）の因果関係がなければ，規則10b-5は，重要な不実表示または不開示を信頼して購入したすべての証券のコストに対する保証プランになってしまう」[47]と述べた。つまり，投資者は法10条b項および規則10b-5に基づく損害賠償を請求するとき，単にブローカーの行為によって取引に入ったことを証明するだけでは足りず，ブローカーの行為が一定の程度で自己の損失を生じさせたことも証明しなければならない。

取引の因果関係は，一般的に原告が被告の行為を信頼したことによって証明される[48]ので，適合性原則違反の場合に，取引の因果関係の存在は立証しやすいが，損害の因果関係は近因性を要求しているため，立証がなかなか難しいのである[49]。前述した手数料では，損害の因果関係の立証が要求されるものと考えられる。というのも，適合性原則に違反した場合，「不適合な証券を購入させた」ことが問題とされており，勧誘行為それ自体を否定しているわけではない。ブローカーの勧誘がなければ，不適合な証券は購入しないだろうが，適合性を有する証券を購入するかもしれない。そのときには，同じく手数料を支払わなければならない。つまり，不適合な証券を勧誘しなくても，投資者に手数料が発生する可能性もあるため，手数料を損害として観念するとき，「不適合な証券を購入させた」行為は，手数料の損害を生じさせた近因にならない。それゆえ，手数料は，適合性原則違反の場合に，損害賠償の対象から外されることになるのではないかと思われる。

また，損害の因果関係の要件によって，証券市場の変動率をもって投資者の総経済的損失を調整する裁判例の見解を説明することもできる。というのも，証券市場の変動はブローカーの行為によって生じたものではないため，証券市場変動により生じた顧客の証券価格の下落は，ブローカーの行為との間の損害

---

[47] Id. at 549.
[48] Merritt, *supra* note 2, at 472; Roger R. Crane, Jr., *An Analysis of Causation Under Rule 10b-5*, 9 Sec. Reg. L. J. 99, at 101 (1981).
[49] Crane, *supra* note 48, at 101.

321

第7章　米国における適合性原則違反の民事効果——損害賠償の認定

の因果関係が存在していない。したがって、証券市場変動のリスクは損害賠償の範囲に入らず、その分につき、投資者自身が負担することになると考えられる。

第2節　懲罰的損害賠償

　適合性原則違反に対して、補償的損害賠償のほか、投資者は懲罰的損害賠償を請求することもできる。懲罰的損害賠償とは、周知のように、不法行為者を懲罰して、当該不法行為者および他の者が将来同様の違反を犯すことを防ぐために課されるものである。証券取引事案における投資者に懲罰的損害賠償を認めることは、投資者およびその弁護士に不誠実なブローカーに対して訴訟を起こすための特別のインセンティブを与えることにもなる[50]。

　しかし、既述のように、法28条a項の規定によると、証券取引所法での損害賠償は「現実の損害」に限定されている。したがって、法10条b項および規則10b-5に基づき、適合性原則違反を理由に訴訟を提起する場合、投資者は現実に受けた損害についての損害賠償請求はできるが、懲罰的損害賠償を請求することはできない[51]。これはあくまでも連邦法に基づく訴訟を提起する場合の制限であり、州法に基づく訴訟を起こす場合には、投資者はこの制限に拘束されない。もし州法のもとで「付随的管轄権」あるいは「州籍の相違に基づく裁判権」の理論に準じることが許されるなら、連邦地方裁判所は懲罰的損害賠償を認めることもできる[52]。そのときの法的根拠は、一般的に、コモン・ロー上の詐欺、擬制詐欺（constructive fraud）、ネグリジェンス（negligence）および信認義務違反である[53]。裁判例が適合性原則違反の民事責任を認定するとき、主として法10条b項および規則10b-5と信認義務違反を根拠にしていることに鑑み、適合性原則違反を理由に、ブローカーに対して懲罰的損害賠償を請求する多くのケースでは、その法的根拠を主として州法上の信認義務違反に求めている。

---

[50]　Poser & Fanto, *supra* note 8, at 23-38.
[51]　Id. at 23-41; Hatrock v. Edward D. Jones & Fenrette, 161 Misc. 2d 698, at 702 (1994).
[52]　Poser & Fanto, *supra* note 8, at 23-41; Aldrich v. Thomson McKinnon Sec., Inc., 756 F. 2d 243, at 246 n3 (2d Cir. 1985).
[53]　Poser & Fanto, *supra* note 8, at 23-41.

第 2 節　懲罰的損害賠償

7.2.1　懲罰的損害賠償の認定基準

　適合性原則違反に対する懲罰的損害賠償を請求するには，州法に依拠しなければならない。米国では，州法は各州ごとに定められ，一律の内容ではないため，懲罰的損害賠償の認定基準については，州ごとに異なる。

　米国の最大の証券取引所の所在地である New York 州においては，「訴えられた不法行為が倫理的に有責であり，あるいは悪意および非難されるべき動機をもって行われた場合」[54]に，懲罰的損害賠償を認定できるとしている。さらに，被告の行為が単独の個人に対するより，むしろ社会全体に対して影響を与えていることも必要とされている[55]。

　このような New York 州の厳格な基準に対して，California 州においては，被告が圧力（oppression），詐欺または犯意（malice）をもって行動した場合に限って，懲罰的損害賠償が認められる。ここでいう「犯意」とは，故意的な行動と同様に無配慮（reckless）も含まれる[56]。具体的には，被告が「苦しめる（vex），害する（injure）または悩ます（annoy）意図をもって，あるいは原告の権利を意識的に無視して」[57]行動する場合に，懲罰的損害賠償責任を負わせることができる。また，Texas 州においても，ブローカーが詐欺の意図をもって，あるいは顧客の利益を故意若しくは無配慮によって無視して行動する場合にのみ，懲罰的損害賠償が認められる[58]としている。

　New York 州の基準と比べると，California 州および Texas 州の認定基準は，相当緩和されたものと言えよう。というのも，New York 州の基準に従うと，事実上，懲罰的損害賠償が認められる余地は殆どないのに対し[59]，California 州および Texas 州の認定基準によれば，認定される余地が相当ある。実際に，多くの州は，California 州および Texas 州の認定基準を採用して，ブローカーの故意，無配慮または重大な過失のある行為に対して，懲罰的損害賠償を認めている[60]。

---

[54]　Franks v. Cavanaugh, 711 F. Supp. 1186, at 1192~93 (S. D. N. Y. 1989).
[55]　Aldrich v. Thomson McKinnon Sec., Inc., 756 F. 2d 243, at 248 (2d Cir. 1985).
[56]　Poser & Fanto, *supra* note 8, at 23-46.
[57]　Duffy v. King Cavalier, 259 Cal. Rptr. 162, at 175 (Ct. App. 1989).
[58]　Miley v. Oppenheimer & Co., 637 F. 2d 318, at 331 (5th Cir. 1981).
[59]　Poser & Fanto, *supra* note 8, at 23-43; Zaretsky v. E. F. Hutton & Co., 509 F. Supp. 68, at 77 (S. D. N. Y. 1981).
[60]　Poser & Fanto, *supra* note 8, at 23-47.

7.2.2　懲罰的損害賠償の金額

　米国の裁判所は，懲罰的損害賠償額の決定につき，陪審員に広い裁量権を与えているが，その一方で許容できる懲罰的損害賠償の算定額を制限している[61]。第8巡回控訴裁判所は，Davis v. Merrill Lynch, Pierce, Fenner & Smith, Inc. 事件[62]において，陪審員により裁定された懲罰的損害賠償額が過大であるかどうかを判断するにあたって，5つの考慮要素を取り上げた。すなわち，①補償的損害賠償に認定された金額，②不法行為の性質および重大性，③不法行為者の意図，④不法行為者の財産状態，⑤不法行為者の行為に対する付帯状況，である[63]。またよく引用されるMiley v. Oppenheimer & Co. 事件[64]において，第5巡回控訴裁判所は，懲罰的損害賠償額の認定について，4つの考慮要素を提出した。すなわち，①不法行為により生じた侵害の程度，②不法行為の頻度，③将来に同様の不法行為が生じるのを防止するために必要とされる算定額の範囲，④懲罰的損害賠償額と補償的損害賠償額との割合である[65]。

　取り上げられた考慮要素に多少の違いがあるが，概して，懲罰的損害賠償額の過大性に関する判断では，基本的に，2つの要素が考慮されている。第1は，一般的な要素，すなわち懲罰的損害賠償の算定額が懲戒と抑止という2つの目的達成に十分かどうかである。第2は，特定的な要素，すなわち懲罰的損害賠償の算定額と補償的損害賠償の算定額との関係である[66]。

　前者の「一般的な考慮要素」の判断は，主として被告の有責性の程度および不法行為の性質に依拠する。また，被告の財産状態も重要な要素である。というのも，裕福な被告に対しては十分な抑止を与えるためには貧しい被告よりも多くの懲罰金が必要となるためである[67]。例えば，Hatrock v. Edward D. Jones & Co. 事件[68]において，第9巡回控訴裁判所は，25万ドルの懲罰的損害賠償について，「この懲罰的損害賠償算定額は，被告の正味資産の3％にもならず，被告の総収入の1％の3分の1にしか相当しない。したがって，この算定額は望ましくない行為から被告を抑止するために必要以上の責任を被告に課すもの

---

[61] Id. at 23-48.
[62] 906 F. 2d 1206 (8th Cir. 1990).
[63] Id. at 1223.
[64] 637 F. 2d 318 (5th Cir. 1981).
[65] Id. at 331.
[66] Poser & Panto, *supra* note 8, at 23-48, 49.
[67] Id. at 23-48.
[68] 750 F. 2d 767 (9th Cir. 1984).

ではない」[69] ことを理由に，陪審員の裁定を認めた。

　後者の「特定的な考慮要素」では，懲罰的損害賠償額と補償的損害賠償額との割合を問題にしている。Miley v. Oppenheimer & Co. 事件において，第5巡回控訴裁判所は Texas 州法を適用して，懲罰的損害賠償額と補償的損害賠償額との割合が3対1であるときに，適切であると判断した。この判断基準は他の裁判所にも影響を与えたが，3対1の割合を超えても懲罰的損害賠償が過大でないと判断する裁判所も多く存在している。たとえば，第8巡回控訴裁判所は，Davis v. Merrill Lynch, Pierce, Fenner & Smith, Inc. 事件[70] において South Dakota 州法を適用して，20対1の割合の懲罰的損害賠償を肯定し，第2巡回控訴裁判所は，Aldrich v. Thomson McKinnon Sec., Inc. 事件[71] において，New York 州法を適用して8.6対1の割合，第9巡回控訴裁判所は，Hatrock v. Edward D. Jones & Co. 事件[72] において，Idaho 州法を適用して，7対1の割合の懲罰的損害賠償を認めた。

　しかし，懲罰的損害賠償額が過大であるかどうかを判断するとき，すべての裁判例が，懲罰的損害賠償額と補償的損害賠償額との割合を根拠としているわけではない。Jordan v. Clayton Brokerage Co., Inc. 事件[73] において，第8巡回控訴裁判所は，Missouri 州法を適用して，「Missouri 州裁判所は懲罰的損害賠償額と裁定された補償的損害賠償額との関係ではなく，懲罰的損害賠償の額と被告により犯された不法行為との間の関係を要求している」[74] ことを理由に，補償的損害賠償額の50倍の懲罰的損害賠償を認めた。しかし，このような裁判例は少数であり，懲罰的損害賠償額の認定にとって，割合は唯一の判断要素とは言わないまでも，多くの裁判所において考慮されている要素である[75]。

第3節　小　　括

　適合性原則違反に対して，投資者は取消と損害賠償という2つの救済方法を利用することができる。しかし，取消は，同一物の原状回復および証券売買契

---

[69]　Id. at 773.
[70]　906 F.2d 1206, at 1224 (8th Cir. 1990).
[71]　756 F.2d 243, at 249 (2d Cir. 1985).
[72]　750 F.2d 767, at 772-～773 (9th Cir. 1984).
[73]　861 F.2d 172 (8th Cir. 1988).
[74]　Id, at 174.
[75]　Poser & Panto, *supra* note 8, at 23-51.

約の直接の当事者という適用要件の制限があるため，実際上，殆どの投資者が取消を主張できない。現実的によく利用できるのは，損害賠償という救済方法である。

　ここで利用できる損害賠償には，補償的損害賠償と懲罰的損害賠償の2つの種類がある。証券取引所法28条a項の「現実の損害」という規定により，法10条b項および規則10b-5に基づく損害賠償を請求する場合には，補償的損害賠償しかできない。従って，懲罰的損害賠償は，州法上の信認義務違反に基づいて請求しなければならない。

　まず，補償的損害賠償については，原告を被害を受ける前の状態に置くことがその目的であるため，賠償の範囲は，基本的に差額損害賠償の方法によって認定される。すなわち，原告が最初に支払った価格と最終的に得た価格の差額が損害賠償額となる。しかし，具体的に損害を認定するとき，証券市場変動のリスクを考慮するかどうかについて，裁判例の見解は分かれている。多数の裁判例は，普通の証券市場の変動はブローカーの行為とは無関係な経済的事情から生じたものであるとして，その賠償を認めるには損失との因果関係の存在を必要としているため，証券市場変動により生じた証券価格の下落は損害賠償の範囲から控除される。このような証券市場の変動率に応じて下落した証券価格の分を賠償すべきでないという裁判所の見解には，投資者が証券市場に参入して，投資取引を行う以上，証券市場の変動について認識すべきであり，ブローカーの行為と関係なく生じる証券市場変動のリスクについて，当然投資者本人が負うべきであるという思想的背景が存在しているものと推察される。

　また，その損害賠償の範囲につき，適合性原則違反の場合の損害賠償の対象と，過当取引の場合の損害賠償の対象とは区別して判断されている。すなわち，過当取引の場合には手数料およびその利息を賠償の対象にするのに対して，適合性原則違反の場合には取引損失を賠償の対象とするが，手数料が賠償の対象から外されている。その理由も，損害の因果関係の要件にかかわっているように思われる。

　法10条b項および規則10b-5に基づく損害賠償を請求する場合にも，2つの因果関係，すなわち取引の因果関係と損害の因果関係の存在が必要とされている。取引の因果関係は，事実上の因果関係として，被告の行為を信頼したことをもって立証される。これに対し，コモン・ロー上の不法行為法における「近因」に相当する損害の因果関係の要件は，被告の行為が原告の受けた損失の直接的または最も近い原因でなければならないことを要求している。適合性原則

第3節 小　括

違反の場合に問題とされるのが，証券取引の勧誘そのものではなく「不適合な証券を購入させた」ことである以上，不適合な証券を購入しないで適合的な証券を購入するかもしれず，そのときにも同様の手数料が発生する。つまり，手数料を損失と観念する場合，不適合な証券を購入させようとする勧誘行為は直接に手数料の損失との間に損害の因果関係が存在しておらず，適合性原則違反の場合に，（その当否はともかく）基本的に手数料は損害賠償の対象にならないということのようである。

　次に，懲罰的損害賠償については，その目的が懲戒と抑止にあるため，賠償額は現実の損害に限定されない。適合性原則違反に対する懲罰的損害賠償の請求は，州法に依拠するため，その認定基準は州ごとに異なり，統一されていない。New Yoak州のように，被告の行為の倫理的有責性あるいは悪意および非難されるべき動機を有することを基準にする州もあれば，California州のように顧客の利益を意図的にまたは無配慮で無視して行動した被告に懲罰的損害賠償を認める州もある。また，懲罰的損害賠償の額の許容範囲は，基本的に，2つの考慮要素によって判断される。すなわち，懲罰的損害賠償額によって懲戒および抑止の目的を達成することができるかどうかという一般的な考慮と，懲罰的損害賠償の額と補償的損害賠償の額との関係という特定的な考慮である。前者の一般的な考慮要素は，被告の有責性，不法行為の性質および被告の財産状態に着目して判断されている。後者の特定的な考慮要素は，懲罰的損害賠償の額と補償的損害賠償の額との割合に着目して判断されている。

第8章　米国における適合性原則の総括

本章では，ここまで検討してきた適合性原則に関する米国法の状況（2章～7章）について，総括的に整理した上で，米国における適合性原則の意味およびその役割（業法上と私法上）を探ることにしたい。

第1節　米国における適合性原則

8.1.1　適合性原則の起源および内容（第2章）

米国における証券取引規制の中心は，あくまで市場透明度を高めるための開示規制であり，自己責任に基づく自立的かつ健全な市場の育成にある。証券諸法制定の当初，証券取引におけるブローカーの行為規制についても，制定法ではなく，自主規制機関に委ねる方針をとっていた。しかし，行為規制を完全に自主規制機関に任せると，不十分な自己規律になりやすいため，立法府は，証券取引所法の改正を通じて，より高い業者の行為基準の実行を達成させるべく，各自主規制機関に「公正かつ衡平な取引原則」に従った自主規制規定の策定を命じた。

このような背景の下で，全米証券業協会（NASD）は指令に基づき，1939年に「公正慣習規則」という自主規制規定を制定したが，その中で示された「適合性規則」規定が，現在の適合性原則とされる考え方の原型となった。更に，1963年に証券取引委員会（SEC）から公表された「証券市場に関する特定調査報告」を契機に，ニューヨーク証券取引所（NYSE）規則405，いわゆる「顧客を知れ」ルールも，適合性原則の一態様とされた。こうして，1960年代後半から，適合性原則は，証券業界においてブローカーの行為規範として確立したのである。

1939年当時NASDによって制定された適合性規則は，「顧客の財産状態とニーズに基づき，自ら勧誘した証券が当該顧客に適合した証券であると信ずるについて合理的根拠を有すること」をブローカーに要求した。もっとも，適合性の判断要素となる「顧客の財産状態」と「ニーズ」については，「顧客により開示された場合」という限定が付されており，ブローカーに顧客の情報調査

義務を課すものではない。しかし，後に SEC は，顧客の情報を知らないことを理由に適合性原則違反にならないというブローカーの主張を退けるため，顧客の情報に関する調査義務をブローカーに課すことにした。SEC の意向を受けて，1991 年，NASD は，現在利用されている規則 2310 の中に「非機関投資家に対するブローカーの調査義務」を取り入れるに至った。

したがって，現在，国内の全ブローカーに適用される NASD 適合性規則は，彼らが顧客（非機関投資家）に対して投資勧誘を行うにあたり，当該顧客の財産状態およびニーズを調査したうえで，自ら勧誘した証券が当該顧客に適合した証券であると信ずるについて合理的根拠を有することを要求している。

NASD の適合性規則（規則 2310）は，原則として機関投資家にも適用される建前になっている。しかし，投資リスクの評価能力およびブローカーの勧誘を評価する独立の判断力を機関投資家が有する場合，ブローカーは適合性原則に基づく行為義務から解放されるため，その射程はさほど広いものではない。

また，米国では，一般の金融商品を適用対象とする NASD の適合性規則（規則 2310）のほか，特定の金融商品のリスク性に応じた個別の適合性規則も制定されている。その代表が「オプション取引に関する適合性規則」である。オプション取引に関する適合性規則によれば，オプション取引が顧客にとって適合性を有するかを判断する際，ブローカーは顧客の財産状態とニーズのみならず，当該顧客のリスク評価能力およびその投資リスクに耐えうる財力の有無をも判断要素にしなければならない。さらに，興味深いことに，リスク性がきわめて高いとされる商品先物取引に関しては，最初からリスク承知のことを前提に，そもそも適合性原則の適用から排除されている。

このように，すべての金融商品に適用される同一の適合性原則を有する日本[1]と異なり，米国では，金融商品のリスク性に応じて，それぞれに適用される適合性規則が策定され，しかもそこで考慮される顧客の属性の内容が，投資取引のリスク性の高低によって変わっている。すなわち，一般の金融商品に適用する場合は，顧客の財産状態およびニーズが考慮要素となるが，一般の金融商品よりリスク性の高いオプション取引の場合は，顧客の財産状態およびニーズのほか，オプション取引のリスクに対する当該顧客の評価能力およびそのリスクを負担する財力も考慮要素となる。また，最もリスクの高い投資であると

---

[1] 日本では，商品先物取引以外の金融商品に適用する金融商品取引法上の適合性原則規定と，商品先物取引に適用する商品取引所法上の適合性原則規定との二つの規定が存在するが，両規定の内容は全く同じである。

公認されている商品先物取引に関しては，適合性原則の射程範囲外に置かれているのである。

8.1.2　適合性原則違反に関する行政責任の認定（第3章）

　ブローカーの適合性原則に違反した勧誘行為に対して，自主規制機関が行政処分を下し，その処分に不服がある場合に，ブローカーは，証券取引委員会（SEC）に対して再審査を求め得る。SECは，再審査において，ブローカーの勧誘行為が適合性原則に違反したかどうかについて具体的判断を行い，結論を出す。かかる活動を通じ，SECは，行政責任認定における適合性原則違反の判断基準を提示してきた。

　その際，SECは，適合性原則違反を2つの類型に分けて判断している。

　第1類型は，「合理的根拠に関する適合性違反」である。これは，ブローカーの勧誘した商品および投資方法がその性質上，そもそもいかなる投資者にとっても適合しないものであることを意味している。この類型において，SECは，ブローカー自身が自ら勧誘した商品および投資方法によってもたらされる結果について理解していなければ，適合性原則違反となると判断している。この類型で重視されたのは，ブローカーが投資専門家として，「自らの商品または投資方法を知る」義務を有することである。

　第2類型は，「特定の顧客に関する適合性違反」である。これは，ブローカーの投資勧誘が，（あらゆる投資者にとって不適合というわけではなく）特定の顧客の属性に照らして，当該顧客にとって不適合であることを意味している。この類型で，SECは，顧客の財産状態および投資目的に着目し，勧誘された投資商品または投資方法に含まれているリスクが，当該顧客のリスク許容範囲を超えていれば適合性原則違反となると判断している。そこで重視されたのは，専門家として自己の商品を知るだけでなく，投資勧誘者として，ブローカーが「自らの顧客を知る」義務をも有することである。

　SECの審決を見る限り，第1類型に属するものは極めて少なく，第2類型に属するものが圧倒的に多い。つまり，実際の判断において，SECは，顧客の属性に基づき勧誘された投資のリスクが当該顧客のリスク許容範囲を超えているかを基準に適合性の有無の判断を行っている。さらに，投資リスクを認定する際に，SECは投資商品自体のリスクのみならず，投資方法により生じたリスクにも着目している。顧客のリスク許容範囲を認定するにあたっては，顧客の年齢や投資経験なども考慮しないわけではないが，主として顧客の財産状

態と投資目的を中心に判断する傾向にある。投資目的が顧客のリスク負担意欲を，財産状態が顧客のリスク負担能力を表すものと考えられ，投資目的に一致しない投資勧誘と，財産状態からみる顧客のリスク負担能力を超えた投資勧誘が，いわば顧客のリスク許容範囲を超えた投資勧誘であり，適合性原則違反になると判断されている。また，ブローカーには顧客の情報を調査する義務があるが，調査を怠ったからといって直ちに適合性原則違反になるのではなく，勧誘した投資が客観的に顧客に適合しなかったことをもって適合性原則違反になると判断されている。

　適合性原則は，もっぱらブローカーに課された義務であり，勧誘した投資取引が結果として顧客に適合しなければ義務違反になると，SECが繰り返し，強調している点には注意すべきであろう。実際，顧客の投資目的に沿った投資商品を購入させた場合や，顧客自身が，勧誘された投資取引が自己に適合性を有すると判断して購入した場合に関しても，SECは，その投資取引が客観的に当該顧客に適合しないと判断した場合，ブローカーに適合性原則違反の責任を課している。つまり，SECは，第三者的な立場から，顧客の属性と勧誘された投資取引のリスク性を比較衡量して，客観的に，適合性の有無を判断しているのである。このような「客観的適合性」の判断枠組みにおいて，適合性の有無に関する顧客本人の判断および顧客自身の主観的希望が適合性原則違反の判断に一切影響を及ぼさないとされると同時に，ブローカーが自らの投資勧誘が顧客に適合しないことについて知っているかどうかも考慮されていないことは極めて興味深い。すなわち，SECが客観的にみてそのような投資取引が当該顧客に適合しないと判断すると，ブローカーの主観的態様および顧客の主観的態様とは無関係に，適合性原則違反は成立するわけである。行政責任認定において，SECは，適合性原則違反を一種の結果不法として捉えているといえよう。

8.1.3　適合性原則違反に関する民事責任の認定（第4, 5, 6章）

　米国では，適合性原則違反に対して，行政責任の認定がSECにより活発に行われているが，民事責任認定の場面では，やや困難な局面に陥る。既に述べたように，米国には，適合性原則についての連邦証券諸法上の規定が存在せず，未だに自主規制規則という性質を維持し続けているのである。1960年代後半から，顧客は，直接に連邦裁判所に対して，適合性原則違反を理由にブローカーの損害賠償責任を追及した。しかし，1970年代後半まで，連邦裁判所は，適

合性原則が自主規制規則であることを重視して，適合性原則違反を理由に連邦法上の私的訴権が生じることには否定的であった。しかし，そのような中でも，この原則が投資者保護の目的を有すること，および，具体的にブローカーの行為が「詐欺と同等である」ことを前提に，適合性原則違反により損害賠償請求を認めた裁判例も少数ながら存在していた。

　当時，連邦裁判所は，連邦証券諸法に基づく適合性原則違反の民事責任認定に消極的であったが，州法に基づいて，コモン・ロー上のネグリジェンス（negligence）訴訟および信認義務違反訴訟として，適合性原則違反に関する民事責任の認定を行っていた。既に1968年に，California州の控訴裁判所は，「信認義務違反」として，適合性原則違反を理由とする損害賠償を認めていた。

　連邦裁判所は，1978年にようやく，適合性原則違反が，証券取引所法10条b項およびそれに基づき制定されたSEC規則10b-5（法10条b項および規則10b-5）違反となり，ブローカーに損害賠償責任が生じるとの判断を下した。

　現在では，適合性原則違反に対し，主として2つの方法をもって民事責任（損害賠償）の追及がなされている。1つは，証券所法上の「反詐欺条項」である法10条b項およびその下で制定されたSEC規則10b-5違反によるもの，今ひとつは，州法上の「信認義務違反」によるものである。

8.1.3.1　反詐欺条項に基づく場合の民事責任の認定（第5章）

　反詐欺条項である法10条b項および規則10b-5に基づき，適合性原則違反を理由に訴えを提起する場合，裁判例は，「不実表示または不開示理論」と「行為による詐欺理論」という2つの理論構成をもって損害賠償責任の認定を行っている。それぞれの場合について，損害賠償責任の成立要件は，以下の通りである。

　まず，「不実表示または不開示理論」に基づいて適合性原則違反の民事責任（損害賠償）を認定する場合の要件は，4つある。すなわち，

　① 　勧誘された証券が投資者のニーズに不適合であること，
　② 　故意または無配慮で不適合な勧誘をしたこと，
　③ 　適合性に関する不実表示または不開示が重要であること，
　④ 　投資者がブローカーの表示を正当に信頼したこと，

である。

　これに対し，「行為による詐欺理論」に基づく場合の要件は，3つある。

　① 　投資勧誘が投資者の投資目的に不適合であること，

②　故意または無配慮で不適合な証券を勧誘したこと，
　③　ブローカーが投資者の口座を支配していたこと，
である。
　どちらの理論を根拠にする場合も，投資勧誘が投資者の投資目的に不適合であるという「投資目的不一致」の要件，および，ブローカーが故意または無配慮で不適合な投資を勧誘したという「故意要件」が，共通の要件とされている。
　「投資目的不一致」要件について，裁判所は，その具体的立証を要求している。したがって，顧客は，勧誘された証券が自らの投資目的に一致していなかったと漫然として主張するだけでは足りず，自己の投資目的を明らかにし，勧誘された証券の性質を具体的に疎明することが必要とされている。
　「故意要件」について，裁判所は，「わざと」という狭義の「故意」だけでなく，いわゆる「無配慮」もその要件を満たすものとしている。「無配慮」とは，一般的な注意基準から極端に逸脱し，かつ投資者を誤解させる危険性をもたらす行為のことである。実際の認定において，裁判所は，勧誘した証券が当該顧客に不適合であることを，ブローカーが知っていたあるいは知るべきであったにもかかわらず勧誘をしたという事実を通じて，「故意要件」を推認している。
　その他，「不実表示または不開示理論」に基づく場合の特有の要件である「投資者の正当な信頼」は，ブローカーの勧誘行為と顧客の損害との因果関係を示す要件として，多数の連邦裁判所により認定されているが，「不開示理論」に基づく場合は「正当な信頼」の立証が要求されず，ブローカーの開示義務の存在および開示されなかったという事実が，重要な事実として主張・立証されれば足りるとされている。それゆえ，「投資者の正当な信頼」が争点となるのは「不実表示理論」に基づく場合のみである。実際の判断において，投資者のブローカーに対する信頼が正当であるかどうかについて，裁判所は，原告たる投資者の過失の程度に着目して，「原告の行為が被告のそれと匹敵する有責の行為（culpable conduct）のレベルに達する場合にのみ，信頼は正当ではない」という判断を行っている。つまり，裁判所は，投資者のブローカーに対する信頼が正当かどうかについて，両者の行為の有責性を比較考量して判断している。これは，実質的に，比較過失（comparative negligence）を利用しつつ，因果関係の存否を認定しているといってよいと思われる[2]。そして，投資者の行為がブ

---

[2] 米国法において，かつて被害者に少しでも過失があれば損害賠償請求を全部否定するという「寄与過失」法理が採用されていたが，1970年代から，両当事者の過失を比較して損害賠償の認定を行うという「比較過失」法理が多数の州によって採用されるようになり，

第1節　米国における適合性原則

ローカーのそれと同等以上の有責性を有するかを判断する際，裁判所は，投資者がブローカーの勧誘を信頼するのが無思慮な行動ではないことを要求している。当該投資リスクを投資者がよく知っており，あるいは，明白であるため，投資者が認識していなければならず，かつそのリスクが大きいため損失発生の蓋然性が高いことを無視した場合，投資者の行為は無思慮であると評価される。具体的に，投資者の行為が無思慮であるか否かの判断について，リーディングケースは8つの考慮要素を挙げている。すなわち，

　① 金融および証券事情についての投資者の判断力・理解力と経験，
　② 長期にわたる継続的取引あるいは個人的関係の存在，
　③ 関連情報へのアクセス，
　④ 信認関係の存在，
　⑤ 詐欺の隠蔽，
　⑥ 詐欺を見抜く機会，
　⑦ 投資者から証券取引を始めたかあるいは促進しようとしたかどうか，
　⑧ 不実表示の一般性または特定性，

である。これらの要素のいずれかが決定的なのではなく，すべての要素を総合的に考慮しなければならない。

　また，「行為による詐欺理論」に基づく場合の特有の要件である「ブローカーによる口座の支配」について，裁判所は，実質上ブローカーが投資取引を主導していることを要求している。実際の判断において，裁判所は，形式上ブローカーと投資者間が一任勘定であるか非一任勘定であるかを問わず，ブローカーが実際に投資者の口座を支配していたかどうかを判断対象としている。ブローカーによる口座の支配の有無を判断するに際して，リーディングケースは，次の4つの考慮要素を挙げている。すなわち，

　① 顧客の判断力・理解力などの属性，

さらに「比較過失」が一般的に「純粋型比較過失」と「修正型比較過失」に分類されている（Kenneth S. Abraham, The Forms and Functions of tort law, at 137〜153 (2d ed, 2002)，平野晋『アメリカ不法行為法』（中央大学出版部，2006年）123〜129頁）。「純粋型比較過失」は日本法上の過失相殺と同じであるが，「修正型比較過失」は日本法上の過失相殺と異なり，原告の過失が被告より大きい場合（51％以上）あるいは同等以上の場合（50％以上）は，原告の損害賠償は認められないことになる（米国法における比較過失および日本法上の過失相殺との比較については，詳しくは樋口範雄『アメリカ不法行為法』（弘文堂，2009年）222〜254頁参照）。ここで，「投資者の信頼の正当性」に関して裁判所は「修正型比較過失」の判断をとっているようである。

②　顧客とブローカーとの関係，すなわち対立当事者関係か信頼関係か，
　③　投資取引の実態，すなわち，顧客の事前の許可の有無，
　④　顧客とブローカーの間での投資に関する意見交換の有無，
である。

「投資者の正当な信頼」を判断する場合の考慮要素と，「ブローカーによる口座の支配」を判断する場合の考慮要素を比べてみると，「当事者間の信頼関係」の存否および「顧客の判断力・理解力」が各要件に共通して考慮されている。つまり，一見して，「投資者の正当な信頼」と「ブローカーによる口座の支配」とは，各理論に特有の因果関係要件として課されているようであるが，その実体としては，共通要素を含んでいるのである。

このように，裁判所において，適合性原則違反による民事責任（損害賠償）を認定する際には，「不実表示または不開示理論」に基づく場合と，「行為による詐欺理論」に基づく場合とで，実際の判断における考慮要素に大きな差異が存在しない。すなわち，裁判所は，適合性原則違反に対して，民事責任（損害賠償）を認定するにあたり，投資勧誘の不適合性について投資目的の不一致を基準に判断したうえで，不適合な勧誘についてブローカーが故意または無配慮であることを要求し，当事者間の信頼関係の有無および顧客の判断力・理解力を重要な考慮要素としてブローカーの勧誘行為と顧客の損害との因果関係を認定して，損害賠償責任の成否を判断している。

以上のように，適合性原則違反に対して，裁判所による民事責任の認定と，SECによる行政責任の認定とは，それぞれ要件が異なる。すなわち，SECは，顧客の属性に基づき投資勧誘の適合性の有無を判断し，そのとき顧客の投資目的および財産状態を重要な考慮要素としているが，顧客の投資経験や年齢なども考慮に入れている。これに対し，裁判所は，顧客の属性の全般ではなく，とりわけ投資目的に着目し，投資目的の不一致をもって投資勧誘の不適合性を判断している。つまり，適合性原則違反の認定について，裁判所ではSECほど厳密な判断が行われていない。また，SECは，行政責任の成否を認定するとき，ブローカーおよび顧客の主観的態様を一切考慮しない，いわゆる結果不法として適合性原則違反を捉え，客観的判断を行っている。これに対し，裁判所は，民事責任の成否を認定するとき，ブローカーの主観的態様，すなわち故意または無配慮を要求するのみならず，因果関係の要件として顧客のブローカーへの信頼が正当であるか，または，取引の主導権をブローカーに与えたかをも重要な要件としており，そのとき，顧客の判断力・理解力や投資経験などの顧客の

属性に関するものや，ブローカーとの関係なども考慮している。つまり，当事者の主観的態様や事情は，行政責任の認定に影響を与えないが，民事責任の認定にとっては重要な要件となっている。このように，同じ適合性原則違反に関して，行政責任の認定と民事責任の認定が異なる判断構造をとっていることは興味深い。それは，市場行動規制による市場環境整備の必要という公益的見地からの介入という行政的アプローチと，ブローカー対個人という私人間の損害の公平な分担をめざした民事法的アプローチの違いのなせる結果かも知れない。

8.1.3.2 適合性原則と信認義務違反（第6章）

　信認義務違反に基づく適合性原則違反の民事責任（損害賠償）を追及する場合に，適合性原則が業者の行為基準として認識され，ブローカーの勧誘行為が適合性原則に違反すれば，その行為は，ブローカーに課された信認義務上の注意基準を満たさないことをもって信認義務違反と認定される。しかし，適合性原則違反が直ちに信認義務違反となるわけではなく，その前提として，ブローカーが顧客に対し信認義務を負っていると認定できた場合に限定される。従って，ここでは，ブローカーがいかなる場合に顧客に対して信認義務を負うのかが問題となる。

　米国では，裁判所は，ブローカーと顧客との関係が一般に信認関係であるかどうかについては見解が分かれるが，概ね，以下の4つの判断要素のいずれかを基準としてブローカーの信認義務の認定を行っている。

　第1は，代理の範囲により判断する裁判例である。この類型に属する裁判例は，顧客がブローカーに一任勘定を委任したか非一任勘定を委任したかを問わず，顧客の委任の範囲を根拠として，ブローカーの信認義務を認定している。この場合に，当然，一任勘定と非一任勘定の場合におけるブローカーの信認義務の具体的な内容は異なるが，非一任勘定の場合におけるブローカーの義務も信認義務として認定しうる点に，この判断基準の大きな意味がある。

　第2は，「一任勘定であるかどうか」により判断する裁判例である。この類型に属する裁判例は，一任勘定の場合にのみブローカーが信認義務を負うとする。非一任勘定の場合にブローカーが顧客に対して注意義務を負わないわけではないが，それは信認義務ではなく，限定的でかつ狭い義務であるとされる。この基準の長所は，その明快さにある。なぜなら，NYSEまたは他の証券取引所の規則によれば，一任勘定は書面によらなければならず，一任勘定であるかどうかは書面の有無によって簡単に判断できるからである。

第3は，「ブローカーによる口座の支配の有無」により判断する裁判例である。この類型に属する裁判例は，形式上一任勘定であるか非一任勘定であるかを問わず，実際にブローカーが顧客の口座を支配しているのなら，ブローカーが信認義務を負うと判断している。この判断基準は，形式論ではなく，実際のブローカーと顧客の取引主導権をめぐる関係を重視しているところに意味がある。
　第4は，「顧客の判断力・理解力の有無」により判断する裁判例である。この類型に属する裁判例は，ブローカーが顧客と対等な当事者として行動する場合には信認義務が生じないとしている。つまり，判断力・理解力のある顧客は，独立に投資判断できるため，ブローカーに依存していないと想定されているのである。
　以上のように，米国では，ブローカーの信認義務の有無を判断するにあたって，各州裁判所の判断基準に多様性が見られる。しかし，代理の範囲を基準に，最も広くブローカーの信認義務を認定している裁判例を除き，その他の裁判例は，一見して異なる基準を立てているように見えるものの，実際には，「一任勘定の基準」にしても「口座の支配の基準」にしても「顧客の判断力・理解力の基準」にしても，実質上，問題にしているのは，「ブローカーが顧客の投資取引を主導しているかどうか」である。すなわち，ブローカーが顧客の投資取引を実質的に主導していれば，ブローカーは当該顧客に対して信認義務を負うことになると判断される。

8.1.4　適合性原則違反に関する損害賠償の認定（第7章）

　米国では，裁判所は，適合性原則違反に対して，上述した2つの方法をもって民事責任を認定し，損害賠償責任を導いている。
　その際，法10条b項および規則10b-5に基づく場合は，補償的損害賠償しか請求できないが，信認義務違反に基づく場合は，懲罰的損害賠償も請求できる。
　補償的損害賠償については，基本的に差額損害賠償方法により認定される。すなわち，顧客が最初に支払った価格と最終的に得た価格の差額が，損害賠償額となる。損害賠償額を算定する際，裁判例の多くは，証券市場の変動により生じた証券価格の下落を賠償の範囲から控除している。その理由は，証券市場変動のリスクがブローカーの勧誘行為とは関係なく生じたものだからと説明されている。また，賠償の範囲は，取引により生じた損失のみに限定され，支払った手数料は賠償の対象から外されるのが通常である。

懲罰的損害賠償は，州法により認められているものであるため，その認定基準は州ごとに異なる。一般的に，懲罰的損害賠償額の許容とその範囲は，2つの考慮要素によって判断される。すなわち，懲罰的損害賠償によって懲戒および抑止の目的を達することができるかどうかという一般的考慮要素と，懲罰的損害賠償の額と補償的損害賠償の額との関係という特定の考慮要素である。

第2節　米国における適合性原則の意義とその役割

8.2.1　米国における適合性原則の意義

米国では，適合性原則は，証券業者の自主規制規則として制定されてから70年になるが，業法上の規定として明文化されないまま，未だに自主規制規則として適用されている。しかし，行政監督機関であるSECの行政執行活動によって，適合性原則が証券業者の行為規範として定着し，その内容も一層明確になっていることは確かである。

自主規制規定として適合性原則を構成している米国では，金融商品に固有のリスク性の高低に応じ，個別の適合性規則が制定されているが，適合性原則の趣旨は一貫している。すなわち，顧客の属性に照らして自らの投資勧誘が当該顧客に適合することについて合理的根拠を有することを証券業者に要求するというものである。ここで考慮される顧客の属性は，基本的に「投資目的」と「財産状態」を中心にしており，リスク性の高いオプション取引についてのみ，顧客のリスクに関する評価能力をも考慮要素に入れるが，一般的金融商品については顧客の判断力・理解力を考慮要素としていない。つまり，米国では，基本的に顧客のリスクの負担意欲を示す「投資目的」およびリスクの負担能力を示す「財産状態」に着目して，勧誘した投資取引が当該顧客に適合性を有するかどうかの判断がなされているのである。オプション取引に関してのみ，これらの要素に加えて顧客のリスクに対する理解力・判断力が考慮される。なお，顧客の情報に関するブローカーの調査義務が適合性原則の内容に含まれているものの，この調査義務は適合性原則から独立した義務とされているのではなく，調査せずに勧誘した行為が，結果として適合性原則違反となるだけである。

米国においては，無差別勧誘による投資被害の増大に対し，単に投資商品の情報開示だけではこのような投資被害が食い止められないという状況があり，その中で重要視された適合性原則の最大の意義は，証券業者に対し，「自らの商品を知る」義務および「自らの顧客を知る」義務を同時に要求するところに

ある。この2つの義務は，どちらか一方が欠けても，顧客に適合性を有する投資勧誘が実現できないものだからである。

　適合性原則に関する規定の「合理的根拠」という文言は，「自らの商品を知る」べきことを意味している。ここでいう「自らの商品を知る」とは，自ら勧めた投資商品または投資方法の性質およびその取引した結果について，業者自身が熟知していなければならないことを要求する。この場合，投資商品の情報を顧客に提供するだけでは，「自らの商品を知る」ことにはならない。また「自らの顧客を知る」というのは，顧客のすべての情報を知るというのではなく，基本的に当該顧客のリスク負担意欲やリスク負担能力を把握すること，場合によって顧客のリスクに対する理解力・判断力をも考慮することを要求するものである。このように，適合性原則の趣旨は，「自らの商品を知る」ことを前提として，「自らの顧客を知って」投資勧誘を行うべきことを，証券業者に要求している点にある。

　米国で自主規制規定として構成されている適合性原則は，顧客の属性と投資取引のリスク性とを相関的に考慮して，投資勧誘の適合性の有無を判断している。その際，投資取引のリスク性とは，単なる投資商品自体の固有のリスクだけでなく，投資方法によりもたらされるリスクをも含めている。また，業者の行為規制ルールである適合性原則は，一般的に投資判断力を有しない顧客のみを保護対象にするのではなく，むしろ，投資判断力の有無と関係なく，投資市場にいるすべての投資者をその保護対象として想定している。それゆえ，米国では機関投資家に対しても，原則として適合性原則が適用される。実際に，投資判断力を有する顧客でも，業者に依存し，信頼し，業者の勧誘を受け入れる傾向があるため，このような顧客に対しても，業者は当該顧客に適合性を有する投資取引を勧誘しなければならないとされている。すなわち，適合性原則は，顧客の投資判断力の有無について判断することを業者に要求するものではなく，個々の顧客の属性に応じて当該顧客に適合性を有する投資取引を勧誘することを業者に要求するルールであり，その保護対象は特定の顧客に限定されず，すべての顧客に及んでいる。まさに，これこそが適合性原則の真の意義なのである。

8.2.2　米国における適合性原則の役割

　米国では，適合性原則に関して，民事訴訟上問題とされるだけではなく，行政責任の場面において活発に認定作業が行われている。しかも，行政責任の判

断枠組みと民事責任の判断枠組みとは異なる。以下，それぞれの判断枠組みから，業法上と私法上の適合性原則の，それぞれの役割を検討してみよう。

8.2.2.1　行政責任における適合性原則の役割

　証券業者の投資勧誘行為が適合性原則に違反したかどうかに関して，行政監督機関であるSECは，適合性原則に関する自主規制規定の内容に沿って判断を行っている。つまり，自らの投資勧誘が顧客に適合すると信ずる業者に「合理的根拠」があるかどうかについて，SECは顧客の属性を考慮するまでもなく，業者自身が「自らの商品」を熟知しているかどうかを基準に，適合性原則違反の有無を判断している。また，具体的顧客に対して業者の勧誘が当該顧客に適合しているかどうか，いわゆる「自らの顧客」を知ったうえでの投資勧誘であるかどうかについて，SECは，投資取引のリスクと相まって，顧客の属性を考慮した上で適合性原則違反の有無を判断している。

　適合性原則に関する自主規制規定の文言上は，「その勧誘が当該顧客に適合したもの」（NASD規則2310(a)）と定めるが，実際の判断において，SECは必ずしも投資取引が当該顧客に「適合している」かどうかだけを判断しているのではなく，単に当該投資勧誘が顧客に「不適合である」とだけ判断したり，「不適合な投資取引を勧誘してはならない」と判断したりもしている。このようなSECの判断では，「適合する」投資取引の勧誘が行われていないことだけが適合性原則違反になるのではなく，およそ「不適合な」投資取引の勧誘すべてが適合性原則違反の範疇に入る。つまり，行政責任認定の局面において，適合性原則は，自主規制規定の文言より広く捉えられ，その内容が単に「適合する投資取引の勧誘を要求する」だけではなく，「不適合な投資取引を勧誘しないこと」をも含めている。

　また，適合性原則違反の行政責任を具体的に判断する際に，SECは，常に証券業者という共同体と投資大衆の間に「信頼あるいは信任関係」があることを前提にしており，実際に取引当事者である具体的な証券業者と顧客の間に「信頼あるいは信任関係」が存在するか否かを問題にしないで，「客観的適合性」の判断枠組みをとって，適合性原則違反の行政責任を認定している。すなわち，SECは，第三者の立場から，顧客の属性と勧誘された投資取引のリスク性を比較衡量して，客観的に見て，そのような投資取引が当該顧客に適合性を有しないと判断すると，たとえ顧客自身が適合性を有すると考えていたとしても，あるいは業者自身が勧誘した投資が不適合であることの認識を有しなくても，

適合性原則違反が成立し，それにより行政責任が生じるとしているのである。

　こういう取引当事者の主観的態様を一切考慮しない「客観的適合性」の判断枠組みは，一体何を意味しているのだろうか。審決において，業者の行政責任の有無を判断するにあたって，SEC の視線が，終始，業者が勧誘した投資の結果に注がれていることは確かである。多くの審決を通して，SEC は「適合性原則がもっぱらブローカーに課された義務であり，勧誘した投資が結果として顧客に不適合であれば，義務違反になる」と繰り返し強調している。つまり，顧客の投資目的や財産状態などからみて，勧誘された投資取引が当該顧客のリスク許容範囲を超える結果となると，他の事情の如何を問わず，業者が自らに課されている適合性の判断義務に違反することになり，適合性原則違反としての行政責任が生じるわけである。このように，行政上，適合性原則は業者の行為規制ルールとして，ブローカーに対し，投資の適合性に関する判断義務を課すものとなっている。当該義務が履行されたかどうかは，もっぱら投資取引の結果によって決まり，結果として，当該投資取引が顧客に適合しなければ，直ちに義務違反として適合性原則違反が認定される。つまり，行政上認定されている適合性原則違反は，一種の「結果不法」なのである。そこでは，不適合な投資取引であることについて，業者自身が認識したかどうかが考慮されないだけでなく，顧客の当該投資取引の適合性についての認識も考慮されていない。

　こういう「客観的適合性」の判断枠組みの下で，顧客の属性が客観的に判断されていることを除き，顧客については，取引関係の中での取引主体としての自らの行動に対する判断責任や，取引主体としての自主性に対する考慮は見当たらない。一般的には，取引関係において，自らにとって投資取引が適合性を有するかどうかという判断リスクは，取引当事者である顧客本人が負うべきであるが，「客観的適合性」の判断枠組みによると，取引の当事者でありながら，顧客はこのような判断リスクを一切負わないこととなる。すなわち，「客観的適合性」の判断枠組みにおいて，適合性原則は，投資取引の適合性に関する判断リスクを，顧客側から証券業者側に転嫁しているのである。業者側はこの判断リスクから生じた責任を全て負うことになる。そこで，適合性に関する判断責任が顧客本人にないために，適合性の有無に関する顧客の判断や顧客自身の主観的希望は，証券業者の適合性に関する判断義務の履行とは無関係なこととされ，当然適合性原則違反の認定に一切影響が及ぼさないこととなる。

　なお，適合性原則の射程範囲について，自主規制規定の文言によると，適合性原則は「投資勧誘行為」のみに適用されるルールであり，NASD も一貫して

第2節　米国における適合性原則の意義とその役割

適合性原則が「勧誘」に限定されると主張している。これに対し，SECは，適合性原則が勧誘の場面以外に，「販売」（顧客が能動的に購入してくる）の場面にも適用されるかどうかについて，正面から論じていない。審決の大半も業者の投資勧誘行為を判断対象としているが，行政責任の成否を認定する際にSECがとっている「客観的適合性」の判断枠組みによれば，投資取引が客観的に顧客に適合しなければ，勧誘行為に限らず，販売行為も適合性原則違反となると判断されうる。

　以上のように，行政責任の認定における適合性原則は，投資取引の適合性に関する判断リスクおよびその判断責任を証券業者に転嫁し，証券業者に結果不法としての行政責任を課すという機能を果たしている。しかも，「客観的適合性」の判断枠組みの下で，適合性原則の射程は，勧誘行為のみならず，販売行為にも及びうる。

8.2.2.2　民事責任における適合性原則の役割

　米国において，連邦裁判所の裁判例は，自主規制規定である適合性原則に対し，私的訴権を認めるかどうかについて見解が分かれ，結果として，既存の民事責任の成立要件に則って，適合性原則違反の民事責任の成否を判断するところに落ち着いた。

　現段階では，米国の裁判所は，主に反詐欺規定に基づく場合と信認義務違反に基づく場合という2つのアプローチによって，適合性原則違反により民事責任が生じるかどうかとの判断を行っている。いうまでもなく，制定法上の反詐欺規定と信認義務とは，法的性質が違っており，それぞれの判断構造も異なるため，適合性原則にかかる問題に対する対応もそれぞれ違ってくる。

(1)　反詐欺規定アプローチの場合

　反詐欺規定アプローチを利用する場合の最大のメリットは，民事責任の成立要件が明確で，しかも各要件につき詳細な考慮要素が蓄積されているところにある。もちろん，顧客にとって，裁判例により確立された各要件を立証することは容易ではないが，民事裁判を通じて利益保護を求めるためには，いかなる要件が必要であるかが明示されていることは，私的救済の場面において重要なことであるに違いない。

　そのうち，第1の「共通の要件」である「投資勧誘が不適合であること」については，SECの判断と異なり，連邦裁判所は，顧客の属性全般ではなく，顧客の「投資目的」に着目して，投資勧誘が当該顧客の投資目的に一致してい

343

るかどうかを基準に，適合性の有無を判断している。つまり，連邦裁判所は，顧客の投資リスクを負担する意欲を表す「投資目的」の不一致という独自の判断基準を採用しているのである。投資専門家により構成されているSECと違い，裁判官ないし陪審員は必ずしも投資専門家ではないため，SECのように投資取引の適合性について客観的に判断するのが現実的ではないということなのかもしれない。

　また，このアプローチにおいて，「ブローカーの勧誘に対する顧客の信頼の正当性」（「不実表示または不開示」条項に基づく場合の要件）ないし「顧客の口座に対するブローカーの支配」（「行為による詐欺」条項に基づく場合の要件）の有無という要件は，業者の勧誘行為と顧客の損害との因果関係を示すものとして，もう1つの重要な要件となる。当該要件の成否を判断する際に，裁判所は，具体的な考慮要素を挙げて，総合的な判断に心がけているようであるが，実際の判断において，大きな役割を果たしたのは，ブローカーと顧客の信頼関係の有無および顧客の理解力・判断力といった要素であった。具体的判断からみると，ブローカーと顧客との信頼関係の有無が最も重要な判断要素となっている。連邦裁判所は，ブローカーと顧客の間に信頼関係があると判断した場合に，たとえ投資リスクに対し顧客が理解力・判断力を有していても，ブローカーの勧誘に対する「顧客の信頼の正当性」を認め，ブローカーの損害賠償責任を認定する。つまり，この場合には顧客の理解力・判断力が重要な判断要素でなくなるわけである。これに対し，ブローカーと顧客の間に信頼関係がないと判断した場合，連邦裁判所の視線は，今度は顧客の理解力・判断力に移され，当該顧客が理解力・判断力を有しないと認定できれば，「顧客の信頼の正当性」を認める。つまり，当事者間に信頼関係がない場合には顧客の理解力・判断力が重要な判断要素となってくるわけである。ここで，連邦裁判所は二段階の判断を行っている。すなわち，まず，ブローカーと顧客の間に信頼関係が認定されれば，顧客の理解力・判断力の有無を問わず，投資勧誘と損害との帰責的因果関係が成立する。次に，ブローカーと顧客の間に信頼関係が認められないが，顧客が理解力・判断力を有しないと認定されれば，同じく投資勧誘と損害との帰責的因果関係が成立する。

　注意すべきことに，連邦裁判所は，信頼関係については，主に当事者間の継続的取引関係の有無や取引の実態によって判断を行い，顧客の理解力・判断力については，当該顧客の知識や投資経験などの属性を中心に判断している。すなわち，共通の第1要件である「投資勧誘が不適合である」かどうかを判断す

るときに，考慮されていない当事者間の実際の取引関係および顧客の知識や投資経験などの要素は，「顧客の信頼の正当性」ないし「ブローカーによる顧客の口座への支配」という因果関係要件の判断に際して，考慮要素として取り込まれている。顧客の属性に関する考慮要素について，連邦裁判所は，SECのように，適合性の有無を認定する段階ですべてを取り入れて判断するのではなく，私法上の判断構造に応じて，「適合性原則違反」の有無という判断段階と「適合性原則違反による民事責任」の成否という判断段階に分けて，顧客の属性に関する考慮要素を段階的に考慮するという判断枠組みをとっているのである。ただ，顧客の属性における重要な要素と思われる「財産状態」については，連邦裁判所の判断枠組みの中であまり重視されていない。

　以上のような，反詐欺規定アプローチの判断枠組みにおいて，適合性原則はいかなる役割を果たしているか。連邦裁判所は「投資目的不一致」という基準で適合性原則違反の有無を判断し，その上，ブローカーの不適合な投資勧誘に対する故意または無配慮という主観的「故意要件」および投資勧誘と損害との因果関係的要件を認定してから，最終的に「適合性原則違反による民事責任」の成否を判断する。つまり，連邦裁判所は，「適合性原則違反」それ自体の判断基準と，「適合性原則違反による民事責任」の判断基準を区別して認定を行っているのである。ここでは，適合性原則違反それ自体によって直ちに民事責任を生じさせるのではなく，他の要件を付け加えた上で，ようやく私法上の責任が発生するという2段階の判断が見受けられる。この点からみると，少なくとも適合性原則は，業者に私法上の行為義務を課すものとして捉えられてはいないように思われる。また，民事責任の成否の判断において，業者と顧客の間の信頼関係および顧客の理解力・判断力の有無が重要な判断要素となることに鑑み，実際に業者が投資取引の適合性に関する判断責任を負うのは，顧客との間に信頼関係がある場合と，顧客が理解力・判断力を有しない場合に限定されている。業者はすべての場合において，投資取引の適合性に関する判断リスクを負担するのではなく，一定の条件の下でしか負わないのである。つまり，私法の領域では，投資取引において，投資が顧客に適合するかどうかとの判断リスクに対して，勧誘する業者のみならず，取引主体である顧客も負わなければならない。それゆえ，原則として，顧客が理由なく投資の適合性に関する自らの判断を放棄して取引関係に入った場合は，業者に対して責任を追及することは認められない。例外的に，顧客は自らの判断を放棄する理由がある場合に，業者に対して投資の適合性に関する判断責任を追及することができる。すなわ

ち，一定の条件の下でのみ，投資の適合性に関する判断責任が顧客側から業者側に転嫁されるのである。その条件は，業者と顧客の間に信頼関係があること，または，顧客が理解力・判断力を有しないことである

(2) 信認義務違反アプローチの場合

　信認義務違反アプローチを利用する場合，適合性原則違反の民事責任を認定するためには，ブローカーと顧客の間に信認関係が存在することが前提条件とされている。米国では，ブローカーと顧客との関係は代理関係として認定されているが，両者の間の信認関係の成立について，裁判所の多くは単に「証券業者と顧客との関係」をもっては認めていない。実際の判断において，各裁判所は，州法に基づいてブローカーと顧客の間に信認関係があるかどうかを認定しており，必ずしも一様の認定方法をとっていない。しかし，認定方法が異なるとしても，各裁判所で考慮されている判断要素からみると，ブローカーと顧客との取引関係の実質を中心に判断している点で一致している。すなわち，「一任勘定であるか否か」を判断要素にするか，「顧客の理解力・判断力の有無」または「ブローカーによる顧客の口座への支配の有無」を判断要素にするかは，実質的には，取引関係において，投資取引の主導権がブローカーにあったかどうかを基準に，信認関係の有無を判断しているように思われるのである。つまり，ブローカーが投資取引の主導権を握っている場合には，顧客との関係は信認関係と評価され，顧客に対して信認義務を負うことになる。信認義務を負う以上，顧客の利益のために行動しなければならない。いうまでもなく，適合性を有しない投資取引は顧客の利益にならないため，適合性原則違反行為は，信認義務に違反することなる。つまり，このアプローチにおいて，裁判所は，「顧客の理解力・判断力の有無」および「ブローカーによる顧客の口座への支配の有無」などの判断要素に基づき，ブローカーと顧客との信認関係を認めた上で，適合性原則違反による民事責任を認定する判断枠組みをとっている。

　このように，信認義務違反アプローチの判断枠組みからみると，投資の適合性に関する判断責任は，最初から業者に全部負担させるのではなく，信認関係という前提条件の下で，はじめて業者に課すものである。

　以上のように，米国では，反詐欺規定アプローチと信認義務違反アプローチとは，業者の主観的故意要件の要否及び損害賠償の範囲において異なるが，実際の判断において，反詐欺規定アプローチに要求される「業者の故意要件」は，勧誘した投資取引が不適合であることおよびブローカーが投資専門家であると

第2節　米国における適合性原則の意義とその役割

いう事実から推測されるものであり，また，損害賠償の範囲の違いは法のシステムの差違によって生じたものであり，これらのことによって，民事責任の成否の判断には大きな差が生じることはないものと思われる。適合性原則違反の民事責任の認定にとって，実質的に重要であるのは，民事責任を導くために考慮されている判断要素である。2つのアプローチにおける認定要件には，形式上異なるところがあるものの，信認義務違反アプローチにおいて重要視されている「顧客の理解力・判断力の有無」や「ブローカーによる顧客の口座への支配」といった判断要素は，同じく反詐欺規定アプローチにおいても重要な要素とされている。少なくとも，証券取引の分野に限れば，反詐欺規定アプローチと信認義務違反アプローチの間には，むしろ共通の判断要素が見受けられる。これは，証券取引においては，信託関係および医事関係のように，当事者の関係が一般的に信認関係として捉えられず，ブローカーと顧客との取引関係の実態によって，両者の間に信認関係の存否が具体的に判断されることと関係していると考えられる。すなわち，証券取引に限って，適合性原則違反の民事責任を判断する際には，反詐欺規定アプローチにしても，信認義務違反アプローチにしても，ブローカーと顧客との取引関係の実態に着目した実質的判断が行われているため，大きな差異が生じていないのではないかと思われる。

　結論として，反詐欺規定アプローチにしても，信認義務違反アプローチにしても，適合性原則は最初から業者の行為義務として認定されるわけではなく，一定の条件の下で投資の適合性に関する判断責任を業者に転嫁する判断枠組みであった。

　このような判断枠組みからみると，私法上，証券取引における顧客が，原則として，自己決定能力を有する完全な行為能力者であるという扱いが見られる。そこで，投資取引が自己に適合するかどうかという判断リスクは，原則として取引主体である顧客が負担すべきであり，根拠なく自らの判断を放棄する顧客は，業者に対して民事責任を追及することができない。しかし，一定の条件の下で，顧客が自らの判断を放棄して業者の勧誘を受け入れる理由がある場合には，投資の適合性に関する判断リスクが顧客から業者に移転し，最終的に業者は適合性に関する判断責任を全部負担することになるわけである。ここで捉えられている適合性原則は，単に業者側に一方的に行為義務を課すものではなく，一定の条件のもとで，顧客が自らに対する投資取引の適合性に関する判断を放棄しても許される場合に，投資取引の適合性に関する判断責任を業者側に転嫁させることがその主たる役割であるように思われる。具体的に，反詐欺規定ア

プローチにおいては，ブローカーと顧客の間に信頼関係があること，あるいは顧客が理解力・判断力を有しないこと，信認義務違反アプローチにおいてはブローカーが取引の主導権を持っていることが，この場合の「一定の条件」にあたる。

　このように，行政責任の認定場面とは異なり，私法上捉えられる適合性原則の役割は，最初から証券業者に無条件で行為義務を課すのではなく，顧客と証券業者との取引関係の実質や顧客の主観的態様などの要素を考慮し，一定の条件の下で投資取引の適合性に関する判断リスクを顧客から証券業者に転嫁させ，最終的に証券業者に判断責任を負わせることにとどまっている。適合性原則が，顧客に適合する投資取引を勧誘することを業者に要求するルールであることは，業法上も私法上も変わりないが，それに違反した場合の責任認定においては，両者の判断構造が異なっている。これは，適合性原則が業法上果たす役割と私法上のそれとの違いに大いに関係していると思われる。つまり，証券市場の公正性維持を目的とする行政責任の認定において，適合性原則は証券業者という共同体と投資大衆との一般的信頼関係を前提に，証券業者に客観的な行為義務を課すことによって，証券業者の行為を規制する役割を果たしているが，市場の公正性の維持だけではなく，具体的な顧客に民事救済を与えるべきかどうかを判断目的とする民事責任の認定においては，適合性原則は，当事者である証券業者と顧客との具体的な取引関係に基づき，証券業者に適合性の判断責任を負わせることで，当事者間の権利義務関係を調整する役割を果たしているのである。

8.2.3　適合性原則と情報開示義務との関係

　米国では，証券取引に関して，日本でのような「説明義務」という概念は存在しないが，業者の情報開示義務は証券諸法によって規定されている。しかし，時代の変化につれて，情報の開示だけでは投資者保護にとって十分な手段でなくなったため，適合性原則が登場したとも言えよう。いわゆる，適合性原則は投資者保護において，情報開示の不足あるいは情報開示アプローチの限界を補う役割を担っている。

　早期の審決において，SEC は，業者の勧誘行為による行政責任を追及するとき，適合性原則ではなく証券諸法上の不実表示や不開示規定を根拠にしていた。しかし，それによって業者の不当勧誘を食い止めることができないため，適合性原則の重要性が認識されるようになった。SEC は業者の行政責任を判

断する際に，しばしば「開示だけでは適合性の要件を満たさない」と述べ，適合性原則と情報開示とは異なる法準則であることを強調した。つまり情報開示をもってしては，もはや投資勧誘の適合性を獲得させることができないというのである。同じ業者の行為義務であるが，適合性原則は情報開示とは異なるものとして扱われているのである。

　ところが，民事責任の認定において，裁判所は，SEC のように，適合性原則と開示義務との関係について正面から論じていない。しかし，裁判所は反詐欺規定アプローチを利用して，不実表示または不開示理論に基づき適合性原則違反の民事責任の成立要件を確定している。その中で，「適合性」に関する不実表示または不開示が１つの要件として要求されている。これは，通常の不実表示または不開示訴訟に要求されている「重要な事実」に関する不実表示または不開示と同様，投資の性質や投資リスクに関する表示または開示を内容としている。つまり，投資の性質や投資リスクに関する表示または開示は，適合性原則違反の場合にも，開示義務違反の場合にも，同じく問題となりうるのである。この点で，両者の間に一定の関連性が見られることは確かである。しかし，通常の不実表示または不開示では，投資勧誘が顧客の投資目的に一致するかどうかを要件としないのに対し，適合性原則違反の場合においては，投資勧誘が顧客の投資目的に一致しないことを要件としている。つまり，適合性原則違反の認定にとって，「顧客の投資目的」が必要不可欠な判断要素であるのと異なり，不実表示または不開示の認定にとって，「顧客の投資目的」は必ずしも要素として考慮されていない。この点で，適合性原則と開示義務には本質的な違いがあるように思われる。また，投資勧誘が顧客の投資目的に一致するかどうかの判断に際しては，投資の性質や投資リスクが既に考慮されているから，「適合性」に関する不実表示または不開示という要件は，適合性原則違反の民事責任認定にとっては，単なる形式的要件であって，実質的意味を持っていない。裁判所において，「適合性」に関する不実表示または不開示については，ほとんど争点とされず，それに関する認定も行われていない。

　以上のように，行政責任を認定する場合には，適合性原則と開示義務が異なる法準則であることは明らかであり，民事責任を判断する場合には，両者が（一定の関連性を持ちながらも）本質的に違うものとして扱われているのである。

8.2.4　適合性原則と自己決定原則との関係

　米国では，SEC においても，裁判所においても，適合性原則と自己決定原

則との関係については，直接的に論じられていない。しかし，行政責任および民事責任の各判断枠組みから，それぞれの背後で，適合性原則と自己決定原則の関係がどのように捉えられているかを推測できる。

　まず，行政責任認定において，SEC は，しばしば「顧客の投資目的あるいは希望に反しても適合する投資取引を勧誘する義務がブローカーにある」とか，「たとえ顧客が投資取引を理解して勧誘の適合性を認めたとしても，これによって，ブローカーが適合する投資勧誘をする義務から免れるものではない」などと明言していた。つまり，行政規制の場面において，適合性原則は，あくまで一方的に業者側に課した義務と捉えられ，取引当事者である顧客に対し投資勧誘の適合性に関する判断義務を負わせていない。それゆえ，顧客の自己決定の如何は，業者の適合性判断義務の履行の有無に対して影響を与えない。また，このような意味で捉えられる適合性原則が，単に自己決定のできない顧客を保護するためのものではないことも明白である。このような「客観的適合性」の判断枠組みの下では，適合性原則は顧客の自己決定原則と関係なく，業者の行為義務として，独立の存在と認識されているように思われる。

　次に，裁判所は，反詐欺規定に基づき適合性原則違反の民事責任を認定する際に，原則として，投資取引の適合性について業者と顧客の両者に判断責任を課すが，例外として，業者と顧客の間に信頼関係がある場合および顧客が理解力・判断力を有しない場合には，適合性に関する判断責任が全部業者に転嫁される。つまり，基本的に，自己決定原則によって顧客自身にも適合性に関する判断責任を負わせるが，例外的に，顧客の自己決定原則が後退し，適合性原則が業者だけに責任を負わせることになり，または適合性原則が顧客の自己決定を支援する形となる。すなわち，信頼関係が存在する場合に，顧客の自己決定の如何にかかわらず，業者には顧客のために投資勧誘の適合性を判断する義務が課されるため，顧客の自己決定は業者の適合性判断義務の履行の有無に一切影響を及ぼさず，適合性原則は自己決定原則を否定する形になる。これに対し，業者との間に信頼関係は存在しないが，顧客が理解力・判断力を有しない場合，同じく業者に投資勧誘の適合性に関する判断義務を負わせるが，これは，当該顧客にそもそも自己決定のための能力が欠けているから適合性の判断責任を業者に転嫁したものであり，ここで適合性原則は当該顧客の自己決定を支援する結果となっている。

　以上のように，行政責任と民事責任のそれぞれの判断枠組みからみると，行政責任の場面においては，適合性原則と顧客の自己決定原則とは，適用領域の

異なる独立の存在として認識され，民事責任の場面においては，①業者と顧客の間に信頼関係がある場合，適合性原則は自己決定原則を否定する存在となり，②信頼関係は存在しないが，顧客に理解力・判断力がない場合，適合性原則は顧客の自己決定を支援する存在として捉えられているように思われる。

第9章　適合性原則と私法秩序——総括

　前章までにおいて，日本における適合性原則に関する制定法の変遷，同原則に対する学説の認識状況および適合性原則違反の民事責任認定に関する裁判例の動向を整理した上で，適合性原則の母法である米国における同原則の起源，発展およびその内容を吟味し，適合性原則に対して，行政監督機関であるSECの審決により明確にされた適合性原則の意義およびそれに違反にした場合の行政責任の判断構造を踏まえつつ，民事訴訟において，裁判所により行われた民事責任（損害賠償）の認定状況を中心として，適合性原則違反による民事責任（損害賠償）の成立要件およびその判断構造を検討してきた。

　金融市場への大衆参加を前提とする今日では，常にリスクが伴う投資取引において，事業者による適合性原則の遵守，すなわち投資者に適合する投資商品を勧誘することが，投資者利益の保護および投資市場における公正の維持にとって必要であることには，異論がない。しかし，適合性原則をどう捉え，どのように運用するかは，なお問題である。そのため，適合性原則の意義，業法と私法における適合性原則のそれぞれの役割とそれに違反した場合の責任の判断構造を解明し，私法秩序全体との関係で適合性原則の位置づけを明白にすることがますます重要となっている。

　同原則の母法である米国法の検討は，適合性原則の意義と，それに違反する場合の責任認定の判断構造を解明する上で，日本の議論にも一定の示唆を与えてくれる。既に見たように，米国法と日本法は，ともに，適合性原則を業者の行為規制ルールとして認識しており，また，いずれも適合性原則を私法上のルールとして正面から認めてはいないが，同じく現有の民事責任の認定要件に則って，適合性原則に違反した行為の民事責任の成否を判断しており，その意味で，両国には議論の土俵を共有している面が多いからである。

　以下では，日米両国の理論状況および適合性原則違反に対する対応の相違を今一度整理し，そのうえで，同原則の意味，業法上の役割と私法上の役割および適合性原則違反の民事責任認定の判断構造に関して，米国法が日本の議論に対して示唆するところにつき若干の考察を試みたい。

第9章　適合性原則と私法秩序——総括

第1節　適合性原則に関する日米両国の法状況の相違

9.1.1　適合性原則の意味に関する日米の理解の相違

　第1章で見たように，日本では，適合性原則が証券業者の自主規制規定にとどまらず，1992年に旧証券取引法によって証券会社の行為規制として明文化され，さらに，現行金融商品取引法によって従来の顧客の属性の考慮要素に「投資目的」を加えたうえで維持されているが，顧客情報に関する調査義務が業者にあるかどうかについては定めがない。

　適合性原則において考慮されるべき「顧客の属性」について，判例および制定法は，一致して顧客の財産状態，投資経験，知識および投資目的を挙げている（2006年の金融商品取引法改正によって「投資目的」が追加された）。このような顧客の属性に関する考慮要素に関して，日本での認識は一致している。

　しかし，適合性原則それ自体の意味の理解については，一致が見られない。制定法における適合性原則の内容は，「顧客の属性に照らして不適当な勧誘をして投資者保護に欠けることをしないよう業務を行われなければならない」となっているが，学説上，適合性原則の意味に関する理解は極めて多岐にわたる。かねてより，適合性原則を命令規範とする理解と禁止規範とする理解が存在する中で，特に1999年に金融審議会が適合性原則を「狭義の適合性原則」と「広義の適合性原則」に分類して説明してからは，このような二分類の整理方法が学説上も定着しつつあるが，「狭義の適合性原則」については，これを「顧客の属性に照らして不適合な投資勧誘をしてはならない」という一般の禁止規範とする理解と，投資取引市場から投資不適格者を排除するという「排除理論としての適合性原則」とする理解に分かれている。また，「広義の適合性原則」については，これを「顧客の属性に照らして適合する投資勧誘をせよ」とする理解と，「説明義務」の拡大とする理解および「助言義務」の体現とする理解に分かれている。ここで「排除論理としての適合性原則」とされるものは，他の見解と異なり，考察の視点は具体的な顧客にとっての「投資勧誘の適合性」ではなく，ある投資取引にとって「顧客の適合性」の有無に置かれている。なお，いずれの見解においても，顧客の属性に関する考慮要素に重点を置いて，投資商品に固有のリスクと対比して適合性の有無の判断を行うもので，投資方法によってもたらされたリスクに関しては殆ど考慮されていない。

　これに対し，米国での適合性原則は，顧客の財産状態や投資ニーズなどに基

第1節　適合性原則に関する日米両国の法状況の相違

づき，当該顧客に適合する投資を勧誘することを業者に要求するルールであるという理解でほぼ一致しており，顧客情報の調査義務も適合性原則の内容の中に明確に取り込まれている。ただし，「顧客に適合する投資勧誘」を要求することが適合性原則の内容であるからといって，実際の判断では，必ずしも「適合する投資勧誘」とはいえない場合だけが適合性原則違反となるのではなく，「不適合な投資勧誘」も適合性原則違反となると判断されている。しかも，具体的な投資勧誘が顧客に適合性を有するかどうかの判断においては，「適合する投資勧誘」と「不適合な投資勧誘」とは表裏の関係をなしているのである。

つまり，日本での状況と異なり，米国では，適合性原則について，「狭義」・「広義」の区別が存在せず，考察の視点は，業者の投資勧誘が顧客に適合するかどうかという「投資勧誘の適合性」の有無に向けられ，当該投資商品に対する「顧客の適合性」の有無は焦点ならず，顧客を「投資不適格者」として市場から排除するという「排除理論として」適合性原則を捉える見解は見当たらない。

また，米国では，実際に業者の勧誘行為を規制するとき，適合性原則は，単に「自らの顧客を知る」義務だけを業者に課すのではなく，「自らの商品を知る」義務も同時に業者に要求する。しかも「自らの商品を知る」という場合は，単に投資商品の内容を熟知しているというだけでなく，そこでの「投資方法」を熟知することも含まれる。つまり，米国においては，適合性原則は，顧客の属性に照らして投資商品に固有のリスクが顧客に適合するかだけでなく，投資方法にもたらされるリスクが顧客に適合するかどうかをも判断しているのである。

以上のように，同じく適合性原則を業者の行為規制ルールと捉えている日米両国では，適合性原則における顧客の属性について同じ考慮要素をとっているものの，適合性原則の意味に対する理解および考察の視点には，かなりの違いが存在する。適合性原則を細分化する日本法と異なり，米国では，一貫して，具体的な顧客の属性に応じて，当該顧客に適合する投資取引を勧誘することが適合性原則の意味であると認識されているのである。

9.1.2　適合性原則違反の責任認定に対する日米の対応状況の相違

既に見たように，日本では，適合性原則に関する業法上の規定が存在するものの，適合性原則違反の行政責任が問題となった事例は，殆ど見当たらない。現在の日本では，適合性原則違反に対して，裁判所によって行われた司法的判断のみが，存在している。

355

第9章　適合性原則と私法秩序——総括

　日本における司法的判断において，適合性原則違反による民事責任の成否を認定するときには，殆どの場合，不法行為責任構成がとられており，適合性原則違反の有無について，顧客の投資目的，財産状態，知識および投資経験などの属性を考慮して，業者の投資勧誘が当該顧客にとって適合性を有するかどうかが判断されている。しかし，そこでは，適合性に関する顧客の主観的態様はあまり考慮されていない。つまり，裁判所は，業法に規定されている「適合性原則」に基づき，客観的に適合性原則違反の有無に関する判断を行っている。しかも，最終的に適合性原則違反の民事責任を判断するに際し，判例は，適合性原則が業法上のルールであることから，それに違反したからといって直ちに私法上違法となるのではなく，「適合性原則から著しい逸脱」があった場合に限って不法行為法上の違法性があるものとしている。確かに，現在の日本の司法は，理論上，「適合性原則違反」の判断と「適合性原則違反による民事責任」の判断を区別しているが，実際の判断においては，「適合性原則違反」それ自体の判断と，不法行為法上の違法となる「適合性原則からの著しい逸脱」の判断との差異がどこにあるかは必ずしも明らかでない。

　また，肯定裁判例でも，説明義務違反などの他の違法行為を併せることによって損害賠償責任を判定するものが多く，加えて，リスクに関する顧客の認識の程度や取引に関する十分な説明を求めなかったことなどを理由に，相当程度の過失相殺を施している。この場合，過失相殺が，業者のどの部分の違法行為に対する関係で，顧客が落ち度を有するとされているかは不明である。さらに，適合性原則違反のみによって不法行為責任を認定する裁判例においても，同様な仕方で過失相殺が行われている。つまり，裁判所は，適合性原則違反の有無については顧客の主観的態様を考慮せずに客観的に判断する一方，民事責任の認定では，当該顧客の主観的態様に基づく過失相殺を行っており，そこには一種の評価矛盾が見られると言われているのである。

　これに対し，米国では，日本と異なり，行政監督機関は適合性原則違反に対して活発に行政責任を認定しており，その判断構造も明示している。実際の認定において，SECは顧客の投資目的，財産状態を中心に，当該投資勧誘の適合性の有無を判断し，不適合と判断された場合では，ブローカーの主観的態様を考慮しないだけでなく，顧客の主観的態様も考慮せず，「客観的な適合性」の判断枠組みをとっている。そこでは，適合性原則は，投資取引の適合性に関する判断リスクを顧客側から業者側に移転させ，その判断責任を業者側に転嫁する役割をはたしているのである。

第 1 節　適合性原則に関する日米両国の法状況の相違

　また，適合性原則違反の民事責任を認定する際，米国の裁判所は，反詐欺規定に基づく場合と信認義務違反に基づく場合という二つのアプローチを取っている。

　反詐欺規定アプローチを利用する場合，裁判所は，顧客の投資目的を中心に，投資取引が当該顧客に適合するか否かを判断したうえで，民事責任に導くために，不適合についてのブローカーの主観的要件（故意または無配慮）を必要とすると共に，ブローカーの勧誘に対する「顧客の信頼の正当性」や，「ブローカーによる顧客の口座の支配」の有無も，因果関係を認定する事情として重視されている。そして，「顧客の信頼の正当性」あるいは「ブローカーによる顧客の口座の支配」の有無を判断する際，裁判所は，ブローカーと顧客の信頼関係の有無および顧客の理解力・判断力を重要な考慮要素としている。

　また，信認義務違反アプローチを利用する場合に，裁判所は，まず，ブローカーと顧客の間での信頼関係の有無を判断し，両者の間に信頼関係が存在すると認定されれば，ブローカーの不適合な投資勧誘が信認義務違反となり，損害賠償責任を生ずるものとしている。前提であるブローカーと顧客間の信頼関係の存否を判断する際には，「顧客の理解力・判断力」や「ブローカーによる顧客の口座の支配」の有無が，重要な判断要素とされている。

　米国では，証券取引の領域に限って，適合性原則違反の民事責任を認定する際に利用されている信認義務違反アプローチと反詐欺規定アプローチとは，法のシステムとして異なるが，具体的判断においては多くの共通要素に基づく認定を行っており，その限りでは大きな差異がない。すなわち，米国における司法的判断において，適合性原則は，最初から業者の行為義務として措定されるのでなく，一定の条件（業者と顧客の間に信頼関係，もしくは信認関係の存在）のもとで，「投資の適合性に関する判断リスク」を顧客側から業者に移転させ，最終的に投資の適合性に関する判断責任を全部業者側に転嫁するという役割を果たしているといえよう。

　日米両国の状況にはさらに大きな差異が見られる。すなわち，行政責任の認定が空白である日本とは対照的に，米国での行政責任認定はきわめて活発に行われており，民事責任認定において，判断基準の不明な日本と異なり，米国では明確な要件の下での判断が積み重ねられている。また，米国では，行政責任認定の判断構造と民事責任の判断構造とは異なり，それによって反映される業法上の適合性原則の役割と私法上の適合性原則の役割の違いも明白である。しかし，日本では適合性原則のそれぞれの場面における役割は，依然として不明

瞭なままである。

第2節　適合性原則の現代的意義
——米国法からの示唆を踏まえつつ

　第1節で整理した適合性原則に対する日米両国の対応状況の相違を踏まえて，以下では，序章で提起した適合性原則の「意義」に関する問題と，適合性原則違反の「民事責任の判断構造」を明らかにする問題に対応させて，米国法からの，日本の議論に対する示唆を考察し，私法秩序における適合性原則の役割を探ってみたい。

9.2.1　適合性原則の意義の確認

　既に繰り返し述べてきたように，現在の日本においては，適合性原則に関する理解が細分化されている。内在する一側面を取り出して適合性原則を論ずることは，実務の運用にとって一定の利便性を有するものの，本来の適合性原則の理解にとっては決して望ましいことではない。まして1つの独立法理として適合性原則を取り扱おうとする場合には，その全体像と本来的意義を再確認しておくことが重要である。

9.2.1.1　適合性原則を捉える視点の違い

　日本における適合性原則に関する理解の主流は，「狭義の適合性原則」と「広義の適合性原則」との二分類である。しかし，同じく「狭義・広義」の整理方法を取りながら，適合性原則の内容が異なる場合がある。たとえば，「狭義の適合性原則」は，3つの異なる見解に分かれている。すなわち，第1に，「狭義の適合性原則」を「理解力・判断力が乏しい顧客に一定の投資商品を勧誘・販売してはならない」という金融審議会の理解による「狭義の適合性原則」がある（これを「狭義－1」と呼ぶ）。第2は，「狭義の適合性原則」を「顧客の属性に照らして不適合な投資勧誘をしてはならない」という一般的禁止規範として捉える見解である（これを「狭義－2」と呼ぶ）。第3に，「狭義の適合性原則」を市場から投資不適格者を排除するという「排除論理としての適合性原則」として捉える見解がある（これを「狭義－3」と呼ぶ）。また，「広義の適合性原則」についても，3つの見解が存在している。すなわち，第1に，顧客の理解への配慮を中心に説明義務の拡張とする金融審議会のいう「広義の適合性原則」の見解である（これを「広義－1」と呼ぶ）。第2に，「広義の適合性原則」を「顧

第2節　適合性原則の現代的意義――米国法からの示唆を踏まえつつ

客の属性に照らして適合する投資勧誘をせよ」という一般的命令規範として捉える学説上の見解がある（これを「広義－2」と呼ぶ）。第3に，「広義の適合性原則」を助言義務の体現として捉える学説上の見解である（これを「広義－3」と呼ぶ）。

　これらの諸見解を詳細に見ると，本質的な違いは「適合性原則」を捉える視点にあることが判る。すなわち，「狭義－2」と「広義－1」，「広義－2」および「広義－3」の諸見解は，具体的主張の細部はともかく，基本的に顧客の具体的属性に照らして，投資勧誘が当該顧客にとって適合性を有するかどうかという点，換言すれば「投資の適合性」に焦点を合わせている。これに対し，「狭義－1」と「狭義－3」の見解は，基本的に，ある投資にとって顧客が適合性を有するかどうか，つまり「顧客の適合性」に焦点を合わせているのである。「投資の適合性」に視点を置くか，「顧客の適合性」に視点を置くかは，一見違いがないように見えるが，実際には，適合性原則に対する捉え方を全く異なったものにする可能性がある。

　確かに，「投資の適合性」からの判断と，「顧客の適合性」からの判断は，個別事例の具体的判断において同じような結果を導くことが多い。一般的に，「A顧客にとってB投資が適合性を有しない」との判断と，「B投資に対してA顧客が適合性を有しない」との判断は，結果として同じであるが，しかし，同じ結果に至るとしても，そこに辿り着くための着眼点の違いは，そこで反映された適合性原則に関する捉え方や理念の違いにも反映する。

　ａ．「顧客の適合性」　「顧客の適合性」に視点を置く立場は，主として顧客の「投資取引能力」を問題にしているといえよう。ある投資取引は，それに相応しい「投資取引能力」を有する顧客にしか行う資格がない。それゆえ，「適合性を有しない顧客」，いわゆる「投資不適格者」を取引の相手にしてはいけないという結論になる。ここで「適合性原則」は顧客が投資取引をする資格を有するかどうかを図る役割として捉えられる。このような捉え方によると，投資取引における顧客に関して，民法上の行為能力で判別することでは足りず，「投資取引能力」というもう1つのカテゴリーを作って判断しなければならない。同時に，1つ1つの投資取引に関して，どのような属性を有する顧客が「投資不適格者」となるかを類型化することも求められる。このような視点から「適合性原則」を捉える場合には，実際の運用をどのようにするかという問題が生じるであろうし，これによって，「投資取引能力」のない顧客しか保護されなくなって，保護される投資者の範囲が大幅に小さくなる可能性がある。

b．「投資の適合性」　これに対し，「投資の適合性」に視点を置く立場は，顧客の「投資取引能力」を問題にするのではなく，個別の顧客の属性に照らして，具体的な投資勧誘が当該顧客にとって適合性を有するかどうかに着目する。個々の顧客の属性が千差万別であるため，具体的に「投資の適合性」の有無を判断するにあたっては，類型化された判断が困難であり，ケース・バイ・ケースの実質的判断が必要となるため容易ではない。しかし，この視点の下で「適合性原則」によって保護されるのは，単なる「投資取引能力」のない顧客だけでなく，投資市場におけるすべての顧客であることに留意する必要がある。ここでの「適合性原則」は，「投資取引能力」というカテゴリーとは無関係に，投資者全般を保護する役割を果たすことになる。

このように，「投資の適合性」に視点を置くか「顧客の適合性」に視点を置くかによって，適合性原則に対する捉え方は異なってくる。適合性原則のオリジンからみると，果たして，どちらの捉え方が適合性原則の本来の意味を反映しているだろうか。

9.2.1.2 「適合性原則」の捉え方──「排除」か「支援」か
(1) 「投資取引能力」に基づく「排除論」

日本法において，「顧客の適合性」に視点を置き，「投資不適格者」という概念を使って投資参加者を規制する発想は，商品先物取引に関する自主規制規定の中で初めて現れたものである。日本の商品取引委員協会（当時）は，早くも1978年（昭和53年）に，「受託業務の改善に関する協定書」の中に，「新規取引不適格者参入防止協定」（現在廃止された）を作って，以下のような者を商品先物取引不適格者として定めた[1]。すなわち，(ア)未成年者，禁治産者，準禁治産者および精神障害者　(イ)恩給・年金・退職金・保険金等により主として生計を維持する者　(ウ)母子家庭該当者および生活保護法被適用者　(エ)長期療養者および身体障害者　(オ)主婦等家事に従事する者　(カ)農業・漁業等の協同組合，信用組合，信用金庫および公共団体等の公金出納取扱者。その後，農林水産省は「商品先物取引の委託者の保護に関するガイドライン」[2]において，適合性原則の適用について，「常に不適当と認められる勧誘」として，①未成年者，青年被後

---

[1] 龍田節「先物取引委託者の適格性」全国商品取引所連合会編『商品取引所論体系7』（全国商品取引所連合会，1991年）18頁参照。
[2] 農林水産省ホームページ（http://www.maff.go.jp/www/public/cont/20050323/kekka-1c.pdf）。

第2節 適合性原則の現代的意義——米国法からの示唆を踏まえつつ

見人，被保佐人，被補助人，精神障害者，知的障害者及び認知障害の認められる者，②生活保護法による保護を受けている世帯に属する者，③破産者で復権を得ない者などに対する勧誘を列挙し，「原則として不適当と認められる勧誘」として，①年金，恩給，退職金，保険金などにより生計をたてている者，②一定以上の収入（年間500万円以上）を有しない者，③一定の高齢者（75歳以上）などに対する勧誘を列挙している[3]。

このように，ここで言われる「投資不適格者」は，主に資力および判断力に着目した，一定の類型の顧客層を指している。民法上の行為能力に問題はないが，一種の「投資取引能力」に欠けている者が，「投資不適格者」として類型化されているわけである。

学説上，「投資不適格者」という言葉も，最初は商品先物取引に関する文献の中で用いられ，その後，商品先物取引における適合性原則を論ずる文献でも，「投資不適格者」を市場から排除することが適合性原則の1つの態様であるという議論が見られるようになり，ついには「狭義－3」のような「排除の論理としての適合性原則」[4]という見解が登場したのである。

このような投資者の「取引能力」に着目して投資取引参加を規制しようとするやり方は，古くからドイツに存在していた。角田美穂子論文[5]によると，1896年に制定されたドイツ取引所法には，当時の先物取引を賭博と同視する見解の下で，「取引所先物取引能力制度」が設けられている（同法旧54条）。この制度は取引所先物取引への参加者の人的範囲をコントロールするため，「取引所取引の専門知識を有する者」と，商人としての知見を有することが期待可

---

[3] 日本商品先物取引協会は「受託業務管理規則の制定に係るガイドライン」において，これらの者を「商品先物取引を行うのに常に不適当と認められる者」と「原則として不適当と認められる者」として明示することを，会員に対して要請している。

[4] 「排除の法理」という観点から意思無能力を理解することを提案する熊谷士郎は，「意思無能力を排除の法理として理解するなら，あらかじめ一定の者が取引に参加できないことが明確にされるほうが，このような趣旨と合致するように思われ，法的安定性の考慮を重視することには合理性があるように思われる」と述べたあと，このように理解される「意思無力制度」が「排除論理」として捉えられる適合性原則とは理論的に連続性を有することを指摘している（同『意思無能力法理の再検討』（有信堂，2003年）350頁，358～360頁）。

[5] 角田美穂子「金融商品取引における適合性原則——ドイツ取引所法の取引先物取引能力制度からの示唆——(一)(二)(三)」亜細亜法学35巻1号117頁，36巻1号141頁，37巻1号91頁（2001～2002年）以下。また，川地宏行「デリバティブ取引における説明義務と損害賠償責任(1)」専修法学論集92号113頁以下（2004年）もドイツ法の「先物取引能力制度」を紹介している。

361

能な「商業登記に登録した商人」を「先物取引能力者」に限定し，実質的には「個人投資家」を先物取引無能力者として先物取引市場から排除したのである。しかし，その後，実際の運用に失敗があり，先物取引に対する認識が変わったことも相まって，1989年の法改正で「情報提供による先物取引能力」の獲得という新しい制度に切り替えられた（同法旧53条2項）。この新しい「先物取引能力制度」では「取引能力」という用語が使われたが，従来の「先物取引能力制度」の趣旨と異なり，顧客の実際の取引能力を考慮しているものではなく，業者が顧客に対し重要事項を記載した書面を交付し，顧客がその書面に署名すれば，当該顧客に先物取引能力が付与されるという仕組みとなり，取引市場から取引無能力者を排除するという機能を払拭したのである[6]。さらに，時代の進展につれ，先物取引に関する規制方法に更なる変化を生じ，この「取引所先物取引能力制度」そのものが，2002年の法改正によって，全面的に廃止されることになった[7]。ドイツでは，「取引所先物取引制度」に代わって，証券取引法37d条によって，金融先物取引についての特別な情報提供義務が設定され，それに違反した場合の損害賠償責任も規定されている[8]。

このように，投資取引を規制する際に，視点を，投資参加者の範囲への制限に置くという場合には，投資者がある投資取引を行うための資格の有無を画定しなければならない。これは，実際に投資者がある投資取引を行う能力，いわゆる「投資取引能力」を有するかどうかを判断し，「投資取引能力」を有しない顧客を当該取引市場から排除することを意味する。適合性原則の場合について，ある投資取引について「顧客の適合性」の有無に視点を置いて判断する場合は，適合性原則が投資参加者の下限を画定し，「投資不適格者」を市場から排除する役割として認識されている。つまり，「顧客の適合性」の視点の下で，適合性原則は「排除の論理」として捉えられるのである。「狭義－1」と「狭義－3」の見解は，まさにこのように，「顧客の適合性」に視点を置いて，適合性原則を「狭義の適合性原則」に限定して，「排除の論理」として適合性原則を捉えている。

「排除の論理」として適合性原則を捉える場合は，投資取引類型ごとに，そ

---

[6] この新しい「情報提供による先物取引能力」制度に対して，角田は批判的であり，「能力論」の観点から適合性原則を構成する方向を志向する旨を示している（同・前掲注(5)亜細亜法学37巻1号121頁以下）。
[7] 川地・前掲注(5)113頁以下参照。
[8] 川地・前掲注(5)116頁。

第2節　適合性原則の現代的意義——米国法からの示唆を踏まえつつ

れを行う「投資取引能力」の基準を設定し，投資不適格者の範囲を明示することが必要となる。これは，投資取引種類ごとに，「投資不適格者」を類型化して，そのうえで適合性原則を適用することを意味している。一見すると，「顧客の適合性」の視点のもとで，「投資不適格者」を類型化する場合は，適合性原則の適用基準が明瞭となり，適合性原則違反の有無については判断しやすくなるようにみえる。確かに，類型化して，適合性原則を運用することに実務上一定の利便性はあるが，実際に，具体的な投資取類型についてどのような属性を有する顧客が「投資不適格者」にあたるのかという判断基準をどのように設定すべきか，それ自体が大問題である。「商品先物取引の委託者の保護に関するガイドライン」のように，「常に投資不適格者」・「原則として投資不適格者」といった類型基準を設定することも不可能ではないが，そこに挙げられた顧客類型をみると，無能力者と制限行為能力者のほかは，財産状態や年齢によって顧客を分類しているに過ぎない。また，日本証券業協会は各会員に対して「取引開始基準」の設定を要求しているが，その基準もほとんど顧客の資力や投資経験の年数を中心に設定されている。ガイドラインまたは取引開始基準のようなものを1つの判断基準にして「投資不適格者」を類型化することが妥当であるかどうかは別として，それらの基準に含まれている判断要素は，そもそも適合性原則に要求されている判断要素とは一致していない。すなわち，適合性原則における考慮要素は，顧客の財産状態，投資経験や知識のみならず，顧客の投資目的も含めているに対して，ガイドラインにしても，取引開始基準にしても，主に財産状態を判断要素にしているにとどまる。つまり，適合性原則にとって重要な考慮要素である「顧客の投資目的」がこれらの類型化の中で抜け落ちている。実際に，「狭義－1」と「狭義－3」の見解には，「顧客の投資目的」が適合性原則における考慮要素の中に含まれていない[9]。投資取引は，投資者あっての取引であり，投資目的が投資主体である顧客の主観的意図を表すものとし

9　金融審議会第1部会が1999年の「中間整理（第1次）」において「投資目的」を適合性原則の考慮要素としなかった点を，森田章は，次のように批判している。すなわち，「そもそも，この中間整理による『適合性の原則』の理解は，これまでアメリカやイギリスで議論されてきたこと，あるいはわが国の証券会社に関して議論されてきたこととも少しずれているのではないかと思われる。つまり，投資者の経済的属性を見て証券業者が適合性を判断すべきであるとしているが，その際に忘れてはならないのは投資顧客の投資目的である。……投資者の経済的属性だけを以て，適合性の原則を論ずることは不適切である」（同「投資勧誘と適合性の原則——金融商品の販売等に関する法律の制定の意義について——」民商122巻3号314〜315頁（2000年））。

て，適合性原則の認定におけるその重要性は既に判例によって確認され，さらに制定法（2006 の金融商品取引法の改正）によっても認められている中で，「顧客の投資目的」を考慮せず適合性原則を適用することは，「投資目的」を適合性原則の考慮要素として認めたこれまでの判例および制定法の動向に反するだけでなく，そもそも個々の顧客の属性に配慮して投資者保護の実現を目的とする適合性原則の趣旨からも逸脱している。

　また，「排除の論理として」適合性原則を捉える場合は，適合性原則により保護される顧客の範囲は極めて狭くなる。なぜなら，「投資不適格者」を画定するには，客観的基準として設定できるのは，せいぜい顧客の資産額や年齢，学歴などにすぎず，それによって類型化される「投資不適格者」の範囲は資力の乏しい者や高齢者のような顧客に限定されることになり，それ以外の顧客は，適合性原則の保護を受けられなくなるからである。しかも，「排除の論理として」適合性原則を捉えると，客観的な財産状態が要求される基準に達しない顧客は，自動的に当該投資取引にとっての「投資不適格者」として扱われる結果，たとえ当該顧客が自らこの投資取引をしようとしても，その主体的意思の如何を問わず，一律に当該投資取引市場から排除される。言うまでもなく，これは顧客の取引自由を制限するものである。

　このように，適合性原則を利用して，一定の顧客を取引市場から排除するという捉え方は，実際に，民法上の行為能力制度のほか，もうひとつの「投資取引能力制度」をもって権利主体である投資者の行為を制限することを意味している。いわゆる，民法上の「制限行為能力者制度」に加えて，新たに「投資取引制限能力者制度」[10]という制度を作ることである。いうまでもなく，こういう制度が制定法上の規定によって定められなければ，実際上の運用は不可能であろう。しかし，新しい金融商品が日々開発されている中で，制定法をもって投資取引種類ごとに「投資不適格者」の範囲を策定するのは，およそ現実的ではあるまい。

---

[10] 「狭義の適合性原則」につき，制限行為能力制度を類推適用して「投資制限行為能力者」を類型化することに明白に言及したのは，上杉めぐみ「投資取引における情報提供義務の私法的構成」明治学院大学法科大学院ローレビュー第 9 号 1 頁以下（2008 年）である。しかし，上杉は「投資制限行為能力者」の類型化の可能性を指摘するにとどまり，具体的な論述には及んでいない。

第2節　適合性原則の現代的意義——米国法からの示唆を踏まえつつ

(2) 個別顧客の属性への考慮に基づく「支援論」

「顧客の適合性」の有無に視点を置き，適合性原則を「排除論」として捉え，顧客の保護範囲を限定する「狭義－1」と「狭義－3」の見解と異なり，「狭義－2」と「広義－2」の見解は，適合性原則を禁止規範として見るか命令規範として見るかの違いがあるものの，「投資の適合性」の有無に視点を置いて，適合性原則を理解している点で一致している。

「投資の適合性」に視点を置く場合は，個々の顧客の属性を考慮して，具体的な投資取引が当該顧客に適合性を有するかどうかを判断対象としている。それゆえ，類型化による適合性原則の運用が不可能となり，個別の顧客の属性に応じて実質的な判断が必要とされる。すなわち，この場合は，具体的な顧客に対して，当該顧客の投資目的や財産状態，投資経験などの属性を全体的に把握したうえで，それに照らして，勧誘しようとする投資取引がこの顧客に適合的か，あるいは不適合かを実質的に判断することこそが，適合性原則の適用である。このように，「投資の適合性」の視点から，顧客に適合する投資取引を選んで勧誘する，あるいは不適合な投資を取り除いて勧誘しないことを業者に要求する論理が導けるが，顧客を「投資不適格者」と分類して投資市場から排除するという結論には結びつかない。ここには，取引主体である顧客の需要を重視する思想が潜んでおり，顧客の需要を満足させるために，当該顧客の属性に応じて適合性を有する投資取引を勧誘することが要求されているわけである。つまり，「投資の適合性」の視点のもとで，適合性原則は，個々の顧客の属性に対する考慮をもって，正面から顧客の選択の自由を支援する役割を果たすものとして捉えられているように思われる。

金融商品が多様化・複雑化する中で，個人の顧客が，自己の需要に合う適切な投資取引を選び出すことは容易なことではない。個々の顧客の属性に合わせて，適合する投資取引を勧誘すること，あるいは不適合な投資取引を勧誘しないことは，当該顧客に自らに適合性のある投資取引を選択できるように選択の範囲を明白に画定することを意味している。このように，適合性原則は，選択範囲の画定によって，顧客の真の選択の自由を支援し，最終的に顧客の利益を保護するのである。

このように，適合性原則を禁止規範若しくは命令規範としてみるかに関係なく，「投資の適合性」に視点を置いて適合性原則を理解する点が一致するとすれば，適合性原則に対する捉え方は根本的に同じである。そうすると，形式上，適合性原則を禁止規範としてみるか命令規範としてみるかで，実質的な差を生

じるかどうかが問題となる。論理上,「適合する投資取引」と「不適合な投資取引」とは,ぴったり境界が分かれるものではなく,間にグレーゾーンが存在すると言われる。すなわち,一般的命令規範として適合性原則を捉える場合は,「適合する投資取引」の勧誘が要求されるため,「適合する」場合以外の投資取引の勧誘がすべて適合性原則違反になり,勧誘するときの業者の裁量範囲が狭い。これに対し,一般的禁止規範として適合性原則を捉える場合は,「不適合な投資取引」の勧誘が禁止されるだけなので,「不適合」以外の投資取引の勧誘が適合性原則違反にならず,勧誘するときの業者の裁量範囲が広い[11]。しかし,適合性原則を一般的命令規範と捉える場合にしても,一般的禁止規範と捉える場合にしても,適合性原則を適用するにあたって,同様に,①投資取引のリスク性と,②具体的な顧客の財産状態,投資経験や知識および投資目的などの属性を,相関的に考慮して,適合性原則違反の有無を判断しているのであり,具体的にA投資取引がB顧客にとって適合性を有するかどうかを判断する際に,どちらの規範に従っても,A投資取引のリスクがB顧客のリスク許容範囲を超えれば,A投資取引がB顧客にとって適合性を有しないものとなる。この結果に対して,命令規範によってAがBに適合しないと評価するか,あるいは禁止規範によってAがBに不適合であると評価するかは,言葉の差はあるが,実質上表裏をなす関係であり,本質的な差異は存在しないのではあるまいか。実際,「AがBに適合しない」という評価の中には,「AがBに不適合である」という意味合いが既に含まれている。つまり,適合性原則を一般的命令規範として捉える場合は,個別の顧客の属性に基づき適合性原則違反との判断において,一般的禁止規範をとる場合の判断が既に取り込まれていると考えられる。このように,「投資の適合性」に視点を置いて,適合性原則を理解する場合は,個々の顧客の属性に照らして投資取引が当該顧客にとって適合性を有するかどうかの具体的な判断において,適合性原則を禁止規範とするか命令規範とするかという定義上の差異は,実質的な差を生じせめるものではない。むしろ,いずれの規範も,適合性原則は個別の顧客の具体的属性に応じて適合性を有する投資取引を勧誘すること,あるいは不適合な投資取引を勧誘しないことを内容とし,それにより顧客の選択の自由を支援することがその役割であるという捉え方において,一致している。

11　河上正二「投資取引における『適合性原則』をめぐって」先物取引被害研究31号6頁（2008年）。

第2節　適合性原則の現代的意義——米国法からの示唆を踏まえつつ

9.2.1.3　適合性原則の意義の確認——適合性原則一本化

　上述のように,「狭義」・「広義」の分類の中で,同じく「投資の適合性」に視点をおいて,適合性原則を一般的禁止規範とする見解と一般的命令規範とする見解とでは本質的な差異が見られず[12],むしろ適合性原則違反の有無に関して,一般的命令規範による判断の中に既に一般的禁止規範による判断が含まれているように思われる。つまり,「投資の適合性」の視点から適合性原則を「狭義」・「広義」に分類することには,実質的な意味が乏しい[13]。実質的な違いをもたらすのは,「排除論」として適合性原則を捉えるか,「支援論」として適合性原則を捉えるかといった基本的視座である。この２つの捉え方が追求する理念は全く異なるが,適合性原則に関する捉え方としては,ともにありうる考え方である。問題は,どちらの捉え方が適合性原則の本来の意味を反映し,最も投資者保護に有効かである。ここでは,原点に立ち戻って,適合性原則を生み出す米国での状況を見ながら,適合性原則の意味を再確認することが有益ではないかと考えられる。

　適合性原則は,1939年に米国で初めて規定されたとき,具体的な顧客の状

---

[12]　近時,経済学の視点から,適合性原則の意義を分析する興味深い研究が行われている。深浦厚之「適合性原則と投資家保護」長崎大学経済学部研究年報17号1頁以下（2001）によれば,完全情報という条件の下で,金融審議会に提起された「広義の適合性原則」と「狭義の適合性原則」との相違は事実上意味がないものである。すなわち,経済学からみると,「広義の適合性原則はある投資家に対して,集合 S^m（当該投資家の負担できる投資機会の集合を指す——筆者注）の要素であるような投資機会 S^m を割り当てるという規則を意味」し,「狭義の適合性原則とは,ある投資機会に対して集合 In（当該投資機会のリスクを負担できる投資家の集合を指す——筆者注）の要素である投資家 i^n を割り当てる規則にほかならない」ため,「完全情報下において,広義の適合性原則を満たすような投資家と投資機会の組み合わせは,狭義の適合性原則も満たす。逆に,狭義の適合性原則を満たすような投資家と投資機会の組み合わせは,広義の適合性原則も満たす」という定理が証明され,「完全情報であれば販売者が常に真の投資家属性情報をえることができ,2つのルールの相違は事実上,意味をなさないことを示している」。また,投資家・投資機会の属性情報が不完全であるとき,「狭義の適合性原則」では一部の投資家（リスク負担能力の低い投資家）が投資機会を得られず,「広義の適合性原則」では一部の投資機会（リスクの高い投資機会）が投資家を見出し得ないことになるという定理が証明されているという。

[13]　狭義の適合性原則と広義の適合性原則の「峻別はなかなかに難しく,取扱いが混乱するだけで,あえてこれを分けて考える実益は乏しいと思われる」という指摘が既に存在している（大武泰南「投資勧誘——不招請勧誘,投資適合性,投資目的,説明義務,断定的判断等」河本一郎＝龍田節編『金融商品取引法の理論と実務』（経済法令研究会,2007年）「別冊金融・商事判例」107頁（注4））。同じような意見が,森田章「投資勧誘と適合性の原則——金融商品の販売等に関する法律の制定の意義について——」民商122巻3号314頁にも見られる。

況を見ないで単に情報を開示しただけでは投資者保護に不十分であるため，業者が個々の顧客の属性を知り，当該顧客に適合する投資取引を勧誘すべきことをその内容とした。その趣旨は，投資市場に参加するすべての投資者に適合する投資勧誘を業者に要求するものであり，その中に投資市場から不適合な投資者を排除しようとする思想は見当たらない。つまり，適合性原則は，業者の行為規制として，業者の勧誘する投資取引の範囲を制限することによって投資者の利益を保護しようとするルールであり，決して投資市場から顧客を隔離することによって投資者の利益を保護するために制定されたわけではない。適合性原則に関するこの理念は，いまでも米国では貫かれている。すなわち，適合性原則の意味は，個々の顧客の属性に応じ，業者が，適合性に関する具体的判断を行い，当該顧客に適合性の有する投資取引を勧誘することによって，投資者保護を実現するところにあり，それによって保護される顧客の範囲はすべての投資者に及ぶ。

　これに関して，一定の基準によって投資者を「投資不適格者」に類型化して投資市場から排除することをもって投資者保護を図ろうとする「排除論」は，実務上，一定の利便性を与えるものの，排除される「投資不適格者」については，民法上の行為能力者であるにもかかわらず，投資取引資格を認めないことから，私的自治との衝突が問題となり[14]，どのようにして「投資不適格者」を認定するかという運用上の問題も生じる。これらの問題を別としても，以下の2点において，「排除論」にはそもそも適合性原則の本来の意義を見出せない。第1に，「排除論」のもとで「投資不適格者」を割り出すために用いられる判断基準は，せいぜい資力状況と投資経験のような客観的要素に限られ，主観的要素である顧客の投資目的が考慮されていない。つまり，「排除論」に基づく場合は，実際に個々の顧客の属性が全部考慮されていない。特に顧客の投資リスクに対する負担意欲を表す投資目的は「排除論」で見落とされている。この

---

[14] 経済学の観点からの分析であるが，投資家に関する情報が不完全である場合，狭義の適合性原則の本旨は，当該投資機会のリスクを負担できない投資家を排除することによって，投資家自身の利益を保護しようとするものである反面，不完全情報のもとでは，当該投資機会に対して十分なリスク負担能力を持つ投資家をも排除する可能性がある。つまり，狭義の適合性原則は特定の投資家層について自由な金融取引を禁止してしまうおそれがあり，このため狭義の適合性原則はそのままでは法令化できないといわれている。深浦は，「広義適合性原則が法令化の指針となるのは，投資家がリスクの高い投資機会に暴露されることを回避すべきであるという介入型投資家保護規定の発想が強く反映されているためと考える」という興味深い分析を提示している（同・前掲注(12)10頁）。

第 2 節　適合性原則の現代的意義——米国法からの示唆を踏まえつつ

ような判断は，個々の顧客の具体的な属性を考慮するという適合性原則の核心から遠く離れる。第 2 に，「排除論」のもとで割り出される「投資不適格者」は，資力の乏しい顧客や高齢者などに限られ，それ以外の顧客が保護対象に入らない[15]。しかも，「排除論」によって保護される顧客は，「支援論」として適合性原則を捉える場合も，同じく保護される。というのは，いわゆる「投資不適格者」に対して行われた投資勧誘は，個々の顧客の属性に照らして具体的に判断すれば，そもそも当該顧客に適合性を有しないものであるため，「排除論」を持ち出さずとも，そのような投資勧誘は普通に適合性原則違反になるからである。つまり，「支援論」[16]として捉える適合性原則は，個々の顧客の属性に応じて適合性の有する投資取引の勧誘を要求しているため，一部の顧客のみならず，すべての投資者を保護範囲に入れられるのに対し，「排除論」として捉える適合性原則は，限定される顧客しか保護できず，投資者保護の範囲が極めて狭くなるのである。

　個々の顧客の属性を考慮する点と，具体的な顧客の需要に応じる投資取引の勧誘を要求する点は，投資者保護にかかわる他のルールには見られないことであり，この 2 点こそが適合性原則の一番の特徴であり，最大の意義でもある。このような適合性原則の意義と特徴を生かして，できるだけ多くの投資者の保護を図ろうとするなら，限定的に適合性原則を捉えることは決して望ましいことではあるまい。

　そもそも「適合性」は幅のある概念であり，それに対する理解が多義的になりがちであるが，さらに異なった基準で適合性原則を細分化して解釈するのは，

---

[15] 吉田克己は，「人」を市場から排除するという意味で狭義の適合性原則を捉える場合の正当化理由が「人格的利益」の保護にあるとしつつ，「まさにその人格的利益の見地から問題性をはらんでいるのである。……個人の差異に着目するこの評価は，法的象徴的作用を介して，差別に転嫁する危険をはらんでいる」と指摘し，「狭義の適合性原則は，むしろ次善の法理と捉えるべき」であるという（同・「市場秩序と民法・消費者」現代消費者法 1 号 75～76 頁（2009 年））。

[16] 最初に無能力者制度が「排除の論理」の上に成り立っていると指摘した河上正二は「『排除の論理』に『支援の論理』を組み合わせることによって，できる限り本人の意向を実現できるような形で制度を設計すること，……『通常人より能力が劣るのだから保護する』というより，具体的取引場面での顧客の商品選択能力・交渉能力・自己主張の貫徹能力を間接的に支援していくにはどうすればよいかという形で問題を立てていくことも，無能力者制度と並んで重要な課題である」と指摘した（同「無能力者制度の現状と問題点」金法 1352 号 12 頁（1993 年）。この指摘は無能力者制度に関して出されたものであるが，投資者保護における適合性原則をどう捉えるべきかの問題に対しても重要な示唆を与えている。

369

第9章　適合性原則と私法秩序——総括

適合性原則の作用を一層複雑なものにし，当該原則の本来の趣旨を見えにくくするおそれがある。ここで，個々の顧客の属性を考慮して，投資取引が当該顧客に適合するかどうかを具体的に判断するという適合性原則の意義について，今一度想起しながら，適合性原則を一本化し，本来の適合性原則の姿に戻して理解することが有意義であろうと思われる。つまり，個々の顧客の財産状態や投資経験，知識および投資目的を考慮して，当該顧客にとって適合性のある投資取引を勧誘することこそ，適合性原則の真の意味である。このような適合性原則は，当然，投資商品の情報を提供し顧客に理解させる説明義務の拡張でもなく，具体的投資方法について評価を下し，ひいては顧客本人の判断を左右するような助言義務とも性格を異にするものである。

9.2.1.4　適合性原則の射程範囲

適合性原則は，米国において制定された当初も日本に導入され明文化されたときも，一貫して業者の「勧誘行為」規制ルールとして位置づけられてきた。その際，実際の運用において，顧客が能動的に投資しようとする場合に，その投資取引が当該顧客に適合性を有しないことを判断した業者が，適合性原則に基づき当該顧客との取引を拒絶しなければならないか，つまり，適合性原則が業者の「勧誘行為」に限らず，業者の「販売行為」にまでその射程が及ぶかは1つの問題である。

米国では，適合性原則違反の行政責任認定においてSECが採用した「客観的適合性」の判断構造によれば，理論上，勧誘行為のみならず，販売行為も適合性原則の射程範囲に入りうるが，実際に，顧客からの能動的購入行為に関する適合性原則違反の審決は見当たらない。しかも，全米証券業協会NASDは適合性原則を規定してから，「勧誘」に関する解釈を拡大しつつあるものの，適合性原則があくまで「勧誘行為」に係る規制であるという立場を堅持している。また，裁判所が，適合性原則違反の民事責任を認定する際に反詐欺規定に基づく場合も信認義務違反に基づく場合も，同じく「投資勧誘行為」に限定している。学説上，適合性原則の射程範囲に関する議論は少なく，初期の学説では販売行為にも適合性原則が適用されるという主張があるが，当該見解はこの場合に業者が適合性原則に基づき販売を拒絶するのではなく顧客に警告を出すにとどまるとした[17]。すなわち，米国において，行政責任認定の場合において

---

[17] Rober H. Mundheim, *Professional Responsibilities of Broker-Dealer: The Suitability*

も民事責任認定の場合においても，適合性原則の射程は基本的に業者の「勧誘行為」にとどまり，顧客の能動的購入行為，いわゆる業者の「販売行為」にまでは及ばないと考えられているのである。

　これに対し，日本では，1999年の金融審議会において，適合性原則を業者ルールとしてのみならず，取引ルールにすることが可能かどうかについての議論が行われた。結論として，私的自治の観点から取引自体を禁止することが難しいため，顧客の能動的購入行為に対して，適合性原則の射程は及ぼさず，顧客に警告する方式のみを勧めた。2006年の金融商品取引法改正後，立法担当者は，狭義の適合性原則が「勧誘」にかかる行為規制であり，「勧誘」がない場合には適用されないと明言し，能動的顧客に対しては適合性の確認ができない場合に取引を拒むことができるものとした[18]。また，適合性原則違反の民事責任を扱う裁判例はほとんど業者の「投資勧誘行為」に関するものであり，正面から顧客の能動的購入行為に対して適合性原則が及ぶかどうかの問題を取り扱っていない。学説上は，投資勧誘の場面における適合性原則を論ずるものが圧倒的に多く，適合性原則の射程範囲に関する少ない議論の中で，販売行為に対する適用を全面的に否定する見解[19]と，資力の乏しい顧客に関してのみ販売行為まで適用するが，その他の場合には不適格性を説明するにとどまる見解[20]に分かれている。

　適合性原則の本来的内容は，業者が自ら働きかけて，常にリスクを伴う投資取引を顧客に勧めたとき，顧客の属性を考慮して当該顧客に適合性を有する商品を勧誘することを内容とするルールであり，その性質からすれば，同原則の射程は業者の勧誘行為にしか及ばないとの理解が素直であろう。適合性原則が勧誘行為にかかるルールであるとすれば，業者に対しては，適合性を有しない投資取引を顧客に「勧誘しない」ことしか要求できない。これに対し，販売行

Doctrine, 1965 Duke L. J. 445, at 448 (1965).
[18] 松尾直彦＝澤飯敦＝堀弘＝酒井敦史＝太田昌男「金融商品取引法の行為規制(下)」松尾直彦編著『金融商品取引法・関係政府令の解説』「別冊商事法務318号」（商事法務，2008年）212頁（注4，注5）。
[19] 山田誠一「金融商品の販売・勧誘に関する規律についての考え方」1999年7月6日金融審議会「中間整理（第1次）」意見発表資料125頁。
[20] 潮見佳男『契約法理の現代化』（有斐閣，2004年）122頁，また，潮見説に立ちながら，取引からの排除は利用者に対する過剰な保護となるという慎重論も見られる（木下正俊「金融商品の販売・勧誘ルールとしての説明義務と適合性原則について」広島法科大学院論集5号29頁（2009年）。

為まで適合性原則の射程が及ぶとすれば，顧客が自発的に投資しようとして，能動的に購入してくるときも，業者は，顧客の希望する投資取引が当該顧客に適合しないと判断すれば，直ちに販売を拒否しなければならないことを意味する。「勧誘しない」とするルールは，業者自身の行動に向かって勧誘行為をやめさせる効果しか持たず，相手方たる顧客の権利・自由に対しては一切影響を与えるものではない。しかし，「販売しない」とするルールは，業者自身の販売行為を規制するだけでなく，同時に顧客との取引をも禁止することになり，結果として，相手方である顧客の選択の自由・取引の権利を奪うことになる。つまり，適合性原則の射程が販売行為まで及ぶとした場合には，その効果は，業者自身の行為に対する規制にとどまらず，顧客の行動の自由にも影響を与えることになる。

　また，適合性原則の射程範囲を販売行為まで及ぼす場合の最大の問題は，顧客の自己決定権との調整である。適合性原則の射程が勧誘行為にとどまる場合，業者は，適合性を有する投資取引を顧客に勧誘する義務を負うが，顧客もまた，投資取引の適合性に関して自ら判断する責任を負うことになる[21]。この場合，適合性原則の適用領域においても顧客の自己決定原則が依然として機能しており，適合性原則は，この自己決定原則の前提を確保する役割を担うことになる[22]。しかし，適合性原則の射程が販売行為までに及ぶとする場合には，顧客との取引自体を禁止することによって，自己決定原則と衝突する。私法上，ある権利主体の自己決定を制限し又は否定することができるのは，制限行為能力制度や意思無能力制度によるのが原則である。投資取引市場において，一定顧客が投資取引資格を有しないことが予め法定されない限り，適合性原則によって一定顧客の取引に関する自己決定を奪うことには慎重でなければなるまい。

　さらに，適合性原則の射程が販売行為に及ぶ場合のもう1つの問題は，モラルハザードを生じる危険である。適合性原則が販売行為までに及ぶとすると，顧客はリスクテイクせずに投資取引を行うことが可能となり，利益が生じたときはその利益を享受し，一旦損失が出たら損害賠償訴訟を提起して業者に損失を転嫁することができる。このような顧客の投資行動は投資市場に対してマイ

---

[21] 川地宏行「投資勧誘における適合性原則(二)・完」三重大学法経論叢18巻2号35頁（2001年）。

[22] 神崎克郎「自己責任原則と投資者保護のバランス」日本証券経済研究所『証券取引における自己責任と投資者保護』（日本証券経済研究所，1996年）10～11頁，川地・前掲注(21)35～36頁）。

第2節　適合性原則の現代的意義——米国法からの示唆を踏まえつつ

ナスの影響しか与えないであろう。

このように，適合性原則の射程が販売行為に及ぶことによって，一部の顧客の取引に関する自己決定が奪われ，他方で，一部の顧客がモラルハザード問題を起こしかねない。したがって，業者の勧誘行為に関する規制の域を超えて，適合性原則に，顧客の取引上の権利や選択の自由まで制限するという効力を付与することには慎重でなければなるまい。私法上の関連制度が完備されていない現状では，適合性原則の射程を業者の販売行為にまで及ぼすのは時期尚早ではあるまいか。だからといって，能動的顧客に対して，業者が適合性の判断を放棄してよいことにはならず，適合性に関する判断を顧客に提示し，適合性を有しないことを「警告する義務」が依然として存在することは言うまでもない。

9.2.1.5　適合性の判断基準

次に，実際に，いかにして適合性の有無を判断すべきかの問題を考えよう。日本での適合性原則に関する諸見解は，適合性原則の適用場面の特質を強調する一方，何をもって適合性の有無を判断するかという現実的問題を正面から論ずるものは少ない[23]。多くは，抽象的に，適合性の判断要素として「顧客の属性（財産状態・投資目的・投資経験・知識など）と投資取引のリスク性を相関的に考慮する」というにとどまる。

「顧客の投資目的，財産状態，投資経験，知識などを考慮すること」は，そこから，当該顧客のリスク許容範囲を見出すことを意味する。また，「投資取引のリスク性と相関的に考慮すること」は，顧客の属性から見いだされた当該顧客のリスク許容範囲を投資取引のリスク性と比較して，当該投資取引のリスクが当該顧客のリスク許容範囲内であるかどうかを判断することを意味している。こうして，勧誘された投資取引は，そのリスクが顧客のリスク許容範囲内にある場合には適合性を有し，顧客のリスク許容範囲を超えた場合には不適合となる。つまり，「投資取引のリスク性が当該顧客のリスク許容範囲を超えているかどうか」を基準に，適合性の有無が判断されているわけである。したがって，適合性原則にいう「適合性」は，幅のある概念であり，決して「当該

---

[23]　少数であるが，適合性の判断基準に触れる文献は存在する。たとえば，川浜昇は論文の中で，「投資勧誘が適合であるというのは，当該投資のリスクが被勧誘者にとって能力の点でも，財政状態の点でも耐えうるものであるとともに，その投資意向とも一致しなければならない」という（同「ワラント勧誘における証券会社の説明義務」民商113巻4＝5号645頁「1996年」）。

顧客にとっての最適な投資取引」のことを指しているのではないというべきであろう。

　注意すべきは，顧客のリスク許容範囲が，客観的な顧客の「リスクに耐えうる資力」のことだけを指すのでなく，主観的な顧客の「リスクを負担する意欲」をも含むという点である。投資取引は，あくまで当該顧客のための投資であるから，投資リスクは当該顧客の資力面での負担可能な範囲内でなければならないが，どの程度のリスクを負担するつもりかという顧客の主観的投資意図にも合致するものでなければならない。顧客の「財産状態」からは顧客の資力面でのリスク負担能力を判断し，顧客の「投資目的」や「投資経験・知識」などからは顧客の意欲面でのリスク負担範囲を判断する。それゆえ，勧誘された投資取引が当該顧客に適合性を有するかどうかを判断する場合は，顧客の財産状態のみならず，投資目的や投資経験・知識も考慮する必要があるわけである。

9.2.2　適合性原則違反の民事責任に関する判断構造

　適合性原則違反の民事責任の認定において，米国での反詐欺規定に基づく場合の判断は，日本と同じく不法行為責任構成を取っているが，行政責任と民事責任の判断構造を異にし，それぞれ明確な構成要件の下で判断されている。これに対し，第1章でも明らかにしたように，日本法での判断には多くの問題が潜んでいる。以下では，米国法についての知見を背景に，現段階で，日本の司法が適合性原則違反に対して不法行為責任の成否を判断する際に，取るべき判断構造について検討したい。また，併せて，投資勧誘における業者の民事責任を追及する場面における適合性原則と説明義務との関係についても考察を加えよう。

9.2.2.1　適合性原則違反の民事責任の判断構造
9.2.2.1.1　適合性原則の業法における役割と私法における役割との分別

　平成17年最高裁判決を含め，日本の裁判例は，適合性原則違反による民事責任の判断にあたって，まず，適合性原則を「業法上および自主規制上の規定」として性格付けたうえで，「適合性原則違反」の有無について，業法上の規定に依拠して客観的な判断を行い，次いで，「適合性原則違反による民事責任」の成否については，業法上の適合性原則に違反したことをもって直ちに私法上の責任を認めるのではなく，私法上の規定（ここで不法行為法）を根拠に判断するという2段階の判断構造を示している。さらに不法行為責任の成否の判断

に際しては,「適合性原則から著しく逸脱した」または「明らかに過大な危険をもたらす」ことなどを基準にしている。ところが,業法上の「適合性原則違反」それ自体の判断と,私法上の「適合性原則から著しい逸脱」という判断における判断基準の違いが必ずしも明らかでないという問題があった。これは,適合性原則の業法上の役割と私法上の役割が意識的に区別されていないことに関係しているように思われる。

　米国では,適合性原則違反に対して,自主規制規定に基づき行政上の責任認定が活発に行われ,適合性原則違反の行政責任に関する判断構造が確定される一方,民事責任の認定において,裁判所は,制定法上の反詐欺規定に基づき,明白な要件の下で私法上の判断構造を形成している。それぞれの場合に問題とされる適合性原則の役割は明らかに異なる。これに対し,日本では,適合性原則に関する制定法上の規定はあるが,適合性原則違反に対して,行政責任の認定はほとんど行われず,民事責任の認定が中心とならざるをえない。そこでは,業法上および私法上果たされるべき適合性原則の役割の違いが必ずしも充分意識されないままになっているように思われる。

　適合性原則を利用して投資市場で投資者を保護するには,司法的規制だけでは足りず,行政上の適切な運用が必要不可欠である。行政監督機関が積極的に適合性原則を利用し,業者の勧誘行為を規制することを要請することは,本書の主たる目的ではないが,適合性原則違反の民事責任を認定する場合と,行政責任を認定する場合との判断構造が異なりうることを意識したうえで,民事責任の判断基準を明らかにすることは,今後の行政監督機関による適合性原則の適切な運用にとっても有益であろう。

　適合性原則違反の行政責任を判断する場合の着眼点は,その違反行為が投資市場の公正や公共利益に害を与えるかどうかという点であり,適合性原則違反の民事責任を判断する場合の着眼点は,その違反行為が具体的な顧客の如何なる保護法益を害したかという点である。前者が具体的な取引当事者間の権利義務関係や利益調整を直接には問題としないのに対し,後者では,取引当事者間の権利義務関係の認定や利益調整そのものが対象となる。それゆえに,勧誘した投資取引が顧客にとって適合性を有しないことを,業者が知っていたかどうか,または顧客自身が認識していたかどうかという当事者たちの主観的態様は,行政責任判断の中で考慮される余地が乏しく,「客観的適合性原則違反」という結果不法の判断構造を採用しうるのに対し,民事責任判断の中では,むしろ当事者の主観的態様が積極的に取り込まれるべきことになり,結果不法という

判断構造に馴染まないのである。このように，運用面における適合性原則の役割の違いに応じ，行政責任の判断構造と，民事責任の判断構造が異なり，それぞれの判断基準も異なるべきであろう。逆に言えば，適合性原則違反の民事責任を判断する場合に，行政責任の判断構造をそのまま取り込むべき必然性はないように思われる。

　また，行政責任の認定に際して用いられる「客観的適合性原則違反」の判断構造は，顧客の主観的認識とは無関係に一方的に業者に適合性の判断責任を課すものであり，証券業者の行為を規制する場面においては有用であるが，民事責任の認定場面では，一定の問題を孕むことになる。すなわち，業者の勧誘行為自体の規制を目的とする行政責任の認定において，具体的に顧客の利益に影響を与えることがないため，顧客の主観的認識を考慮しないことは，個々の顧客の投資主体としての自主性に害を及ぼすものではない。これに対し，具体的な投資取引をめぐって当事者間の権利義務関係や利益の調整を判断する民事責任の認定において，顧客の主観的認識を考慮しないことは，業者に重い責任を負わせるおそれがあるのみならず，投資主体たる顧客の取引自主性をも無視することにもなりかねない。つまり，「客観的適合性原則違反」の判断構造を民事責任の認定に適用すると，ある投資取引に対し，たとえ顧客自身が「自己に適合性を有する」と考えていても，あるいは顧客が自ら進んで投資しようとしても，客観的不適合と判断されれば，業者はこのような顧客からの取引を拒絶しなければ民事責任を負うことになり，結果として，この顧客が当該投資取引をすること自体が許されないことを意味する。これによって，近時日本で提唱された「排除の論理としての適合性原則」と同じ効果を生じ，いわば取引市場から顧客を排除することになるのである。

　確かに，適合性原則は，業者に対して投資者に適合性を有する投資取引の勧誘を要求することによって投資者を保護しようとするものであるが，投資者の取引自主性を否定する趣旨まで含むものではない。「客観的適合性原則違反」の判断構造の下で民事責任の判断が行われると，一見して投資者を保護しているようではあるが，同時に，実質上顧客から取引自由をも奪ってしまうことになり，投資主体たる顧客の自主性を否定するのみならず，私的自治の原理に抵触する恐れがある。私法上，個人の選択自由を否定するほどに強力な効果を適合性原則に付与することは，逆に同原則の適用に対して警戒感をひきおこすおそれがある。適合性原則に私法上一定の法的地位を付与する場合，私的自治を凌駕する法的効力を持たせることには，慎重を要しよう。こうした効果の付与

は，立法論または政策論として不可能ではないが，解釈論としては飛躍があると言うべきであろう。

以上のように，適合性原則を私法上の行為義務とするのではなく，あくまで業法上の規定として位置付け，それを前提に適合性原則違反の民事責任を認定する裁判例の判断枠組みにおいて，適合性原則の業法上の役割と私法上の役割の違いを明確に区別し，そのうえで，私法上の責任の認定要件を形成することが，今後の民事責任の判断基準を見通しのよいものにする上で重要であるように思われる。

9.2.2.1.2　当事者の主観的要件の明示

米国では，制定法上の反詐欺規定に基づき不法行為責任として適合性原則違反の民事責任を認定する際，裁判所は適合性原則違反それ自体の認定とは別に，投資勧誘が適合性を有しないことについての業者の主観的要件および顧客の主観的認識を要件の中に取り入れている。他方，同じように不法行為責任構成を取っている日本の裁判例の殆どは，不法行為責任の成立要件を「違法性」の存否にかからしめたうえで，過失相殺をもって損害賠償額を縮減するという判断構造を取っている。

日本の裁判例によって採用されている「違法性」の要件には，評価的側面があるため，弾力的に不法行為の成否を判断できるところに意義がある。違法性判断に関する従来の相関関係理論によると，適合性原則自体が「取締規定」であるため，それに違反する行為は取締規定違反行為になり，加害行為としての悪性が比較的明らかである。適合性原則により保護しようとするのは，自らのリスク許容範囲を超えるリスクを負わされないという個々の顧客の財産権上の利益であり，このような適合性原則に違反する行為（加害行為）の悪性と顧客（被害者）の保護法益とを比較考慮して，適合性原則に違反した行為に違法性ありと判断すべきかと思われるが，実際の判断において，最高裁を含め，裁判例の多数は，「適合性原則からの著しい逸脱」を基準にして適合性原則違反の違法性の有無を判断している。この「適合性原則からの著しい逸脱」という判断の中に業者の主観的態様への配慮がどの程度含まれているかは不明であり，「適合性原則からの著しい逸脱」が適合性原則違反そのものを意味しているのか，それとも適合性原則違反の「程度の大小」を指しているかについても解釈上の争いがある。

「著しく逸脱」という文言を「単なる取締法規の違反と不法行為上の違法と

377

の二元的理解を踏まえたレトリックという意味合い」[24]と理解する場合には，適合性原則違反をもって違法とするか，「適合性原則から著しく逸脱した」ことをもって違法とするかで，結論的には差異を生じない[25]。かかる理解によれば，「著しく逸脱している」ということには，実質的な意味がなく，結果として適合性原則違反をもって直ちに不法行為法上の違法性が成立することになるが，これは取締法規違反それ自体が直ちに私法上違法とはならないという前提と矛盾する。これに対し，「著しく逸脱している」状態が少なくとも適合性原則違反そのものではなく，適合性原則違反の「程度の大小」[26]を指していると理解する場合は，適合性原則違反の私法上の違法性に関する判断は，適合性原則違反それ自体の判断と同様に，顧客にとって投資取引の不適合の程度に依拠する結果となる。しかし，こうして，適合性原則違反の程度に差をつけて，適合性原則違反の違法性を判断することは，不法行為の成立要件として明瞭さを欠くだけではなく，行政責任認定の判断構造を私法上違法の判断構造の中に取り入れ，両者の内容を混乱させる危険もある。

　取締規定として適合性原則を位置付けた上で，それに違反したからといって直ちに私法上の責任が生じるわけではなく，私法上の要件のもとで民事責任を認定するという判例の判断枠組みからみると，少なくとも「適合性原則から著しい逸脱」とは，業法上の適合性原則違反そのものを指してはいないと考えられる。そうだとすれば，業法上の適合性原則違反それ自体の判断のほか，私法上の違法性をもたらす要件を明示することが必要であろう。

　ここでは，適合性原則違反に関する業者の主観的要素を，正面から評価して，不法行為責任の認定要件の1つとして取り上げることが有益であろう。適合性原則違反の民事責任を判断するにあたって，業法上の規定内容に従い適合性原則違反の有無の認定を行う以上，取締規定違反としての「適合性原則違反」と私法上の「適合性原則違反」との判断基準に差を設けること不可能である。あえて「適合性原則から著しい逸脱」という「不適合の程度の差」を基準に適合性原則違反による不法行為責任を判断するより，自ら行った投資勧誘が顧客にとって適合性を有しないことを業者側は知りまたは知るべきであったという主観的要素を要件に加えて判断することで，判断基準の不明瞭さのみならず，違法性に関する恣意的判断も回避されうるのではあるまいか。また，業者は，い

---

[24] 宮坂昌利・法曹時報60巻1号232頁（平成17年最高裁判例解説）。
[25] 黒沼悦郎・ジュリスト1313号120頁（平成17年最高裁判例評釈）。
[26] 潮見佳男・私法リマークス33号68頁（平成17年最高裁判例評釈）。

第2節　適合性原則の現代的意義——米国法からの示唆を踏まえつつ

くら投資の専門家とはいえ，常にリスクが潜んでいる投資取引において，顧客に対して投資を成功させるという結果保証責任を負うわけではない。他の要件を問わず，「客観的適合性」の判断のみをもって，業者に結果不法として民事責任を負わせるのは行き過ぎであり，過失責任という私法上の大原則にも反しよう。現に，日本の裁判例によって行われている「違法性」の判断の中でも，多かれ少なかれ業者の主観的要素に対する評価が取り入れられている。「違法性」に雑多な要素を取り込むより，業者の主観的要素を取り出して要件化することは，適合性原則違反の民事責任の判断構造を明確なものにする上で有意義であるように思われる。

9.2.2.1.3　過失相殺における当事者の信頼関係の考慮

　日本の裁判例は，適合性原則違反のみならず，説明義務違反に関する不法行為責任を認定する場合にも，因果関係を厳密に認定していない[27]。そこでは，容易に因果関係を認める代わりに，顧客の認識や理解などの主観的要素を理由として，広く過失相殺を施す傾向がある[28]。適合性原則違反の民事責任を認めた肯定裁判例においても，過失相殺が多く行われている現状からみると，実際には，日本の裁判所も，投資取引により生じた損害について，その負担を全部業者側に負わせるのではなく，顧客側にも分担を求めている。すなわち，裁判所は，私法秩序において，適合性原則があるからといって，投資取引の適合性に関する判断責任を全部業者に課すのではなく，取引当事者である顧客にも適合性に関する判断責任があるとしているようである。この点は，適合性原則違反に関する米国の司法判断とも共通している。しかし，過失相殺における考慮要素と適合性原則違反における考慮要素を総合的に見ると，重大な評価矛盾を含む可能性がある。すなわち，適合性原則違反の認定段階において，一度，顧客の属性に基づき投資の適合性に関する判断責任を当該顧客にはないとして適合性原則違反による民事責任の成立を認めたにもかかわらず，過失相殺の段階において，もう一度，顧客には投資リスクに関する一定の認識や理解があることを理由に，適合性に関する判断責任を顧客も分担すべしと判断しているから

---

[27] 小粥太郎「説明義務違反による不法行為と民法理論(下)」ジュリスト1088号93～94頁（1996年）。
[28] 投資取引訴訟に限らず，不法行為の領域において，一般的に日本の裁判所が過失相殺を拡張してきていることについては，特に，瀬川信久「不法行為における過失相殺の拡張」法学教室145号83頁（1992年）参照。

379

である。このような評価矛盾が存在するために，適合性原則違反の事案で行われた過失相殺に対しても，批判が生じたのである[29]。

　過失相殺は，柔軟な利益調整ができる点で，日本での不法行為責任構成のメリットとも考えられるが，適合性原則違反の民事責任を認定する場面では，そもそも過失相殺を施すべきかどうかの問題があり[30]，たとえ過失相殺が可能としても，その際の考慮要素と適合性原則違反の考慮要素との整合性を失うと，評価矛盾を生じる危険がある。日本の裁判例において生じた過失相殺に関する評価矛盾は，適合性原則違反の私法上の効果を認定するにあたって，取引当事者である顧客の主観的要素，すなわち投資取引の適合性に対する顧客の認識や判断をどのように評価するかが不明であることと深く関係していると考えられる。つまり，適合性原則違反の有無について，裁判所は，ほぼ顧客の主観的要素と無関係に「客観的適合性」の判断を行う一方，損害賠償の範囲の認定に際しては，顧客の主観的要素を理由に過失相殺によって顧客に損害の分担を負わせるため，適合性原則違反の民事責任に関する判断構造の中で，投資の適合性に関する顧客の認識や判断といった主観的要素について，一体どのような法的評価を下したかに混乱を生じているわけである。

　これに関して，投資取引の損害については業者だけでなく顧客にも責任があるという判断スタンスをもつ米国では，要件上，「投資者の信頼の正当性」あるいは「ブローカーによる口座の支配」をもって業者の勧誘と顧客の損害の間に因果関係の有無を判断しているが，実際の判断において，裁判所は「比較過失」法理に基づき，顧客の過失が業者のそれと同等以上のものであれば，損害との因果関係がこれによって遮断されるという実質的認定を行っている。すなわち，投資取引訴訟において，顧客の過失に関する具体的な判断に違いがあるものの，「顧客の過失」それ自体を問う点で，米国の裁判例は日本の裁判例と共通しているといえる。ただ，顧客の過失を判断する際に，米国の裁判例は，業者と顧客の間の信頼関係の有無を重要な考慮要素としている。つまり，当事

---

[29] 三木俊博＝櫛田寛一＝田端聡「証券投資勧誘と民事的違法性——外貨建ワラント取引を巡って」判タ875号33頁（1995年），川地・前掲注(21)38頁，村本武志「消費者取引における適合性原則〜投資取引を素材として」姫路法学43号65頁（2005年）などある。

[30] 取引的不法行為について，基本的に過失相殺を容認する橋本佳幸の見解（同「取引的不法行為における過失相殺」ジュリスト1094号147頁以下（1996年））に対し，窪田充見は否定的な見解を示している（同『不法行為法』（有斐閣，2008年）387頁，同・「取引関係における過失相殺」岡法40巻3＝4号810頁以下（1991年）。

第2節　適合性原則の現代的意義——米国法からの示唆を踏まえつつ

者間に信頼関係がある場合，顧客に過失があっても業者のそれと同等以上のものとは認定されず，結果として顧客の損害を業者は負担することになる。

　米国法上の「比較過失」法理が，日本法上の過失相殺制度と同一のものではないことは言うまでもない。日本では，過失相殺によって加害行為の違法性を縮減し，損害を割合的に限定する機能を持ち[31]，損害賠償を0か100かにするような判断は行われない。これに対し，米国の「純粋型比較過失」では日本法の過失相殺と同じ機能を有するが，裁判所によって採用されている「修正型比較過失」は，原告の過失が被告のそれより大きい場合（51％超），あるいは同等以上の場合（50％）は，損害の全部を原告自身が負担することになる[32]。つまり，「修正型比較過失」の場合は，原告の過失が被告より小さければ，損害を全部被告が負担することになり，逆であれば，損害を全部原告が甘受することになるという0か100かの損害賠償判断が行われる。このように，原告の過失に基づく損害賠償の範囲の認定について，米国の判断方法は日本のそれと異なる[33]が，証券取引における「原告の過失」の程度を具体的に判断するにあたって，米国の裁判例が業者と顧客との信頼関係を重要な考慮要素とする点は，日本法における判断にとっても参考に値しよう。

　窪田充見が指摘するように，日本の不法行為法上の過失相殺において判断すべきものは，加害者とは無関係に，「被害者に『過失』があったか」ということではなく，「当該加害者から当該被害者への損害負担の主張を正当化するものとしての『被害者の過失』が認められるのか」ということであろう[34]。適合性原則違反の場合にひきなおすと，「何をもって適合性の有しない投資により生じた損害の一部を，顧客に負担させることを正当化できるか」が問題となる。単なる投資のリスクに関する顧客の認識や理解は，顧客に損害を分担させることを正当化しがたい。なぜなら，業者が自らの投資勧誘が当該顧客に適合性を有するかどうかを判断する場合には，既に，顧客の投資リスクに関する認識状況を知っていたあるいは知るべきであったかが問題とされているからである。

---

[31]　橋本佳幸「過失相殺法理の構造と射程——責任無能力者の「過失」と素因の斟酌をめぐって——（一），（二），（三），（四）」法学論叢137巻2号17頁，4号1頁，5号1頁，6号1頁以下（1995年）参照。

[32]　樋口範雄『アメリカ不法行為法』（弘文堂，2009年）228頁。

[33]　樋口は，過失相殺における日米の差異は，実際に過失責任主義に対する両国の捉え方の違いに由来するものであると指摘している（同・前掲注(32)232〜236頁，同「過失相殺の日米比較の試み」私法50号110頁（1988年）参照）。

[34]　窪田充見『過失相殺の法理』200頁（有斐閣，1994年）。

そこで，投資リスクに関する顧客の認識や判断という要素ではなく，業者と顧客との間にある信頼関係の有無を考慮要素として過失相殺を判断することが，正当化の根拠となるのではないかと考えられる。つまり，私法秩序において，適合性原則をもって，すべての場合に，顧客が投資取引について一切自ら判断せず，業者に任せた結果，利益が出ればそれを享受し，損失が生じたら業者に負担させるということが認められないとすれば，問題となるのは，顧客の投資リスクに対する認識状態ではなく，「顧客がいかなる場合であれば自らの判断を放棄しても責任を追及されないか」ということになる。私法上，独立の取引主体として，取引において自らの判断を放棄しても許されるのは，取引の相手方を正当に信頼した場合に限られよう。すなわち，顧客が業者との正当な信頼関係に基づき投資取引の適合性に関する判断を業者に任せたことには過失があるといえず，過失相殺がされないだけでなく，投資取引に関する自らの判断を放棄しても，その責任が問われないことになる。

近時，投資取引において，金融業者と顧客との間に存在する信頼関係がしばしば指摘されている。金融業者が単なる顧客の買い注文または売り注文を受け付ける場合を除き，実際のところ，投資取引をめぐる金融業者と顧客の関係が，「点」の関係ではなく，「線」の関係にある。つまり，金融業者がいきなり顧客に投資商品を勧誘することは稀であり，何らかの事前の接触を前提にして勧誘に至る場合が多い。たとえば，以前から当該証券会社と取引をしていたとか，証券会社の担当者と私的交流を有していたなど，先行関係が既に存在しており，その延長線上に証券会社の勧誘を受けるのである。紛争が生じたとき，問題とされるのは特定の投資勧誘であるが，問題の公平な解決のためには，その特定の投資勧誘の背景にある両当事者間の連続的関係が無視されるべきでない[35]。しかも，日本では，投資運用に馴染んでいない一般の投資者は，投資の専門知識が豊富な金融業者に依存し，その判断を信頼しがちである。他方，市場機構の担い手として独占的地位を有する金融業者は，自らの専門家たる立場を利用して顧客の信頼を呼び寄せている。このような日本の投資市場の現状からすれば，適合性原則違反の民事責任を認定するに際し，正面から金融業者と顧客との信頼関係を判断要素として取り上げて論ずることが有益であろう。

---

[35] 既に 1980 年代から，契約準備段階の責任との関係で，当事者間の先行関係に注目すべきことを指摘するものに，河上正二「『契約の成立』をめぐって(1)（2・完）」判夕 655 号 11 頁，657 号 14 頁（1988 年）がある。

9.2.2.1.4　信認関係論導入の是非

　近年，日本において，金融業者と顧客の「信認関係」[36]あるいは金融業者の「受託者責任」[37]の提唱が見られる。

　確かに，米国では，適合性原則違反に対し，連邦証券諸法上の反詐欺規定に基づき民事責任を判断するほか，州法上の信認義務違反をも1つの法的根拠として業者の民事責任を認定している。しかし，既に紹介したように，代理関係を信認関係の1つとして扱う米国でも，証券取引における業者と顧客の関係が一般的に代理関係として認識されながら，単に業者と顧客という関係だけからは直ちに両者の間に信認関係があるとは認定されていない。実際，裁判例の多くは，業者と顧客との具体的な取引関係の実態を考慮して，両者の間に信認関係があるかどうかの実質的判断を行っている。つまり，信認関係の存否を重視する米国においても，証券取引における業者と顧客の関係を常に信認関係とはせず，一定の要件のもとで，具体的な判断を必要としている。しかも，米国で信認関係の有無を判断する際に考慮された要素は，反詐欺規定に基づく場合に両当事者間に信頼関係の有無を判断するときの考慮要素と共通している[38]。すなわち，証券取引の領域に限っていえば，信認関係によって証券業者と顧客の権利義務関係を調整することと，制定法上の規定によって調整することとの間には，大きな差が見当たらない。

　英米法上の信認関係は，通常の契約関係と対立する法的概念として一般的に理解されているものであり，これを大陸法系に属する日本法において問題とするにあたっては，現有の日本の法制度との整合性を慎重に検討しなければならない。特に，証券取引の領域においては，一般的に信認関係を重視する米国においてさえ，業者と顧客の関係が信認関係であるかどうかについて慎重な判断が行われている点を見ても，日本において，たとえ信認関係の認定を導入するとしても金融業者と顧客という関係をもって直ちに両者の間に信認関係が生じるという認定は安易に過ぎよう。また，米国において信認関係を認定する際の

---

[36]　潮見・前掲注(20)130～133頁。
[37]　神田秀樹「投資サービス法における基本概念──『投資商品』『投資サービス業』『受託者責任』──」資本市場研究会編『投資サービス法への構想』（財経詳報社，2005年）20～26頁。
[38]　米国では，証券取引について，信認義務違反に基づき適合性原則違反の民事責任を判断するとき，「実質的に責任の根拠となるのは当事者間の信頼関係である」という指摘もある（川地宏行「投資勧誘における適合性原則㈠」三重大学法経論叢17巻2号20頁（2000年））。

判断要素が制定法上の判断と共通性を有することを考えると，そもそも金融業者と顧客との関係を契約関係として捉える日本では，現在の民法理論によっても，証券取引における業者と顧客の権利義務関係に十分対応させることができると考えられる。というのは，適合性原則違反の場合に問題となる信認義務は，利益相反行為を排除する忠実義務ではなく，相手方の利益を図る注意義務のことを指しているからである。このような注意義務は，日本法における契約法理から導くことも十分に可能である。このように，証券取引において，信認関係をマジックワードとすることによって新しい問題の解決方法を導けるわけではなく，信認関係論の導入の必要性は乏しいように思われる。

　以上の検討から，適合性原則違反の民事責任の認定については，業者と顧客の関係を信認関係として認定するまでもなく，適合性原則の業法上の役割と私法上の役割を明確に区別したうえで，適合性を有しない投資勧誘に関する業者の主観的要件を明示し，業者と顧客との信頼関係の有無を重要な考慮要素として取り入れることによって，不法行為に基づく適合性原則違反の民事責任の判断構造に一定の明確性をもたらすことが期待できるように思われる。

9.2.3　適合性原則と説明義務との関係

　既に見たように，適合性原則を扱う日本の裁判例においては，適合性原則を説明義務の中に取り入れて判断したり，適合性原則を独立の争点として判断しても，「説明義務違反」と並列に論じたりする裁判例が極めて多く，業者の民事責任を認定するにあたって，両者の役割およびその関係は必ずしも明確でない。特に問題となるのは，適合性原則違反による不法行為の成立と説明義務違反による不法行為の成立を同時に認め，最終的に過失相殺をもって損害賠償の範囲を調整する裁判例において，問われる顧客の過失がどちらに対するものであるかが不明なところである。裁判例だけでなく，適合性原則を紹介する文献においても，説明義務との関連性を比較しながら行うものが多いが，両者の関係についての理解は一致しない。また，1999年の金融審議会第1部会により公表された「中間整理（第1次）」の中で「広義の適合性原則は説明義務の拡大である」という説明（2006年の金融商品取引法改正に関する立法担当者の解説によってこの説明が引き継がれたこと，および改正金融商品販売法の中で「説明義務の履行の解釈基準」として適合性原則の考慮要素を取り入れたという事実は，適合性原則と説明義務との関係を一層不明瞭なものにしている。

第2節 適合性原則の現代的意義——米国法からの示唆を踏まえつつ

　これに関して，米国の証券取引については，日本法で論じられている「説明義務」がそもそも存在せず，情報の表示または開示の形で問題とされている。適合性原則違反の民事責任を認定するにあたって，証券所法上の「不実表示または不開示」に関する規定が利用され，しかも投資の特性や投資リスクを考慮する点で，両者の間に一定の関連性が見られるのは確かであるが，裁判所は，独立の要件のもとで，適合性原則違反の認定を「不実表示または不開示」の認定と区別して，決して適合性原則を「不実表示または不開示」の中に取り込んで判断することはせず，しかも，同一の事案において，同時に両者を認定することはない。また，学説上，適合性原則と「不実表示または不開示」との関係を取り出して問題として論ずるものも見当たらない。すなわち，米国においては，適合性原則と「不実表示または不開示」とは，一定の関連性を有するものの，それぞれの役割を区別され，法的根拠として独立に取り扱われているといえよう。

　日本では，適合性原則違反を認定する場合に，裁判例の多数がこれと併せて，説明義務違反等の他の義務違反の認定を行っていることは，顧客が証券会社側の義務違反を数多く主張することと関係しそうである[39]が，一番の原因は，やはり適合性原則と説明義務のそれぞれの役割が明確に区別されていないところにあるように思われる。

　適合性原則と説明義務は，同じく投資勧誘の過程における金融業者に課した行為規制ではあるが，証券会社の一方的行為態様を重視する「断定的判断の提供」や「不実表示」などと異なり，金融商品の性質や顧客の属性に着目して証券会社の勧誘行為の当否を判断するものである。この点は，他の行為規制との差であると同時に，両者の関係を複雑にする主要な原因でもある。確かに，「説明を尽くしたかどうかの判断」と「投資勧誘が適合性を有するかどうかの判断」は，ともに，金融商品の性質と顧客の属性に基づいて判断すべき側面を有するため，両者の境界線が不明瞭となるのも無理のないことである。

　適合性原則と説明義務との関係をどのように考えるかは，説明義務をいかに理解するかとも関係する。適合性原則ほどではないにしても，説明義務に関する理解[40]は必ずしも一致しない。少なくとも投資取引を扱う裁判例では，説明

39　堀部亮一「証券取引における適合性原則について」判タ1232号38頁（2007年）。また，堀部は，適合性原則違反につき明確な基準が確立していなかったことも原因の1つであると指摘している。

40　説明義務あるいは情報提供義務に関する文献は，枚挙にいとまがない。最近，様々な

義務が「投資取引に関する必要な情報を顧客に提供し，当該投資取引の性質を顧客に理解させること」を要求するルールとして捉えられている。このような内容を有する説明義務は，「顧客に適合する投資取引を勧誘すること」を要求する適合性原則とは，その制度趣旨を異にするものであり，民事責任を考える上で，それぞれの果たすべき役割が異なることについては，あらためて再確認する必要があろう。

　説明義務の根拠が，「単純に，投資家保護のため，あるいは，投資家の証券会社に対する信頼保護のために課されているのではなく，投資家が適切な情報に基づいて意思決定をするために課されている」[41]点にあるのに対し，適合性原則はまさに投資者の金融業者に対する信頼を基礎にするものである。したがって，説明義務によれば，金融業者は顧客が投資するかどうかを決定するのに必要かつ十分な情報を適切に提供しなければならず，その場合の説明対象は，勧誘した金融商品の仕組みとそのリスク性となる。他方，適合性原則に従うと，金融業者は顧客に適合する投資取引を勧誘することが要求され，そのために個々の顧客の具体的な属性と投資取引のリスク性を相関的に考慮して，投資取引のリスク性が当該顧客のリスク許容範囲を超えているかどうかが判断対象となる。両者が，異なった目的を目指していることは明らかであろう。すなわち，顧客が自由な意思をもって投資決定を行うために投資取引に関して正確な認識や理解を形成させるのが説明義務の目的であるのに対し（情報アプローチ），顧客の引き受けようとしているリスクや財産状況からしてその負担できる範囲（リスク許容範囲）を超えるリスクを，顧客に負わせないように配慮することが適合性原則の目的である（保護アプローチ）。説明義務違反は，説明の不十分あるいは不正確なことによって顧客の意思決定が歪曲された場合に問題となり，義務違反によって侵害されるのは顧客の自己決定権である[42]。これに対し，適合性原則違反は，顧客にとって適合しない投資取引を勧誘することによって顧

　　視点から説明義務を論ずるものが現れており，自己決定の視点からは，潮見佳男「説明義務・情報提供義務と自己決定」（判タ1178号9頁），専門性の視点からは，横山美夏「説明義務と専門性」（判タ1178号18頁），立証責任の視点からは，馬場圭太「説明義務と証明責任」（判タ1178号26頁），情報の経済学の視点からは，藤田友敬「法と経済学の観点からみた情報開示」（判タ1178号44頁（2005年））などがある。また，消費者保護の視点から情報提供義務を論ずるものに，宮下修一『消費者保護と私法理論――商品先物取引とフランチャイズ契約を素材として――』（信山社，2006年）がある。

[41]　小粥太郎「説明義務違反による不法行為と民法理論（上）」ジュリ1087号120頁（1996年）。

[42]　小粥・前掲注(27)93頁。

第2節 適合性原則の現代的意義——米国法からの示唆を踏まえつつ

客のリスク許容範囲を超えたリスクを当該顧客に負わせた場合に問題となり，保護法益は，そのときに直接的に侵害された顧客の財産権上の利益そのものである。このように，両者の規制内容および目的の違いによって，適合性原則と説明義務の守備範囲は異なり，違反した場合の被侵害利益の性質も異なるのである。これらの点からすると，両者は別個独立の法理であるといわざるをえない。

なるほど，両者が異なる法理であるとしても，実際の判断では同じ考慮要素を用いているのではないかという批判が予想される。特に，金融業者が説明義務を尽くしたかどうかを判断する際，裁判所は，顧客の属性に配慮しており，改正金融商品販売法で同要素が導入されている[43]。このような現状下で，適合性原則の考慮要素である顧客の属性が，説明義務の履行の有無を判断するに際し，解釈基準として利用されている点に着目して，適合性原則が説明義務の延長線上にあるという主張が成り立つ。しかし，詳細に検討すると，適合性原則と説明義務は，いずれも同じく顧客の属性を考慮するものの，それぞれの着眼点が異なるものであることは既に見たとおりである。適合性原則の場合は，「勧誘した投資取引が当該顧客のリスク許容範囲を超えているかどうか」を判断対象としており，ここでいう「リスクの許容範囲」とは，主観的要素である顧客のリスク負担意欲と，客観的要素である顧客のリスク負担能力によって認定されうるものであるため，適合性原則違反の有無の判断にとっては，顧客のリスク負担意欲を表す「投資目的」と，顧客のリスク負担能力を表す「財産状態」が最も重要視される。つまり，勧誘した投資取引が顧客の投資目的に一致しなければ，顧客が資産力，知識および投資経験を有していても，当該投資勧誘は適合性原則に違反する。また，勧誘した投資取引が顧客のリスク負担能力を超えた場合には，顧客が知識や投資経験を有するかどうかとは関係なく，同じく適合性原則違反になる。これに対し，説明義務の場合は，「投資取引の仕組み

---

[43] 改正金融商品販売法3条2項の規定につき，川口恭弘は「この点で，広義の適合性原則について民事責任が規定されることとなった」（同「金融商品取引法における行為規制」金法1779号23頁（2006年））と評価し，立法担当者である池田和世は「現段階では，適合性原則違反自体に直接的に民事効を付与することは妥当ではないと考えられる」と述べつつ，「一方で，顧客の属性等に即した適切な情報提供（説明）がなされるべきことには，適合性原則の中核をなすこともいえることから，今回の改正により，事実上，適合性原則違反に民事効を認められたものとも考えられる」（同「金融商品販売法の改正の概要」金法1779号49頁（2006年））と説明し，また同じく立法担当者である松井直彦編著『一問一答金融商品取引法』〈改訂版〉（商事法務，2008年）478頁においても，同趣旨が述べられている。

やそのリスク性に対して顧客が的確に認識・理解できたかどうか」を判断するものであるため，顧客の投資目的や財産状態の影響が薄れ，もっぱら顧客の知識や投資経験が重要な考慮要素となる。投機的投資目的を持つ顧客や資産家である顧客が説明を的確に理解できるとは言いきれないのと同様に，顧客の投資目的や財産状態の如何によって金融業者の説明内容や説明の程度は変わるとは考えられない。実際に投資取引の性質に対する顧客の認識・理解を左右するのは，当該顧客の固有の知識や投資経験であるから，説明義務を尽くしたかどうかの判断にとって「顧客の知識や投資経験」の方が決定的な考慮要素となるのである。

　以上のように，同じく顧客の属性を考慮するといっても，その目的に応じて重視される具体的要素はかなり異なりうる。したがって，金融商品販売法において顧客の属性に関わる考慮要素が説明義務の中に導入されたからといって，適合性原則が説明義務の中に取り込まれたということにはならない[44]。両者が，あくまで異なる法理であることに変わりはない。

　特に注意すべきは，2006年の金融商品販売法改正によって，顧客の属性に関する考慮要素が説明義務の履行方法の中に導入されたが，そこでの説明義務が履行されたかどうかの判断基準が，個別の顧客の具体的な理解の有無ではなく，同様な属性を有する顧客の一般的理解の有無とされている点である。つまり，説明義務は，顧客の属性を考慮して説明することを要求しているが，そのことは，必ずしも個々の顧客の具体的理解を求めるのではなく，あくまで抽象的・一般的理解を得れば足りるということなのである。この点は，個々の顧客の属性に則して投資勧誘の適合性の有無を判断する適合性原則の考え方とは根本的に異なるものである。すなわち，適合性原則における考慮要素を取り入れたとしても，ここでいう説明義務では，適合性原則のように，個々の顧客の属性ごとに具体的な判断を予定していない。それゆえ，顧客の属性を説明義務履行の解釈基準にしているとしても，両者が混同されてはならず，適合性原則は説明義務の拡張とはならないというべきではあるまいか。

　以上のように，適合性原則と説明義務とは趣旨の異なる２つの独立の原理であり，それぞれの守備範囲が違っている。適合性原則によって問われるのは，

---

[44] 金販法３条２項に規定された「説明義務の履行」は，適合性をクリアした金融商品の販売に関する規定であるものの，顧客の属性を考慮する要件は「金商法における適合性原則の要件と一致しているので解釈上の誤解を招くおそれがある」と指摘されている（河本一郎＝大武泰南『金融商品取引法読本』（有斐閣，2008年）261頁。

業者の勧誘した投資取引が顧客に相応しいかどうかの問題であり，説明義務によって問われるのは，業者の顧客に対する投資取引の説明が適切であるかの問題であり，各々独立の法的根拠の上に成り立っている。とすると，同一の事案で，適合性原則違反と説明義務を同時に認定する必然性はない[45]。つまり，業者の投資勧誘が当該顧客に適合性を有しないことによって民事責任を認定することができれば，敢えて業者の説明の適否を問題にする必要はない。適合性原則に対する理解に差異があるものの，2006年法改正の立法担当者が，「広義の適合性原則」が説明義務の拡張であるという認識のもとで，金融商品・取引の販売・勧誘実務に対して，まず，「顧客の属性に照らして，一定の商品・取引について，そもそも当該顧客に販売・勧誘を行ってもよいかどうかを判断し（「狭義の適合性原則」）」，次に，「販売・勧誘を行ってもよいと判断される場合には，当該顧客の属性に照らして当該顧客に理解されるために必要な方法および程度による説明をする（「広義の適合性原則」）」[46]という「2段階」の対応の必要を示したのは，少なくとも，適合性原則と説明義務とのそれぞれの役割を区別している点では，適切な態度と思われる[47]。

現段階では，適合性原則違反と説明義務違反を別々に認定する裁判例が主流となっており，もう一歩進んで民事責任の認定における両者の役割を意識して区別したうえで判断を行うことは，迅速な事件処理に役立つのみならず，私法秩序における適合性原則の役割を一層明確にすることにもなろう。

第3節 残された課題

以上，本書では，適合性原則に関する米国の状況の検討から，適合性原則と

---

[45] 同じ指摘は既にされていた。清水俊彦は1998年の論文において，「このような複合類型が主張される事案の裁判においては，まず比較的事実認定が容易な主として適合性の程度に関する事情を確定し，次に比較的事実認定が困難な業者と顧客の間のやりとりなど主として説明義務の履行等に関する事情を確定する，という流れで主張を整理し証拠調べを進めていくのが審理の道筋である。前者の結果次第では，後者がさほど重要でなくなったり，さらには不要となる場合もありうる」という（同「証券取引における適合性原則」園部秀穂＝田中敦編『現代裁判法大系23［消費者信用取引］』（新日本法規出版株式会社，1998年）98頁。

[46] 松尾直彦＝松本圭介編著『実務論点金融商品取引法』（きんざい，2008年）159頁。

[47] 同じく，まず適合性の判断を行って，適合性の要件を満たしていると判断されれば，次の段階で特定の取引の説明を行うという手順を示すのは，河本＝大武・前掲注(44) 261頁。

は，証券業者に顧客の属性に応じて適合する投資を勧誘することを要求するものであり，私法上の適合性原則の役割が業法上とのそれと違うことを前提に，適合性原則違反に対し，私法上の不法行為として民事責任を問題とする場合には，適合性原則の業法上の役割と私法上の役割を明確に区別すべきこと，民事責任を認定する際に，当事者の主観的要素に対する評価を明示し，当事者間の信頼関係の有無を重要な要素として責任の認定を行うことが有用であることを論じてきた。

これまでの検討は，主として不法行為責任構成における適合性原則違反の認定を前提にするものであり，法律行為法または契約法の観点から適合性原則違反の民事効果をどう位置づけるべきかについては，触れることができなかった。

顧客は，証券業者と投資委託契約を締結し，それに基づき投資取引を行うのが現実であるが，その投資委託契約は，一般的に証券業者の勧誘によって締結される。その際に，証券業者の勧誘により顧客の意思表示に何らかの瑕疵が生じた場合に，契約の効力そのものが問題となりうる。つまり，法律行為法上の錯誤，詐欺，強迫の規定を利用して，投資委託契約の効力の如何を検討する必要がある。また，たとえ顧客の意思表示自体に瑕疵が存在していなくとも，契約の性質や契約の内容に着目し，公序良俗違反[48]に基づく投資委託契約の効力を否定できる可能性も考察する必要がある。さらに，投資委託契約により生じる証券業者と顧客それぞれの債権債務内容を明らかにして，それに基づく債務不履行責任の認定も検討する余地がある。

これらの問題は，適合性原則違反にのみ関わるものではなく，説明義務違反による民事責任の認定においては，既に，学説上多くの議論が積み重ねられてきたところである。そこでは，不法行為法による解決と法律行為法による解決との結果の整合性（制度間競合と調整問題）を意識しつつ，投資取引紛争に対する法律行為法の適用に関する幾つかの可能性が提示されているが，なお未解決の問題も多い。投資取引は，まさにリスク商品の取引であるがゆえに，そのリスク性について認識を誤ったという主張は成り立ちにくいところがある。ま

---

[48] 最近提唱される公法・私法協働論は，公序良俗違反の観点から適合性原則違反の私法上の効果を論じることに一定の示唆を与える（吉村良一「民法学から見た公法と私法の交錯・協働」立命館法学312号222頁以下（2007年）。また，森田修「独禁法違反行為の私法上の効力——独禁法による民法の〈支援〉——」日本経済法学会編『競争秩序と民法』（有斐閣，1998年）99頁以下は，独禁法と民法について論じたものであるが，公序良俗違反の判断に関して，公法から私法への支援という視点は，興味深い。

第3節　残された課題

た，投資取引に関する事件では，顧客を騙すあるいは困惑させるような悪質な勧誘に関するものが比較的少なく，勧誘された投資商品の性質を問題にするものが多い[49]。これらの特徴を考慮すると，投資取引に関して錯誤，詐欺および公序良俗違反の要件を満たすことが簡単でないことは，容易に推察できよう。このような難点は，適合性原則違反についても当てはまるが，かかる議論の土台となっている説明義務違反と比べると，適合性原則違反の場合には更に重大な相違点があることに注意すべきである。

すなわち，説明義務違反の場合には，説明の不十分さあるいは不正確さが問題とされ，それは情報格差の是正または情報環境の整備の課題と直結するが，顧客の「投資するか否か」といった意思決定には間接的にしか影響を及ぼさない場合が多い。それゆえに，「合意の瑕疵」理論およびその拡張は，説明義務違反に対して直接的に適用しにくい[50]。それに対し，適合性原則違反の場合には，投資取引に関する説明の如何についてではなく，勧誘された投資取引が顧客に適合するか否かが問題とされているため，顧客に不適合な投資を勧誘することは，情報の格差や情報環境の整備といった問題を超えて，顧客の投資決定に直接に影響を与える。つまり，投資取引が顧客に適合するかが重要な要素となり，顧客が勧誘された投資取引が自己に適合するものと認識したからこそ投資決定をしたと主張すれば，投資取引が当該顧客に不適合である場合は，要素の錯誤が認定されやすい[51]。また，詐欺についても同様である。証券業者が，当該投資取引が適合的であると表示したり，顧客にそのように信じ込ませた点に着眼すれば，詐欺の故意要件が成立しうる。さらに，適合性原則が，投資者保護を目的とする取締法規範である点に着目すれば，公序良俗違反を媒介に取締法規違反として投資委託契約を無効にする可能性がある。しかし，これらは，あくまでも説明義務違反と比較した場合の話であり，適合性の判断が証券業者の一方的責任ではないことを考慮すると，適合性の判断形成に際して顧客に重大な

---

[49] 潮見・前掲注(20)126頁。
[50] 詳しい分析は，小粥・前掲注(27)92〜93頁を参照。
[51] 情報提供義務違反の責任構成に関して，詐欺理論あるいは「合意の瑕疵」の拡張を利用する意見が多い中，潮見は錯誤構成の可能性を強く示している。潮見は，「元本割れしない」とか「損をしない」というリスクに関する表示が契約対象を構成しうる点に着目して要素錯誤の成立可能性と，投資情報が業者側の領域にあることに着目して動機の表示が不要とし動機錯誤構成も可能と指摘する（同・前掲注(20)126〜127頁）。また，融資一体型変額保険に対する錯誤無効が認められた裁判例を紹介・検討したものとして，川地宏行「融資一体型変額保険における損害賠償責任と錯誤無効」専修ロージャーナル創刊号181頁以下（2006年）がある。

過失がある場合には，錯誤無効の主張はできず，不適合であることを顧客が認識できた場合には，詐欺も成り立たない[52]。つまり，錯誤，詐欺および公序良俗違反の固有の要件を大幅に修正しない限り，適合性原則違反の場合に法律行為法上の規定を適用し難いのである。

いずれにしても，適合性原則違反に対し，錯誤，詐欺および公序良俗の規定を利用して投資委託契約の効力を問題にするには，それらの規定の適用要件および制度趣旨について根本的に再考しなければならない。また，かつては証券会社と顧客の間に締結された投資委託契約が商法上の「問屋契約」の典型と理解されていたのに対し，近年ではこれに反対する見解も現れており[53]，私法上の証券会社の法的地位や債務不履行責任を論ずるにあたっての再検討が迫られている。

以上を含め，本書に残された課題はなお多い。例えば，適合性原則違反の民事責任の法的根拠という問題を超えて，適合性原則の趣旨を，一般の消費者保護の局面でも反映させることができるのか，できるとすれば，どのように適用すべきかも問題となる[54]。というのも，「投資」という取引活動の特質から，投資者が「消費者」とされる場合にも，従来型の消費者と全く同一とは理解されがたい存在であるため，これまでの投資者保護と同じ理論に依拠して消費者保護を図るべしということにはなるまい[55]。そこでは，投資者保護理論を参照しつつ，新たな消費者保護法理を慎重に構築する必要があるように思われる。ま

---

[52] 欺罔による誤認と当該意思表示との因果関係の存在がないからである（河上正二・民法総則講義（日本評論社，2007 年）373 頁）。

[53] 上村達男「証券会社の法的地位（上）（下）」商事法務 1313 号 2 頁以下，1314 号 13 頁以下（1993 年）。

[54] 後藤巻則は，「適合性原則や不招請勧誘規制も，消費者契約法が定める市場ルールを補正するルールとして位置づけられる」とし，適合性原則がそのまま消費者保護にも適用できるという（同「消費者のパラドックス──『法は人間をどう捉えているか』企画の趣旨を兼ねて」法時 80 巻 1 号 37 頁（2008 年））。

[55] この点について，潮見は，投資者保護公序は消費者保護公序とは重なる場合があるものの，思想的基盤・原理面において同列に論じがたいと指摘する（同・前掲注(20)117～118 頁）。これに対し，投資者と消費者を原則として区別しない立場も見られる（瀬川信久「消費者法と民法」日本経済法学会編『21 世紀の消費者法と消費者政策』（有斐閣，2008 年）92 頁以下，池野千白「消費者の財産形成取引における自己責任概念──投資法と消費者法の交錯的試論──」戸田修三先生古稀記念図書刊行委員会編『現代企業法学の課題と展開』（文眞堂，1998 年）352 頁以下）。投資者と消費者の区別に関するドイツ判例法理を紹介したものとして，角田美穂子「金融・資本市場と消費者保護──ドイツにおけるジャンク不動産投資被害を素材に」藤岡康宏編『民法理論と企業法制』（日本評論社，2009 年）109 頁以下があり，興味深い。

第3節　残された課題

た，投資取引訴訟における損害賠償のあり方についても，本書では必ずしも充分な検討ができていない。以上のような問題に分析のメスを加えることの必要については，痛感しているが，それらは今後の研究課題としたい。

主要参考文献一覧

I 英文文献

〈著書〉

Arnold S. Jacobs, Litigation and Practice Under Rule 10b-5 (2nd ed, 1991)
Louis Loss & Goel Seligman, Securities Regulation4 (3rd ed, 2004)
Norman S. Poser & James A. Fanto, Broker-Dealer Law and Regulation (4th ed, 2007)
Richard W. Jennings, Securities Regulation (11th ed, 1998)
Thomas Lee Hazen, The Law of Securities Regulation5 (5th ed, 2005)

〈論文〉

A. Robert Thorup, *Theories of Damages: Allowability and Calculation in Securities Fraud Litigation,* 18 Sec. Reg. L. J. 23 (1990)

Andrew L. Merritt, *A Consistent Model of Loss Causation in Securities Fraud Litigation: Suiting the Remedy to the Wrong,* 66 Tex. L. Rev. 469 (1988)

Andrew M. Pardieck, *Kegs, Crude, and Commodities Law: On Why It Is Time to Reexamine the Suitability Doctrine,* 7 Nev. L. J. 301 (2007)

Arthur B. Laby, *Resolving Conflicts of Duty in Fiduciary Relationships,* 54 Am. U. L. Rev. 75 (2004)

Arvid E. Roach II, *The Suitability Obligations of Brokers: Present Law and the Proposed Federal Securities Code,* 29 Hastings L. J. 1069 (1978)

Austin W. Scott, *The Fiduciary Prinsiple,* 37 Calif. L. Rev. 539 (1949)

Boberto S. Karmel, *Is This Shihgle Theory Dead?,* 52 Wash & Lee L. Rev. 1271 (1995)

C. Edward Fletcher, III, *Sophisticated Investors Under The Federal Securities Laws,* 1988 Duke L. J. 1081 (1988)

Carol R. Goforth, *Stockbrokers' Duty To Their Customers,* 33 St. Louis U. L. J. 407 (1989)

Cheryl Goss Weiss, *A Review of the Historic Foundations of Broker-Dealer Liability for Breach of Fiduciary Duty,* 23 Iowa J. Corp. L. 65 (1997)

Cockman, *Stock Exchange Rule-Implied Civil Liability Under the Securities Exchange Act of 1934 for Breach of the "Know Your Customer Rule",* 44 Tul. L. Rev. 633 (1970)

Deboraha A. Demott, *Beyond Metaphor: An Analysis of Fiducirary Obligation,* 1988 Duke L. J. 879 (1988)

Edward Brodsky, *Measuring Damages in Churning and Suitability Cases*, 6 Sec. Reg. L. J. 157 (1978)

Eileen A. Scallen, *Promises Broken Vs. Promises Betrayed: Metaphor, Analogy, and the New Fiduciary Principle,* 1993 U. Ill. L. Rev. 897 (1993)

F. Harris Nichols, *The Broker's Duty to His Customer Under Evolving Federal Fiduciary and Suitability Standards,* 26 Buff. L. Rev. 435 (1977)

Frederick Mark Gedicks, *Suitability Claims and Purchases of Unrecommended Securities: An Agency Theory of Broker-Dealer Liability,* 37 Ariz. St. L. J. 535 (2005)

Gerald L. Fishman, *Broker-Dealer Obligations to Customers—The NASD Suitability Rule,* 51 Minn. L. Rev. 233 (1966)

J. C. Shephed, *Towards a Unified Concept of Fiduciary Relationships,* 97 L. Q. Rev. 51 (1981)

J. Michael Rediker, *Civil Liability of Broker-Dealer under SEC and NASD Suitibility Rules,* 22 Ala. L. Rev. 15 (1969)

Kathy Connelly, *The Suitability Rule: Should A Private Right of Action Exist?,* 55 St. John's L. Rev. 493 (1980~1981)

L. S. Sealy, *Fiduciary Relationship,* 1962 Camb. L. J. 69 (1962)

Lewis D. Lowenfels & Alan R. Bromberg, *Suitability in Securities Transactions,* 54 Bus. Law. 1557 (1999)

Lewis D. Lowenfels, Implide Liability Based upon Stock Exchange Rules, 66 Colum. L. Rev. 12 (1966)

Lyle Roberts, *Suitability Claims under Rule 10b-5: Are Public Entities Sophisticated Enough to Use Derivatives?* 63 U. Chi. L. Rev. 801 (1996)

Mark C. Jensen, *Abuse of Discretion Claims Under Rule 10b-5: Churning, Unsuitability, and Unauthorized Transactions,* 18 Sec. Reg. L. J. 374 (1991)

Matthew J. Benson, *Online Investing and the Suitability Obligations of Brokers and Broker-Dealers,* 34 Suffolk U. L. Rev. 395 (2001)

Nicholas Wolfson & Thomas A. Russo, *The Stock Exchange Member: Liability for Violation of Stock Exchange Rules,* 58 Cal. L. Rev. 1120 (1970)

Norman S. Poser, *Liability of Broker-Dealer for Unsuitable Recommendations to Institutional Investors,* 2001 B. Y. U. L. Rev. 1493 (2001)

Note, *Private Action as a Remedy for Violation of Stock Exchange Rules,* 83 Harv. L. Rev. 825 (1970)

Philip J. Hoblin, JR., *A Stock Broker's Implied Liability to Its Customer for Violation of A Rule of A Registered Stock Exchange,* 39 Fordham L. Rev. 253 (1970)

Richard A. Booth, *The Suitability Rule, Investor Diversfication, and Using Spread to Measure Risk,* 54 Bus. L. 1599 (1999)

Richard M. Baker & Gregory K. Lawrence, *Actions Against Broker-Dealers for the*

Sale of Unsuitable Securities, 1984 St L. Rev. 283 (1984)

Robert B. Thompson, *The Measure of Recovery Under Rule 10b-5: A Restitution Alternative to Tort Damages,* 37 Vand. L. Rev. 349 (1984).

Robert H. Mundheim, *Professional Responsiblities of Broker-Dealer: The Suitability Doctrine,* 1965 Duke L. J. 445 (1965);

Robert N. Rapp, *Rethinking Riskly Investments for that Little Old Lady: A Realistic Role for Modern Portfolio Theory in Assessing Suitability Obligation of Stockbrokers,* 24 Ohio N. U. L. Rev. 189 (1998);

Roger R. Crane, Jr., *An Analysis of Causation Under Rule 10b-5,* 9 Sec. Reg. L. J. 99 (1981)

Roger W. Reinsch & J. Bradley Reich & Nauzer Balsara, *Trust Your Broker?: Suitability, Modern portfolio Theory, And Expert Witnesses,* 17 St. Thomas L. Rev. 173 (2004)

Scott M. Himes, *Measuring Damages for Fraud-Based Mismanagement of a Securities Portfolio,* 27 Sec. Reg. L. J. 74 (1999)

Seth C. Anderson & Donald Arthur Winslow, *Defining Suitability,* 81 Ky. L. J. 105 (1993)

Steven A. Ramirez, *The Professional Obligations of Securities Brokers Under Federal Law: An Antidote for Bubbles?* 70 U. Cin. L. Rev. 527 (2002)

Stiphen B. Cohen, *The Suitability Rule and Economic Theory,* 80 Yale L. J. 1064 (1971)

Stuart D. Root, *Suitability―The Sophisticated Investor―And Modern portfolio management,* 1991 Colum. Bus. L. Rev. 287 (1991)

Tamar Frankel, *Fiduciary Law,* 71 Calif. L. Rev. 795 (1983)

Tracy A. Miner, *Measuring Damages in Suitability and Churning Actions under Rule 10b-5,* 25 B. C. L. Rev. 839 (1984)

Walter, C. Greenough, *The Limits of the Suitability Doctrine in Commodity Futures Trading,* 47 Bus. Law. 991 (1992)

Willa E. Gibson, *Investors, Look Before Your Leap: The Suitability Doctrine Is Not Suitable for OTC Derivatives Dealers,* 29 Loy. U. Chi. L. J. 527 (1998)

Wolfson & Russo, *The Stock Exchange Member: Liability for Violation of Stock Exchange Rules,* 58 Calif. L. Rev. 1120 (1970)

II 邦語文献

〈著書〉

安達智彦＝斉藤進『セミナー現代のポートフォリオ・マネジメント』(同文舘, 1992

年)
アンドリュー・M・パーデック『証券取引勧誘の法規制――「開示義務」「説明義務」を越えて』(商事法務研究会, 2001年)
池田唯一=三井秀範=増田直弘=井藤英樹=新発田龍史=大来志郎=齋藤将彦『逐条解説2008年金融商品取引法改正』(商事法務, 2008年)
井上正介『アメリカのポートフォリオ革命』(日本経済新聞社, 1986年)
今川嘉文『過当取引の民事責任』(信山社, 2003年)
上柳敏郎=石戸谷豊=桜井健夫『新・金融商品取引法ハンドブック――消費者の立場からみた金商法・金販法と関連法の解説――』〈第2版〉(日本評論社, 2008年)
大崎貞和『解説金融商品取引法』〈第3版〉(弘文堂, 2007年)
大前恵一郎『Q&A改正金融商品販売法』(商事法務, 2007年)
大村敦志『契約法から消費者法へ』(東京大学出版会, 1994年)
奥田昌道編『取引関係における違法行為とその法的処理:制度間競合論の視点から』(有斐閣, 1996年)
河上正二『民法総則講義』(日本評論社, 2007年)
川村正幸『テキストブック金融商品取引法』(中央経済社, 2009年)
――編『金融商品取引法』(中央経済社, 2008年)
河本一郎=大武泰南『金融商品取引法読本』(有斐閣, 2008年)
河本一郎=龍田節編『金融商品取引法の理論と実務』別冊金融・商事判例(2007年)
神崎克郎=志谷匡史=川口恭弘『証券取引法』(青林書院, 2006年)
神崎克郎『証券取引規制の研究』(有斐閣, 1968年)
神田秀樹監修『Q&A金融商品取引法の解説[制令内閣府令対応版]』(きんざい, 2007年)
久保田敬一『ポートフォリオ理論』(日本経済評論社, 1981年)
窪田充見『過失相殺の法理』(有斐閣, 1994年)
――『不法行為法』(有斐閣, 2008年)
熊谷士郎『意思無能力法理の再検討』(有信堂, 2003年)
黒沼悦郎『アメリカ証券取引法』〈第2版〉(弘文堂, 2006年)
児島幸良『改正証券取引法・金融商品取引法のポイント』〈改訂版〉(商事法務, 2007年)
後藤巻則『消費者契約法の理論』(弘文堂, 2002年)
近藤光男=川口恭弘=上嶌一高=楠本くに代『金融サービスと投資者保護法』(中央経済社, 2001年)
近藤光男=吉原和志=黒沼悦郎『金融商品取引法入門』(商事法務, 2009年)
桜井健夫=上柳敏郎=石戸谷豊『金融商品取引法ハンドブック』(日本評論社, 2002年)
佐藤義信『ポートフォリオ分析の理論』(中央経済社, 1980年)
潮見佳男『契約法理の現代化』(有斐閣, 2004年)

清水俊彦『投資勧誘と不法行為』（判例タイムズ社，1999年）
ツヴィ・ボディ＝ロバート・C・マートン（大前恵一郎訳）『現代ファイナンス論』（改訂版）（ピアソン・エデュケーション，2006年）
デビット・L・ラトナー＝トーマス・リー・ハーゼン著（神崎克郎＝川口恭弘監訳・野村証券法務部訳）『米国証券規制法概説』（商事法務，2003年）
D・E・フィッシャー・R・J・ジョーダン著（津村英文監訳・日本証券アナリスト協会訳）『証券分析とポートフォリオ管理』（白桃書房，1987年）
道垣内弘人『信託法理と私法体系』（有斐閣，1996年）
長島・大野・常松法律事務所編『アドバンス 金融商品取引法』（商事法務，2009年）
樋口範雄『アメリカ信託法ノートⅠ，Ⅱ』（弘文堂，2003年）
——『アメリカ不法行為法』（弘文堂，2009年）
——『フィデュシャリー——［信認］の時代』（有斐閣，1999年）
藤岡康宏編『民法理論と企業法制』（日本評論社，2009年）
星野英一『民法のすすめ』〈新赤版〉（岩波書店，2007年）
松尾直彦編著『一問一答金融商品取引法』〈改訂版〉（商事法務，2008年）
——編著『金融商品取引法・関係政府令の解説』（商事法務，2008年）
松尾直彦＝松本圭介編著『実務論点金融商品取引法』（金融財政事情研究会，2008年）
松尾直彦監修・池田和世著『逐条解説新金融商品販売法』（きんざい，2008年）
松崎良『アメリカの証券取引法における付随的救済』（法律文化社，1986年）
三浦良造『モダンポートフォリオの基礎』（同文館，1989年）
宮下修一『消費者保護と私法理論——商品先物取引とフランチャイズ契約を素材として——』（信山社，2006年）
森田章『金融サービス法の理論』（有斐閣，2001年）
——『投資者保護の法理』（日本評論社，1990年）
ロジャー・C・ギブリン著（楠本博監訳）『アセット・ポートフォリオ』（現行研修社，1994年）
『大蔵省証券局年報』〈平成3年版〉
資本市場研究会編『証券取引審議会報告——証券監督者国際機構（IOSCO）の行為規範原則のわが国への適用について・店頭市場に対する行為規制の適用について』（資本市場研究会，1991年）
証券法制研究会編『逐条解説証券取引法』（商事法務研究会，1995年）
(財)比較法研究センター・潮見佳男編『諸外国の消費者法における情報提供・不招請勧誘・適合性の原則』（商事法務，2008年）
安田信託銀行投資研究部編『ザ・ポートフォリオ・マネジメント』（金融財政事情研究会，1990年）

〈論文〉
青木浩子「米国証券リテール規制の金融商品取引法への示唆（下）」証券経済研究

56号69頁（2006年）
池田和世「金融商品販売法の改正の概要」金法1779号49頁（2006年）
池野千白「消費者の財産形成取引における自己責任概念──投資法と消費者法の交錯的試論──」戸田修三先生古稀記念図書刊行委員会編『現代企業法学の課題と展開』（文眞堂，1998年）352頁
今西康人「契約の不当勧誘の私法的効果について──国内公設商品先物取引被害を中心として──」中川淳先生還暦祝賀論集刊行会編『民事責任の現代的課題』（世界思想社，1989年）217頁
上杉めぐみ「投資取引における情報提供義務の私法的構成」明治学院大学法科大学院ローレビュー第9号1頁（2008年）
上村達男「証券会社の法的地位（上）（下）」商事法務1313号2頁，1314号13頁（1993年）
──「投資者保護概念の再検討──自己責任原則の成立根拠」専修法学論集42号1頁（1985年）
上柳敏郎「適合性原則と説明義務をめぐる裁判例法理と課題」金法1535号27頁（1999年）
近江幸治「判例評釈」判評570号（判時1931号）188頁（2006年）
尾崎安央「裁判例からみた商品先物取引委託者の適格性」判タ774号54頁（1992年）
鎌田薫「専門家責任の基本的構造」加藤雅信編『製造物責任・専門家責任』（日本評論社，1997年）298頁
川井健「『専門家の責任』と判例法の発展」川井健編『専門家の責任』（日本評論社，1993年）4頁
河内隆史「先物取引における適合性原則」神奈川法学31巻1号51頁（1996年）
河上正二「『契約の成立』をめぐって（1）（2・完）」判タ655号11頁，657号14頁（1988年）
──「消費者被害と過失相殺」先物取引被害研究3号26〜34頁（1994年）
──「『専門家の責任』と契約理論」法時67巻2号6頁（1994年）
──「投資取引における『適合性原則』をめぐって」先物取引被害研究31号5頁（2008年）
──「無能力者制度の現状と問題点」金法1352号10頁（1993年）
川口恭弘「金融商品取引法における行為規制」金法1779号23頁（2006年）
川地宏行「デリバティブ取引における説明義務と損害賠償（1）（2）（3）（4・完）」専修法学論集92号113頁，97号43頁，98号9頁，99号1頁（2004〜2007年）
──「投資勧誘における適合性原則（一）（二・完）」三重大学法経論叢17巻2号1頁，18巻2号37頁（2000〜2001年）
──「融資一体型変額保険における損害賠償責任と錯誤無効」専修ロージャーナル創刊号181頁（2006年）
川浜昇「ワラント勧誘における証券会社の説明義務」民商113巻4＝5号643頁（1996

年)

神崎克郎「自己責任原則と投資者保護のバランス」日本証券経済研究所『証券取引における自己責任と投資者保護』(日本証券経済研究所, 1996年) 10〜11頁

神田秀樹「投資サービス法における基本概念──『投資商品』『投資サービス業』『受託者責任』──」資本市場研究会編『投資サービス法への構想』(財経詳報社, 2005年) 20〜26頁

木下正俊「金融商品の販売・勧誘ルールとしての説明義務と適合性原則について」広島法科大学院論集第5号1頁 (2009年)

窪田充見「取引関係における過失相殺」岡法40巻3＝4号810頁 (1991年)

栗山修「米国連邦私的証券詐欺訴訟をめぐる最近の動向(1)(2)」神戸外大論叢53巻4号55頁, 7号63頁 (2002年)

黒沼悦郎「判例評釈」ジュリ1313号119頁 (2005年)

小粥太郎「説明義務違反による損害賠償」自由と正義1996年10月号38頁 (1996年)

── 「説明義務違反による不法行為と民法理論（上）（下）」ジュリスト1087号118頁, 1088号91頁 (1996年)

後藤巻則「消費者のパラドックス──『法は人間をどうとらえているか』企画の趣旨を兼ねて」法時80巻1号33頁 (2008年)

── 「消費者法と規制ルールの調整──民事ルールの位置づけをめぐって」藤岡康宏編『民法理論と企業法制』(日本評論社, 2009年) 83頁。

── 「フランス契約法における詐欺・錯誤と情報提供義務（一）〜（三）完」民商法雑誌102巻2号180頁, 3号314頁, 4号442頁 (1990年)

三枝健治「アメリカ契約法における開示義務（一）（二・完）」早稲田法学72巻2号1頁以下, 3号81頁 (1997年)

潮見佳男「説明義務・情報提供義務と自己決定」判タ1178号9頁 (2005年)

── 「適合性原則違反の投資勧誘と損害賠償」新堂幸司＝内田貴編・継続的契約と商事法務 (商事法務, 2006年) 182頁

── 「判例評釈」私法リマークス33号66頁 (2005年)

島袋鉄男「合衆国証券諸法の下における Implied private Rights of Action の存否」同『インサイダー取引規制──アメリカにおける法理の発展──』(法律文化社, 1994年) 183頁

── 「証券業者の誠実公平義務」琉球法学50号161頁 (1993年)

清水俊彦「証券取引における適合性原則」園部秀穂＝田中敦編『現代裁判法大系23［消費者信用取引］』(新日本法規出版株式会社, 1998年) 98頁

角田美穂子「金融・資本市場と消費者保護──ドイツにおけるジャンク不動産津投資被害を素材に」藤岡康宏編『民法理論と企業法制』(日本評論社, 2009年) 109頁

── 「金融商品取引における適合性原則──ドイツ取引所法の取引所先物取引能力制度からの示唆（一）（二）（三・未完）」亜細亜法学35巻1号117頁, 36巻1

号 141 頁，37 巻 1 号 91 頁（2000〜2002 年）
瀬川信久「消費者法と民法」日本経済法学会編『21 世紀の消費者法と消費者政策』（有斐閣，2008 年）92 頁
　　――「不法行為における過失相殺の拡張」法学教室 145 号 83 頁（1992 年）
関俊彦「投資者保護と自己責任の原則」証券取引法研究会国際部会編『証券取引における自己責任原則と投資者保護』（日本証券経済研究所，1996 年）215 頁
龍田 節「先物取引委託者の適格性」全国商品取引所連合会編『商品取引所論体系 7』（全国商品取引連合会，1991 年）
橋本佳幸「過失相殺法理の構造と射程――責任無能力者の「過失」と素因の斟酌をめぐって――（一），（二），（三），（四）」法学論叢 137 巻 2 号 17 頁，4 号 1 頁，5 号 1 頁，6 号 1 頁（1995 年）
馬場圭太「説明義務と証明責任」判タ 1178 号 26 頁（2005 年）
坂東俊矢「金融取引と消費者法」法教 324 号 123 頁（2007）
樋口範雄「過失相殺の日米比較の試み」私法 50 号 110 頁（1988 年）
深浦厚之「適合性原則と投資家保護」長崎大学経済学部研究年報 17 号 1 頁（2001）
藤田友敬「法と経済学の観点からみた情報開示」判タ 1178 号 44 頁（2005 年）
堀部亮一「証券取引における適合性原則について」判タ 1232 号 34 頁（2007 年）
前田重行「ワラント債券投資勧誘と損害賠償責任」消費者判例百選 142 頁（1995 年）
松岡啓祐「アメリカ法における証券業者の信認義務（受託者責任）を巡る近時の議論について」専修ロージャーナル創刊号 45 頁（2006 年）
　　――「アメリカにおける証券の過当売買（churning）（一）〜（四・完）」早稲田大学法研論集 63 号 221 頁，65 号 227 頁，66 号 217 頁，67 号 219 頁（1992〜1993 年）
松岡久和「商品先物取引と不法行為責任――債務不履行構成の再評価」ジュリ 1154 号 10 頁（1999 年）
松原正至「投資勧誘における自己責任原則・適合性原則・説明義務――ワラント訴訟を契機として」島大法学 38 巻 4 号 50 頁（1995 年）
丸山絵美子「判例評釈」法セミ 611 号 118 頁（2005 年）
三木俊博＝櫛田寛一＝田端聡「証券投資勧誘と民事的違法性――外貨建ワラント取引を巡って――」判タ 875 号 33 頁（1995 年）
宮坂昌利「平成 17 年最高裁判例の解説」法曹時報 60 巻 1 号 212 頁（2008 年）
村田淑子「適合性原則違反と行為による詐欺に基づく SEC 規則 10b-5 上の責任」商事法務 1444 号 30〜33 頁（1996 年）
村本武志「消費者取引における適合性原則〜投資取引を素材として」姫路法学 43 号 16 頁（2005 年）
森田章「証券業者の投資勧誘上の義務」岸田雅雄＝森田章＝森本滋編『現代企業と有価証券の法理――河本一郎先生古稀祝賀』（有斐閣，1994 年）249 頁
　　――「投資勧誘と適合性の原則――金融商品の販売等に関する法律の制定の意義について――」民商 122 巻 3 号 310 頁（2000 年）

主要参考文献一覧

　　――「判例評釈」民商 133 巻 6 号 90 頁（2005 年）
森田修「独禁法違反行為の私法上の効力――独禁法による民法の〈支援〉――」日本経済法学会編『競争秩序と民法』（有斐閣，1998 年）99 頁
森田宏樹「『合意の瑕疵』の構造とその拡張理論（1）〜（3・完）」NBL482 号 22 頁，483 号 56 頁，484 号 56 頁（1991 年）
山崎敏彦「証券取引と消費者法」法教 325 号 171 頁（2007 年）
山下友信「証券投資の勧誘と説明義務――ワラントの投資勧誘を中心として――」金法 1407 号 27 頁（1995 年）
　　――「証券会社の投資勧誘」龍田節＝神崎克郎編『証券取引法大系――河本一郎先生還暦記念』（商事法務研究会，1986 年）317 頁
　　――「証券会社のブローカーの義務」証券取引法研究会国際部会編『証券取引における自己責任原則と投資者保護』（日本証券経済研究所，1996 年）51〜53 頁
山田誠一「金融商品の販売・勧誘に関する規律についての考え方」1999 年 7 月 6 日金融審議会第 1 部会「中間整理（第 1 次）」意見発表資料 125 頁
　　――「情報提供義務」ジュリスト 1126 号 179 頁（1998 年）
山田剛志「投資サービス法（金融商品取引法）と適合性原則――ドイツ資本市場法からの法的示唆」金法 1768 号 33 頁（2006 年）
横山美夏「説明義務と専門性」判タ 1178 号 18 頁（2005 年）
吉田克己「市場秩序と民法・消費者」現代消費者法 1 号 67 頁（2009 年）
吉村良一「民法学から見た公法と私法の交錯・協働」立命館法学 312 号 222 頁（2007 年）
渡邊正則「ワラント取引における投資勧誘と投資者保護」判タ 870 号 13 頁（1995 年）

「〈座談会〉法における人間像を語る」法時 80 巻 1 号（2008 年）5〜7 頁（瀬川発言）
「座談会　金商法・改正金販法と新たな販売・勧誘ルール――預金取扱金融機関に関わる部分を中心に――」金法 1786 号 26 頁（松尾直彦発言）（2006 年）
平成 17 年 12 月 22 日金融審議会金融分科会第 1 部会報告（案）「投資サービス法（仮称）に向けて」
1999 年 7 月 6 日金融審議会第 1 部会「中間整理（第 1 次）」資料
証券取引法研究会「金融システム改革法について(1)――証取法を中心に」インベストメント 51 巻 4 号 90〜91 頁（森本滋報告）（1998 年）
平成 9 年 6 月 13 日証券取引審議会「証券市場の総合的改革〜豊かで多様な 21 世紀の実現のために〜」インベストメント 50 巻 3 号 93 頁（1997 年）
　　――「IOSCO の行為規範原則の我が国への適用について(1)」インベストメント第 46 巻第 2 号 39 頁（森本滋発言）（1993 年）
　　――「IOSCO の行為規範原則の我が国への適用について(3)」インベストメント第 46 巻 3 号 36 頁（森本滋発言）（1993 年）
　　――「平成 4 年証券取引法の改正について(1)」インベストメント 46 巻 1 号 47〜

48頁，58～59頁（神崎克郎報告）(1993年)

事項索引

あ

IOSCO行為規範原則……………23
米国における証券取引規制……123,329
米国における適合性原則の意義……339
米国における適合性原則の役割……340
一任勘定………………………………278
　　──と信認関係………………293
　　──におけるブローカーの義務…294
一体的不法行為構成型………48,51,54,71
一般投資家……………………………28
一般の禁止規範としての適合性原則 103
委任の範囲と信認義務………………298
違法性…………………………………10,62
因果関係の要件………………250,265,320
SEC……………………………………121
　　──による制裁の内容……………166
　　──の適合性規則制定……………136
　　──の特定調査報告………………134
SECO適合性規則の内容 ……………137
NYSE規則405 ………………………125
オプション取引に関する適合性規則
　…………………………………147,330

か

確認義務…………………………………45
隠れた適合性原則違反事案……………48
過失相殺……………11,63,80,356,379
　　──における考慮要素……………379
過失の証拠………………………………226
加重要件…………………………………68
過剰貸付の禁止…………………………8
過剰与信の禁止…………………………8
過大な危険の伴う取引………54,58,62
過当取引……………………………174,249

過当取引訴訟の要件……………………249
過量販売の禁止…………………………8
看板理論…………………………………128
勧誘行為と販売行為……………………370
勧誘行為の禁止…………………………101
勧誘の意味………………………………139
勧誘の是非………………………………113
勧誘ルール………………………………100
議会の意図への重視……………………216
機関投資家の条件………………………143
機関投資家の投資リスクの評価能力 144
機関投資家の独立投資判断能力……145
機関投資家への適合性規則の適用…144
危険の量的大小…………………………68
擬制認識…………………………………266
規則10b-5 ………………………………235
　　──の違反…………………………236
規則2310 ………………………………139
基礎商品…………………………………65
期待リターン……………………………157
客観的適合性の判断……332,341,342,356
救済方法…………………………………307
「狭義」・「広義」の適合性原則の分類
　……………………………………367
業者側の認識……………………………62
業者と顧客の信認関係…………………383
業者の確認・調査………………………54
業者の行為規制ルール…………………28
業者のコンプライアンス………………32
業者の主観的要素………………………378
業者の販売行為……………………102,106
業者ルール…………………………31,101
行政責任における適合性原則の役割 341
共通の要件………………………………251
業法規定違反の民事責任………………37

405

事項索引

寄与過失……………………………271
　──理論……………………………264
近因性………………………………321
禁止規範としての適合性原則……12, 103
金融商品取引法の規定………………26
金融商品の性質により合理的根拠の判断……………………………………175
金融商品販売法（2000年）…………31
金融商品販売法（2006年改正）………32
金融審議会第1部会「中間整理（第1次）」……………………………………94
具体的義務の有無…………………218
具体的な商品特性……………………69
具体的人間像……………………………6
契約上の責任…………………………37
現実の損害…………………………309
原状回復的損害賠償………………108
故　意
　──の証明…………………………272
　──の推断……………………241, 260
　──または無配慮………………257
故意要件……………………257, 334
　──の判断…………………………260
行為による詐欺理論………………239, 251
　──に基づく不適合訴訟の要件
　　………………………………248, 251
合意の瑕疵理論……………………391
口座支配の証明……………………279
口座の支配と信認関係……………295
口座の支配と信認義務……………299
公序良俗違反………………………390
公正慣習規則………………………329
公正の取引の黙示的表示…………131
口頭勧誘への信頼…………………274
公法・私法二分論……………………37
公法上の業務規制……………………68
公法上の適合性原則違反……………68
合理的根拠に関する適合性違反　170, 331

合理的根拠の判断基準…………167, 168
合理的投資者の基準………………262
高齢要素への考慮……………………88
顧客カード……………………………20
顧客情報の調査義務………………142
顧　客
　──との公正に取引するガイドライン………………………………………135
　──の主観的態様の不考慮………191
　──の情報提供不十分な場合の投資勧誘……………………………………197
　──の情報把握しない場合の投資勧誘……………………………………196
　──の代理人………………………290
　──の知識や投資経験……………388
　──の適合性………………………359
　──の利益への合致………………113
顧客の属性……………………80, 354
　──の考慮要素……………………176
　──の把握…………………………177
　──の判断…………………………84
顧客を知れルール…………………127
コモン・ロー上の不法行為訴訟……235

さ

財産権保護…………………………107
財産状態に一致しない投資勧誘　183, 184
財産状態の重視………………………86, 186
最適ポートフォリオ………………155
差額損害賠償…………………309, 310
　──の算定方法……………………310
詐欺と同等であること……………210
　──の要件への批判………………214
詐欺の根拠…………………………131
先物取引能力者……………………362
支援論………………………………365
自己決定原則………………………372
　──の機能回復……………………114

——の機能不全…………………114	信認義務違反………………………289
——の妥当領域…………………114	——アプローチ……………346, 357
自己責任の原則…………………39, 102	——に基づく適合性原則違反の民事
事実による不適合の証明……………252	責任………………………………337
私的自治の原則……………………102	信認義務の認定……………………337
私的自治の衝突……………………368	信頼の正当性………………263, 277
自発的な購入意思……………………46	——アプローチ……………………264
私法上の違法…………………………55	——の考慮要素……………………265
私法上の義務アプローチ……………40	推測情報………………………………199
社会的弱者保護理論…………………8	正確な指令…………………………219
社会的相当性…………………………56	精神状態への考慮……………………88
——の逸脱…………………………62	生存権保護…………………………107
集中投資…………………………82, 182	正当な信頼………………241, 262, 334
重要性の判断基準…………………261	制度間競合論…………………………93
受動的投資者…………………………14	絶対的排除…………………………106
準契約的損害賠償…………………309	説明義務違反…………………………93
証券市場相場の上昇………………314	説明義務加重…………………………47
証券市場の変動率と損害賠償の範囲 312	説明義務還元型………………………44
証券市場変動のリスク………313, 315	説明義務
証券取引等監視委員会………………35	——との異なる法理……………112
証券取引法（1992年）………………23	——との密接な関連性…………111
証券取引法（1998年）………………25	——の解釈基準……………………32
証券の適合性………………………247	——と適合性原則……32, 115, 384, 387
証券のリスク性の明示……………254	——の拡張……………………13, 388
証券法（1933年）…………………123	説明義務の履行方法…………………47
商品先物取引のリスク性……………22	善管注意義務の構成…………………41
商品先物取引への適合性原則の不適用	全体としての不法行為…………50, 51
…………………………………149	選択の自由…………………102, 372
商品特性………………………………65	——の支援………………………365
商品取引所法の規定…………………29	専門家………………………………382
商品の適合性の判断リスク………107	相関関係………………………………65
情報アプローチ…………………8, 386	総経済的損失………………311, 315
助言義務の体現…………………13, 107	相対的排除…………………………106
証券取引所法（1934年）…………123	相当の注意…………………………267
書類の提示…………………………274	——アプローチ……………………267
信認関係論導入……………………383	——の判断基準……………………269
信義則上の義務の構成………………41	——の不適当……………………272
信認関係………………………………289	組織的リスク………………………157

407

損害の因果関係……………………… 320

た

代替基準……………………………… 207
対等な当事者関係…………………… 297
対等な当事者と信認関係…………… 296
代理関係……………………………… 301
代理権の範囲………………………… 301
地方債証券に関する適合性規則…… 146
注意義務の構成……………………… 40
仲　　裁……………………………… 233
抽象的人間像………………………… 6
懲戒処分……………………………… 165
調査義務……………………… 148,330
懲罰的損害賠償……………………… 339
　　──の算定額…………………… 324
　　──の認定基準………………… 323
懲罰的損害賠償額の過大性………… 324
通常の詐欺訴訟……………… 243,247
適合する投資勧誘………… 99,355,366
適合性原則違反
　　──と補償的損害賠償の対象 … 317
　　──による不法行為………… 53,79
　　──による不法行為責任…… 62,68
　　──による民事責任の判断基準… 345
　　──の客観的判断……………… 196
　　──の判断基準……………68,345
　　──の民事効果………………… 108
　　──の民事責任………………… 10
　　──の類型……………… 169,331
適合性原則
　　……… 3,12,31,100,124,249,354,358
　　──からの著しい逸脱… 63,65,79,356
　　──と自己決定原則…………… 349
　　──と情報開示義務…………… 348
　　──と説明義務の関係…… 111,384
　　──に関する行政通達………… 19
　　──の位置付け………………… 40

　　──の起源……………………… 125
　　──の業法上の役割と私法上の役割
　　　　…………………………… 375,384
　　──の考慮要素……………… 27,69
　　──の射程範囲………………… 370
　　──の発展……………………… 132
適合性……………………………… 54,58
　　──に関する不実表示または不開示
　　　　……………………………… 261
　　──の意味……………………… 151
　　──の有無……………………… 62
　　──の判断基準………………… 373
　　──を有しないことの警告義務… 373
適性不十分…………………………… 46
手数料の返還………………………… 309
同一物の原状回復…………………… 307
投資委託契約………………………… 390
投資額の割合による判断…………… 83
投資家の危険回避度………………… 99
投資家の主観的要素………………… 99
当事者の主観的要件………………… 377
投資者の適合性……………………… 106
投資者保護の範囲…………………… 369
投資者保護の目的………… 210,214
投資商品の性質による判断………… 81
投資大衆の保護……………………… 222
投資取引制限能力者制度…………… 364
投資取引能力……………… 359,362
投資取引の主導権…………………… 346
投資取引類型における一般的リスク… 80
投資の適合性……………… 360,365
投資不適格者……………… 104,359,360
　　──の類型化…………………… 363
投資方法による判断………………… 82
投資方法の不合理性………………… 172
投資目的…………………… 25,69,99,101
　　──と財産状態と矛盾する場合の投
　　　資勧誘……………………… 186

──に一致しない投資勧誘……… 179
　　──の重視……………… 84,189
　　──の推定………………………85
　　──の判断………………… 252
　　──の不一致………… 252,334,344
　　──の明確化……………… 253
投資目的不一致の証明……………… 253
投資目的不一致の認定……………… 255
資力面での投資不適格者…………… 105
特定の金融商品に関する適合性規則 146
特定の顧客に関する適合性違反 170,331
特定の投資家・顧客………………… 28
特有の要件………………… 252
独立した違法性判断基準………… 51,113
独立した法的争点…………………51
独立不法行為責任型………… 54,58,75
取消の救済方法……………… 307
取締規定としての適合性原則……… 378
取引開始基準……………………21
取引関係の実態………………… 347
取引損失……………………… 311
取引の因果関係………………… 320
取引の禁止……………………… 102
取引の特性………………………80
取引の無効……………………… 108
取引利益の損害賠償………… 309
取引ルール………………… 31,100
問屋契約……………………… 392

な

NASD ……………………… 121
　　──の公正慣習規則……………… 126
　　──の適合性規則……… 125,330
　　──の適合性規則の内容……… 139
二重賠償……………………… 317
二段階の対応……………… 116
日本証券業協会………………34
　　──の適合性原則の規定………20
日本商品先物取引協会の適合性原則の
　　規定……………………21
認可金融商品取引業協会………34
人間像の捉え方……………… 6
ネグリジェンス訴訟………… 226,227
能動的投資者・顧客………… 14,101,371

は

排除の論理……………………… 362
　　──としての適合性原則…… 105,354
排除論……………………… 360
　　──と支援論……………… 367
パターナリスティック………………99
反詐欺規定アプローチ………… 343,357
反詐欺条項……………………… 234
　　──に基づく場合の民事責任…… 333
　　──の利用……………… 132
判断力面での投資不適格者………… 105
判断力・理解力………… 192,281,336,344
　　──のある投資者……………… 282
　　──のない投資者……………… 282
　　──の判断基準……………… 283
非一任勘定……………………… 278
　　──におけるブローカーの義務… 293
比較過失……………………… 381
非機関投資家……………… 143
非組織的リスク……………… 157
評価矛盾……………………… 379
非論理的な結果……………… 215
不実表示または不開示………… 247
不実表示または不開示理論…… 239,251
　　──に基づく不適合訴訟の要件
　　　………………………… 240,242
不適格者の排除……………… 96,98
不適合訴訟……………… 243,247,249
　　──の理論的根拠……………… 239
不適合な投資勧誘………… 99,355,366
　　──の禁止……………………96

409

事項索引

不法行為競合型……………51,53,58,73
不法行為上の違法性アプローチ………42
不法行為上の責任……………………38
不法行為責任構成……………………93,356
不法行為の成否………………………63
不法行為の成立の考慮要素……………54
ブラック・ボックス……………………80
ブローカー
　――と顧客の信認関係……………291
　――と顧客の信頼関係……………344
　――による口座の支配………278,335
　――による口座の支配の判断基準 278
　――の主観的態様…………………194
　――の注意義務……………………159
　――の調査義務……………………196
分散投資………………………156,161
　――の判断要素……………………160
平成17年最高裁判決………………38,63
法10条b項……………………………234
包括的規則……………………………209
法律行為法の観点………………………93
ポートフォリオのリスク………………159
ポートフォリオ理論……………………153
　――と適合性原則違反……………199
保護アプローチ………………………8,386
補償的損害賠償………………308,338
　――の認定…………………………311

ま

自らの商品への熟知義務……………169
民事責任における適合性原則の役割 343
民事ルール……………………………33

無価値…………………………………82
無思慮……………241,263,267,269,273
　――の考慮要素……………………335
無配慮………………250,258,259,334
　――の判断基準……………………258
明文化後の段階………………………97
明文化前の段階………………………95
命令規範………………………………95
　――としての適合性原則………12,97
黙示的私的訴権…………………212,235
目的解釈………………………………219
モダン・ポートフォリオ理論…………154

や

余裕資金………………………………86

ら

履行利益の賠償………………………108
リスク
　――開示規定………………………149
　――許容範囲 151,171,176,179,183,331
　――性の高低…………………………89
　――のある投資……………………154
　――の移転…………………………100
　――の概念…………………………157
　――の数量化………………………159
　――のない投資……………………155
　――の評価……………151,152,158
　――負担意欲………176,179,332,387
　――負担能力………183,188,332,387
連邦証券諸法…………………………123
連邦法上の私的訴権………………205,227

判例等索引

日　本（判例）

最判昭和49年7月19日判時755号58頁……………………………………38
最判平成17年7月14日民集59巻6号1323頁………………………………10,38

東京地判平成5年5月12日判時1466号105頁……………………………39
大阪地判平成6年3月30日判タ855号220頁………………………………58,83
東京地判平成6年9月8日判時1540号71頁………………………………45
大阪地判平成6年12月20日判時1548号108頁……………………………50
大阪地判平成7年2月23日判時1548号114頁……………………………48,81
大阪地判平成8年11月25日判タ940号205頁……………………………58,83
大阪地判平成8年11月27日判時1615号93頁……………………………42,58,82
前橋地判平成9年6月9日判時1645号113頁……………………………59,87
大阪高判平成9年6月24日判時1620号93頁……………………………47,81
東京地判平成9年11月11日判タ955号295頁……………………………46,84
東京地判平成10年2月23日金判1051号49頁……………………………59
東京高判平成10年12月10日判タ1053号173頁…………………………47
奈良地判平成11年1月22日判時1704号126頁…………………………39,50,84
大阪地判平成11年3月30日判タ1027号165頁…………………………41,50
東京地判平成12年3月27日金判1096号39頁……………………………41,59,87
千葉地判平成12年3月29日判時1728号49頁……………………………47,86
名古屋地判平成12年3月29日金判1096号20頁…………………………50,87
神戸地判平成12年7月17日判時1739号90頁……………………………42,53,85
東京高判平成13年11月29日判タ1089号191頁…………………………49
東京地判平成13年11月30日金判1156号39頁…………………………59,85
京都地判平成14年9月18日判時1816号119頁…………………………40,55,87
東京高判平成14年10月17日金判1174号2頁……………………………60
東京高判平成15年4月22日判時1828号19頁……………………………57
東京地判平成15年5月14日金判1174号18頁……………………………40,56,85
東京地判平成15年6月27日判時1856号122頁…………………………60,85
大阪地判平成15年11月4日判時1844号97頁……………………………60
京都地判平成15年12月18日金判1187号37頁…………………………41
さいたま地判平成16年3月26日金判1199号56頁………………………60,87
大阪地判平成16年4月15日判時1887号79頁……………………………53,86
大阪地判平成16年5月28日判タ1176号205頁…………………………60,87

411

さいたま地判平成16年6月25日金判1199号101頁 ……………………………… 61
大阪地判平成16年6月30日TKC平成14年(ワ)第5101号 ………………… 61
札幌地判平成16年9月22日TKC平成15年(ワ)第2107号 ………………… 53
札幌地判平成16年9月22日金判1203号31頁……………………………… 51,87
京都地判平成16年10月1日TKC平成14年(ワ)第1号 …………………… 57
東京地判平成17年2月2日TKC平成16年(ワ)第10689号 ……………… 57,88
東京地判平成17年3月4日TKC平成16年(ワ)第4891号 ……………… 52,88
大阪地判平成18年1月27日TKC平成16年(ワ)第13491号 …………………… 78
大阪地判平成18年1月31日TKC平成16年(ワ)第13886号 …………………… 86
名古屋高判平成18年2月9日TKC平成17年(ネ)第774号，平成17年(ネ)第814号
　……………………………………………………………………………… 70,78
大阪地判平成18年3月24日TKC平成16年(ワ)第835号証券取引被害判例セレクト27巻
　303頁 ……………………………………………………………………… 75,85
東京地判平成18年4月11日金判1254号42頁……………………………… 88
神戸地判平成18年4月21日TKC平成16年(ワ)第1755号 ……………… 74,87
大阪地判平成18年4月26日判時1947号122頁 …………………………… 82
神戸地姫路支判平成18年5月29日TKC平成16年(ワ)第665号 …………… 78
札幌地判平成18年6月27日TKC平成17年(ワ)第1013号 ……………… 76,87
大阪高判平成18年7月11日TKC平成16年(ネ)第678号 ……………… 70,78
京都地判平成18年7月19日TKC平成16年(ワ)第1386号 ……………… 70,78
名古屋地判平成18年7月21日TKC平成16年(ワ)第2893号 ……………… 70,78
大阪地判平成18年10月26日TKC平成16年(ワ)第12757号 ……………… 72,87
東京高判平成19年1月30日TKC平成18年(ネ)第2279号 ………………… 78
東京高判平成19年5月30日金判1287号37頁……………………………… 78
神戸地判平成19年7月19日TKC平成17年(ワ)第2342号 ……………… 70,78
大阪地判平成19年10月17日TKC平成17年(ワ)第4855号 ……………… 70,78
大阪地判平成18年10月19日TKC平成17年(ワ)第359号，平成17年(ワ)第3715号 70,78
広島高判平成18年10月20日TKC平成16年(ネ)第460号 ……………… 70,78
大阪地判平成18年12月25日TKC平成16年(ワ)第13439号 …………… 70,78
大阪高判平成19年3月9日TKC平成18年(ネ)第1401号 ……………… 70,78
神戸地判平成19年3月20日TKC平成17年(ワ)第2058号 ……………… 70,78
神戸地判平成19年10月22日TKC平成18年(ワ)第1778号 ……………… 70,78
大阪地判平成20年1月16日TKC平成18年(ワ)第5200号，平成18年(ワ)第8852号 …77
札幌地判平成20年2月26日金判1295号66頁……………………………… 78
神戸地判平成20年3月14日TKC平成18年(ワ)第1846号 ………………… 79
大阪高判平成20年3月25日TKC平成19年(ネ)第3077号 ……………… 70,78
名古屋地判平成20年5月21日TKC平成18年(ワ)第436号 ……………… 70,78
東京高判平成20年5月28日TKC平成19年(ネ)第6040号 ……………… 70,78

判例等索引

大阪高判平成20年6月3日金判1300号45頁 …………………………………… 73
東京地判平成20年6月30日判タ1283号164頁 ………………………………… 71
神戸地判平成20年10月7日TKC平成19年（ワ）第1516号 …………………… 70,78
大阪高判平成20年9月25日先物取引裁判例集53号194頁、TKC平成20年（ネ）第1035号
……………………………………………………………………………………… 70,78
さいたま地判平成20年10月8日TKC平成18年（ワ）第366号、平成18年（ワ）第1401号
……………………………………………………………………………………… 70,78

米国（判例）

Affiliated Ute Citizens of Utah v. United States, 406 U. S. 128 (1972) …………… 263
Aldrich v. Thomson McKinnon Sec., Inc., 756 F.2d 243, at 249 (2d Cir. 1985) …… 325
Arrington v. Merrill Lynch, Pierce, Fenner & Smith, Inc., 651 F.2d 615 (9th Cir. 1981)
……………………………………………………………………………………… 317
Banca Cremi v. Alex Brown & Sons, 132 F.3d 1017 (4th Cir. 1997)………………… 268
Banca Crmemi, S. A. v. Alex Brown & Sons, 132 F.3d 1017 (4th Cir. 1997) ……… 296
Basic Inc. v. Levinson, 485 U. S. 224 (1988) ………………………………………… 261
Behrman v. Allstate Life Insurance Co., 2005 U. S. Dist. LEXIS 7262 (S. D. Flo. 2005)
……………………………………………………………………………………… 296
Bischoff v. G. K. Scott & Co., Inc., 687 F. Supp. 746 (E. D. N. Y. 1986) ………… 254
Bosio v. Norbay Securities, Inc., 599 F. Supp. 1563 (E. D. N. Y. 1985) ………… 219
Brine v. Paine Webber, Jackson & Curtis, Inc., 745 F.2d 100 (1st Cir. 1984) ……… 297
Brown v.E.F. Hutton Group, Inc., 991 F. 2d 1020 (2d Cir. 1993) ………………… 240,260
Bruschi v. Brown, 876 F.2d 1526 (11th Cir. 1989) ………………………………… 276
Buttrey v. Merrill Lynch, Pierce, Fenner & Smith, Inc., 410 F. 2d 135 (7th Cir. 1969)
……………………………………………………………………………………… 210
Carr v. Cigna Secs., Inc., 95 F.3d 544(7th Cir. 1996) ……………………………… 295
City of San Jose v. Paine, Webber, Jackson & Curtis Inc., 1991 U. S. Dist. LEXIS 8318
(N. D. Cal. 1991) ………………………………………………………………… 239
Clark v. John Lamula Investors, Inc., 583 F.2d 594 (2d Cir. 1978) ……………… 236,315
Clark v. Kidder Peabody & Co., Inc., 636 F. Supp. 195 (S. D. N. Y. 1986) ……… 258
Cohen v. Prudentia Bache Securities, Inc., 713 F. Supp. 653 (S. D. N. Y. 1989) … 259
Colman v. D.H. Blair & Co., 521 F. Supp. 646 (S. D. N. Y. 1981) ………………… 218
Cort v. Ash, 422 U.S. 66 (1975) ……………………………………………………… 212
Craighead v. E. F. Hutton & Co., 899 F.2d 485 (6th Cir. 1990)…………………… 255
Cruse v. Equitable Securities of New York, Inc., 678 F. Supp. 1023 (S. D. N. Y. 1987)
……………………………………………………………………………………… 255

413

判例等索引

Davis v. Merrill Lynch, Pierce, Fenner & Smith, Inc., 906 F. 2d 1206 (8th Cir. 1990) ················ 324,325
Dinsmore v. Piper Jaffray, Inc., 593 N.W.2d 41 (S.D.1999) ················ 300
Duffy v. King Cavalier, 259 Cal. Rptr. 162 (Ct. App. 1989) ················ 291
Ernst & Ernst v. Hochfelder, 425 U. S. 185 (1976) ················ 257
Follansbee v. Davis, Skaggs & Co., Inc., 681 F.2d 673 (9th Cir. 1982) ················ 279
Geyer v. Paine Webber Jackson & Curtis, Inc., 389 F. Supp. 678 (D. Wyo. 1975) ··· 221
Greenwood v. Thomas H. Dittmer, Ray E. Friedman & Co., 776 F.2d 785 (8th Cir.1985) ················ 299
Hackbart v. Holmes, 675 F.2d 1114 (10th Cir. 1982) ················ 257
Hatrock v. Edward D. Jones & Co., 750 F. 2d 767 (9th Cir. 1984) ················ 324,325
Hempel v. Blunt, Inc.and Scott, 123 F. R. D. 313 (E. D. Wis, 1988) ················ 223
Hill v. Bache Halsey Stuart Shields, Inc., 790 F.2d 817 (10th Cir.1986) ················ 298
Holdsworth v. Strong, 545 F.2d 687 (10th Cir. 1976) ················ 271
Huddleston v. Herman & MacLean, 640 F.2d 534 (5th Cir. 1981) ················ 320
Jablon v. Dean Witter & Co., 614 F. 2d 677 (9th Cir. 1980) ················ 216
Jaksich v. Thomson McKinnon Securities, Inc., 582 F. Supp. 485 (S. D. N. Y. 1984) 219
J.I. Case v. Borak, 377 U.S. 426 (1964) ················ 212
Jordan v. Clayton Brokerage Co., Znc., 861 F.2d 172 (8th Cir. 1988) ················ 325
Kardon v. National Gypsum Co., 69 F. Supp. 512 (E. D. Pa. 1946) ················ 235
Kennedy v. Josephthal & Co., Inc., 814 F.2d 798 (1st Cir. 1987) ················ 274
Klitzman v. Bache Halsey Stuart Shields, Inc., 499 F. Supp. 255 (S. D. N. Y. 1980) 217
Lange v. H. Hentz & Co., 418 F. Supp. 1376 (N. D. Tex. 1976) ················ 219
Lefkowitz v. Smith Barney, Harris Upham & Co., Inc., 804 F.2d 154 (1st Cir. 1986) ················ 253
Lieib v. Merrill Lynch, Pierce, Fenner & Smith, Znc., 461 F. Supp. 951 (E. D. Mich. 1978) ················ 278,293
Louros v. Kreicas, 367 F. Supp. 2d 572 (S. D. N. Y. 2005) ················ 243
McAdam v. Dean Witter Reynolds, Inc., 896 F.2d 750 (3d Cir. 1990) ················ 294
Medical Associates. of Hamburg, P. C. v. Advest, Inc., 1989 U. S. Dist. LEXIS 11253 (W. D. N. Y. 1989) ················ 314
Mihara v. Dean Witter & Co., 619 F.2d 814 (9th Cir. 1980) ················ 317,318
Miley v. Oppenheimer & Co., 637 F. 2d 318 (5th Cir. 1981) ················ 317,324
Nelson and Allen W. Enger v. Nevin F.Hench, 428 F. Supp. 411 (D. Minn. 1977) 215
O'Connor v. R. F. Lafferty & Co., 965 F. 2d 893 (10th Cir. 1992) ················ 248
Pain, Webber, Jackson & Curtis, Inc. v. Adams, 718 P.2d 508 (Colo. 1986) ········ 299
Piper, Jaffray & Hopwood Inc. v. Jacob H. Ladin, 399 F. Supp. 292 (S. D. Iowa. 1975) ················ 226

判例等索引

Pit, Ltd., v. American Express Bank Int' l, 911 F. Supp. 710 (S. D. N. Y. 1996) … 256
Press v. Chemical Inv. Serv. Corp., 166 F.3d 529 (2d Cir. 1999) …………………… 298
Randall Bank v. Griffin, Kubik, Stephens & Thompson, Inc., 3 F. 3d 208 (7th Cir. 1993)
 …………………………………………………………………………………………… 295
Rodriguez de Quijas v. Shearson/American Express. Inc., 490 U. S. 477 (1989) … 233
Rolf v. Blyth Eastman Dillon & Co., 424 F. Supp. 1021 (S. D. N. Y. 1977) ………… 224
Rolf v. Blyth Eastman Dillon & Co., 570 F.2d 38 (2d Cir. 1978) …………………… 312
Rotstein v. Reynolds & Co., 359 F. Supp. 109 (N. D. Ill. 1973) …………………… 252
Royal Am. Managers, Inc. v. IRC Holding Corp., 885 F.2d 1011 (2d Cir. 1989)　268,270
Rupert v. Clayton Brokerage Company of St. Louis, Inc., 737 P. 2d 1106 (Supr Colo.
 1987) ……………………………………………………………………………………… 228
Schlick v. Penn-Dixie Cement Corp., 507 F.2d 374, at 380 (2d Cir. 1974) ………… 320
Shearson/American Express, Inc. v. McMahon, 482 U. S. 220 (1987) …………… 233
Smith v. Smith Barney, Harris, Upham & Co., Inc., 505 F. Supp. 1380 (W. D. Mo.
 1981) ……………………………………………………………………………………… 223
Stephenson v. paine Webber Jackson & Curtis, 839 F. 2d 1095 (5th Cir. 1988) …… 268
Superintendent v. Bankers, 404 U. S. 6 (1971) ………………………………………… 236
Thomas Conway v. Icahn & Co., Inc., 16 F. 3d 504 (2d Cir. 1994) ………………… 298
Tiernan v. Blyth, Eastman, Dillon & Co., 719 F. 2d 1(1st Cir. 1983) ………………… 253
Touche Ross & Co. v. Redington, 442 U.S. 560 (1979) ……………………………… 212
Transamerica Mortgage Advisors,Inc. v. Lewis, 444 U. S. 11 (1979) ……………… 213
TSC Industries, Inc. v. Northway, Inc., 426 U. S. 438 (1976) ……………………… 261
Twomey v. Mitchum, Jones & Templeton, Inc., 69 Cal. Rptr. 222 (Ct. App. 1968)
 ……………………………………………………………………………………… 228,291
Twomey v. Mitchum. Jones & Templeton. Inc., 69 Cal. Rptr. 222 (Ct. App. 1968)　228
Vetter v. Shearson Hayden Stone, Inc., 481 F. Supp. 64 (S. D. N. Y. 1979) ……… 254
Zagari v. Dean Witter & Co., Inc., 1976 U.S. Dist. LEXIS 13032 …………………… 213
Zobrist v. Coal-X, Inc., 708 F.2d 1511 (10th Cir. 1983) ……………………………… 264

米国（SEC審決）

Alexander Reid & Co., Inc., 40 S. E. C. 986, 1962 …………………………………… 176
Clinton Hugh Holland, 52 S. E. C. 562 (1995) ……………………………………… 175,191
Dane S. Faber, 2004 Sec Lexis 277 …………………………………………………… 184,201
David Joseph Dambro, 51 S. E. C. 513 (1993) ……………………………………… 177
Eugene J. Erdos, 47 S. E. C. 985 (1983) ……………………………………… 189,192,194,197
F.J. Kaufman, 50 S. E. C. 164 (1989) ………………………………………………… 167
Frank DeRose, 51 S. E. C. 652 (1993) ………………………………………………… 192

415

Gerald M. Greenberg, 40 S. E. C. 133 (1960) ·· 196
Gordon Scott Venters, 51 S. E. C. 292 (1993) ·· 183
Herbert R. May and Russell H.Phinney, 27 S. E. C. 814, 1948 ························ 176
Jack H. Stein, 2003 Sec Lexis 338 (2003) ·· 186,192,201
James B. Chase, 2003 Sec Lexis 566 ·· 199
John M. Reynolds, 50 S. E. C. 805 (1991) ··· 187,192,201
Pall F. Wickswat, 50 S. E. C. 785, 1991 ·· 179,192,194
Patrick G. Keep, 51 S. E. C. 282 (1993)··· 193
Philips & Comany and Gerald G.Bernheimer, 37 S. E. C. 66 (1956)················· 191
Richard N. Cea, 44 S. E. C. 8, 1969 ··· 133,176
Scott R. Serfling, Chicago, Illinons, 48 S. E. C. 24 (1984) ······························· 189
Stephen Thorlief Rangen, 52 S. E. C. 1304 (1997) ··· 181,201
The Ramey Kelly Corporation, 39 S. E. C. 756, 1960 ······································· 176
Thomas Arthur Stewart, 20 S. E. C. 196 (August 6, 1945) ······························· 172
Winston H. Kinderdick, 46 S. E. C. 636 (1976)··· 173

〈著者紹介〉

王　冷然（おう・れいぜん）

1972年　中国山東省に生まれる
1994年　中国弁護士資格取得
2003年　日本・新潟大学法学部卒業
2008年　東北大学大学院法学研究科博士後期課程終了博士（法学）学位取得
現在，東北大学大学院法学研究科グローバルCOEプログラム特任フェロー

〈主要論文〉

「イギリス法における履行期前の契約違反」法学69巻3号53～99頁（2005年）
「中国の消費者権益保護法と懲罰的損害賠償（上・下）」共著（河上正二）
　　NBL 841号19～27頁、842号43～52頁（2006年）
「中国における新しい物権法の概要と仮訳」共著（河上正二）NBL 857号16
　　～37頁（2007年）
「消費者保護と適合性原則」　佐藤祐介＝松岡勝実編『消費者市民社会の制
　　度論』（第7章）（2010年）

学術選書
40
民　　法

❀ ❈ ❀

適合性原則と私法秩序

2010（平成22）年3月20日　第1版第1刷発行
6058-8：P440　¥7500E-012：050-015

著　者　王　　冷　　然
発行者　今井　貴　渡辺左近
発行所　株式会社　信　山　社
〒113-0033 東京都文京区本郷6-2-9-102
Tel 03-3818-1019　Fax 03-3818-0344
henshu@shinzansha.co.jp
笠間才木支店　〒309-1611 茨城県笠間市笠間515-3
笠間来栖支店　〒309-1625 茨城県笠間市来栖2345-1
Tel 0296-71-0215　Fax 0296-72-5410
出版契約2009-6058-8-01010 Printed in Japan

Ⓒ王 冷然, 2010　印刷・製本／東洋印刷・大三製本
ISBN978-4-7972-6058-8 C3332 分類324.523-a030民法
6058-0101：012-050-015《禁無断複写》